KB143333

# 화엄사 잃어버린 200년

## 통일신라 불교 확산의 거점

# 화엄사 잃어버린 200년

## 통일신라 불교 확산의 거점

무진 지음

글
항
아
리

화엄사 무진 스님이 화엄사에 관한 박사학위 논문을 책으로 펴냈습니다. 이 책에는 그동안 잊혀온 화엄사의 찬란한 역사가 밝혀져 있습니다. 부족한 문헌자료를 대체하여 통일신라 선사의 비문을 하나하나 살펴 화엄사의 역사적 실체를 찾아낸 노고가 눈에 선합니다.

화엄사는 신비의 사찰입니다. 통일신라 8세기에 창건된 화엄사는 동시대에 창건되어 수도 경주를 대표한 불국사와 어깨를 나란히 하는 웅장한 사찰입니다. 그러나 지금까지 오지인 구례 지리산 중턱에 경주의 불국사와 버금가는 화엄사가 창건된 이유가 무엇인지 알려지지 않았습니다. 이러한 신비가 드디어 풀린 것입니다.

무진 스님이 풀어낸 통일신라 화엄사의 모습은 크게 세 가지입니다.
첫째는 수도인 경주를 위주로 하던 불교가 화엄사를 거점으로 삼아 전국 불교로 퍼져 나갔다는 점입니다.

둘째는 통일신라 남악 화엄사는 의상의 화엄종보다 앞서는 창건주 연기의 화엄종 본찰이었다는 점입니다.

셋째는 화엄사가 구례 지리산의 차 재배를 선도하여 한국 차 문화를 퍼트린 장본인이라는 점입니다.

이 외 '사사자삼층석탑'의 성격을 규명하고 '화엄석경'이 『삼본 화엄경』일 가능성을 제시했으며 '각황전 앞 석등'이 한국 고복형 석등의 시원임을 밝혔습니다. 또한 통일신라시대 유구와 '동·서 오층석탑'을 연구하여 화엄사의 원형을 그려냈습니다. 그리고 화엄사의 스님으로 슬픈 일이지만 화엄사가 쇠락하는 원인과 과정도 이 책에는 밝혀져 있습니다.


『화엄사 잃어버린 200년』의 세계에 여러분을 초대합니다. 이 책은 화엄사의 역사뿐 아니라 한국 불교의 흥망성쇠도 알려주고 있습니다. 이 책을 통해 위대한 화엄사 위대한 한국 불교의 이야기에 함께 하시기 바랍니다.

대한불교조계종 제19교구본사

화엄사 주지 덕문

# 신비의 화엄사 한국 불교의 역사 속으로

2003년 우연히 제천 옥천사에 가게 되었다. 아는 스님이 함께 가보지 않겠냐고 제안하여 새벽에 길을 나섰다. 배를 타고 청풍호를 건너서 들어가는 옥천사는 신비로움 그 자체였다. 사실 사흘 전 꾸었던 꿈이 계속 머릿속을 맴돌고 있었다. 내가 가사장삼을 입고 어느 법당에서 설법을 하는 꿈이었다. 옥천사에 도착해서 경내를 돌아보는데 건물의 모습이 내가 꿈에서 본 법당과 놀랍도록 흡사했다. 그때 기분이 참 묘했다. 내 속의 뭔가를 풀어내보고 싶다는 절박함도 느껴졌다. 절에 청하여 3일을 묵는 동안 몇 년 공부를 해보자는 생각이 들었다. 그렇게 출가로 이어졌다. 이후 2006년 본사인 화엄사를 처음으로 방문했다. 이때부터였다. 화엄사의 이해할 수 없는 신비로움에 사로잡히게 되었다. 보면 볼수록 화엄사 '서 오층석탑'이 이상했다. 각황전과 대웅전과 비교하여 축이 틀어져 있었고 '동 오층석탑'보다 튀어나와 있었다. 또한 서 오층석탑은 문양이 새겨져 있지만 동 오층석탑은 문양이 없었다. 이러한 동서 탑이 다른 경우는 경주 불국사의 다보탑이 유일하다. 궁금하여 주위에 물어보았지만 시원한 해답을 알려주는 분이 없었다.

무엇보다도 오지인 지리산 자락에 어떻게 이런 큰 사찰이 자리 잡을 수 있는지 궁금했다. 현재 한국 사찰에서 가장 큰 전각이 화엄사 각황전이며 가장 큰 석등은 화엄서 각황전 앞 석등이다. 화엄사 사사자삼층석탑의 조형미는 불국사 다보탑과 견준다. 무엇보다 돌판을 깎아 『화엄경』을 새겨 각황전 전각의 벽면을 채운 화엄사 '화엄석경'은 전 세계 유일한 불교 유물이다.

큰 도심도 아닌 구례의 지리산 자락에 왜 화엄사가 창건되었을까? 이러한 궁금증이 박사 논문의 연구까지 이어지고 이 책이 나오게 되었다. 지금까지 공부한 한국 불교 문화재에 대한 나의 연구 결과다.


불교학에 푹 빠져 지내다 한국 불교가 궁금해졌다. '불교 문화재를 연구하면 한국 불교를 이해할 수 있겠다'란 생각이 들었다. 불교 문화재는 시대별로 조성된 불교 정신이 깃들어 있을 것이고 이것을 연구한다면 한국 불교의 역사성과 정신을 이해할 수 있을 것이기 때문이다.

한국의 불교는 신비로 가득하다. 문헌 사료가 절대적으로 부족하기 때문이다. 한국 불교의 역사에서 전국 사찰의 대다수가 전소되며 불교 문헌 사료가 사라지는 큰 사건이 세 번 있었다. 신라 제일의 사찰인 황룡사를 전소시킨 고려 중기 몽골과의 30여 년의 전쟁은 그나마 약과였다. 왜병의 발길이 닿는 곳의 사찰이 대다수 전소된 조선 임진왜란 7년 전쟁의 여파는 한국 불교 문헌 사료 대부분을 사라지게 했다. 이후 17세기 초부터 중건된 사찰들은 한국전쟁 당시 유엔군의 전국 사찰 소각령에 의해 다시 전소되며 그나마 남아 있던 불교 문헌 사료는 어둠 속에 묻히게 된다. 이후 한국의 사찰들은 사료가 사라지면서 창건과 관련하여 새롭게 사적기를 편찬하며 허구적 이야기가 역사적 사실로 전해지는 경우도 생겨났다. 화엄사 또한 자장과 의상, 원효와 맺는 연관성은 이러한 문헌 사료의 부실에 따른 허구일 뿐이다. 의상과 원효가 창건한 사찰의 경우 대다수 이러한 슬픔이 담겨 있다.

조선 500년을 겪으며 한국 불교가 사라지지 않은 것은 기적 같은 일이다. 호국불교의 정신이 주자를 숭상한 배불의 나라에서 불교가 살아갈 수 있게 해줬다고 나는 생각한다. 그러나 한편으로는 큰 대가를 치러야 했다. 조선 초기 한국 불교는 교종과 선종으로 통합되고 이후 조선 중기 선종 중심의 단일 종단만 남게 된다. 이러한 조선의 정책은 통일신라와 고려에서 축적된 불교학의 깊이와 교종 불교의 전통을 사라지게 만들었다. 이 여파는 지금까지 전해져 아직도 이판사판을 구분하고 선승과 교학승을 구분하고 있다. 한국 불교사에서 불교학의 수준이 가장 떨어지던 조선시대 불교의 모습이 현재 한국 불교에 이어지고 있다.

한국 불교의 문화와 불교학이 가장 꽃피웠던 통일신라 불교계에는 이판사판이 없었다. 수행력이 깊은 고승은 사찰 살림과 불교 행정을 맡아보았으며 행정을 맡으면 국가 지배이념의 사상을 국왕과 권력자에게 가르쳐주는 스승의 역할도 했다. 이것을 통해 이판사판의 구분이 얼마나 수준 떨어지는 사고인지 지금의 불교계는 자각해야 한다.

통일신라 불교계의 선승은 모두 말하고 있다. "선이 곧 교이고 교가 곧 선이다." 통일신라시대에 활동한 위대한 한국 불교의 선구적인 선승은 또 다시 말하고 있다. "선은 불교학을 통해 나오는 것이며 불교학이 곧 선이다." 다만 종파로써 선종과 교종이 나뉠 뿐 선과 교는 앞과 뒤가 없는 하나의 불교 수행법인 것이다. 선과 교학의 구분을 극복하여 선 제일주의에 빠지는 우는 범하지 말아야 한다.

8세기 중반 황룡사 출신 연기법사에 의해 창건된 화엄사는 통일신라 화엄종 제일의 사찰이었다. 또한 통일신라 불교를 전국으로 확산시키는 거점 사찰이었다.

신라의 왕족인 김씨는 경주를 신라 불교의 중심으로 신성시했다. 660년과 668년 백제와 고구려를 멸망시킨 신라에서 삼국 통일의 개념은 없었다. 삼한 정벌의 개념을 갖고 있었다. 삼한을 정벌한 신라는 백제와 고구려의 땅에 8세기 중반까지 사찰을 건립하지 않는다. 경주를 중심으로 하는 신라의 땅을 백제와 고구려의 땅보다 성스러운 땅으로 여겼기 때문으로 보인다. 이 부분은 앞으로 학계의 연구가 요구된다. 어찌 되었건 경덕왕이 재위하는 8세기 중반에 이르면 신라 이외의 땅에 사찰을 건립하기 시작한다. 그 중심에 연기법사가 창건한 화엄종 사찰 화엄사가 자리하고 있다.

화엄사는 통일신라 불교 확산의 거점 사찰이었다. 8세기 중반 이후 나말여초 이전까지 창건된 통일신라 사찰에서 화엄사보다 웅장한 사찰은 없다. 화엄사와 버금가는 사찰로는 8세기 중반 통일신라 수도에 건립된 불국사가 보일 뿐이다. 물론 이러한 웅장함만으로 화엄사가 불교 전국 확산의 거점이라고 단정할 수는 없다. 다양한 역할을 봐야 한다. 화엄사는 9세기 중반 이후 지리산 권역과 호남 지역 승려의 비구계 수계를 담당하는 관단 사찰의 역할을 했다. 또한 828년 대렴의 차 씨를 화엄사에 심기 시작하면서 신라의 차 문화가 전국으로 퍼졌다. 결정적으로 9세기 중후반 통일신라 선문을 이끈 선사 중 화엄사 출신 선사들이 확인된다. 이러한 모든 것을 종합할 때 화엄사가 경주 또는 신라 중심의 불교를 8세기 중반 전국 불교로 확산시켰던 거점 사찰이라는 것이다.

지리산 대 화엄사는 『화엄경』을 종지로 하는 사찰이다. 『화엄경』은 한국 불교 초기 선禪을 있게 한 원천이다. 한국 불교 초기 선사 거의 모두는 『화엄경』을 통해 선을 이루었으며 선의 정신이 곧 『화엄경』의 정신임을 강조하고 있다. 지금의 화엄사가 이러한 초기 선사들의 정신을 잇는다면 위대했던 통일신라 화엄종의 중심 사찰이었던 화엄사를 부활시킬수 있을 것이다. 또한 통일신라 불교 확산의 거점이었던 것처럼 한국 불교에서 교와 선이 하나였던 시대정신을 회복할 거점 사찰이 될 수 있을 것이다.

2022년 8월
무진

## — 차 례 —

추천사 _004

머리말 신비의 화엄사 한국 불교의 역사 속으로 _006


제1장 서론 _016


제2장 중관해안의 『화엄사사적』과 창건주 연기 _044

### 제1절 『화엄사사적』의 비판적 검토 _046

1. 화엄사의 격을 높이려는 시도와 연기의 문제 _046

2. 신라의 땅 구례와 지리산에 대한 의미 _051

3. 『화엄사사적』이 화엄사의 사료가 될 수 없는 원인 _054

### 제2절 연기와 연기의 화엄에 관한 성격 검토 _063

1. 연기와 적멸당 '화엄사 사사자삼층석탑' _063

2. 통일신라 황룡사의 자장계 화엄 _069

3. 자장계 연기의 화엄사와 관혜 _078

# 제3장 선사의 비문에 보이는 화엄사 관련 사료 _088

## 제1절 통일신라시대 선사의 비문 검토 _091

1. 통일신라시대 선사의 비문 성격 고찰 _091

2. 17명의 선사를 통한 연기의 성격 비교 고찰 _096

## 제2절 통일신라시대 화엄과 선문의 연관성 분석 _101

1. 통일신라시대 선문의 특징과 화엄의 관계 _101

2. 화엄종과 선문 산사 사찰의 공통된 표현 방식 _115

3. 통일신라 화엄 사찰과 선문 사찰의 연관성 _120

## 제3절 9세기~나말여초 사찰의 상황 분석 _141

1. 사찰의 창건과 주지 임명의 과정 _141

2. 9세기 불사와 나말여초 불사의 차이 _149

3. 선사의 부도 탑과 사사자삼층석탑의 비교 _159


# 제4장 통일신라 불교 확산의 거점 화엄사 _174

## 제1절 화엄사 위상 변천 과정 _176

1. 통일신라 대렴이 들여온 차 씨 재배와 화엄사의 위상 _176

2. 고려시대 연기 화엄의 변화와 화엄사 _187

3. 조선시대 화엄의 성격이 사라진 연기와 화엄사 _189

## 제2절 8세기 중반 지리산 권역 화엄종 확산의 근거 자료 검토 _200

1. 754년 호남의 불사 『백지묵서 화엄경』 _200

2. 766년 조성된 독창적 화엄 본존불, 비로자나불좌상 _211

3. 8세기 중반 화엄의 확산 배경과 독창성 _220

## 제3절 화엄사의 독창적인 창작물의 성격과 조성 시기 분석 _227

1. 화엄사 사사자삼층석탑 _227

　　2. 차 공양인물상과 석등 _258

　　3. 최초의 고복형 화엄사석등 _270

　　4. '화엄석경' _274

　　5. 화엄사 동·서 오층석탑 _287

**제4절 통일신라 화엄사의 가람 배치 분석 _307**

　　1. 통일신라 화엄사의 건축 유구 검토 _307

　　2. 통일신라 건축물의 배치 구도 _321


제5장 결론 _328


　　주 _335

　　참고문헌 _399

　　찾아보기 _415

# I

서론

華
嚴
寺

　화엄사華嚴寺는 『화엄경華嚴經』[1]을 사명寺名으로 내세워 창건된 화엄종 중심 사찰이다. 그러나 지금까지 화엄사의 정확한 창건 시기와 창건주에 관한 사실관계가 불확실하며, 이에 대한 역사적 고증과 연구도 활발하지 않았다. 그 이유로는 임진왜란 당시 왜병의 방화로 화엄사가 소실되면서 많은 사료를 잃었으며, 조선시대에 유교가 숭상되고 불교가 억압받는 과정에서 태종·세종 당시 불교의 여러 종파가 교종과 선종으로 통합될 때 화엄사가 선종에 흡수되어 화엄종의 명맥이 끊어진 탓이기도 하다. 연구가 활발하지 않았던 또 다른 원인으로는 유일한 화엄사 역사서라 할 수 있는 『호남도구례현지리산대화엄사사적湖南道求禮縣智異山大華嚴寺事蹟』(이하 『화엄사사적』)의 창건 관련 기록이 왜곡되거나 창작되어 있기 때문이다. 이에 따라 화엄사의 역사는 명확하지 못한 사실로부터 시작하여 오늘에 이르고 있다.

　『화엄사사적』은 1636년 벽암각성碧巖覺性(1575~1660)의 노력으로 화엄

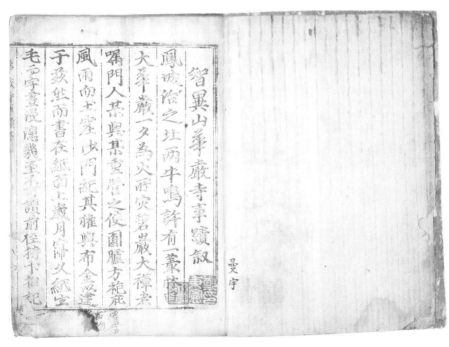

『화엄사사적』목판본, 1697년, 화엄사성보박물관 소장

사 중건 불사가 이루어졌을 때 중관해안中觀海眼(1567~?)에 의해 편찬된 사적기다. 애초에 편찬 목적이 중건을 기념하여 화엄사의 위상을 드높이고자 하는 데 있었기 때문에 정확한 사실 기재보다는 미화하는 데 치중한 것으로 보인다. 무엇보다 화엄사 창건 시기를 신라 최초의 사찰인 홍륜사가 창건된 연도와 똑같이 544년(진흥왕 22)이라 하고 창건주인 연기緣起(?~?)²를 9세기 후반에 활동한 선각도선先覺道詵(827~898)과 동일시하는 오류를 범했다. 또한 신라 불교를 대표하는 자장慈藏(594/599~653/655), 의상義湘(625~702), 원효元曉(617~686)가 화엄사와 직접적인 연관을 맺고 있는 것으로 서술하고 있다.

『화엄사사적』은 화엄사의 창건 신화를 비롯하여 중수 과정 등이 기록된 중요 사료지만 그 내용을 심도 있게 연구한 논문은 지금까지 두 편뿐이다.³ 『화엄사사적』의 사료적 한계와 문제를 검토한 오경후의 논문, 연기의 화엄 사상에 중점을 두어 고찰한 염중섭(자현)의 논문이 그것이다. 『화엄사사적』에 관한 연구가 활발히 이루어지지 못한 까닭은 사료 자체의 난해함도 한 원인이겠으나 내용의 비약과 허구성으로 인해 논리적 분석을 가로막는 점이 결정적 장벽이라 하겠다. 따라서 『화엄사사적』은 올바른 화엄사 역사를 확인하기 위해 반드시 극복해야 할 부분이라 할 수 있다.

화엄사 역사에 관한 또 다른 중요 사료는 『신라 백지묵서 대방광불화엄경新羅白紙墨書大方廣佛華嚴經』(이하 『백지묵서 화엄경』)이다. 754년 편찬된 『백지묵서 화엄경』에는 '황룡사 연기법사'에 의해 무주武州(지금의 광주) 지역을 중심으로 불사가 이루어졌다는 기록이 있어 화엄사 창건주에 관한 중요한 단서를 제공하는 사료로, 시기상 연기라는 승려와 화엄사 창

벽암국일도대선사비, 1663년, 일제 강점기 유리건판사진

건의 연관 가능성을 타진할 수 있다. 다만 『백지묵서 화엄경』은 이처럼 연기가 화엄사의 창건주라는 심증적 확신을 제공함에도 불사의 주체를 '황룡사 연기'라고만 명시하고 있다. 이는 화엄사 창건과 관련해 새롭게 해결해야 할 난해한 과제가 아닐 수 없다. 화엄사 창건 시기와 창건주에 대한 연구논문이 적은 이유가 바로 여기에 있다.[4] 반면 『백지묵서 화엄경』 자체를 여러 관점에서 다룬 논문은 다수 발표되었다.[5]

화엄사 창건의 역사를 말해주는 또 다른 증거는 화엄사 경내에 자리하고 있는 대단위 석조 조형물이다. 불교미술학계의 연구에 따르면 이 석조 조형물들은 통일신라시대인 8세기 중반부터 나말여초[6] 시기에 조성된 것으로, 독창적인 조형성 안에 특별한 의미가 담겨 있다. 이에 대한 연구는 활발하나 그 조형적 의미에 대해서는 아직 명확하게 밝혀진 바가 없다. 대표적으로 '화엄사 사사자삼층석탑'(이하 '사사자삼층석탑')을 대상으로 여섯 편의 석사논문을 포함해 많은 연구가 시도되었으나[7] 독창적인 조형성에 대한 종결적인 해석에는 이르지 못했다. 또한 통일신라시대 불교 사상과 연관하여 사사자삼층석탑 앞에 위치한 석등에 관한 연구도 다수 이루어졌으며,[8] 강정근과 황태성(무진)은 사사자삼층석탑 앞에 위치한 석등에 중점을 두어 사사자삼층석탑의 성격을 규명하고자 했으나 명확한 결론에 이르지 못했다.

그 밖에 '화엄석경' '동·서 오층석탑' '각황전 앞 석등' 또한 관심 대상이다. 한국에서 유일하게 석경石鏡으로 벽면을 두른 '화엄석경'은 그 문체와 조성 시기를 밝히려는 연구와 더불어 임진왜란 당시 파손되어 파편화된 '화엄석경'의 본래 모습을 복원하기 위해 많은 노력이 이루어지고 있다.[9]

화엄석경 파편

각황전 앞 석등

화엄사 만월당에서 보제루와 법고루를 바라본 풍경

이 책에서는 '화엄석경'의 변상도變相圖가 시대적으로 『80화엄경』과 더 밀접하다고 본다. '화엄석경'의 변상도가 『60화엄경』의 변상도라는 기존의 주장과는 큰 차이가 있으며 본문에서 왜 그러한지 밝힐 예정이다. '동·서 오층석탑'에 관한 연구도 활발한 편이다.[10] 반면 '각황전 앞 석등'에 대한 연구는 남원에 있는 실상사의 고복형 석등[11]과 더불어 미진한 상황이다. 석조 조형물 외에 화엄사 자체에 관한 연구는 풍수를 바탕으로 지리산과 연계한 입지 고찰에 한정되어 있다.[12] 화엄사의 전반적인 석조 조형물과 역사성에 관한 연구로는 윤정혜의 석사논문이 유일할 정도로 화엄사의 역사 복원에 관한 사료 기반이 빈약하다.

『삼국사기三國史記』와 『삼국유사三國遺事』에서는 화엄사에 대한 직접적인 설명을 찾아볼 수 없다. 다만 13세기 후반에 집필된 『삼국유사』에는 "화엄사는 의상계 화엄십찰"[13]이라고 기재되어 있는 것을 확인할 수 있는데, 이는 904년에 편찬된 최치원의 『법장화상전法藏和尙傳』[14]에서 '화엄사는 신라의 화엄십산'[15]이라고 한 것과는 전혀 다른 의미를 갖는다. 화엄사를 언급한 다른 문헌으로는 고려시대 중기에 의천義天(1055~1101)이 지은 『대각국사 문집大覺國師文集』으로, 1092년으로 추정되는 해에 의천이 화엄사에 방문하여 연기의 진영을 참배한 사실이 기재되어 있다.[16] 이를 통해 연기가 화엄사의 중요 인물이라는 사실을 확인할 수 있다. 또한 1487년 화엄사 방문 기록이 담긴 남효온南孝溫(1454~1492)의 문집과 1530년 편찬된 『신증동국여지승람新增東國輿地勝覽』에는 석탑 조형물과 연기를 연결 짓는 내용이 나와 참고할 만하다. 이와 같이 화엄사 역사에 관련된 문헌과 연구 현황을 대략적으로 검토했을 때 관련 사료 발굴 및 심도 있는 연구가 필요하다.

　이 책은 화엄사의 역사적 내력을 밝히는 데 있어 사료의 빈약함을 극복하기 위해 통일신라 9세기부터 나말여초 시기까지 활동한 선사들의 일대기가 기록된 비문 17점을 분석했다. 이 비문들은 선사들의 일대기뿐만 아니라 당대 불교계의 전반적인 정황을 파악하는 데 도움이 되는 내용이 많아 자료 가치가 매우 높다. 이 책에서는 비문의 내용을 기존의 다른 문헌과 심층적으로 비교 분석함으로써 화엄사의 역사를 하나하나 복원해보고자 한다.

　660년에서 8세기 중반까지 옛 백제의 땅에 창건된 신라의 사찰은 확인되지 않는다. 이는 곧 660년 신라가 백제를 정복한 후 지리산 권역 옛 백제의 땅에 사찰을 들이지 않았다는 뜻이다. 실제로 지리산 권역에 화엄종 사찰이 창건된 것은 8세기 중반이다. 여기에는 경덕왕의 정치적 의도가 담겨 있을 것으로 추정되지만 여기서는 정치와의 연관성을 배제하고 현상에 대해서만 다루기로 한다.

현재까지 발표된 논문 가운데 화엄사와 창건주 연기의 역사적 사실관계를 주제로 하여 『화엄사사적』 이전의 사료를 고찰한 연구는 찾아볼 수 없다. 따라서 연구는 화엄사 창건 이후부터 『화엄사사적』이 편찬된 1636년 이전까지 형성된 문헌들로 설정될 수밖에 없다. 다만 화엄사 경내 석조 조형물을 분석한 결과 화엄사 창건과 함께 대규모 불사가 이루어졌을 가능성이 드러났다. 화엄사 역사는 이런 식으로 한 발씩 내디딜 수밖에 없다.

왜곡된 화엄사의 역사성을 회복하기 위해 필연적으로 뛰어넘어야 할 대상은 『화엄사사적』이다. 우선 화엄사 창건 시기를 6세기 무렵으로 앞당기고 창건주를 선각도선과 동일시하는 등의 사실 왜곡이 일어난 당대의 배경 정황을 살펴보고자 한다. 그리고 왜곡의 근본적인 원인을 좇아 나말여초 시기에 남악南嶽 화엄사상을 대표하는 인물인 관혜觀惠(?~?)[17]와 북악北嶽 화엄사상을 대표하는 부석사의 희랑希朗(?~?)[18]이 대립한 사실에 주목하고자 한다. 이는 남쪽과 북쪽의 지역적 대립이 아닌 화엄종 파벌의 대립으로, 남악 화엄사가 의상계 화엄과 구별되는 화엄종 파벌을 형성하고 있었음을 말해주는 것이다. 이후로는 904년 화엄사가 신라 화엄종의 대표 사찰이라는 최치원의 언급, 13세기 말 화엄사가 의상계 화엄십찰이라고 한 『삼국유사』의 기록을 통해 의상계 화엄이 자장계 화엄을 통합하는 과정을 유추할 수 있다. 관혜와 희랑의 대립을 해결한 균여均如(923~973)의 일대기는 이러한 흐름을 뒷받침해준다.

그다음 넘어야 할 산은 『백지묵서 화엄경』이다. '황룡사 연기법사'가 754년 무주 지역에서 사경寫經을 시작했다는 대목에 중점을 두었다. 황룡사는 신라에 화엄종을 들여온 자장이 국통의 지위에 있으면서 주지를 맡았던 사찰로, 황룡사에 자장계 화엄종이 자리를 잡았다는 사실을 암시한다. 뿐만 아니라 화엄사를 창건한 '황룡사 연기법사'는 8세기에 이미 자장계 화엄에서 갈라져 나온 화엄종 승려였음을 짐작할 수 있으며, 자장계 화엄종을 대변하는 관혜의 남악과 의상계 화엄종을 대변하는 희랑의 북악 간의 대립이 발생한 이유도 이로써 유추할 수 있다. 또한 무주(광주) 지역은 화엄사가 위치한 구례에서 멀지 않다는 점에서 황룡사의 연기가 화엄사 창건주와 동일인물일 가능성을 높여준다.

그 밖에 1092년 대각국사 의천이 화엄사를 방문하여 화엄사의 연기 진영을 참배했다는 기록, 1487년 남효온이 화엄사를 다녀간 후 연기를 화엄종 승려가 아닌 '선사'로 표현했다는 내용[19]도 주의를 기울일 만한 대목이다. 한편 1530년 편찬된 『신증동국여지승람』에서는 승려 연기가 화엄사를 창건했다는 분명한 기록을 확인할 수 있다.[20] 이러한 사료들을 종합할 때 황룡사 출신 화엄종 승려 연기가 8세기 중반 화엄사를 창건한 인물이라는 결론으로 모아지고 있다.

이 책에서 가장 중요하게 다룬 연구 대상은 9세기부터 나말여초 시기에 활동한 화엄종 사찰 출신 선사들의 비문碑文 17점이다. 비문 내용을 통해 선사들이 화엄과 선禪을 대립적인 관계로 보지 않고 같은 개념으로 삼았던 풍토를 짐작할 수 있을 뿐만 아니라 화엄과 선의 관계 또는 화엄종 사찰과 선문禪門[21] 사찰의 관계에 대해서도 살펴볼 수 있다. 이는 당시 화엄종 사찰이 선문 사찰로 나아가고 있었으며 화엄종 사찰이 곧 선문 사찰의 원형이라는 추정을 가능케 한다. 또한 비문은 선사들이 선문의 법맥을 형성하는 과정을 보여줌으로써 결국 통일신라의 선문 사상이 화엄 사상을 토대로 한 화엄종 사찰에 뿌리를 두고 있음을 알 수 있다. 나아가 자장계 연기의 화엄종 사찰인 화엄사와 선문 사찰의 석조 조형물 양식을 비교하여 원형 관계를 확인해볼 수 있다.

9세기~나말여초 시기 선사들의 비문은 여러 가지 사실을 암시하고 있다. 우선 이들이 이전 선사의 법맥이 아닌 당나라 유학을 통해 수용한 법맥을 앞세워 선문 법맥의 파벌을 형성하기 시작했다는 사실로부터 고려 건국 이후 불교계 파벌이 강화되는 현상의 단초가 되었음을 짐작할 수 있다. 새로운 왕조의 탄생은 새로운 파벌의 등장을 의미하는 것으로, 고려 전기에 화엄종계에서도 다양한 법맥이 등장한 상황을 말해준다. 여기서 자장계 연기의 화엄사가 13세기 후반 의상계 화엄으로 통합되는 배경을 짐작할 수 있다.

9세기~나말여초 시기 선사들의 비문을 통해 알 수 있는 또 다른 것은 대단위 불사가 이루어진 시기다. 비문을 보면 828년 대렴大廉이 중국에서 가져온 차茶 씨가 화엄사가 있는 지리산에서 재배되었고, 17명 선사 가운데 2명의 선사(선각형미, 동진경보)가 활동할 당시 화엄사가 관단官壇 사찰로서 호남 지역을 대표하는 화엄종 사찰이었음을 확인할 수 있다.[22] 이러한 기록은 나말여초 이전까지 화엄사에서 대단위 불사가 이루어졌을 가능성을 엿보게 한다. 반면 889년 민란이 일어나 892년 견훤의 후백제 건국, 898년 궁예의 후고구려 건국으로 나말여초 시기로 접어들면 승려들이 전란을 피해 다니거나 숨어 지냈음을 보여주는 기록이 나온다. 중요한 것은 이 혼란한 정국에서 사찰의 대단위 불사가 불가능했

大乘律祖慈藏律師

화엄사 자장율사 진영

偉論雄經固不通 一生弘護有深功
三千義學分燈後 圓教宗風滿海東
大覺國師義天 影撰

華嚴寺創建功德主緣起祖師

화엄사 연기조사 진영

다는 사실이다.

754년『백지묵서 화엄경』의 사경을 시작으로 지리산 권역 서쪽 무주 지역에서 나타난 시기를 확인할 수 있는 모든 불사는 화엄종 사찰과 승려에 의해 이루어지고 있다. 766년 무렵 지리산 권역 동쪽 산청(석남암사지)에 지어진 비로자나불 좌상도 그중 하나다. 이 불상은 중국과 일본에서는 볼 수 없는 여래형 지권인智拳印의 화엄 본존불로서 매우 독창적인 조형성을 지니고 있다. 이렇듯 조형물에 상징 의도를 더하는 독창적 방식은 화엄사의 석조 조형물에서 꽃피우고 있는데, 사사자삼층석탑은 지금까지도 그 상징 의도를 완전히 파악하지 못하고 있다. 뿐만 아니라 한국 불교사에서 유일하게 벽면을 석조 경전으로 장식한 화엄석경, 각황전 앞 석등, 사사자삼층석탑 앞에 세워진 공양인물상도 살펴보면 지리산에서 형성된 차 재배의 역사를 고찰할 수 있다.

화엄사 동·서 오층석탑은 8세기 중반부터 나말여초 이전까지 화엄사 가람 배치의 원형을 살펴보는 단초가 된다는 점에서 중요한 사적이다. 서 오층석탑의 축은 화엄사의 대웅전 기준 축에서 빗나가 있고 동 오층석탑은 화엄사의 대웅전 축과 일치한다. 그런데 동 오층석탑은 1636년 벽암각성이 화엄사의 대웅전 영역을 중건하면서 해체 수리한 사실이 적혀 있기 때문에 석탑의 원형 가능성을 기대할 수 없다. 반면 서 오층석탑은 내부에서 사리장엄구가 발견되면서 8세기 중반~나말여초 이전의 것임이 확실해졌다. 지금의 화엄사는 1636년 벽암각성에 의해 구상된 새로운 축선의 가람 배치이므로, 서 오층석탑이 대웅전 기준 축에서 벗어났다는 것은 그 시기 가람 배치에 따른 것임을 암시한다. 본론에서는 서 오층석탑과 8세기 중반~나말여초 이전 조성된 전각의 다듬돌 초석을 자세히 비교 분석했다.

화엄사의 각황전과 원통전 그리고 보제루에서는 조선시대 이전의 양식인 다듬돌 초석이 확인되었다. 화엄사는 나말여초 이후 대단위 불사가 있었던 흔적을 볼 수 없으므로 이 다듬돌 초석들은 8세기 중반~나말여초 시기에 조성되었음을 말해준다. 또한 보제루 남쪽 계단 밑에 있는 당간지주는 8세기 중반~나말여초 이전 화엄사 가람 배치의 기준을 말해주는 단서라 할 수 있다. 본문에서는 서 오층석탑, 다듬돌 초석, 당간지주의 분석을 통해 과거 화엄사의 구체적 가람 배치 모양을 구성해 보았다.

앞서도 말했지만 빈약한 사료를 보완하기 위해 선택한 9세기~나말여초 시기 선사들의 비문 17점을 바탕으로 초기 화엄사의 현황과 1636년 이전 화엄사와 연기의 관련성을 증명하고자 한 것이 이 책의 중심 의도 중 하나다.

우선 제2장에서는 『화엄사사적』과 『백지묵서 화엄경』의 내용을 토대로 화엄사와 연기의 연관성을 심도 있게 규명했다. 755년 편찬된 『백지묵서 화엄경』에서는 무주 지역에서 불사를 동원한 황룡사의 화엄종 승려가 연기라는 사실을 확인하고, 1636년 편찬된 『화엄사사적』에서는 중관해안이 화엄주의 창건주인 연기를 지워버린 사실을 확인한다. 또한 중관해안이 화엄사를 544년 창건된 신라 최초의 사찰 흥륜사와 동격으로 내세우기 위해 창건 시기를 544년으로 왜곡한 것, 9세기 후반에 활동한 선각도선을 화엄사의 창건주로 내세운 것, 자장·의상·원효를 화엄사와 직접적 인연이 있는 인물로 무리하게 설정한 것을 검토했다. 중관해안이

각황전 삼불사보살三佛四菩薩. 관음보살·아미타불·문수보살·석가모니불·보현보살·다보여래·지적보살, 1703년, 색난 조성

화엄사의 창건주로서 연기의 흔적을 지우려 한 사실은 오히려 그 반대의 진실에 힘을 실어준다. 즉 『화엄사사적』의 왜곡된 내용들이 화엄사의 창건과 연기의 깊은 연관성을 돌출시킨다. 더불어 화엄사의 역사를 복원하는 작업에서 연기라는 인물의 중요성을 더욱 부각시켜주고 있다. 연기에 대한 분석으로는 의천과 남효온의 문집, 『신증동국여지승람』의 기록을 검토했다. 또한 『백지묵서 화엄경』에 언급된 "황룡사 승려 연기"와 같은 시기 황룡사 화엄종 승려의 성격을 고찰하여 자장에 의해 시작된 황룡사의 자장계 화엄이 연기로 이어지는 과정을 밝혔다.

제3장에서는 『화엄사사적』의 사료적 한계로 인해 9세기~나말여초에 활동한 선사들의 비문 17점, 즉 선사들의 일대기라는 새로운 사료에 접

사사자삼층석탑

근했다. 통일신라시대 선사들의 비문은 당시 사회상을 비롯하여 불교계의 현실, 선사들의 활동 내용을 담고 있어 다음과 같은 중요한 가치를 지닌다. 첫째, 17명 선사 중에는 당대 화엄사와 연관성을 지닌 선사도 포함되어 있어 사실성을 뒷받침해준다. 둘째, 통일신라시대 선사들은 화엄 사찰 출신이 대다수로, 특히 9세기에 활동한 선사들은 모두 화엄과 선禪을 동등한 개념으로 취하고 있으며 때로는 선의 성취를 위해 화엄을 강조하기도 한다. 셋째, 9세기에 활동한 선사들은 거의 모두 화엄 사찰에 거주했는데, 이것은 선문 사찰이 화엄 사찰에서 시작되었으며 화엄 사찰이 선문 사찰로 변모한 주요 계기였음을 추정케 한다. 산을 중시하는 화엄종 사찰의 특징적인 표현 방식을 선문 사찰이 따르는 모습이 그러한 사실을 증명하고 있다. 넷째, 당시 선사들이 사찰을 창건하거나 선문 사찰의 주지가 될 때 왕의 허락을 받았다는 사실이다. 왕은 선문 사찰의 선사를 주지로 임명했으며 왕실 직할 사찰인 황룡사나 왕의 직할 관부인 선교성 등에 예속시켰다. 이로써 황룡사의 연기가 지리산 화엄사를 창건할 당시의 상황을 유추할 수 있다. 즉 당시 경덕왕의 허가 또는 지원 아래 황룡사 연기가 대단위 불사를 일으켜 『화엄경』을 사찰의 이름으로 한 화엄사를 창건했음을 유추할 수 있다. 이 검토 과정에서 연기가 8세기를 대표하는 왕실 직할 사찰의 화엄종 승려였다는 사실에 한 걸음 다가갈 수 있다. 다섯째, 부도 탑과 비문의 조형적 특징을 통해 나말여초 정국이 혼란한 시기에 대단위 불사가 이루어지지 않았음을 유추할 수 있다. 우선 나말여초에 건립된 부도 탑과 비문은 안정적인 9세기에 조성된 것에 비해 조형미가 떨어지기 때문이다. 예를 들어 905년 건립된 '남원 실상사 수철화상' 비문은 유일하게 거북 형상의 받침(귀부)이 보이지 않으며 부도 탑

南嶽華嚴宗王觀惠大師

화엄사의 관혜대사 진영

들은 조형적으로 수려하지 않다. 이러한 내용은 나말여초 시기에 싸움이 치열한 접경 지역에 거주한 선사들이 혼란을 피해 다른 지역을 전전하느라 대단위 불사가 이루어지기 어려웠던 상황을 말해준다.

고려 건국 이후 조성된 선사의 부도 탑은 대체로 금당 위쪽에 건립되기 때문에 화엄사의 사사자삼층석탑은 승려의 부도 탑일 가능성이 내재해 있다. 이 점을 명확히 밝히기 위해 선사의 비문에 보이는 탑 조성과 건립 과정을 고찰한 결과 몇 가지 사실을 확인했다. 우선 통일신라시대에 선사의 일반적인 장례 절차는 입적한 선사의 유체를 땅에 묻었다가 1~2년 후 사찰 밖 언덕에 부도 탑을 건립한 다음 유체를 이장하여 탑 밑에 모시는 방식이다. 또한 선사가 아닌 교종 승려의 다비는 일반화된 장례 방식이 아니었다는 점, 사찰 내부 금당 위에 부도 탑이 세워지는 것은 고려 건국 이후에 나타났다는 점도 확인되었다. 무엇보다 사사자삼층석탑 앞 석등은 이를 증명한다. 통일신라시대 석등은 부처와 직접적으로 관련이 있는 조형물에 조성되기 때문이다. 이에 따라 화엄사의 사사자삼층석탑은 부처의 사리탑이라는 점이 명확해졌다. 또한 화엄종 사찰이 선문 사찰의 원형을 이루기에 금당 위에 부처의 사리탑을 모시는 형식이 고려 건국 이후로는 사리탑을 세우는 현상으로 변화되었음을 확인했다. 이러한 9세기 화엄종 사찰과 선문 사찰의 연결은 8세기 중반~나말여초 이전 이루어진 화엄사의 대단위 불사의 성격을 파악하는 자료가 된다.

제4장에서는 앞선 분석 내용을 바탕으로 8세기 중반~나말여초 이전 화엄사의 위상에 대한 규명을 시도했다. 828년 대렴이 중국 사신으로 갔다가 차의 씨를 가져온 이후 신라에서도 차가 재배되었고 차 문화가 성행했다.[23] 당시 차의 소비 주체는 사찰이었기 때문에 재배 또한 사찰

하늘에서 내려다본 화엄사

이 주관했는데 남쪽 지리산 권역에서 차의 재배 여건을 갖춘 사찰은 화엄사가 유일했다. 또한 화엄사에서 차를 재배한 이후 신라에 차 문화가 성행했다는 기록으로 볼 때 화엄사의 영향력이 적지 않았음을 유추할 수 있다. 실제로 선사의 비문에 나타난 9세기 후반 관단 사찰로 기능한 사실은 화엄사의 높은 입지를 확인시켜준다.

균여의 일대기에서 화엄사는 관혜가 후백제의 견훤을 지지한 것이 원인이 되어 쇠퇴의 길로 들어선 것으로 파악된다. 10세기의 최치원, 11세기 의천, 13세기 일연의 화엄사 언급은 그 쇠퇴를 증명해주는 자료라 할 수 있다. 조선시대 들어 15세기 남효온의 글과 16세기 『신증동국여지승람』을 통해 화엄사의 쇠퇴는 더욱 확실해지고 있다. 그런 흐름 속에서 1636년 『화엄사사적』은 화엄사에서 연기를 지우고 있다.

한편 『백지묵서 화엄경』(754) 석남암사지비로자나불좌상(766)을 비교 분석해 지리산 권역에 화엄사가 창건되던 8세기 중반의 시대 상황을 확인했다. 또한 화엄사의 석조 조형물은 화엄종 사찰 가운데 독창적인 조형미를 드러내고 있어 창건 당시 화엄사의 환경이 어떠했는지를 확인하고자 했다. 특히 서 오층석탑이 8세기 중반~나말여초의 원형을 유지하고 있다는 사실을 확인할 수 있었다. 또한 이 시기 조성된 것으로 판단되는 다듬돌 초석들을 통해 화엄사 가람 배치의 원형에 접근했다.

역사적으로 화엄사의 위상이 가장 높고 번성했던 때는 8세기 중반~나말여초 이전으로, 이후 화엄사는 창건주 연기의 사상적 전통을 잃기 시작하면서 쇠퇴의 기로에 접어들었다. 이 책은 여전히 불명확한 상태로 묻혀 있는 화엄사의 초기 역사를 복원하는 데 초점을 두고 다각적인 시선으로 사료들을 검토했다. 이로써 당대에 화엄사 창건은 어떤 의미를 지닌 것이었으며 불교계와 신라 사회에서 화엄사의 위상은 어떠했는지를 탐구했다.

각황전 부처님 ©사진가 류태열

# II

중관해안의
『화엄사사적』과
창건주 연기

—
華
嚴
寺
—

화엄사는 신라시대 화엄종을 대표하는 화엄십찰이다. 그러나 13세기 후반 고려시대로 접어들면 의상계 화엄십찰로 소개되고 있다. 이것은 화엄사의 화엄종 법맥 계파가 변화되었음을 말해주는 것으로, 『균여전』[1]에서 밝혀진 관혜와 희랑의 대립, 균여에 의해 의상계 화엄으로 통합되는 과정에서 변화를 확인할 수 있다.

조선시대에 들어와서는 화엄사 창건주 연기가 화엄종 승려가 아닌 선종의 선사로 소개되고 화엄이라는 종파까지 지워진다.[2] 이후 1597년 임진왜란으로 인해 화엄사 승군 153명이 석주관 전투에서 전사하고 사찰은 왜병이 지른 불에 의해 소실된다.[3] 이렇듯 종파가 사라지고 사찰마저 파괴된 이후 1630~1636년 벽암각성이 화엄사를 중건하는 시점에 『화엄사사적』이 편찬되었으니, 편찬 배경을 고려한다면 『화엄사사적』은 꽤 어려운 환경에서 이뤄진 작업인 것이다. 그러나 그것으로 사료적 가치가 없다는 사실을 덮어줄 수는 없다. 가장 중대한 잘못은 중관해안이 화엄사의 격을 높이기 위해 창건 시기를 544년으로 왜곡하고 창건주인 연기를 선각도선과 동일인물로 설정한 것이다. 연기는 실존 인물로 통일신라 8세기 중반에 활동한 황룡사 자장계 화엄종 승려다. 즉 화엄사의 본질은 8세기 중반 자장계 화엄종 승려 연기가 남악 지리산에 창건한 사찰이란 점에 있다. 그런 연기의 존재를 지우는 것은 화엄사가 화엄사일 수 있는 본질을 가리는 것이다. 따라서 『화엄사사적』은 신라의 명승과 화엄사의 역사적 사실을 왜곡함으로써 화엄사에 관한 유일한 사료이면서도 후대에게 신뢰받지 못하는 문헌으로 전락하고 말았다. 화엄사의 유일한 사료인 『화엄사사적』을 가장 먼저 고찰하는 이유가 여기에 있다. 또한 화엄사와 연기를 상징하는 사사자삼층석탑 앞 현재의 탑전은 고려 11세기에 '적멸당(지금의 적멸보궁)'으로 불렸다. 이것은 사사자삼층석탑이 통일신라 최초로 금당 뒤 언덕에 세워진 불탑이자 고려 11세기에 최초로 적멸보궁이 등장하고 있음을 의미한다.

제1절

# 『화엄사사적』의 비판적 검토

## 1. 화엄사의 격을 높이려는 시도와 연기의 문제

현재 화엄사에는 5점의 국보와 7점의 보물이 있다. 국보 가운데 3점은 조선시대에 조성된 각황전覺皇殿(국보 제67호), 화엄사괘불華嚴寺掛佛(국보 제301호), 목조비로자나삼신불좌상木造毘盧遮那三身佛坐像(국보 제350호)이고, 나머지 2점은 통일신라시대에 조성된 화엄사 사사자삼층석탑華嚴寺四獅子三層石塔(국보 제35호), 구례 화엄사 각황전 앞 석등求禮華嚴寺覺皇殿石燈(국보 제12호)(이하 '화엄사 석등')이다.

보물 7점은 조선시대에 조성된 화엄사대웅전삼신불탱華嚴寺大雄殿三身佛幀(보물 제1463호)과 화엄사대웅전華嚴寺大雄殿(보물 제299호), 그리고 통일신라시대에 조성된 화엄사서오층석탑사리장엄구華嚴寺西五層石塔舍利莊嚴具(보물 제1348호), 구례화엄사원통전앞사자탑求禮華嚴寺圓通殿獅子塔(보물 제300호), 구례화엄사동오층석탑求禮華嚴寺東五層石塔(보물 제132호), 구례화엄

[그림1] 화엄사 전각과 중요 석조유물(성)[4]

사서오층석탑求禮華嚴寺西五層石塔(보물 제133호), 구례화엄사화엄석경求禮華嚴寺華嚴石經(보물 제1040호)(이하 '화엄석경')이다.

　이중 통일신라시대에 조성된 대표적 유물인 사사자삼층석탑, 화엄사 석등, 동·서 오층석탑, 화엄석경, 서 오층석탑 출토 사리장엄구로부터 짐작할 수 있는 것은 화엄사 창건 당시 대단위 불사가 이루어졌으리라는 사실이다. 또한 이 유물들은 백제가 신라에게 멸망당한 660년 이후 지리산 권역과 호남 지역[5]에서 사찰 불사의 흔적이 끊어졌다가 8세기 중반 갑자기 화엄사라는 대규모 사찰이 등장하여 통일신라 화엄종을 대표했다는 사실을 말해준다.

그러나 1597년 전란 당시 왜병에 의해 사찰이 전소되면서 화엄사의 역사를 말해줄 모든 사료를 잃은 것으로 보인다.

혹은 재앙의 흐름과 백마(중국 최초 사찰)가 슬피 우는 상황으로 돌아가 무릇 부처님의 경전과 나라의 문서가 모두 사라져 전하는 것이 없어졌다.[6]

이러한 어려움 속에서 화엄사의 역사를 복원 정리하기 위해 중관해안이 『화엄사사적』을 편찬한다. 중관해안은 화엄사의 역사 자료의 부족을 토로하면서 주위 사람이 전하는 옛 노인의 이야기로써 '범승[7] 연기梵僧烟起의 창건'을 언급하고 있으나 정확한 역사는 확인할 수 없다고 기록하고 있다.

화엄사는 옛 노인에게 듣기로 범승 연기가 창건했다고 하는데 훼손되고 다시 세우기를 어느 천년인지 알 수 없다.[8]

연기와 화엄사 창건에 관하여 중관해안은 『계림고기雞林古記』를 참고해 흥륜사 창건과 같은 시기인 진흥왕 5년 544년에 개기開基, 즉 창건했다고 적고 있다.

이르기를 혹은 화엄불국사華嚴佛國寺 혹은 화엄법류사華嚴法流寺 혹은 화엄법운사華嚴法雲寺라 부르는데 『계림고기』에는 황둔사黃芚寺라 부른다. 간방(동북)을 등지고 곤방(서남)을 향하여 뒤로는 노을 끼는 언덕을 의지하고 앞으로는 구름 이는 굽은 시내를 본다. 창건은 양무제 대동 12년 신라 진흥왕 5년 갑자년(544)이다. 이해에 진흥왕은 어머니 지소부인을 위해 흥륜사를 창건한다."9

위 내용에 대해『화엄사사적』의 역자는 중관해안이 화엄사와 흥륜사를 같은 사찰로 보고 있다고 해석했으나10 동의할 수 없다. 오히려 화엄사와 신라 최초의 사찰인 흥륜사가 같은 해에 창건되었음을 밝힘으로써 화엄사의 격을 높이려 한 중관해안의 의도가 읽힌다. 무엇보다 중요한 것은『화엄사사적』에서 중관해안은 화엄사가 544년에 창건되었다고 밝히고 있으면서도 연기가 창건했다는 사실은 직접적으로 거론하지 않았다는 사실이다. 즉 화엄사 창건의 544년과 노인에게 들은 연기의 화엄사 창건을 분리하고 있다. 이것은 노인이 전하는 범승 연기의 화엄사 창건을 중관해안이 부정하고 있음을 의미한다.

현재 화엄사의 승려와 일반인에게는 544년에 연기조사가 화엄사를 창건한 것으로 알려져 있는데, 이는『화엄사사적』의 내용을 잘못 이해한 것이다. 분명히 중관해안은 화엄사 창건 연도인 544년과 연기를 연결하여 언급하지 않았다. 이러한 표현에는 중관해안의 다른 의도가 있는 것으로 보인다.『화엄사사적』에서 중관해안은 544년의 화엄사 창건은『계림고기』라는 문헌을 바탕으로 하고 있으며, 연기의 화엄사 창건은 주위 사람이 노인에게 들은 옛이야기라 밝히고 있다. 그러면서 화엄사 사료 부족의 어려움을 강조한 것은 연기의 544년 화엄사 창건을 염두에 둔 것이 아니라 신라 흥륜사와 같은 544년을 염두에 둔 것으로,『화엄사사적』에서 연기는 이야기 속 인물일 뿐이다. 즉 중관해안은 실존 인물인 화엄사 창건주 연기를 선각도선과 동일한 인물로 보면서 지역에 전해지고 있는 연기의 창건설은 잘못된 이야기임을 강조한 것이다. 결과적으로 중관해안이 화엄사를 544년 신라 최초의 사찰인 흥륜사와 같은 격에 올림으로써 화엄사 창건주 연기가 선각도선과 같은 인물이 되는 것이다. 실제로 선각도선이 화엄사의 창건주라는 언급이 뒤쪽에 등장한다.[11]

*세상 사람들이 혹은 연기가 나는 것을 보고 서로 찾아가 만났기 때문에 연기 스님이라 했다.[12]*

중관해안은 전해지는 이야기 속의 연기를 선각도선과 같은 인물로 규정하여 544년 화엄사 창건의 문제를 일단락 짓고 있다. 다시 말해 연기의 화엄사 창건은 잘못된 이야기로, 선각도선이 바로 연기이며 화엄사 창건은 544년이라는 점을 확실히 하려 한 것이다. 더욱이『화엄사사적』에서 중관해안은 화엄사의 전통을 '자장 → 원효 → 의상 → 선각도선(연기)'의 흐름으로 정리하면서 범승 연기가 화엄사를 창건했다는 설은 지나가는 이야기로 취급했다.

사실 이와 같은 혼선은 한국 모든 사찰의 공통된 현상이기도 하다. 임진왜란과 한국전쟁이라는 대혼란을 겪으면서 인적, 물적 자료가 사라진 탓에 사찰의 역사를 재건하려 할 때 나타나는 문제인 것이다. 일반적으로 창건주에 관한 기록을 상실한 사찰들은 역사를 다시 세우고자 할 때 가장 유명한 '원효'와 '의상'을 불러들여 창건주로 상정해왔다. 그렇기에 현재 전국적으로 많은 사찰의 창건주가 원효와 의상으로 알려져 있다. 중관해안의『화엄사사적』또한 이러한 흐름으로 해석할 수 있다. 화엄사의 창건주인 연기라는 인물에 대해 아는 바가 없었던 중관해안은 연기를 선각도선과 동일 인물로 만들어 연기를 지우고자 했다. 그리고 전혀 무관한 홍륜사를 끌어와 같은 해에 창건한 것을 강조하여 화엄사의 위상을 드높이려 했다.

## 2. 신라의 땅 구례와 지리산에 대한 의미

화엄사를 호남 제일의 사찰로 내세우기 위한 중관해안의 작업은 지리산에 대한 찬사로 이어진다. 즉 지리산인 방장산方丈山은 봉래산(금강산), 영주산(한라산)과 더불어 삼신산三神山에 속한다고 소개했다. 도교에서 방장산은 신선들이 머무는 산으로 중요한 지위를 지니는데 이렇듯 중요한 방장산 중심에 화엄사가 자리하고 있음을 강조한 것이다.

반야라는 봉우리가 있어 백두산을 시작으로 하고 봉래와 영주를 백부와 숙부로 하여 해동의 삼신산 중 하나라 한다.[13]

또한 중관해안은 지리산을 불교의 수미산須彌山이라 말한다.

남쪽으로 묘고봉[수미산] 아래 해가 뜨는 곳에 중관철면中觀鐵面이 이르러[14]

묘고봉妙高峯인 수미산은 지리산이며, 해가 뜨는 곳[15]은 화엄사다. 수미산은 불교 세계관에서 세상의 중심인 산으로[16] 지리산이 수미산이라는

[그림2] 화엄사와 지리산

표현은 불교세계의 중심에 지리산이 있고 지리산의 가장 중요한 빛나는 곳에 화엄사가 있다는 뜻이다. 여기에는 지리산이 불교 세계의 중심 산이며 더불어 도교 신선들이 중요하게 여기는 방장산이라는 의미가 담겨 있다.

또한 중관해안은 화엄사가 백제의 땅이 아닌 신라의 땅에 있었다는 사실을 강조하고 있다. 이는 신라가 삼국을 통일했기에 조선 불교의 정통성은 신라를 통해 이어지고 있다는 해석의 결과로 보인다. 따라서 중관해안은 『화엄사사적』의 서두에 구례가 신라의 땅임을 강조하고 있다.

근본 시작부터 구례는 신라의 땅이다. 어느 때 백제에 점령되어 구례현이 되었는데 신라가 다시 찾아서 봉성이라 하고 곡성군에 포함됐다.[17]

신라는 660년 백제를 멸망시켜 복속했지만 8세기 중반 호남 지역에 화엄종 사찰이 창건되기 전까지 옛 백제 땅에는 어떠한 불사도 일어나지 않았다. 고려시대에도 백제와 관련한 사찰 창건이나 고승의 맥을 이은 불사는 보이지 않으며, 이러한 현상은 조선시대까지 이어지고 있다. 그렇다면 중관해안이 화엄사의 격을 높이기 위해 화엄사의 역사를 재구성하는 과정에서 구례를 백제의 땅이 아닌 신라의 땅으로 강조하는 것은 당연해 보인다. 멸망한 백제의 불교 전통보다는 삼국을 통일한 신라의 불교 전통을 잇는 것이 상식에 부합하기 때문이다.

중관해안에게 신라는 백제를 통합한 국가였기에 화엄사가 있는 지리산과 구례 또한 신라의 땅으로 보는 것이 마땅하다. 그렇기에 중관해안은 신라 최고의 고승들을 화엄사와 관련짓고 있다. 원효는 해회당海會堂에 머물렀으며,[18] 의상은 해장전海藏殿에서 석장錫杖을 걸고 머물렀다.[19] 또한 화엄사 전각의 이름에 대해 이야기하면서 원효암元曉庵과 의상암義相庵이 있었다고 한다.[20] 이것은 화엄사가 신라의 땅에 있었으며 신라 최고의 고승들이 머물렀던 사찰이라는 사실을 소개해 화엄사의 위상을 드높이려 한 것이다. 더 나아가 중관해안은 자장이 황룡사, 월정사와 더불어 화엄사를 중창했다고 했으며,[21] 화엄사에서 출가한 선각도선[22] 또한 화엄사에 머물렀다[23]고 적고 있다.

종합해보면 중관해안이 『화엄사사적』에서 강조하고자 한 내용은 다음과 같다. 구례는 신성한 불교국가 신라의 땅이며, 지리산은 불교 세계의 중심인 수미산인 동시에 도교 신선들이 사는 방장산으로 가장 밝은 곳에 화엄사가 창건되었다. 화엄사는 신라 최초의 사찰인 흥륜사와 같은 해에 창건되었으며 신라 최고의 고승인 자장·원효·의상·선각도선이 머무른 호남 제일의 사찰이다.


### 3. 『화엄사사적』이 화엄사의 사료가 될 수 없는 원인

현재 알려진 화엄사의 암자와 전각에 관한 역사와 명칭들의 출처는 『화엄사사적』이다. 이처럼 중관해안의 『화엄사사적』은 화엄사와 관련된 많은 정보를 담고 있기에 17세기 이후 꾸준히 사료적 가치에 대한 신뢰성이 지적되어왔다. 그럼에도 화엄사 역사 연구에서 『화엄사사적』을 배제할 수 없는 게 현실이기에 『화엄사사적』에 대한 검토는 화엄사 역사를 연구하는 첫 작업일 수밖에 없다.

중관해안은 벽암각성이 화엄사 중건을 시작하는 1630년에 『화엄사사적』 집필을 시작하여 1636년 화엄사의 중건과 함께 집필을 완성한다. 『화엄사사적』 서두에는 임진왜란 당시 화재로 인해 모든 역사적 자료가 사라진 상황을 스님들로부터 전해 듣고 편찬 작업을 시작하게 된 내력을 소개하고 있다. 그로부터 7년이 지난 1636년 화엄사의 승려 간고幹蠱가 나묵懶默을 보내 화엄사의 역사 집필을 재차 요청했고 그해 음력 11월에 『화엄사사적』이 완성된 것으로 나타나 있다.[24]

임진왜란이 일어나자 승병장으로 전란을 극복하기 위해 앞장섰던 중관해안[25]은 권율과 함께 행주산성 전투에 참전한 뇌묵처영雷默處英의 외조카이며 조선의 승병을 일으킨 청허휴정淸虛休靜(1520~1604)의 제자다.[26] 또한 중관해안이 남긴 『중관대사유고中觀大師遺稿』라는 문집의 「부록附錄」을 보면 그는 청허휴정의 법을 이은 뇌묵처영의 제자로 소개되어 있다.

종파는 다음과 같다. 청허휴정 대사의 비지(법맥)가 뇌묵처영에게 전해지고 처영은 중관에게 전했다.[27]

뇌묵처영은 임진왜란 당시 권율과 함께 많은 전투에 참전한 유명한 승병장으로, 중관해안과는 인척 관계였기에 중관해안이 휴정의 법맥을 잇도록 연계한 것으로 보인다. 어린 시절의 중관해안은 하나를 들으면 열을 깨우칠 만큼 총명하여 동네 사람들에게 기동(신동)이라 불렸으며, 뇌묵처영의 가르침을 받아 불학에 정진했다.[28] 그 결과 선조 20년(1587) 약관의 나이에 화엄사에서 열린 고승들의 법석에서 대장경을 강의했다.[29]

중관해안의 글에는 유학儒學의 문장을 많이 엿볼 수 있는데, 예를 들어 이치가 밝게 드러난다는 뜻으로 "솔개는 날아 하늘로 높이 솟고 물고기는 연못에서 뛰논다"[30]라는 표현은 『시경』에서 빌려온 문장이다. 이런 글쓰기는 조선 후기 고승들 사이에 일반화되어 있던 것으로, 불교가 억압받던 유교 국가 조선에서 지배층인 양반과 유학으로 교류하는 것이 고승의 역량으로 인식되었던 상황을 보여준다. 그러한 예로 백곡처능白谷處能(1617~1680)은 출가 이후 유학을 두루 익혀 사대부들과 시문詩文을 나누었다.[31]

중관해안이 약관의 나이에 화엄사에서 경전을 강의한 사실로 볼 때 그는 화엄사뿐만 아니라 호남 지역을 대표하는 고승이었음을 짐작할 수 있다. 또한 왜란의 혼란기에 승병으로 참여한 휴정의 제자이자 뇌묵처영과 인척 관계라는 사실은 중관해안이 중요한 지위에 있었음을 간접적으로 말해준다.

조선 초기 정치권의 영향으로 화엄종파의 전통이 사라지고 있는 와중

제2장 중관해안의 『화엄사사적』과 창건주 연기

에 임진왜란까지 더해져 화엄사의 역사에 관한 많은 인적·물적 자료가 망실되었다. 『화엄사사적』은 이러한 여건 속에서 집필되었기 때문에 고증 가능한 화엄사의 역사서로 쓰이기에는 무리가 있을 수밖에 없다. 그렇다 해도 내용 구성의 혼잡함은 물론 화엄사를 다른 사찰의 『사적』이나 『삼국유사』에 나타난 기록을 그대로 옮겨 쓰거나 사찰 이름까지 화엄사로 바꾼 것은 중대한 잘못이다. 결국 중관해안이 집필에 성의를 다하지 않았거나 능력이 부족했다는 비판으로 이어질 수 있다. 1697년 화엄사에서 『화엄사사적』 필사본을 목판으로 간행하는 작업을 진행한 백암성총栢庵性聰(1631~1700)의 「발미跋尾」에도 그러한 문제가 직접적으로 지적되어 있다.

> 철면노자(중관)는 학문에 통달하여 작은 기예도 금하지 않으며 (…) 문장이 길고 장황하여 요약되지 못한 아쉬움을 남기고 있어, 사실을 기록함의 어려움이 이와 같다.[32]

이것은 중관해안의 『화엄사사적』은 장황하게 길고 의미 없는 글들이 많아 화엄사의 역사에 관한 중요한 내용이 없다는 비판이다. 화엄사에 중관해안과 관련된 문파들이 없지 않았을 텐데 『화엄사사적』의 목판본 간행을 주관한 백암성총이 「발미」에 이런 비판을 넣은 것을 보면 이미 문제의식을 공유하고 있었던 것으로 보인다. 다만 백암성총은 화엄사의 고승인 중관해안을 예우하여 잘못된 부분을 정확히 지적하지 않고 글의 장황함만을 완곡하게 비판한 듯싶다. 내가 보기에 다른 문헌의 기록을 그대로 가져와 이름만 화엄사로 바꾸어 역사로 삼은 것은 큰 잘못이다.

백암성총과 중관해안은 문파를 달리한다. 백암성총은 벽암의 제자인 취미수초翠微守初(1590~1668)의 제자로 부휴계浮休系인 반면 중관해안은 청허계다. 물론 좀더 올라가면 둘 다 부용영관芙蓉靈觀(1458~1571)을 스승으로 하기 때문에 같은 계파라 할 수도 있으나 제자인 부휴선수와 청허휴정은 확실히 서로 다른 계파를 이루고 있었다. 화엄사가 소실된 후 방치되다가 30년이 지나서야 벽암각성이 중건을 맡았다는 사실은 벽암각성의 계파, 즉 부휴계가 화엄사를 중건하는 중심 역할을 맡았다는 사실을 의미한다. 그런데도 화엄사의 전통을 확립하는 역사서 집필을 청허계 제자인 중관해안에게 맡긴 이유는 같은 부용계의 뿌리라는 점이 작용했을 수도 있겠고, 호남 지역에 중관해안의 이름이 널리 알려져 있었기 때문일 수도 있다.

예의를 국가 근본으로 삼는 조선 사회에서 성총이 중관해안의 글을 비판한다는 것은 어른에 대한 모독 행위다. 성총이 이러한 상황을 감수하면서까지 비판의 글을 담은 것을 보면 당시 중관해안의 『화엄사사적』에 대한 문제의식이 공유되고 있었을 가능성이 있다. 응윤應允(1743~1804)이 자신의 문집에 다음과 같이 『화엄사사적』의 그릇된 인용을 지적한 것을 보면 그러한 상황을 짐작할 수 있다.

> 장육전 위에 있는 세존사리탑 구층에(사사자삼층석탑) 철면자(중관)의 글이 있어 읽어보니 경주 불국사의 『사적』이 화엄사의 것으로 잘못 되어 있다. 황당하고 본받을 것이 없어 이 내용을 기록하지 않는다.[33]

이와 같이 응윤은 중관해안이 『화엄사사적』에 기록한 사실이 불국사의 내용과 같다면서 글을 옮길 만하지 못하다고 비판 아닌 비난을 가하고 있다. 당시에도 『화엄사사적』이 지닌 인용의 문제점이 일반화된 사정을 읽을 수 있다. 오늘날의 학자들도 『화엄사사적』의 번잡함에 대해 지적[34]하고 있는 것을 보면 『화엄사사적』이 완성된 당대로부터 오늘날까지 그 내용에 대한 비판은 계속되어온 셈이다.

백암성총이 주관한 목판 인쇄 불사는 중관해안이 『화엄사사적』을 편찬한 해로부터 60여 년이 지난 1696년에 이루어지고 있는데, 이렇게 늦어진 이유에 대해서는 다수의 의견이 있다. 먼저 『화엄사사적』이 지니고 있는 내용의 문제가 원인이 되어 판각의 필요성이 제기되지 못했을 것이라는 주장이다. 문장이 장황하고 그릇된 인용에 대해 비판받는 상황이니 판각의 당위성을 얻지 못했을 것이라는 이러한 견해는 충분히 일리가 있다.[35] 또 다른 주장으로는 1636년 발생한 병자호란 때문이라는 견해다. 앞서 화엄사 중건은 1598년 임진왜란이 끝난 후 나라가 매우 피폐해진 탓에 30여 년간 전란의 피해를 수습하고 난 1630년에서야 시작되었다는 사실을 참고할 필요가 있다. 즉 1636년 병자호란을 치른 조선 사회는 인적·물적 피해가 극심했기에 『화엄사사적』의 목판 인쇄도 지연되었을 것이라는 주장이다.

화엄사 역사 정립의 책임을 맡은 중관해안의 실수는 크게 세 가지로 지적할 수 있다. 첫째는 연기의 화엄사 창건을 노인의 옛이야기로 치부했다는 것이고, 둘째는 『계림고기』를 통해 544년 화엄사 창건을 확정지은 것이고, 셋째는 신라의 고승 자장·선각도선·원효·의상을 화엄사와 관련 깊은 인물로 만들고 선각도선과 연기를 동일 인물로 여겼다는 것이다.

중관해안이 이러한 세 가지 오류를 저지르게 된 배경에는 다음과 같은 요인이 작동한 것으로 보인다. 첫째, 조선이 불교를 억압하는 과정에서 연기로 대표되는 화엄종의 맥이 점차 옅어진 상황에서 중관해안은 연기를 불확실한 인물로 판단하여 배제한 것이다. 둘째, 화엄사를 신라 최초의 사찰인 흥륜사와 같은 연도에 창건한 사찰로 부각하여 호남 제일의 사찰로 자리매김하고자 한 것이다. 중관해안에게 화엄사의 역사를 복원한다는 것은 화엄사를 흥륜사와 동격으로 만드는 것이라 할 수 있다. 셋째, 중관해안은 문헌을 중요하게 생각하는 인물로, 화엄사 역사 복원의 기준 역시 문헌에 두었을 것이다. 그러나 전란으로 인해 참고할 만한 사료가 빈곤한 상황에서 문헌 확인이 불가능한 연기의 존재를 무시하고 아예 선각도선의 이름이 와전된 것으로 치부한 것이다. 결과적으로 중관해안은 다른 문헌의 내용을 거리낌 없이 화엄사의 역사로 변경하면서 문헌으로 확인할 수 없는 전해져 내려오는 이야기는 도외시한 것이다. 이렇듯 중관해안이 『화엄사사적』을 쓰는 방식은 문헌에 기댄 창작으로, 화엄사의 역사가 아닌 허구의 이야기를 만들어낸 것이다.

그러나 중관해안이 연기를 선각도선과 동일한 인물로 취급한 흔적은 도리어 오랜 세월 입에서 입으로 전해져온 연기와 화엄사의 중요한 관계에 관심을 갖게 한다. 다시 말해 『화엄사사적』에 나타난 중관해안의 신뢰하기 어려운 서술이 연기라는 인물에 대한 중요성을 더욱 부각시킨 셈이다.

중관해안은 1635년 『금산사사적』을 저술했고, 1636년 『화엄사사적』과 『대둔사사적』을 저술했다. 특이하게도 세 사찰의 사적기에는 고대 불교사의 대표적 인물인 아도·자장·원효·의상이 각 사찰의 역사적 인물로 공통적으로 등장하고 있다. 모두 같은 내용으로 세 사찰에 연관되어

[표1] 세 사적기의 같은 내용의 목차

| 『금산사사적』 | 『대둔사사적』 | 『화엄사사적』 |
|---|---|---|
| 석가모니의 생애 | 석가모니의 생애 | 석가모니의 생애 |
| 백제 법왕 | 백제 법왕 | 백제 법왕 |
| 자장전 | 자장전 | 자장전 |
| 도선전 | 도선전 | 도선전 |
| 아도전 | 아도전 | 아도전 |
| 삼국의 불교 | 삼국의 불교 | 삼국의 불교 |
| 원효전 | 원효전 | 원효전 |
| 의상전 | 의상전 | 의상전 |

있는 것이다.36

『화엄사사적』의 중요 목차를 보면 서문 → 구례의 역사 → 화엄사의 창건 → 사적을 쓰게 된 내력 → 석가모니의 생애 → 인도 불교 전래 → 백제 법왕과 화엄사 → 자장전 → 도선전 → 아도화상 → 중국 불교 → 신라·고구려·백제 불교 → 원효전 → 의상전 → 화엄사의 전각 → 최치원의 화엄 관련 글 → 최치원전 → 화엄사의 중건 → 전등록 → 고려 불교 → 명 태조 편지 → 성총의 발문37으로 되어 있다.

『화엄사사적』의 내용은 긴 편이지만 정작 화엄사의 역사에 관한 내용은 빈곤하고 구성은 혼란스러우며 순서는 모호하다. 특히 여러 문헌 자료의 내용을 가져와 화엄사의 역사인 것처럼 바꾼 대목이 적지 않다. 대표적으로 544년에 화엄사가 창건되어 백제 법왕法王(재위 599~600)과 신라 진흥왕과 관련이 있는 것처럼 서술한 부분이 많은 비판을 받고 있다. 중관해안은 『삼국사기』에서 백제 법왕에 관한 서술38을 『화엄사사적』에 옮겨와 백제 법왕과 화엄사를 연관시키고 있다. 『화엄사사적』에 서술된 문장은 "法王 (…) 明年, 度僧三十餘人, 於華嚴寺"39로 『삼국사기』의 "度

僧三十八" 자리에 "於華嚴寺"만 적어 넣어 화엄사와 연관시킨 것이다. 이 것은 구례가 원래 신라의 땅이었는데 백제가 점령한 것이고 이후 신라가 탈환했다는 중관해안의 역사 인식에서 비롯된 혼란으로, 현재까지도 백 제 법왕과 화엄사가 연관되어 있다는 설이 나돌고 있다. 중관해안은『화 엄사사적』을 마무리하면서 삼국시대의 역사서를 바탕으로『화엄사사 적』을 저술했다고 밝히고 있지만, 사실은 삼국시대 역사서를 바탕으로 화엄사의 역사를 꾸민 것이다.

> 이상과 같은 사적史蹟은 숲속 사람들의 근거 없는 찬술이 아니라 모두
> 동방 삼국시대 사필史筆의 현적顯迹에서 나온 것이다.[40]

또한 중관해안은 화엄사를 지칭하는 여러 이름에 대해 설명하면서 『계림고기』라는 확인되지 않는 문헌 자료를 근거로 제시하고 있다. 이어 서 화엄사는 진흥왕이 544년 창건한 사찰이며 이때 흥륜사 또한 창건되 었다고 서술하고 있다.[41] 이것은『삼국유사』의 내용[42]을 가져오고 흥륜 사를 화엄사로 바꾼 것으로, 삼국시대의 역사 자료인『삼국사기』와『삼 국유사』에서 발췌한 내용을 교묘하게 변형해『화엄사사적』에 옮기고 있 다. 자장이 화엄사를 중건하면서 사리를 나눠 봉안했다는 이야기도 다 른 역사를 화엄사에 갖다 붙인 중관해안의 창작이다. 화엄사 전각에 관 한 설명은 검토할 필요조차 없어 보인다. 544년 화엄사를 창건했다는 내 용은 역사적 사실이 아닌 중관해안의 창작으로 보는 것이 올바른 판단 이다.

『화엄사사적』에는 최치원의 글 9점을 소개하면서 이중 5점을 통해 화

엄사 역사의 오래된 역사를 강조하고 있다. 그런데 이 글들은 불국사에 관한 기록을 옮겨놓은 것으로,[43] 다시 말해 최치원의 이름을 빌려 불국사의 사적을 화엄사의 사적으로 바꾼 것이다. 이러한 서술은 명백한 역사 창작이며 최악의 사기라 할 수 있다. 화엄사의 역사가 1636년 이후 오늘날까지 안개 속에 싸여 있게 된 근본적인 원인은 중관해안의 『화엄사 사적』을 역사적 사실로 받아들여 답습했기 때문이다. 현재 여러 문헌과 고고학적 자료를 통해 백제시대에는 호남의 변방인 구례 지리산에 사찰이 창건되지 않았으며 통일신라에서도 8세기 중반 이전까지 호남 지역에 사찰을 창건하지 않았다는 사실이 확인되었다. 중관해안의 『화엄사 사적』이 화엄사의 역사를 연구하기 위한 사료로 기능할 수 없는 근본적인 이유다.

# 연기와 연기의 화엄에 관한 성격 검토

## 1. 연기와 적멸당 '화엄사 사사자삼층석탑'

1절에서 살펴봤듯이『화엄사사적』은 많은 의구심과 비판을 낳고 있다. 그런 이유로 지금까지『화엄사사적』을 심층 분석한 연구로는 연기의 화엄 사상의 관련성을 주제로 한 염중섭(자현)의 논문[44]이 거의 유일하다. 염중섭은 논문을 발표하면서『화엄사사적』의 혼란성으로 인한 검토의 어려움을 토로해 그동안『화엄사사적』의 심층 분석이 이루어지지 않았던 이유를 대변해주고 있다.

1636년『화엄사사적』이전의 문헌 가운데 연기와 화엄사에 관한 언급을 볼 수 있는 문헌[45]으로는『대각국사문집大覺國師文集』『백지묵서 화엄경』『추강선생문집秋江先生文集』『신증동국여지승람』이다. 먼저『대각국사문집』권17「화엄사예연기조사진영華嚴寺禮緣起祖師影」에 따르면 화엄사에서 연기의 진영을 참배한 대각국사 의천이 "3000여 문도를 거느리고 원

[그림3] 2022년 탑전(적멸보궁)에서 바라본 화엄사사사자삼층석탑(철)

교圓敎, 즉 화엄의 종풍宗風을 드날린 인물"이라 표현하고 있다.[46] 의천이 화엄사를 방문한 때는 순천 선암사仙巖寺를 중건하고 나서 대각암大覺庵에 주석하던 1092년으로 추정되며, 화엄사에 대한 감회를 「유제지리산화엄사留題智異山華嚴寺」라는 시로 전하고 있다. 이 시는 연기가 어머니를 기리는 효대孝臺에 올라 의천이 자신의 어머니를 그리워하는 내용으로, 화엄사 사사자삼층석탑의 상징적 의미에 대한 해석의 실마리를 제공하고 있다.[47]

적멸당寂滅堂 앞에 멋진 경치가 많고 길상봉吉祥峯 위에는 티끌이 없다. 종일 움직이며 지난 일 생각하니 해는 저물고 효대에는 슬픈 바람이 일어난다.[48]

화엄사가 언급된 또 다른 문헌으로는 『백지묵서 화엄경』(국보 제1965호)으로 「발문」에 '황룡사 연기법사緣起法師'가 754년 호남 지역에서 사경을 했다는 내용이 있다. 754년은 8세기 중반 경덕왕(35대, 재위 742~765) 시기로, 앞서 화엄사 창건을 750년경으로 판단한 근거가 된다. 다만 『백지묵서 화엄경』에는 '황룡사 연기법사'라는 이름만 남겼을 뿐 '화엄사'라는 직접적인 언급은 없다.

의천이 화엄사를 방문하여 연기의 진영을 참배하고 연기의 화엄 종풍을 찬탄한 것으로 보아 1092년의 고려시대에는 연기가 화엄사를 대표하는 중요한 인물로 인정되고 있었음을 짐작할 수 있다. 따라서 1092년 화엄사를 대표하는 '연기'와 754년 호남 지역을 움직여 『백지묵서 화엄경』을 사경한 황룡사의 '연기'를 동일한 인물로 보는 해석은 자연스럽다.

조선시대 화엄사를 설명한 두 문헌에도 연기와 어머니의 이야기가 직접적으로 나타난다. 조선 초기 남효온의 『추강선생문집』 중 1487년 10월 7일의 내용을 보면 화엄사를 소개하는 내용에 이어서 비구니가 된 어머니와 그 어머니를 기리는 연기의 형상이 새겨진 사사자삼층석탑에 대해 화엄사 승려가 설명해주는 문장이 있다. 여기서 주목할 대목은 연기를 제자 1000명을 거느린 선사로 소개한 점이다.

밥을 먹은 뒤에 내려와서 황둔사黃芚寺를 구경했다. 절의 옛 이름은 화엄사花嚴寺로, 명승名僧 연기緣起가 창건한 것이다. 절의 양쪽은 모두 대나무 숲이었다. 절 뒤에 금당金堂이 있고 금당 뒤에 탑전塔殿이 있는데, 전각이 몹시 밝고 산뜻했다. 차 꽃과 큰 대나무와 석류나무와 감나무가 그 곁을 에워싸고 있었다. 넓은 들판을 내려다보니 긴 시내가 가로로 걸쳐 있는데, 그 아래가 웅연熊淵이다.

뜰 가운데에 석탑이 있었다. 탑의 네 모퉁이에 탑을 떠받치는 네 기둥이 있고, 또 부인婦人이 중간에 서서 정수리로 떠받치는 형상이 있다. 승려가 "이것은 비구니가 된 연기의 어머니입니다"라고 했다. 그 앞에 또 작은 탑이 있었다. 탑의 네 모퉁이에 또한 탑을 떠받치는 네 기둥이 있고, 또한 남자가 중간에 서서 정수리로 탑을 떠받치고 있는 부인을 향해 우러러보고 있는 형상이 있으니, 이 인물은 연기다. 연기는 옛날 신라 사람으로, 그 어머니를 따라 이 산에 들어와서 절을 세웠다. 제자 천 명을 거느리고서 화두話頭를 정밀히 탐구하니, 선림禪林에서 조사祖師라고 불렀다.[49]

이 내용에서 사사자삼층석탑 옆 탑전이 최소한 1487년 이전에도 있었다는 것을 확인할 수 있다. 지금은 옛 흔적이 사라져 탑전의 건축 연대를 측정하기가 어렵다.[50]

마지막으로 1530년 편찬된 『신증동국여지승람新增東國輿地勝覽』에는 시기는 알 수 없으나 '연기煙氣'가 화엄사를 세웠다는 내용과 '세상에 전해지는 이야기俗云'로 사사자삼층석탑에 얽힌 연기와 어머니의 관계를 밝히고 있다.

지리산에 있다. 승려 연기가 어느 시대 사람인지 알 수 없다. 화엄사를 건립했다. 전각 하나가 있어 네 벽에 흙을 바르지 않고 모두 청벽을 사용했는데 『화엄경』을 새겼다. 세월이 지나 벽이 무너지고 글이 사라져서 읽지 못한다. 석상이 어머니를 공경하듯 세워져 있는데, 세상에 전해지는 이야기로는 '연기와 그 어머니의 화신化身'이라고 한다.[51]

[그림4] 일제강점기 탑전과 사사자삼층석탑(유)

[그림5] 2022년 탑전과 사사자삼층석탑

[그림6] 2022년 탑전 앞 구례 풍경(칠)

[그림6]을 보면 남효온의 글처럼 현재(2022)의 탑전 앞으로 구례의 넓은 들과 섬진강이 흐르는 모습을 바라볼 수 있다. 이를 통해 지금의 탑전은 1487년 남효온이 말하는 사사자삼층석탑 옆 탑전임을 확인할 수 있다.

앞서 1092년 의천이 화엄사를 방문하여 적멸당의 경치를 찬탄하며 효대에서 감회에 젖는 시를 살펴보았는데, 1487년 남효온이 화엄사 탑전 앞 경치를 찬탄한 내용과 매우 흡사하다. 현재에도 구례의 섬진강과 구례의 넓은 벌판이 보이는 지점은 화엄사 탑전 앞이 유일하기 때문에 의천이 말한 적멸당은 남효온의 탑전이라는 사실을 짐작할 수 있다.

'적멸寂滅'은 부처의 열반을 의미하며 '적멸당'은 부처의 열반을 기리는 건물이다. 고려시대 이전 적멸당의 당堂은 금당金堂의 '당'과 같은 존칭이며 사찰의 중심 건물을 의미한다. 따라서 적멸당은 적멸보궁寂滅寶宮[52]과 같은 개념이라 해도 무리가 없을 것이다. 고려 초기 의천의 문집에서 확인되는 적멸당은 조선 초기의 적멸보궁이며 지금의 탑전이다.

화엄사에서 부처의 사리탑은 사사자삼층석탑 외에 대웅전 앞 동·서 오층석탑이 있다. 그러나 동·서 오층석탑 앞에서는 구례의 경치가 보이지 않는다. [그림7]을 보면 지금의 화엄원에 의해 전망이 가려져 있는데, 화엄원 앞에서도 구례의 벌판과 섬진강은 보이지 않는다. 즉 동·서 오층석탑 앞에서는 의천이 말한 "멋진 경치"가 보이지 않으며, 남효온이 말한 "넓은 벌판"과 "긴 시내"가 보이지 않는다. 또한 동·서 오층석탑의 공간은 효대의 '대臺'라는 글자가 지시하는바 언덕 위 평평한 장소가 아니다. 결론적으로 화엄사에서 효대라 할 만한 공간은 남효온이 금당으로 지칭한 각황전 뒤편 사사자삼층석탑이 조성된 공간이 유일하다. 또한 의천이

[그림7] 동·서 오층석탑과 화엄원 앞 풍경(철)

말한 적멸당, 즉 적멸보궁은 남효온이 말하는 탑전이자 지금의 탑전이다. 이로써 의천이 말한 효대는 사사자삼층석탑이라는 사실을 알 수 있다.

연기와 그의 어머니가 함께 소개된 문헌을 보면 화엄사와 연기의 관계를 유추할 수 있다. 754년 『백지묵서 화엄경』에 언급된 연기緣起는 황룡사의 승려로, 지금의 호남인 광주(무진주) 지역을 움직여 사경 불사를 이루고 있다. 이후 1092년 의천이 언급한 연기緣起와 1487년 남효온이 언급한 연기緣起, 1530년 『신증동국여지승람』에 언급된 연기煙氣는 모두 화엄사를 대표하는 인물로 확인된다.

## 2. 통일신라 황룡사의 자장계 화엄

『화엄사사적』에는 7세기 중반의 신라 승려인 자장이 화엄사를 중창한 인물로 소개되고 있다.[53] 그러나 역사적 정황에 비추어볼 때 자장은 구례에 있을 수 없다. 고고학적 발굴에서 7세기 중반 이후의 유적이 확인되지 않고 있어 단정할 수는 없으나, 시대 상황으로 추정할 때 7세기 중반 백제와 신라는 치열한 전쟁 중이었으므로 백제와 신라의 접경지대인 구례 지역은 매우 혼란스러웠을 것이다. 『화엄사사적』에서 자장이 화엄사를 중건했다는 내용은 화엄사의 위상을 높이려는 의도에서 창작된 것일 가능성이 크다.

한국의 화엄종을 대표하는 의상 또한 화엄사와 관련이 깊은 것으로 『화엄사사적』에 서술되어 있다. 의상은 신라와 당의 전쟁이 시작되는 670년 당나라 유학을 마치고 신라로 귀국했으며, 전쟁이 끝나는 676년 영주에서 부석사浮石寺를 창건한다.

> 16년 봄 2월에 고승高僧 의상義湘이 왕의 명을 받들어 부석사浮石寺를 창건했다.[54]
>
> 함형咸亨 원년(670) 경오庚午에 귀국하여 (…) 의봉儀鳳 원년(676)에 의상이 태백산太白山에 돌아와 조정의 뜻을 받들어 부석사를 창건하고 대승大乘을 널리 펴니 영감이 많이 나타났다.[55]

시기를 따져볼 때 문무왕은 당나라와 전쟁을 치르기 시작하면서 당나라에서 돌아온 의상을 경주에서 멀리 떨어져 있는 영주 땅으로 보낸 것으로 보인다.[56] 의상은 부석사를 창건한 676년 이후 입적할 때까지 경주로 돌아가지 못했으며, 창건 당시 부석사는 작은 움막이거나 초가였을 것이라는 의견도 있다.[57] 이러한 사정으로 볼 때 의상은 당대에 신라 화엄종을 이끄는 집단 세력을 형성하지 못한 것으로 짐작되며, 의상의 화엄은 그의 제자들이 활동하는 8세기 중반부터 드러나기 시작했다.[58]

또한 문무왕의 명으로 부석사를 창건했다는 『삼국사기』의 내용에 근거해 부석사는 여러 가지 조건을 고려하여 창건되었다는 주장도 있다.[59] 이는 문무왕과 의상이 어떤 계기로 의기투합하여 영주에 화엄종 사찰인 부석사를 창건했다는 해석이다. 그러나 이러한 내용을 뒷받침할 자료가 없다. 다만 의상이 해동화엄海東華嚴의 초조初祖로 추대되었다는 사실로부터 의상의 제자들이 신라 화엄종의 중심 집단이 되었다는 것을 유추할 수 있다. 이것은 제자들이 집단을 이룬 후 스승을 높임으로써 자신들의 정당성을 확보하는 일반적인 과정으로, 의상이 당대에 신라 화엄종을 이끌었던 것이 아니라는 뜻이다. 확실히 의상계 화엄은 의상의 제자들이 활동하기 시작하는 8세기 중반부터 일어나기 시작하여 고려시대 중기에 완성되고 있다.

신라 화엄에 관한 최초 문헌에 따르면 자장은 신라에 화엄 사상을 처음 들여온 인물로 확인되었다. 더불어 당나라 유학을 다녀오지 않은 원효도 화엄을 바탕으로 자신의 불교 사상을 확립하고 있다.

> 향전에서 자장이 당에 들어가자 태종이 식건전式乾殿에 이르러 맞이하고 『화엄경華嚴經』을 강의하기를 요청하니, (…) 태어난 마을의 집을 고쳐 원녕사元寧寺를 조영하고 낙성회를 베풀어 『잡화경雜花經』의 만 개의 게偈를 강연하니.[60]
> 『화엄경』의 "일체 무애인無碍人은 한 길로 생사를 벗어난다"는 말에서 무애라 이름을 지었고, 노래를 만들어 세상에 퍼뜨렸다.[61]

의상에 앞서 신라에 화엄 사상을 전파한 승려는 자장이다. 화엄학을 전공한 이행구(도업)는 1994년 신라에 화엄을 전래한 최초의 인물은 자장이라는 내용의 연구를 발표했다.[62] 이어서 2015년 염중섭(자현)은 자장이 신라 화엄을 전래한 최초의 인물이라는 주장의 연구를 구체화했다.[63] 두 논문에 나타난 자장과 화엄 관련 내용을 정리하면 다음 네 가지로 요약된다. 첫째, 자장은 당나라의 장안長安에 있는 공관사空觀寺의 승려 법상法常을 존경하여 자주 참배하러 가서 대화를 나눴는데, 당시 법상이 『화엄경』을 연구하기 시작했다.[64] 둘째, 자장은 장안 종남산終南山 운제사雲際寺의 암자에서 639년부터 641년까지 수행했다.[65] 셋째, 중국 오대산 북대北臺에서 기도하던 자장이 꿈속에서 문수보살 석상에게 받은 게송("了知一切法, 自性無所有, 如是解法性, 則見盧舍那.")은 『화엄경』 권16 「수미정상게찬품제14須彌頂上偈讚品第十四」의 내용이다.[66] 넷째, 신라로 돌아온 자장은 자신의 집을 원녕사元寧寺라 이름 짓고 낙성식을 할 때 잡화雜花[67] 1만 송을 강론한다.[68]

자장 이전에 신라에서 화엄종과 관련된 문헌은 지금까지 발견되지 않고 있다. 그리고 자장이 중국에 머무는 동안 『화엄경』을 접하고 배웠으며 신라로 돌아와서는 자신의 집을 원녕사라 이름 짓고 낙성식을 할 때 『화엄경』 1만 송을 강론했다는 사실은 화엄에 대한 이해의 경지가 높았다는 것을 대변한다. 따라서 당시 자장의 입지를 고려할 때 자장이 신라에 『화엄경』을 전했으며 자장계 화엄종 집단이 형성되었다는 추론이 가능하다. 이로써 자장이 신라에 화엄을 전파한 최초의 인물이라는 사실에 접근할 수 있다.

신라에서 자장의 위치와 영향력을 감안하여 자장계 화엄종 집단이 구성되었을 가능성에 대한 증거는 다음과 같다. 자장이 643년 3월 16일[69] 신라에 귀국한 이후 잠시 분황사에 머물고 있을 때 선덕여왕善德女王(재위 632~647)은 자장에게 대국통大國統을 맡긴다. 대국통 자장은 황룡사 2대 주지에 취임하면서 선덕여왕에게 구층 목탑의 건립을 건의한다.[70]

이후 자장은 선덕여왕의 도움을 받아 신라의 승단을 정비하는 작업을 진행한다.[71] 즉 선덕여왕으로 대표되는 신라의 중앙 권력 집단의 지원 아래 신라 불교계를 정돈함으로써 불교를 신라의 주도적인 종교로 자리 잡게 한 것이다. 이후 10집 가운데 8~9집에서 자식들이 수계를 받고 불교에 귀의하는 풍토가 조성되었다.[72] 이러한 흐름을 보아도 황룡사에 자장의 화엄종 계파가 형성되었으리라는 추정은 자연스럽고도 당연한 것이다. 다시 말해서 자장은 신라 왕실 사찰인 황룡사의 주지를 지내면서 국가적 지원을 받아 신라의 불교 승단을 정비하고 일반 가정에 불교를 뿌리내리게 했다. 따라서 황룡사에서 자장을 따르는 세력이 형성되었을 가능성이 매우 농후하다. 이로써 자장이 황룡사 주지로서 국가적 불교 활동을 전개하는 과정에서 자장계 화엄종이 형성되었다는 합리적 추론에 이르게 된다.

신라는 왕이 바뀔 때 정권도 교체되는 왕권 중심 국가로, 시간이 흐르면서 자장과 왕실로 대표되는 중앙 권력과의 밀착도 위기를 맞았다. 반란이 일어나 나라가 혼란한 와중에 선덕여왕이 647년 음력 1월 8일 서거하고[73] 반란을 진압한 김춘추와 김유신은 진덕여왕眞德女王(재위 647~654)을 즉위시키고 정권을 장악했다. 이러한 정권 교체의 시기에 자장은 강원도 강릉 명주 땅으로 거처를 옮긴다. 이것은 자장이 신라의 불교 세력권에서 밀려난 것을 의미한다. 일반적으로 권력이 교체될 때는 기존 중앙 권력 집단과 밀착 관계에 있던 세력이 축출당하기 마련으로, 자장 역시 선덕여왕의 죽음과 함께 그러한 위기를 맞은 것이다. 자장이 중앙 권력 집단과 불교계에서 밀려난 상황은 태백 석남원石南院(지금의 정암사)에서 문수보살을 친견하려 했으나 알아보지 못하고 쓰러져 생을 마감하는 결과로 확인된다.[74]

신라에서 자장의 입지를 대신하는 인물은 같은 당나라 유학파인 의상과 국내파인 원효다. 원효의 활동 또한 왕실의 중앙 권력과 운명을 함께 하는데, 이것은 왕조 체제에서 불교가 지니는 숙명적 한계라 할 수 있다.

문무왕文武王(재위 661~681) 시기에 이르면 당나라와 전쟁을 벌이려는 급박한 상황에서 의상이 영주 부석사로 물러나고 자장의 속가俗家 장조카인 명랑明朗이 신라 불교계에 새롭게 등장한다. 명랑은 사천왕사에서 문두루비법文豆婁秘法이라는 밀교의식으로 당나라의 침략을 막아냈다.[75] 이후 명랑은 신라에 신인종神印宗을 세우고 자신의 밀교 종파를 형성한다.[76] 이 경우도 신라 왕실과 중앙 권력의 지원 아래 이루어진 것으로 볼 수 있으며, 이후 명랑의 신인종은 호국護國과 호법護法을 내세워 교세를 확장하면서 신라 중기부터 말기까지 번창했다.

자장의 속가 인척인 명랑이 신라 불교계를 장악하고 있을 무렵 자장과 인연이 있었던 효명孝明은 오대산에 몸을 숨기고 있다가 효소왕孝昭王(재위 692~702)의 죽음 이후 성덕왕聖德王(재위 702~737)으로 즉위한다.[77] 성덕왕은 재위 기간이 길기도 하지만 신라 왕권을 안정시키며 신라 중기의 중흥을 이끌었다. 성덕왕이 재위 4년째인 705년에 오대산을 방문하여 상원사를 창건한[78] 사실로 보아 과거 오대산에 몸을 숨겼던 경험이 즉위 후에 오대산을 불교 성지화하는 계기로 작용한 듯하다. 성덕왕은 오대산을 불교의 힘으로 나라를 지키고 난리와 외세의 침략을 이겨내는 진호국가鎭護國家의 정신이 깃든 신라 불교의 성지로 만든다.[79] 이후 자장이 다시금 부각되어 오대산의 개창자로 추앙받게 되었고 오대산의 불교 신앙은 신라 말기까지 크게 번창한다.

이러한 상황은 성덕왕과 오대산의 관계로 설명되기도 하지만 자장과 명랑의 관계로도 설명 가능하다. 자장의 속가 인척인 명랑이 등장하여 세력을 확장함으로써 몰락했던 자장의 불교가 다시금 신라 불교계의 중심에서 세력을 형성하기 시작했기 때문이다. 자장의 오대산이 신라 불교의 중심으로 자리 잡은 사실이 이를 입증한다. 그렇다면 자장이 만든 황룡사의 자장계 화엄종이 다시금 세력을 잡기 시작한 것으로 추정할 수 있다. 성덕왕이 적극적으로 자장의 오대산을 지원하는 상황이니 왕실 직할 사찰인 황룡사에 자장계 화엄종이 자리 잡는 것은 당연한 귀결이다.

자장이 물러나고 난 후에 부각된 의상과 원효는 황룡사와 별다른 접점을 찾아볼 수 없으며, 제자들의 활동에서도 황룡사와 연관된 사실은 보이지 않는다. 즉 자장은 황룡사의 주지로 있으면서 구층 목탑을 왕에게 건의해 실현하고 신라 불교를 정비하며 수계를 통해 불교를 일반에 보급했다. 그러므로 황룡사에서는 자연스럽게 자장계 화엄 집단이 형성됐을 것이다. 바꿔 말해 자장계 화엄 집단은 황룡사를 중심으로 구성되었다고 할 수 있다. 더욱이 신라 중기부터 말기에 이르기까지 오대산의 신앙과 자장의 속가 조카인 명랑의 세력은 자장의 영향력 아래 유지되고 있었다는 사실 또한 자장계 화엄종이 황룡사에 존재했음을 뒷받침한다.

선각도선 역시 『화엄사사적』에서 황룡사와 관련 있는 인물로 언급되는 인물이다. 『삼국유사』 「가섭불연좌석迦葉佛宴坐石」에는 선각도선의 문집인『옥룡집玉龍集』과 자장의 문집인『자장전慈藏傳』에 각각 황룡사에 관한 기록이 담겨 있는 것으로 기술되어 있다.[80] 이것은 고려시대 불교계에서 이미 자장과 선각도선이라는 황룡사의 고승을 충분히 인지하고 있었다는 의미로, 일연의『삼국유사』에서도 두 인물은 중요한 인물로 수용되고 있다.『화엄사사적』에서도 자장과 선각도선의 연관성을 중요하게 다룬 것으로 볼 때 조선 후기까지도 자장과 선각도선의 위상이 높았다는 사실을 알 수 있다.

『화엄사사적』에서는 자장과 선각도선을 소개하고 난 뒤 황룡사와 관련이 없는 원효와 의상을 소개하고 있다. 이는 대중적으로 널리 알려진 신라의 고승을 화엄사의 고승인 양 연계한 것이다. 물론 원효가 황룡사에서『금강삼매경金剛三昧經』을 설법했다는 기록은 확인되고 있으나,[81] 황룡사는 진골 출신 이외는 출입할 수 없는 왕실 사찰이었으니 일회적인 행사였을 것이다. 의상 또한 앞에서 살펴보았듯 영주 부석사에 자리 잡았으며 황룡사와는 관계를 찾아볼 수 없다. 의상의 화엄을 대표하는 '신림神林'과 '표훈表訓'은 불국사와 관련이 있을 뿐이다.[82] 의상의 제자들도 황룡사와 연관된 활동은 보이지 않는다. 이로써 황룡사의 화엄종은 의상의 화엄종과는 계파가 다르다는 것을 알 수 있다.

황룡사 연기의『백지묵서 화엄경』은『80화엄경』이다.『80화엄경』은 당나라에서 실차난타가 695년 3월부터 699년 10월까지 번역한 경전으로, 의상은 650~670년까지 당나라에서 유학했으며 이 시기에 지엄으로부터『60화엄경』을 배웠기 때문에『80화엄경』을 접할 수 없었다. 그리고 의상계 화엄종은『80화엄경』이 전해진 이후에도『60화엄경』을 자신들의 고유성으로 유지했다. 여기서 짚고 넘어가야 할 중요한 사실이 있다. 자장은 의상보다 한 세대 앞선 인물로 중국 유학도 의상보다 먼저 다녀왔으니 자장이 중국에서 접한 경전은 마땅히 『60화엄경』일 것이나 중국 오대산 북대에서 문수보살석상에게 받은 게송은 『80화엄경』의 게송이라는 사실이다. 이러한 혼선 때문에 자장에 관한 연구에 논란이 빚어지고 있다.[83]

사실 통일신라의 화엄은 8세기 중반에 활발한 활동을 전개하다가 나말여초에 즈음하여 남악과 북악의 화엄종이 대립한다. 이것은 8세기 중반 의상계 화엄뿐만 아니라 자장계 화엄이 세력을 형성하고 있었다는 가정을 뒷받침한다. 이를 토대로 생각해보면 의상계 화엄종은 『60화엄경』을 중시한 반면 자장계 황룡사의 화엄종은 『80화엄경』을 받아들였을 가능성이 크며, 이러한 상황이 고려 중기에 편찬된 『삼국유사』에서는 시간의 격차를 뛰어넘어 자장과 『80화엄경』을 연결 지은 것으로 보인다.

살펴본 내용을 정리하면, 신라 중기와 후기에 걸쳐 신라 불교는 오대산 자장의 불교와 인척인 명랑의 불교가 중심을 이루고 있었다. 또한 황룡사의 주지인 자장은 대국통에 임명되어 신라 불교를 체계화하고 왕실 및 권력층의 비호 아래 교세를 확장했다. 이러한 사실은 자장의 화엄종이 이미 황룡사에서 형성되었다는 사실을 뒷받침해주는 것으로, 자장의 화엄종 근거지는 황룡사라 말할 수 있는 근거다. 또한 자장계 화엄은 의상계 『60화엄경』과 달리 『80화엄경』을 중요시한 것으로 보인다.

## 3. 자장계 연기의 화엄사와 관혜

『백지묵서 화엄경』은 『80화엄경』으로 권1~10과 권44~50, 두 축으로 구성되어 있다. 두 축 모두에서 발문이 확인되었으며 사경의 발원자는 황룡사 연기법사緣起法師로 밝혀졌다.[84] 즉 황룡사의 승려인 연기는 호남 지역을 움직여서 『80화엄경』의 사경 불사를 한 것이다. 그리고 『백지묵서 화엄경』을 사경한 연기는 훗날 대각국사 의천으로부터 진영 참배를 받은 그 연기와 동일한 인물로, 황룡사의 승려이자 화엄사를 대표하는 승려라는 사실을 유추할 수 있다. 달리 말하자면 황룡사 화엄은 자장계 화엄이며 연기는 황룡사의 화엄종을 이은 고승이므로 자장의 화엄종을 이은 고승이라는 결론에 도달한다.

신라 중기부터 말기까지 황룡사는 자장의 화엄종이 세력을 유지하고 있었으며, 자장 아닌 다른 화엄 세력의 흔적은 나타나지 않는다. 따라서 754년 『백지묵서 화엄경』의 황룡사 연기는 자장계 화엄종 승려라 단정할 수 있다. 더욱이 화엄종의 세력이 확장되면서 황룡사의 연기는 호남 지역을 동원하여 개인적인 염원, 즉 어머니를 기리는 사경 불사를 하고 있다. 이러한 능력을 지니고 있었다면 지금의 화엄사를 창건한 승려로 보기에 무리가 없다.

중관해안은 『화엄사사적』에서 화엄사 창건 연도를 신라 홍륜사가 창건된 544년으로 설정함으로써 화엄사를 호남 제일의 사찰이라는 반열에 올리고자 했다. 여기에 더해 뼈대에 살을 채워 넣는 작업으로, 신라 고승인 자장과 선각도선, 원효와 의상이 화엄사와 연관되었다고 서술하고 있다. 그러나 원효와 의상은 신라가 통일을 이루어가는 과정에 등장한 인물로, 경주 또는 영주를 중심으로 활동을 벌였을 뿐 당시 구례 지리산 화엄사에서 활동한 근거나 흔적을 찾아볼 수 없다. 또한 원효와 의상이 활동하던 시기에 구례의 화엄사가 존재했는가 하는 것 자체도 의문이다. 또한 중관해안은 화엄사의 창건을 544년으로 만들기 위해 선각도선을 내세워 연기를 지우고 있다. 그러나 현재 밝혀진 바로 연기는 자장계 화엄종의 고승이자 화엄사의 창건주다. 이로써 원효와 의상이 화엄사에서 머물 수 없는 객관적인 증거들로 인해 화엄사의 격을 높이려 한 중관해안의 노력은 문헌을 이용한 창작임이 밝혀졌다.

『대각국사문집』에서 의천은 화엄사에서 지금은 전하지 않는 「본전本傳」을 봤다[85]고 했다. 여기서 '본전'이란 「연기본전緣起本傳」을 말하는 것이다.[86] 더하여 의천은 『신편제종교장총록新編諸宗教藏總錄』에서 『화엄경』 관련 3종과 『대승기신론』 관련 2종, 총 5종의 연기에 관한 저술을 보았다는 기록을 남겼다. 이로써 의천이 사망하는 고려 1100년대까지 연기는 화엄사의 대표 고승으로 널리 알려져 있었던 게 확실하다. 의천은 연기의 일대기가 쓰여 있는 「연기본전」을 보았으며, 연기에 대해 "훌륭한 논장(대승기신론)과 거룩한 경전(화엄경)에 두루 통하지 않는 곳이 없다"고[87] 언급했다. 더불어 "원교(화엄)의 종풍을 해동(신라)에 가득하게 했다"[88]는 찬사를 덧붙이고 있다. 이런 표현은 연기를 화엄에 능통한 황룡사 출신 화엄의 대가로 인식하고 있음을 말해준다.

연기가 호남 지역을 통해 『백지묵서 화엄경』 사경을 시작한 754년은 경덕왕 13년 갑오년이다. 또한 『삼국유사』에 경덕왕은 "황룡사의 대덕人德 법해法海에게 『화엄경』 강의를 청했다"[89]는 기록이 있는 것으로 보아 이 무렵 화엄종 승려가 활발한 활동을 펼친 사실을 알 수 있다.[90] 또한

794~799년『화엄경문의요결문답華嚴經文義要決問答』4권이 일본에서 필사되는데 서두書頭에 "황룡사 석표원집"이라는 문구가 적혀 있다.[91] 8세기 중반 황룡사의 승려 표원表員이 찬술한 것으로 파악되는『화엄경문의요결문답』은 신라의 여러 화엄 고승이『화엄경』에 대해 강의한 내용을 인용하고 있다.[92] 이 가운데 의상의 강의는 세 차례 인용되어[93] 다른 고승들에 비해 적은 수치일 뿐만 아니라[94] 그중 한 번은 비판적인 시각이 담겨 있다.[95] 이것은 표원이 의상계 화엄종이 아니라는 근거를 제시한다.[96]

정리해보자면, 황룡사의 연기가『백지묵서 화엄경』사경 불사를 시작하는 8세기 중반에 황룡사의 또 다른 화엄의 고승은 경덕왕의 요청으로『화엄경』을 강의했다. 이후 황룡사 고승들의『화엄경』강의를 모은 저술이 일본에서 필사되었다. 이러한 기록들은 8세기 중반에 황룡사는 화엄종이 집단을 이루고 있었다는 증거자료가 된다. 황룡사에 화엄종이 집단을 이루지 않았다면 화엄을 대표하는 고승도 나타날 수 없기 때문이다. 또한 표원이 의상의 강의에 대해 비판적 시각으로 인용한 것 또한 황룡사의 화엄이 자장계 화엄종이라는 가능성을 굳히는 근거가 된다. 여기서도 8세기 중반 화엄사를 창건한 연기는 자장계 화엄의 승려임을 알 수 있다.

후삼국시대의 관혜는 남악 화엄사의 화엄을 대표하는 인물로, 남악을 대표한다는 사실은 북악 의상계 화엄종과 구별되는 계파를 이끌었다는 것을 의미한다. 또한 북악의 화엄을 이어받은 고려시대의 승려 균여가 남악의 화엄종을 통합했다는 사실은 화엄사가 균여에 의해 의상의 화엄종으로 통합되었음을 시사하고 있다.

[균여는] 북악의 법통을 이은 분이다. 옛날 신라 말년 가야산 해인사에 화엄을 대표하는 두 명의 스님이 있었다. 한 명은 관혜공으로 후백제 견훤의 복전編田이고, 다른 한 명은 희랑공으로 우리나라 고려 태조의 복전이다. 두 분은 믿음을 따라 불법을 떨치려는 마음은 같았으나 원願을 이루는 방법이 달랐다. 이 마음이 문도들에게 침범하여 물과 불이 되었으니 법을 떨치는 방법이 시고 짠 것과 같이 차이가 있었는데, 지금까지 전해져 폐단을 제거하기가 어려웠다. 그때 관혜의 무리를 남악이라 했으며 희랑의 무리를 북악이라 했다. 균여는 매일 남과 북의 뜻이 달라 어울리지 못함을 탄식하여 나누어지지 못하게 하고 많은 갈래를 막아 한 가지 불법의 뜻의 바퀴로 모으고자 수좌 인유와 남악과 북악을 돌아다녔다. 이에 큰 법고를 울리고 큰 법당을 세워 불가의 어린 무리가 다 균여의 뒤를 따르게 했다.[97]

그러나 앞서 살펴보았듯이 1092년 의천이 화엄사에서 연기의 진영을 참배했다는 것은 화엄사에서 연기가 대표적 인물로 숭배되고 있음을 의미하므로 연기의 화엄종은 여전히 화엄사에서 세력을 유지한 것으로 보인다. 따라서 균여의 화엄종 통합은 북악과 남악의 다툼을 해결한 것일 뿐 의상 화엄종으로 통합한 것은 아니라고 판단된다.

해인사의 희랑은 북악을 대표하고 있으니 의상의 화엄종인 것은 확실하다. 관혜는 희랑과 대립하고 있고 균여도 북악의 종파를 이었다고 했으니, 희랑과 관혜의 대립은 북과 남의 지역적 대립이 아니라 화엄종 간의 대립일 가능성이 크다. 즉 '북'과 '남'이란 갈라진 종파에 대한 명칭이다.

관혜가 의상의 화엄종과 대립 관계에 있는 화엄종을 대표한다면 화엄

[그림8] 해인사 목조희랑대사상(문)

사는 관혜의 남악 화엄종을 대표한다. 관혜는 화엄사 연기의 화엄종을 이어받은 인물이자 황룡사 자장의 화엄종을 이어받은 인물임이 분명하다. 그러나 중관해안은 후삼국시대 남악 화엄사를 대표하는 화엄종의 고승 관혜를 『화엄사사적』에 포함하지 않았다. 그 이유는 관혜가 멸망한 후백제의 견훤을 지지한 전력 때문이다. 앞서 살폈듯이 중관해안은 화엄사의 역사를 복원하면서 삼국을 통일한 신라와 고려의 정통성을 중시했기 때문에 후백제 견훤을 지지한 관혜를 의도적으로 뺀 것으로 보인다.

중관해안이 『화엄사사적』에서 관혜를 제외한 다른 이유로는 나말여초를 대표하는 승려 가운데 관혜와 시대가 겹치는 선각도선을 고려했기 때문으로 보인다. 나말여초 화엄사를 대표하는 고승으로 선각도선을 내세운다면 굳이 관혜를 호명할 필요가 없었을 것이다. 물론 선각도선은 자장계 화엄종을 대표하는 인물이 아니지만 중관해안에게 화엄 종파의 구별은 의미가 없었을 것이다.

중관해안이 호명한 자장, 원효, 의상은 모두 화엄을 대표하는 화엄사의 고승이다. 그러나 선각도선은 다르다. 선각도선은 구산선문九山禪門 중 하나인 동리산문桐裏山門의 선사다. 동리산문은 혜철惠哲(785~861)이 개창했으며 선각도선은 혜철의 제자다. 그렇다고 해서 선각도선이 화엄사와 완전히 인연이 없었던 것은 아니다. 선각도선이 출가한 사찰이 월유산 화엄사, 즉 지금의 월유산 화엄사로 전해지고 있기 때문이다.[98] 『화엄사사적』에는 선각도선이 자장과 함께 화엄사에서 출가한 고승으로 서술되어 있다.[99] 선각도선은 전라남도 영암에서 태어나 화엄사로 출가한 이후 859년에 지리산에 미점사米岾寺를 창건하기도 한다. 또한 지리산에서 한 이인異人을 만나 풍수지리를 배워 고려시대 이후 큰 명성을 남기고 있다.[100]

17세기 조선시대의 불교는 교종과 선종으로 통합된 상황이었기 때문에 중관해안에게 화엄 종파의 구별은 별 의미가 없었을 것이다. 더욱이 중관해안의 시대에 교종은 거의 세력을 잃었기 때문에 선종 단일 교단을 이루고 있었다 해도 과언이 아니다. 그러므로 중관해안은 화엄사의 역사성을 세우면서 신라의 고승들을 화엄사와 연관시키는 데에만 신경을 썼을 것이다. 그랬기에 화엄사의 창건 연도를 흥륜사와 같게 하고, 자장으로 하여금 화엄사를 중건하게 하고, 선각도선과 연기를 동일 인물로 통합했을 것이다. 중관해안은 화엄사를 신라 최고의 사찰인 흥륜사와 동격으로 놓고 신라 최고의 고승이 인연을 맺고 있는 호남 제일의 사찰로 격을 높이는 데 주안점을 두었기 때문에 선각도선이라는 승려, 즉 화엄사 출신으로서 조선 후기까지도 풍수의 대가로 존경받는 인물을 화엄사와 연관 지은 것은 어쩌면 당연한 선택이다. 선각도선을 화엄사와 연관짓는다면 화엄사는 선각도선의 유명세를 얻어 중요한 사찰로 자리 잡을 수 있기 때문이다.

『삼국유사』는 일연이 13세기 말 경북 군위의 인각사麟角寺에서 편찬한 역사서로, '남악 화엄사南嶽華嚴寺'를 '화엄십찰'로 언급하고 있다.[101] 그에 앞서 904년에 최치원이 펴낸『법장화상전』에서도 '남악 지리산 화엄사'는 '화엄십산'으로 언급되고 있다.[102] 앞서 살핀『균여전』에서는 화엄사를 '남악'이라 지칭하고 있다. 이를 통해 고려시대에도 화엄사를 뜻하는 '남악'이라는 명칭이 여전히 존재했다는 사실을 확인할 수 있다.『균여전』은 남악을 북악과 구별되는 화엄의 세력으로 지칭하고 있다. 여기서 북악은 부석사를, 남악은 화엄사를 의미하는 것으로 판단된다. 나말여초 화엄종은 왕건과 견훤을 지지하는 입장으로 갈라져 북악과 남악으로 대립하는 양상을 나타낸다. 남악으로 지칭되는 화엄사의 화엄종은 북악으로 지칭되는 의상의 화엄종과 대립하는 특징을 지니며, 그 대립의 중심에는 자장계 연기의 화엄종이 자리하는 것이다. 그렇기에 관혜는 자장계 연기의 화엄종을 대표하는 나말여초 승려라 할 수 있다.

결론적으로, 8세기 중반 통일신라시대에 화엄사를 창건한 연기는 황룡사의 승려였으며, 황룡사는 자장계 화엄이 세력을 이루고 있었다. 자장계 화엄은 8세기 중반 『80화엄경』을 중시하는 특징을 지니며 의상계 화엄과 구별되는 활동을 펼쳤다. 나말여초에 이르러 자장계 연기의 화엄종 사찰인 남악 화엄사를 대표하는 관혜는 후백제 견훤을 지지했다. 고려시대에 균여에 의해 자장계 연기의 화엄사 화엄종은 의상계 화엄종에 통합된다. 『삼국유사』 의상전교 화엄십찰에 화엄사가 포함된 사실이 통합을 입증한다.

지금까지의 논의를 바탕으로 이 책에서는 중관해안의 『화엄사사적』을 사료 문헌에서 제외하도록 한다. 그리고 화엄사가 자장계 연기의 화엄종이라는 시각에서 역사적 고찰을 시작해보겠다.

선사의 비문에 보이는
화엄사 관련 사료

華
嚴
寺

이 장에서는 화엄사의 유일한 역사적 사료인 『화엄사사적』을 대체하는 기록으로 통일신라시대 선사의 일대기를 기록한 비문1을 고찰해본다. 선사의 비문이 『화엄사사적』을 대체할 수 있는 이유는 통일신라시대 당대의 불교계 상황을 알 수 있는 일차적 사료이기 때문이다.

통일신라시대 승려의 비문은 선사의 비문이다. 선사의 비문에 관한 연구는 구산선문에 대한 분석이나 선사를 고찰한 다수의 논문에 포함되어 있으며2 선사의 계보와 성격, 서술 방식을 연구한 논문3들도 있다.

9세기~나말여초 시기 활동한 17명 선사의 일대기가 기록되어 있는 비문을 보면 일반적인 비문 건립 과정을 헤아릴 수 있다. 먼저 선사가 입적에 들면 제자들이 선사의 행장行狀을 모아 왕에게 비문 건립을 요청한다. 왕은 선사의 시호와 부도 탑의 이름을 지어줌으로써 비문 건립을 허락하고, 최고의 학자를 선정해 비문에 들어갈 선사의 일대기를 편찬하도록 명령한다. 이 시기 비문을 편찬한 대표적 학자로는 최치원이 있다. 결과적으로 당대의 왕과 학자가 공인한 사료라고 할 수 있다.

9세기에 활동한 선사는 화엄종 사찰에서 출가한 화엄종 승려가 대다수다. 또한 이 시기 선사는 화엄과 선을 구별하지 않고 모두 중시했다. 당나라 유학을 다녀온 선사들이 모두 화엄종 사찰에 거주했다는 사실이 그러한 현황을 설명해준다.

660년 백제가 신라에 흡수된 이후 8세기 중반까지 옛 백제의 영토에는 고고학적으로 사찰이 건립된 흔적이 확인되지 않는다. 그러다가 8세기 중반을 기점으로 지리산 권역에서 화엄종 사찰들이 창건된다. 이 사찰들은 산 이름과 사찰의 명칭이 같은 산사 사찰로, 이러한 화엄종 산사 사찰에 9세기 선사들이 거주하기 시작한 것이다. 9세기 중반에 이르면 선사가 거주하는 화엄종 사찰은 선문 사찰로 변모하기 시작하는데, 산 이름을 중시한 화엄종 사찰의 전통은 그대로 선문 사찰로 이어진다. 이를 통해 통일신라시대 9세기 화엄이 선문의 기원임을 알 수 있다. 이것은 8세기 중반~9세기에 조성된 것으로 확인된 화엄사 석조 조형물과 조형적 특성을 공유하는 선문 사찰의 석조 조형물을 여타 사찰의 석조 조형물과 비교할 때 화엄사가 기준이 된다는 것을 알려준다.

9세기 무렵 주지 임명권을 지닌 왕은 선사를 자신의 직할 관부官府에 적을 두게 하고 선사의 사찰을 직할 사찰인 황룡사 등에 소속시키고 있다. 이는 당시 화엄종 사찰에서 선문 사찰로 변화할 때 왕의 허락 아래 선문 사찰이 창건되었다는 뜻이다. 그러나 나말여초 시기 선사의 비문에는 이전 시기와는 달리 전각과 불상, 석탑을 세우는 등의 대단위 불사가 확인되지 않는다. 전란에 휩싸여 선문 사찰이 불태워지거나 선사들이 피란을 다녔다는 내용을 통해 대단위 불사가 이루어지지 못한 배경을 짐작할 수 있다. 이를 통해 8세기 중반 황룡사 승려 연기가 경덕왕의 지시에 따라 화엄사를 창건했을 가능성이 확보되며, 화엄사의 불사 시기는 8세기 중반부터 9세기 무렵으로 한정된다.

9세기 무렵 선사가 입적하면 사찰 밖 언덕에 매장된다. 사찰 밖 언덕에 부도 탑이 건립되면 매장했던 유체를 부도 탑 밑에 이장한다. 이후 936년 고려가 후삼국을 통일한 뒤로는 사찰 밖 언덕이 아닌 사찰 내부 금당 뒤쪽 언덕에 부도 탑이 조성된다. 이는 화엄사 사사자삼층석탑이 불탑이라는 사실을 말해주며, 화엄종 사찰의 금당 뒤쪽 언덕 위에 조성되는 불탑이 936년 이후 선종 사찰에서 부도 탑으로 바뀌는 것을 알려준다.

고려시대에 편찬된 한국의 역사서 『삼국사기』『삼국유사』, 조선 건국 후 편찬된 『고려사』에는 화엄사에 대한 직접적 언급이 없다. 화엄사를 직접적으로 언급한 문헌 자료 중 가장 앞선 것은 선사의 비문이라 할 수 있다. 따라서 선사의 비문은 잃어버린 화엄사의 역사성을 회복하는 데 기본적이고도 중요한 사료 가치를 지닌다. 다음은 선사의 비문 중에서 화엄사가 직접적으로 언급된 내용이다.

842년(선각도선): 15세에 월유산月遊山에 화엄사로 출가하여 화엄경을 공부하여 1년도 되지 않아 모두 이해했다.[5]

859년(낭원개청): 24세에 강주康州 엄천사嚴川寺의 관단官壇에서 구족계를 받은 이후 본사인 화엄사로 돌아와 다시 경전을 공부했다.[6]

882년(선각형미): 헌강왕 8년 19세에 화엄사 관단에서 비구계를 받았다.[7]

887년(동진경보): 경문왕 12년 18세에 월유산 화엄사에서 구족계를 수계했다.[8]

# 통일신라시대 선사의 비문 검토

## 1. 통일신라시대 선사의 비문 성격 고찰

통일신라시대에 선사가 아닌 일반 승려의 비문은 확인되지 않는다. 유일한 일반 승려의 비문으로는 원효의 비문인 '고선사서당화상비高仙寺誓幢和上碑'가 있다. 그러나 이 비문은 원효의 후손인 설중업薛仲業이 조상을 기리기 위해 세운 문중의 비문으로, 승려 또는 선사의 비문과는 차이가 있다. 이렇듯 신라의 불교사에서 선사가 아닌 일반 승려의 비문은 발견되지 않는다. 원래 선사의 비문은 9세기 당나라에서 받아들인 선문禪門의 전통으로 통일신라시대 선종의 새로운 문화로 보인다. 또한 통일신라시대 초기에 선문 이외에 일반 승려들도 선사들의 새로운 문화라는 점을 인식하고 있었기에 일반 승려의 경우에는 비문이 조성되지 않은 것으로 보인다.

여기서 살펴볼 선사의 비문은 경순왕이 고려에 귀순하는 시기인 935

[표2] 선사의 비문

| | 선사와 생존 시기 | 비문의 이름 | 비문 건립 연도와 기간 |
|---|---|---|---|
| 1 | 신행神行<br>(704~779) | 산청단속사신행선사비<br>山淸斷俗寺神行禪師碑 | 813년(헌덕왕 5) 건립<br>입적 후 34년9 |
| 2 | 진감혜소眞鑑慧昭<br>(774~850) | 하동쌍계사진감선사탑비<br>河東雙磎寺眞鑑禪師塔碑 | 887년(정강왕 2) 건립<br>입적 후 37년10 |
| 3 | 적인혜철寂忍惠哲<br>(785~861) | 곡성대안사적인선사탑비<br>谷城大安寺寂忍禪師塔碑 | 872년(경문왕 12) 건립<br>입적 후 11년11 |
| 4 | 낭혜무염朗慧無染<br>(800~888) | 보령성주사지낭혜화상탑비<br>保寧聖住寺址朗慧和尙塔碑 | 미상12<br>미상13 |
| 5 | 보조체징普照體澄<br>(804~880) | 장흥보림사보조선사탑비<br>長興寶林寺普照禪師塔碑 | 884년(헌강왕 10) 건립<br>입적 후 4년14 |
| 6 | 홍각선사弘覺禪師<br>(810?~880) | 양양선림원지15홍각선사탑비<br>襄陽禪林院址弘覺禪師塔碑 | 886년(정강왕 1) 건립<br>입적 후 6년16 |
| 7 | 원랑대통圓朗大通<br>(816~883) | 제천월광사지원랑선사탑비<br>堤川月光寺址圓朗禪師塔碑 | 890년(진성여왕 4) 건립<br>입적 후 7년17 |
| 8 | 수철화상秀澈和尙<br>(817~893) | 남원실상사수철화상탑비<br>南原實相寺秀澈和尙塔碑 | 905년(효공왕 9) 건립<br>입적 후 12년 18<br>1714년(숙종 40)에 다시 조성19 |
| 9 | 지증도헌智證道憲<br>(824~882) | 문경봉암사지증대사탑비<br>聞慶鳳巖寺智證大師塔碑 | 924년(경명왕 8) 건립<br>입적 후 42년20 |
| 10 | 징효절중澄曉折中<br>(826~900) | 영월 흥녕사 징효대사탑비<br>寧越興寧寺澄曉大師塔碑 | 924년(경명왕 8) 비문을 완성<br>944년(고려 혜종 2) 건립<br>입적 후 44년21 |
| 11 | 선각도선先覺道詵<br>(827~898) | 광양옥룡사선각국사비<br>光陽玉龍寺先覺國師碑 | 1150년(고려 의종 4)<br>개성 국청사에 건립<br>1173년(고려 명종 3)<br>옥룡사로 옮겨 재건립<br>입적 후 275년22 |
| 12 | 낭공행적朗空行寂<br>(832~916) | 봉화태자사낭공대사탑비<br>奉化太子寺朗空大師塔碑 | 954년(고려 광종 5) 건립<br>입적 후 38년23 |

| 13 | 낭원개청朗圓開淸<br>(835~930) | 강릉보현사낭원대사오진탑비<br>江陵普賢寺朗圓大師悟眞塔碑 | 940년(고려 태조 23) 건립<br>입적 후 10년[24] |
|---|---|---|---|
| 14 | 진경심희眞鏡審希<br>(853~923) | 창원봉림사지진경대사탑비<br>昌原鳳林寺址眞鏡大師塔碑 | 924년(경명왕 8) 건립<br>입적 후 1년[25] |
| 15 | 대경여엄大鏡麗嚴<br>(862~930) | 양평보리사지대경대사탑비<br>楊平菩提寺址大鏡大師塔碑 | 939년(고려 태조 22) 건립<br>입적 후 9년[26] |
| 16 | 선각형미先覺逈微<br>(864~917) | 강진무위사선각대사편광탑비<br>康津無爲寺先覺大師遍光塔碑 | 946년(고려 정종 원년) 건립<br>입적 후 29년[27] |
| 17 | 동진경보洞眞慶甫<br>(869~947) | 광양옥룡사동진대사비<br>光陽玉龍寺洞眞大師碑 | 958년(고려 광종 8) 건립<br>입적 후 11년[28] |

년까지 활동한 통일신라시대 선사 비문 가운데 총 17점이다. 구체적으로 통일신라시대에 건립된 비문이 11점이고, 통일신라시대에 입적했으나 후 삼국의 전란과 겹쳐서 고려 건국 이후 건립된 비문이 6점이다. [표2]에서 보듯 선사의 비문에 관한 정보를 출생 순서로 나열하고 비문 건립 연도 및 선사의 입적 후 건립되기까지의 기간을 계산해서 정리해보았다.

통일신라 최초의 선사 비문은 813년에 건립된 '신행선사비'다. 779년 신행이 입적하고 34년이 지나 그의 제자인 삼륜선사三輪禪師와 문도들이 영당과 부도와 함께 비문을 건립하고 있다. 왕에게 비문 세우기를 청하거나 왕실의 허락을 구하지 않고 비문을 건립하는 특이한 모습을 보여준다. 신행의 비문을 제외한 나머지 선사의 비문은 왕이 시호와 탑의 이름을 하사하고 글을 쓸 찬자를 정해주는 순서에 따라 건립되었다.

선사의 비문이 건립되는 기간을 시대순으로 살펴보면 (812) → 60년 (872) → 12년(884) → 2년(886) → 1년(887) → 3년(890) → 15년(905) → 19년(924) → 15년(939)으로 건립 기간의 차이가 있음을 알 수 있다.

특이하게 924년 경명왕 8년에는 한 해 동안 4명의 선사의 비문이 건립되었다.

선사가 입적한 이후 비문이 건립되는 기간을 순서대로 정리하면 다음과 같다. 1년 만에 건립되는 진경심희의 비문을 시작으로 (1년: 923년 입적 후 924년에 건립) → 보조체징(4년: 880년 입적 후 884년에 건립) → 홍각선사(6년: 880년 입적 후 886년에 건립) → 원랑대통(7년: 883년 입적 후 890년에 건립) → 대경여엄(9년: 930년 입적 후 939년에 건립) → 낭원개청(10년: 930년 입적 후 940년에 건립) → 적인혜철(11년: 861년 입적 후 872년에 건립)·동진경보(11년: 947년 입적 후 958년에 건립) → 수철화상(12년: 893년 입적 후 905년에 건립) → 선각형미(29년: 917년 입적 후 946년에 건립) → 신행(34년: 779년 입적 후 813년에 건립) → 낭혜무염(36년 추정: 888년 입적 후 924년 즈음 건립) → 진감혜소(37년: 850년 입적 후 887년에 건립) → 낭공행적(38년: 916년 입적 후 954년에 건립) → 지증도헌(42년: 882년 입적 후 924년에 건립) → 징효절중(44년: 900년 입적 후 924년에 건립) → 선각도선(275년: 898년 입적 후 1150년에 건립)이 있다.

처음 건립된 위치를 지금까지 지키고 있는 선사 비문은 9점으로 진감선사탑비, 낭혜화상탑비, 보조선사탑비, 홍각선사탑비, 수철화상탑비, 지증대사탑비, 징효대사탑비, 낭원대사오진탑비, 선각대사편광탑비다. 원래 위치에서 옮겨진 선사 비문은 4점으로 원랑선사탑비, 낭공대사탑비, 진경대사탑비, 대경대사탑비다. 비문은 유실되었고 내용만 전해지고 있는 선사 비문은 4점으로 신행선사비, 적인선사탑비, 선각국사비, 동진대사비다. 이중 홍각선사탑비는 현대에 복원된 비문이다.

비문은 유실되었고 내용만 전해지고 있는 4점의 선사 비문은 다음과 같다. 우선 신행의 비문은 경상남도 산청군 단성면 단속사에 있었는데 조선시대 후기 어느 때에 파괴된 것으로 파악된다. 청나라의 고증학자인 유희해가 1832년 한국의 금석문을 편집하고 1922년에 간행한『해동금석원海東金石苑』에 비문의 내용이 전한다. 또한 1668년 서예가인 이우가 한국의 금석문을 엮은 서첩인『대동금석서大東金石書』에도 전하고 있다. 진감혜소의 비문은 비신의 일부분이 마멸되어 내용을 알 수 없는 부분이 있으나 앞서 남겨놓은 탁본들과 판본이 전하고 있어 온전한 내용을 파악할 수 있다. 적인혜철의 비문은 화엄사에 비문의 사본이 전하고 있다고 하나 사본을 찾을 수 없다.29 다만 조선총독부가 1919년에 한국의 금석문을 모아 출판한『조선금석총람朝鮮金石總覽』에 수록되어30 비문의 전체 내용을 알 수 있다. 홍각선사의 비문은 왕희지의 글씨를 집자하여 만들어 탁본하여 서첩을 만드는 유행에 따랐다. 이런 이유로 17세기 중반 이전에 선사의 비문이 깨져 2개의 편만 남았다. 그중 하나는 1747년부터 양양 관청에서 보관해오다가 일제강점기인 1910년 무렵에 서울로 옮겨졌고 2002년부터는 국립춘천박물관에서 보관 중이다.31 최근 양양 선림원지를 조사하며 수습한 파편 몇 점이 국립중앙박물관과 동국대학교 박물관에 보관되어 있다. 홍각선사의 비문 탁본은 3점이 전하는데 가장 이른 것은『금석청완金石淸玩』32의 탁본이다. 그런데 이 탁본 역시 비문이 깨진 상태여서 전해지는 내용이 온전하지 못하다. 선각도선의 비문은 파괴 소실됐으나 비문의 내용은 1713년 편찬한『동문선東文選』권117에 전문이 실려 있다.

## 2. 17명의 선사를 통한 연기의 성격 비교 고찰

17명 선사의 성씨와 출신 지역, 선조 집안의 내력, 어머니의 성씨, 선사의 출가 나이와 입적入寂 나이, 그리고 승납僧臘을 정리한 결과, 고대 사회에서 승려는 천민이나 평민 출신이 아니라 중앙귀족 집안이나 지방호족 집안 출신이었다는 사실을 확인할 수 있었다. 이 자료는 화엄사 창건주 연기가 8세기 중반 유력한 집단의 승려이며 지리산에 대단위 불사를 일으켜 화엄사를 창건할 만한 자격을 갖춘 인물임을 뒷받침한다.

성씨는 통일신라 사회에서 특정 지배계층만이 가질 수 있는 특권으로, 성씨가 있다는 것은 지배계층이라는 사실을 입증한다. 선사의 입적 이후 제자 집단은 선사의 일대기를 담은 비문을 통해 세력화를 도모했을 것이라 짐작하고도 남는다. 그러므로 선사의 비문에는 선사의 집안과 수행력 그리고 심인心印을 이은 스승의 계보에 관한 서술이 중심이 되는 것이다. 물론 선사의 일대기를 미화했을 가능성은 있으나 귀족이거나 지방호족 출신이 아닌 선사는 없었을 테니 출신 집안에 관한 거짓이나 꾸밈은 불필요하다. 이렇듯 통일신라의 고대 사회에서 출가한다는 것은 지배계층인 귀족의 또 다른 특권으로, 승려 집단은 지식층이자 지배계층이라 할 수 있다. 예컨대 당나라로 유학을 다녀온 선사는 선문의 한 일가를 이루었으며 왕에게 시호를 받아 비문을 세울 수 있는 위치에 있었다. 이는 17점의 선사 비문에 나타난 선사의 출신과 집안 선조에 대한 설명으로 확인된다.

선사의 비문에 나타난 성씨는 김, 박, 최 3개이며 미상이 1개다. 신라 왕족인 김씨로는 신행, 낭혜무염, 보조체징, 홍각선사, 수철화상, 지증도

[표3] 선사의 출신과 일생

| 선사의 이름 | 선사의 출신과 출가와 입적 |
| --- | --- |
| 1. 신행<br>(704~779) | ㄱ) 김씨金氏이며 경주 미상의 어리御里 사람이다. ㄴ) 아버지는 신라 17관등 중 제9위인 상근常勤이고 승려 안홍安弘 형의 증손이다. 어머니에 대한 설명이 없다. ㄷ) 30세 무렵 운정율사運精律師에게 출가하고(수계 기록 없음) 779년 입적했으며 향년 76세다(승납 45년 추정).35 |
| 2. 진감혜소<br>(774~850) | ㄱ) 최씨崔氏이고 선조는 한족으로 고구려 유민으로 추정되며 지금의 익산인 금마金馬36 사람이다. ㄴ) 아버지 창원昌原은 집안에서 수행했고 선사가 성인이 될 때까지 농사지을 땅이 없어 물고기 장사로 부모를 봉양했는데 만족했다. 어머니는 고씨顧氏다. ㄷ) 804년(30세) 당나라에 도착한 후 출가하고 810년(36세)에 당나라 소림사少林寺 유리단瑠璃壇에서 수계하고 850년에 입적했다. 향년 77세이고 승납은 41년이다.37 |
| 3. 적인혜철<br>(785~861) | ㄱ) 박씨朴氏이고 서울(경주) 사람이다. ㄴ) 선조는 유학과 노장老莊을 익혔고 조부는 춘천인 삭주朔州에 기거하며 한가로이 지냈다. 부모에 대한 설명이 없다. ㄷ) 15세에 출가하여 부석사로 들어갔고 22세에 수계하고 861년 입적했다. 향년 77세이고 승납의 기록이 없다.38 |
| 4. 낭혜무염<br>(800~888) | ㄱ) 김씨金氏다. ㄴ) 태종무열왕의 8대손이며 할아버지 주천周川은 진골이며 관등 5위인 한찬韓粲이고 아버지 범청範淸은 진골에서 강등된 득난得難이다. 어머니는 화씨華氏다. ㄷ) 12세에 설악산 오색석사五色石寺에서 출가하고 (24세)39에 수계하고 888년 입적했다. 향년 89세이고 승납은 65년이다.40 수계 기록이 없다. |
| 5. 보조체징<br>(804~880) | ㄱ) 김씨金氏이며 충남 공주인 웅진熊津 사람이다. ㄴ) 명망 있는 가문 출신이지만 부모에 대한 설명이 없다. ㄷ) 이를 갈 나이인 7~8세 무렵 출가의 마음을 품고 화산花山 권법사勸法師로 출가했으며 827년(23세)에 가량협산加良陜山 보원사普願寺에서 수계를 받고 880년 입적했다. 향년 77세이고 승납은 52년이다.41 |
| 6. 홍각선사<br>(813~880) | ㄱ) 김씨金氏이며 경주 사람이다. ㄴ) 출가 전 글공부를 하고 있었으며 가문과 부모의 설명이 없다. ㄷ) 17세에 출가하여 (그해에) 수계하고 880년 입적했으며 (향년 67세이고) 승납은 50년이다.42 수계 기록이 없다. |
| 7. 원랑대통<br>(816~883) | ㄱ) 박씨朴氏이며 고향은 통화부通化府 중정리仲停里로, 정확한 지역은 알 수 없다. ㄴ) 벼슬하지 않은 선조에 대한 설명이 있으나 결락하여 자세한 내용은 미상이다. 어머니에 대한 설명이 있으나 성은 결락되어 있다. ㄷ) 845년(29세)에 출가하고 곧바로 대덕 성린聖鱗에게 나아가 수계하고 승관僧官에서 단엄사丹嚴寺에 배치하며 883년 입적했다. 향년 68세이고 승납은 39년이다.43 |

| | |
|---|---|
| 8. 수철화상<br>(817~893) | ㄱ) 성씨 기록이 없다. ㄴ) 증조부가 신라 관등 3위인 소판蘇判으로 진골이며 할아버지는 일신日新이고 아버지는 수정修靜으로 벼슬하지 않았다. 어머니에 대한 설명이 없다. ㄷ) 15세에 연허율사緣虛律師에게 출가하고 지금의 김해인 동원경 복천사에서 윤법대덕潤法大德에게 수계하고 893년 입적했다. 향년 79세이고 승납은 58년이다.44 |
| 9. 지증도헌<br>(824~882) | ㄱ) 김씨金氏이고 경주 사람이다. ㄴ) 선조에 대한 설명은 없고 아버지는 찬괴贊瓌, 어머니는 이씨伊氏다. ㄷ) 9세에 부석사로 출가하여 17세에 수계하고 882년 입적했다. 향년 59세이고 승납은 43년이다.45 |
| 10. 징효절중<br>(826~900) | ㄱ) 성은 결락되어 알 수 없으며, 지금의 황해도 지역인 휴암鵂嵒 사람이다. ㄴ) 선조는 벼슬을 살다 군족郡族이 되었으며 아버지는 선동先幢으로 무예에 뛰어나 이름을 떨쳤다. 어머니는 백씨白氏다. ㄷ) 7세에 출가하고 19세에 경기 안성인 백성군白城郡 장곡사長谷寺에서 수계하고 900년 입적했다. 향년 75세이고 승납은 56년이다.46 |
| 11. 선각도선<br>(827~898) | ㄱ) 김씨金氏이며 전남 영암靈岩 출신이다. ㄴ) 가족의 일대기가 유실되었으며 혹자는 태종대왕의 서얼손이라고 한다. 어머니는 강씨姜氏다. ㄷ) 15세에 화엄사에서 출가하고 23세에 혜철대사惠徹大師에게 수계하고 898년 입적했다. 향년 72세이고 승납은 (49년)이다.47 |
| 12. 낭공행적<br>(832~916) | ㄱ) 최씨崔氏이며 경남 하동(하남) 사람이다. ㄴ) 중국 이주민의 후예로 할아버지 이름은 전全으로 벼슬하지 않았고 아버지 이름은 패상佩常으로 학문에 뜻을 두어 공부하다가 무관을 지냈다. 어머니는 설씨薛氏다. ㄷ) 어릴 때 출가하여 855년(23세)에 복천사福泉寺 관단官壇에서 수계하고 916년 입적했다. 향년 85세이고 승납은 61년이다.48 |
| 13. 낭원개청<br>(835~930) | ㄱ) 김씨金氏이고 경주 사람이다. ㄴ) 선조는 귀족이었으며 할아버지 김수정金守貞은 벼슬을 했고 아버지 김유거金有車도 벼슬을 했다. 어머니는 복보씨復寶氏다. ㄷ) 12세에 화엄사 정행법사正行法師에게 출가하고 859년(24세)에 강주康州 엄천사嚴川寺 관단에서 수계하고 930년 입적했다. 향년 96세이고 승납은 72년이다.49 |
| 14. 진경심희<br>(853~923) | ㄱ) 신김씨新金氏이며, 고향은 미상이다. ㄴ) 선조는 임나任那의 왕족으로 흥무대왕興武大王50의 후손이며 아버지 배상盃相은 벼슬하지 않았다. 어머니는 박씨朴氏다. ㄷ) 9세에 혜목산惠目山 원감현욱圓鑑玄昱(787~868)에게 출가하고 19세에 수계하고 923년 입적했다. 향년 70세이고 승납은 50년이다.51 |
| 15. 대경여엄<br>(862~930) | ㄱ) 김씨金氏이며 선조는 경주 사람이다. ㄴ) 선조는 왕성에서 번창한 귀족 출신으로 임지에 따라 이동하다 보령 남쪽인 남포藍浦로 이주했으며 아버지는 사의思義로 벼슬하지 않았다. 어머니는 박씨朴氏다. ㄷ) 9세에 무량수사無量壽寺에서 주종법사住宗法師에게 출가하고 880년(19세)에 수계하고 930년 입적했다. 향년 69세이고 승납은 50년이다.52 |

| 16. 선각형미<br>(864~917) | ㄱ) 속성은 최씨崔氏이고 지금의 광주광역시인 무주武州)사람이다. ㄴ) 선조는 평안남도 지역인 박릉博陵의 귀족으로 신라에 사신으로 왔다가 정착했다. 아버지 이름은 낙권樂權으로 벼슬하지 않았다. 어머니는 김씨金氏다. ㄷ) 보림사 보조체징에게 출가하고 882년(18세)에 화엄사 관단에서 수계하고 (917년에) 입적했다. 향년 54세이고 승납은 35년이다.53 |
|---|---|
| 17. 동진경보<br>(869~947) | ㄱ) 김씨金氏이며 경주 사람이다. ㄴ) 아버지 이름은 익량益良이며 신라 관등 제6위의 벼슬인 알찬關粲의 관직에 있었다. 어머니는 박씨朴氏다. ㄷ) 부인산사夫仁山寺에 출가하고 18세에 월유산 화엄사에서 수계하고 (947년) 입적했다. 향년 80세이고 승납은 62년이다.54 |

헌, 선각도선, 낭원개청, 대경여엄, 동진경보, 그리고 금관가야 왕족(신김씨)인 진경심희까지 11명이다. 박씨 또한 신라 왕족의 후예로 적인혜철, 원랑대통으로 2명이다. 최씨는 중국 이주민으로 진감혜소, 낭공행적 그리고 윗대에서 고구려에서 신라로 이주한 선각형미까지 3명이다. 제자나 문도들이 선사의 성씨를 거짓되게 꾸몄을 가능성에 대해서는 희박하다고 판단된다. 선사의 비문은 왕이 지정한 최고의 문장가가 선사의 일대기를 서술하는 것으로, 일종의 국가 공인 기록이다. 성씨가 없는 천민이나 평민 출신의 선사를 위해 제자들이나 문도들이 거짓으로 꾸민 내용을 바탕으로 국가 공인 기록이 이루어졌을 리 없다.

선사의 비문에는 어머니의 성씨가 확인되고 있는데, 고대 사회에서 여성에게 성씨가 있다는 것은 유력 가문 출신임을 뜻한다. 아버지의 성씨보다 다양한 것이 특징이다. 또한 비문에서 한가로이 지내거나 학문을 닦거나 집에서 수행했다는 내용을 통해서도 귀족 신분임을 알 수 있다.

17명 선사의 수명을 살펴보면 대체로 장수했음을 볼 수 있다. 비교적 이른 나이인 50대에 입적한 선사로는 향년 54세의 선각형미와 향년 59세

화엄사 일주문. 일제강점기 유리건판사진

의 지증도헌으로 2명이다. 60대에 입적한 선사는 홍각선사, 원랑대통, 대
경여엄으로 3명이다. 70대에 입적한 선사는 신행, 진감혜소, 적인혜철, 보
조체징, 수철화상, 징효절중, 선각도선, 진경심희로 8명이다. 80대에 입적
한 선사는 낭혜무염, 낭공행적, 동진경보로 3명이다. 나머지 90대에 입적
한 선사는 낭원개청이다. 그렇다면 80~90세가 4명이고 70대가 8명으로,
17명의 선사 중 70세 이상 장수한 선사가 12명이다. 특히 낭원개청은 96
세에 입적하고 있다.

# 통일신라시대 화엄과 선문의 연관성 분석

## 1. 통일신라시대 선문의 특징과 화엄의 관계

선사 17명의 비문에는 선에 관한 각각의 입장과 법맥을 만들어가는 과정이 서술되어 있다. 9세기부터 등장하는 선문은 화엄과 선을 대립적 관계로 여기지 않고 화엄과 소통하며 발전했다. 더욱이 선문은 화엄을 기반으로 한 화엄종 사찰에 뿌리를 두고 있다는 게 일반적인 학계의 인식이다.[55] 화엄과 선의 관계를 토대로 17명 선사의 비문을 정리하면 크게 세 부류로 나눌 수 있다. 첫째 부류는 통일신라에 선을 전한 초기 선사인 신행, 진감혜소, 적인혜철, 낭혜무염으로, 이들은 선과 화엄을 하나로 보고 있다. 둘째 부류는 초기 선사에게 선을 배운 직계 제자인 2세대 선사로서 9세기 중후반 활동한 보조체징, 홍각선사, 원랑대통, 수철화상, 지증도헌, 징효절중, 선각도선, 낭공행적, 낭원개청, 진경심희다. 이들의 선에 대한 입장 또한 스승과 같다. 셋째 부류는 9세기 후반에서 10세기 초에 활동한 3세대 선사로 대경여엄, 선각형미, 동진경보다. 이들은 선과 화엄을 구분 짓고 있으며 자신의 선문을 만들기 위해 노력하고 있다.

### 1) 초기 선사(신행, 진감혜소, 적인혜철, 낭혜무염)

통일신라 9세기 초반 당나라에서 선을 배우고 돌아와 활동한 신행은 북종선北宗禪을 이었다. 진감혜소, 적인혜철, 낭혜무염은 선과 화엄을 구분하지 않았다. 이러한 초기 선사의 특징을 선사의 비문을 분석하여 살펴보겠다.

신행(704~779)은 30세에 출가해 2년간 공부하고 법랑을 찾아가 3년간 수행했으며 35세인 739년 무렵 당나라 유학을 떠난 것으로 보인다. 당나라에 도착하자마자 240일 잡혀 있고 이후 지공의 문하에서 3년간 수행한다. 이후 중국의 사찰을 탐방하다가 지공의 입적 이후 신라로 들어왔으니 5년 정도 중국에 머물렀을 것으로 추정된다. 739년 무렵 중국 유학을 떠나 5년 정도 공부를 했다면 744년 무렵에 신라로 돌아온 셈이다.

서른 무렵에 출가하여 운정율사를 섬겼으며 (…) 2년 동안 고되게 수련했다. (…) 다시 법랑선사法朗禪師가 호거산虎踞山에서 지혜의 등불을 전한다는 소문을 듣고 곧장 그곳으로 가서 심오한 뜻을 받고자 했다. (…) '가르침'을 구한 지 3년 만에 선백禪伯께서 입적하시자 (…) 멀리 큰 바다를 건너 오로지 부처의 지혜를 구하고자 했다. (…) 그를 체포하여 240일 동안 구류했다. (…) 일이 해결되자, 마침내 지공志空 화상에게 갔다. (…) 연구하기를 3년이 지나자 (…) 수많은 사찰을 두루 돌아다녔다. (…) '지공 선사가' 입적하시자 즉각 [마음이] 확 열리면서 일찍이 있지 않았던

것을 체득했다. (…) 그런 뒤에 계림鷄林으로 돌아와[56]

    신행의 활동 기간은 신라에 도착한 744년부터 779년 입적할 때까지 35년 정도로 추정된다. 스승인 법랑에 관한 서술은 보이나 법의 계보에 관한 구체적인 서술은 없다. 그러나 신행은 도신道信 → 홍인弘忍 → 신수神秀 → 보적普寂 → 지공志空으로 이어지는 북종선[57]의 법맥을 이은 것으로 판단된다. 이 가운데 보적은 당나라 국사를 지낸 인물로, 신행이 중국의 최고 권위의 법맥을 이었음을 알 수 있다.[58] 신행의 문하에서 희양산문曦陽山門의 개산조開山祖 지증도헌이 배출되었다. 그러나 북종선은 통일신라에서 큰 활약을 하지 못한다. 헌덕왕 13년(821) 도의道義의 남종선이 전파되면서 주류를 이루었기 때문이다.[59] 어쨌든 신행의 비문은 한국 초기 선종사를 이해하는 데 없어서는 안 될 중요 비문이다.[60]

    진감혜소(774~850)는 804년 30세에 당나라로 유학을 떠났다. 이후 마조도일馬祖道一의 제자인 신감대사神鑑大師를 만나 출가하여 깨달음을 인정하는 인계印契[61]를 받았다. 810년 37세에 숭산 소림사의 유리단瑠璃壇에서 구족계를 받고 도의선사를 만나 함께 당나라를 편력하며 공부했다. 이후 홀로 종남산終南山에서 지관수행止觀修行 후 830년에 귀국했다.[62] 신라에서는 830~850년까지 20년간 활동했다. 특이하게도 진감혜소의 하동 쌍계사는 구산선문의 하나로 발전하지 못했다.

    적인혜철(785~861)은 839년 중국 유학을 마치고 신라로 돌아와 839~861년까지 22년간 활동했다. 신라 구산선문 중 곡성 태안사大安寺/泰安寺를 중심으로 하는 동리산문桐裏山門의 개산조다. 비문에서 법의 계보는 육조혜능六祖慧能(638~713) → 남악회양南岳懷讓(677~744) → 마조도일馬祖導一(709~788) → 서당지장西堂智藏(735~814)에게 심인心印을 받은 것으로 서술되어 있다.[63] 적인혜철의 비문은 통일신라 선사의 비문 가운데 당나라 법맥에 관한 구체적 서술이 표현된 중요한 문헌 자료다. 적인혜철은 의상의 화엄을 대표하는 사찰인 부석사에 출가하여 화엄을 공부한 뒤 중국 유학에 올라 대장경을 공부하며 이치를 통달했다.[64] 이 과정은 적인혜철에게 교학은 선과 화엄으로 구별되지 않는 하나의 공부였음을 나타내는 것이다.

낭혜무염(800~888)은 중국 유학 후 845년에 신라로 귀국하여 신라에서 845~888년까지 43년간 활동했다. 그는 신라 구산선문 중 보령 성주사를 중심으로 하는 성주산문聖住山門의 개산조다. 낭혜무염은 중국에서 마조도일의 제자인 여만如滿에게 심인을 받아 제자가 된다. 그리고 다시 마조도일의 제자인 마곡보철西堂智藏의 심인을 받아 제자가 된다.[65] 여만은 낭혜무염에게 "중국에서 선이 사라진다면 동이東夷에서 물어봐야 할 것이다"[66]라는 말을 남기고 있다. 이것은 통일신라 선의 위상을 나타내는 표현이자 낭혜무염의 선에 대한 찬사다. 통일신라 선문의 자부심은 이후 2세대 선사 중 보조체징, 지증도헌, 진경심희에게 극명하게 나타난다. 낭혜무염은 제자들에게 교와 선이 같으며 구별하지 말 것을 당부했다. 그 내용은 다음과 같다.

제자들을 깨우치기 위하여 다음과 같이 말했다. "교와 선이 같지 않다고 말하는 사람도 있지만 나는 그 종이 다르다는 것을 보지 못했다."[67]

특히 비문을 쓴 최치원崔致遠(857~?)은 화엄이 낭혜무염에게 불법의 길을 열어주었다고 강조하고 있다.

참된 부처가 된 사람은 해동(海東)의 금상인(金上人)이다. 본래 성골의 자손이
고 상서로운 연꽃을 인연으로 하여 태어났네. 500년 만에 땅을 골라 태
어나서 13세에 속세를 벗어났네. 화엄이 불법의 길을 열어주었네.[68]

낭혜무염의 이러한 교와 선의 일치 그리고 융합의 사상은 9세기 중반
초기 선사들과 9세기 중후반 2세대 선사들에게 공통으로 나타나는 사
상이다. 이들은 선과 교를 구분하지 않고 있다.

### 2) 2세대 선사(보조체징, 홍각선사, 원랑대통, 수철화상, 지증도헌, 징효절중, 선각도선, 낭공행적, 낭원개청, 진경심희)

9세기 중후반 초기 선사에게 선을 배운 직계 제자인 2세대 선사들은
대다수 당나라 유학을 가지 않았다. 이들은 스승의 선이 뛰어나 당나라
에 가서 선을 배울 필요가 없다는 인식 아래 스승의 법맥을 이으면서 한
국 선문의 문파를 확립하고 있다. 비문에는 스승으로부터 전해 받은 신
라 선에 대한 자긍심이 드러나 있다.

보조체징(804~880)은 중국 유학 후 840년에 신라로 귀국하여 신라에
서 840~880년까지 40년간 활동했다. 선사의 비문은 당나라 선의 1조
가 달마인 것처럼 우리나라는 설악산 진전사(陳田寺)의 도의대사(道義大師)
(?~825)를 제1조로 하고 설악산 억성사(億聖寺)의 염거선사(廉居禪師)(?~844)
를 제2조로 하며 보조체징을 제3조로 한다[69]고 서술되어 있다. 이를 통
해 880년 당시 통일신라 선문에서 구체적인 선사의 법맥 계보를 확인할

수 있다.

서쪽으로 당나라에 가서 선지식을 찾아보고 (…) "우리 조사가 설한 바
는 덧붙일 것 없으니 어찌 수고로이 멀리 가랴!" 하고 발걸음을 멈추겠
다는 생각이 들었다.[70]

위 인용문은 보조체징의 비문에 있는 문장으로, 도의와 염거의 선의
위대함을 강조하고 있다. 보조체징은 당나라 선을 배우고자 유학을 떠났
으나 통일신라 스승의 선보다 나을 것이 없다는 사실을 확인했다. 더 이
상 당나라의 선을 배울 필요가 없으며 통일신라의 선이 최고의 선이라
자부하는 2세대 선사의 특징이다.

홍각선사(810?~880)는 중국 유학을 가지 않은 인물로, 가지산문 염거
의 제자로 판단된다. 원래 홍각선사는 원감현욱圓鑑玄昱(788~869)이 있
는 여주 혜목산 고달사高達寺에 머물렀으니 봉림산문鳳林山門과 인연이 있
지만, 설악산 염거의 억성사億聖寺에서 금당과 불전을 이루는 불사 후 입
적[71]하여 비문[72]도 그곳에 세워져 있다. 따라서 염거의 법을 이은 체징과
함께 홍각선사도 가지산문으로 보는 것이 옳을 듯하다.[73] 홍각선사를 비
롯하여 당나라에 유학을 가지 않는 2세대 선사는 수철화상, 지증도헌,
징효절중, 선각도선, 낭원개청, 진경심희가 있다.

원랑대통(816~883)은 당나라 유학 후 866년에 귀국해 883년까지
17년간 활동했다. 늦은 나이인 30세에 출가한 원랑대통의 스승은 성주
산문 개산조 낭혜무염이다. 원랑대통은 당나라로 유학하여 스승의 법맥
인 마조도일의 선을 배우지 않고 위앙종潙仰宗 법맥인 앙산仰山 징허대사

澄虛大師의 선을 배웠다.[74] 남종선 법맥이라는 큰 틀에서는 두 선을 구별 짓지 않는 것으로 보인다.

수철화상(817~893)은 유학을 다녀오지 않았으며 실상산문實相山門 개산조 홍척洪陟의 법을 이은[75] 실상산문의 2조다. 법맥은 마조도일의 계통인 서당지장西堂智藏(735~814) → 홍척 → 수철이다.[76] 실상사에서 홍척의 선을 이은 수철화상은 선과 함께 화엄을 강조하고 있다. 또한 더 나아가 선과 교를 구분하지 않고 있다.

참선參禪에서 꽃술을 드날리고 화엄華嚴에서 향기를 모으셨다. (…) 경문대왕께서 (…) 하루는 팔각당에서 교와 선의 같고 다름을 물으니 "끝내 없습니다"라고 대답하셨다.[77]

지증도헌(824~882) 역시 중국 유학을 가지 않았으며 문경 봉암사를 중심으로 하는 희양산문의 개산조다. 선사의 비문에는 통일신라의 북종선의 법맥을 '4조 도신(道信) → 법랑(法朗) → 신행(愼行) → 준범(遵範) → 혜은(慧隱) → 지증도헌'으로 서술하고 있다.

법의 계보를 보면, 당의 제4조 도신을 5세부世父로 하여 동쪽으로 점차 이 땅에 전하여 왔는데, 흐름을 거슬러서 이를 헤아리면 쌍봉雙峰의 제자는 법랑이요, 손제자는 신행이요, 증손제자는 준범이요, 현손제자는 혜은이요, 내손제자來孫弟子가 대사다.[78]

이는 9세기 중후반 통일신라 선문의 법맥을 완성해가는 모습을 보여준다. 이러한 선문 법맥의 확립을 통해 지증도헌은 희양산문의 개산조로 통일신라 북종선의 정통성을 확립하고 있다. 지증도헌의 비문에는 당나라 유학을 가지 않고 도에 이르렀다는 사실이 강조되어 있다. 이는 통일신라의 선이 번창하여 더 이상 당나라의 선을 배울 필요가 없다는 자부심을 나타낸 것이다. 또한 지증도헌의 북종선이 통일신라 선을 번창시킨 핵심이라는 점을 강조했다. 특이하게도 지증도헌은 유교와 도교와 불교에 통달하여 종합한 인물로 그려지고 있다. 9세기 후반에 통일신라 선문이 융합과 포용의 사상을 갖추었음을 나타내는 중요한 자료로 보인다.

저편의 중국에 가지 않고도 도에 이르고 이 땅을 엄하게 하지 않고도 잘 다스려졌으니, 칠현七賢을 누가 비유로 취하겠는가. 보살의 수행 과정인 십주十住에 계위階位를 정하기 어려운 사람이 현계산賢溪山 지증대사智 證大師 그 사람이다.[79]
경문대왕께서는 마음으로는 유儒·불佛·도道 3교에 융회한 분으로서 직접 대사를 만나 뵙고자 했다.[80]

징효절중(826~900)은 당나라 유학을 가지 않았으며 철감도윤澈鑒道允 (798~868)으로 시작하는 사자산문獅子山門의 2조다. 징효절중은 선문의 법맥을 명확하게 밝히고 있다.

화상(철감도윤)은 지난날 중국에 가서 먼저 남전南泉(748~843)을 친견하고 법을 이어받았으니, 남전은 마조도일(강서江西)을 계승했고, 강서는 남악회양南嶽懷讓(77~744)을 계승했으며 남악은 곧 조계혜능曹溪慧能

(618~713)의 적장자 다. (…) 동산의 법을 이어받게 되었다.[81]

선각도선(827~898)은 중국 유학을 가지 않았으며 동리산문 개산조 적인혜철의 제자다.[82]

낭공행적(832~916)[83]과 낭원개청(835~930)[84]은 사굴산문闍崛山門의 개산조 통효범일通曉梵日(810~889)의 제자다. 강릉 굴산사崛山寺의 통효범 일은 특이하게 석가모니보다 중국 조사의 우위를 주장한 진귀조사설眞歸 祖師說을 주장한다. 낭공행적은 당나라 유학 후 885년에 귀국하여 916년 까지 31년간 활동했다. 당나라에서 특별한 스승을 만나지 않았다. 낭원 개청은 중국 유학을 가지 않았으며 12세에 선각도선처럼 화엄사로 출가 했는데(847년으로 추정) 참선 도중 화엄경을 보면서 깨달음을 얻었다. 이 를 통해 낭원개청은 선과 함께 화엄을 중요시했음을 알 수 있다.

대장경을 보다가 화엄경의 교판론 일음교 를 읽고 금강삼매를 성취 했다.[85]

진경심희(853~923)는 당나라 유학을 가지 않았으며 창원 봉림사 봉림 산문鳳林山門의 실질적인 개창자다. 봉림산문의 개산조는 여주 고달사의 원감현욱圓鑒玄昱으로, 진경심희는 스승 원감현욱의 선에 대한 자부심이 대단하여 당나라 유학의 필요성을 부정했다. 통일신라 선에 대한 자부심 이 정점에 달한 시점이다.

"달마達摩가 법을 부촉하고 혜가惠可가 마음을 전해 받음으로써 선종이 동쪽으로 전해졌는데 배우는 사람이 무엇 때문에 서쪽으로 가리오. 나는 이미 혜목惠目을 찾아뵙고 아름다운 자취를 접했는데, 어찌 뗏목을 버린 마음을 가지고 뗏목을 타려는 뜻을 좇으리오?"[86]

### 3) 3세대 선사(대경여엄, 선각형미, 동진경보)

10세기 초에 활동한 대경여엄, 선각형미, 동진경보 선사는 특이하게도 자신들만의 법맥을 새롭게 만들고자 하는 모습을 드러내고 있다. 9세기 후반에서 10세기 초에 활동한 3세대 선사들은 2세대 선사들이 스승의 법맥을 중시한 것과는 달리 당나라 선의 법맥을 통일신라 선의 법맥보다 우위에 두고 있다. 또한 선과 교를 구분하여 선이 교보다 우수하다는 입장으로, 3세대 선사의 활동 시기부터 선과 교가 구별되고 있다.

대경여엄(862~930)은 성주산문 개산조 낭혜무염의 제자로, 중국 유학 후 909년에 귀국하여 930년까지 21년간 활동했다. 그러나 당 유학 시절 운거도응雲居道膺의 심인을 전승받은 후 스승인 낭혜무염의 법맥을 버리고 자신만의 법맥을 만들었다. 그 법맥은 '청원행사淸原行思 → 석두희천石頭希遷 → 마곡보철麻谷寶徹 → 운암담성雲岩曇晟 → 동산양개洞山良价 → 운거도응雲居道膺(?~902) → 대경여엄'으로 이어지고 있다.[87] 이로써 대경여엄은 당나라 선의 법맥을 이은 통일신라 선문의 개산조가 되었다. 무량수사에서 화엄경을 공부한 대경여엄은 880년 19세에 비구계를 받은 이후 교종과 선종을 구분하는 이분법적인 사고 표현을 하고 있다.

19살 때인 880년 헌강왕 6년 비구계를 받은 이후 교종이 최상승이 아님을 알고 성주사 광종대사의 제자가 되었다.[88]

선각형미(864~917)는 중국 유학 후 905년에 귀국하여 917년까지 12년간 활동했다. 장흥 보림사 가지산문 보조체징의 제자로 진전사陳田寺 도의道義의 손자다.[89] 또한 당나라 운거도응의 제자다.

법이 이어져 운거 도응의 법을 계승했는데 사람만이 능히 이 도를 펼칠 수 있을 것이니, 이러한 조상의 법祖宗을 보존하고 빛낼照曜 사람은 참으로 우리 스님만이 그를 감당할 사람이라 하겠다.[90]

선각형미의 비문은 보조체징의 법맥을 잇지 않고 당나라 운거 도응의 법을 계승했음을 강조하고 있다. 이에 따라 선각형미 또한 당나라 선의 법맥을 이은 통일신라 선문의 개산조가 되는 것이다.

동진경보(869~947)는 중국 유학 후 921년에 귀국하여 신라에서 921~947년 26년간 활동했다. 광양 백계산 옥룡사 도승화상道乘和尙[91]의 제자[92]로 추정된다. 성주산문의 낭혜무염과 사굴산문의 통효범일에게 공부하고 있다. 당나라에서 조동종曹洞宗 소산광인疎山匡仁(837~909)의 심인과 강서노선江西老善의 심인을 받고 있다.[93] 이것은 선각형미와 마찬가지로 동진경보로 시작하는 법의 계보를 새롭게 만들고 있다는 것을 말해준다.

3세대 선사 이후 고려시대 초에 이르면 통일신라 선문의 법맥을 조작해 구산선문이 만들어진다. 이러한 모습은 희양산문 긍양兢讓(878~956)의 비문에서 명확하게 확인된다. 구산선문 중 희양산문의 긍양은 '문경봉암사 정진대사탑비聞慶鳳巖寺靜眞大師塔碑'에서 법계를 고쳐[94] 진감혜소의 증손자가 되어 법맥을 잇고 있다.[95] 이것은 10세기 중반 구산선문으로 대표되는 선문의 문파가 확립되어가는 과정을 보여준다. 지증도헌의 북종선 법의 계보를 이은 긍양이 고려 초 구산선문이 확립되는 과정에서 선종계를 장악한 남종선으로 선종 문파의 법계를 만들어가는 모습을 보여주는 귀중한 자료다. 남종선을 이은 진감혜소는 구산선문의 문파를 만들지 못했기에 북종선에서 남종선으로 법의 계보를 새롭게 만들고자 했던 긍양에게 적합한 대상이었을 것이다. 이는 고려 초 선사들이 선문을 만들어가는 모습을 직접적으로 보여주는 예시가 된다. 무엇보다 중요한 것은 고려 초에 선문의 세력이 강해지고 있음을 알려준다는 것이다. 계보가 세분화되는 것은 선문의 세력이 강해졌다는 사실을 말해주기 때문이다.

이제까지의 내용을 정리하면 [표4]와 같다.

9세기 초중반 통일신라 초기 선사들은 화엄과 선을 구별하지 않고 같은 수행체계로 보았으며, 9세기 중후반 초기 선사의 직계 제자인 2세대 선사들은 화엄과 선을 대하는 사상을 그대로 따른다. 거기에 더해 초기 선사들이 정착시킨 통일신라 선의 우수성을 찬미하고 당나라의 선을 공부할 필요가 없다는 주체성을 강조한다. 이를 통해 9세기 선사들은 통일신라 선문뿐만이 아니라 불교에 대한 강한 자부심과 주체성을 지녔음을 확인할 수 있다. 대표적으로 진경심희는 스승 원감현욱의 선이 뛰어나기에 당나라로 유학을 갈 필요가 없다고 했다. 이처럼 초기 선사들은 선과 교학을 대표하는 화엄이 하나임을 강조하고 전반적으로 통일신라 불교를 긍정하는 태도를 보이고 있다. 그러나 통일신라가 혼란기를 맞이하는 9세기 후반부터 선문은 변화를 보이기 시작한다. 3세대 선사들은 통일신라 스승의 선문이 아닌 자신이 당나라에서 배워온 선종의 전통을 강조하며, 자신을 기준으로 새로운 선문의 법맥을 만들어가고 있다. 특히 선

[표4] 선사의 성격과 선의 특징

| 선사의 이름 | 선사의 성격과 선의 특징 |
|---|---|
| 1. 신행(704~779) | 30세 무렵 출가해 운정율사를 섬김. 법랑法朗의 제자. 유학. 지공의 제자. 희양산문의 개산조 지증도헌 배출. |
| 2. 진감혜소(774~850) | 유학. 구산선문으로 발전하지 못함. (마조도일 법맥) |
| 3. 적인혜철(785~861) | 15세에 부석사로 출가해 화엄을 배움. 유학. 서당 지장의 제자. 동리산문 개산조. 당나라 선종 법맥 서술.(마조도일 법맥) |
| 4. 낭혜무염(800~888) | 부석사에서 화엄을 배움. 유학. 마곡 보철의 제자. 성주산문 개산조. 선과 교를 구분하지 않음. 통일신라 선의 자부심을 드러냄.(마조도일 법맥) |
| 5. 보조체징(804~880) | 유학. 염거선사의 제자. 가지산문 3조. 도의와 염거 선의 위대함을 강조. 통일신라 선의 자부심을 드러냄. 선문의 법맥 서술.(마조도일 법맥) |
| 6. 홍각선사(810~880) | 17세에 출가해 해인사에서 화엄을 배움. 유학 안 함. 가지산문 염거의 제자.(마조도일 법맥) |
| 7. 원랑대통(816~883) | 성주산문 무염의 제자. 유학. 위앙종 증허대사 제자. 선문의 법맥 서술. |
| 8. 수철화상(817~893) | 유학 안 함. 실상산문의 2조. 화엄을 강조하고 선과 교를 구분하지 않음. 실상산문 개산조 홍척의 제자. 선문의 법맥 서술.(마조도일 법맥) |
| 9. 지증도헌(824~882) | 9세에 출가해 부석사에 들어감. 유학 안 함. 희양산문 개산조. 통일신라 북종선 법의 계보 완성. 선과 교를 구분하지 않음. 통일신라 선의 자부심을 드러냄. 북종선 선문 법맥 서술. |
| 10. 징효절중(826~900) | 7세에 출가해 부석사에서 화엄 배움. 유학 안 함. 사자산문 2조. 선문의 법맥 서술.(마조도일 법맥) |
| 11. 선각도선(827~898) | 842년 화엄사로 출가. 유학 안 함. 동리산문 개산조 적인혜철의 제자. |
| 12. 낭공행적(832~916) | 가야산 해인사로 출가, 화엄 배움. 유학. 오대산 화엄사에 들러 문수대성전에 기도. 사굴산문 통효범일의 제자. |
| 13. 낭원개청(835~930) | 850년 화엄사로 출가. 화엄경의 일음—音을 펴보고 금강삼매를 깨달음. 유학 안 함. 사굴산문 통효범일의 제자. |
| 14. 진경심희(853~923) | 유학 안 함. 봉림산문의 실질적인 개창자. 혜목산 원감현욱의 제자. 스승의 선을 자부해 중국 유학을 반대. 통일신라 선의 주체성에 정점을 찍음. |

| | |
|---|---|
| 15. 대경여엄(862~930) | 9세에 출가, 화엄경 배움. 성주산문 낭혜무염의 제자. 유학. 운거도응의 제자. 선종의 우위 강조. 낭혜무염의 법맥이 아닌 자신의 선 법맥을 강조. |
| 16. 선각형미(864~917) | 가지산문 보조체징의 제자. 유학. 운거도응의 제자. 자신의 선 법맥 강조. |
| 17. 동진경보(869~947) | 선각도선의 제자. 유학. 조동종 소산광인과 강서노선의 제자. 성주산문 무염과 사굴산문 범일에게 공부. 자신의 선 법맥 강조. |

이 교종과 화엄보다 우위에 있다는 주장을 나타내기 시작했다. 이에 9세기 후반의 선문은 법맥의 파벌과 세력 확장의 양상을 드러내고 있으며, 고려시대 초에 이르면 긍양의 예처럼 선문 법맥의 창작까지 이루어지고 있다.

　이상 통일신라 선문의 변화 과정은 통일신라 화엄종에 대해 두 가지 판단 자료를 제공한다. 하나는 통일신라 8세기 중반에 나타나는 화엄종의 주체성이 9세기 통일신라 선문의 주체성으로 이어지고 있다는 것이다. 이렇듯 8~9세기에 통일신라 불교계가 매우 주체적이었다는 사실은 당시 화엄종 조형물이 지니고 있는 독창성에 대한 해석의 근거를 제시한다. 다른 하나는 고려시대로 넘어가는 과정에서 선문이 법맥의 파벌을 형성하고 있다는 사실이다. 9세기 후반~10세기 초반 3세대 선사들은 통일신라 스승의 법맥이 아닌 당나라 스승의 법맥을 기반으로 자신의 법맥을 만드는데, 이후 고려 건국이라는 상황과 맞물려 불교계 파벌이 강화되는 현상을 빚어낸다. 새로운 국가가 건국되는 상황에서는 새로운 파벌이 나타나게 마련으로, 화엄종에서도 고려 초기에 법맥 파벌이 강화됐을 것으로 추정된다. 이는 연기의 화엄이 변화되는 시대적 배경 자료가 된다. 연기의 화엄에 대해서는 제4장에서 자세히 다루고 있다.


## 2. 화엄종과 선문 산사 사찰의 공통된 표현 방식

선사의 비문은 8세기 중반~9세기까지 통일신라 화엄종 사찰과 선문 사찰은 산 이름과 사찰 이름을 함께 사용하는 방식을 채택하고 있다. 그러나 10세기 고려 건국 이후에 건립된 비문을 보면 통일신라의 선사와 인연이 있는 사찰들은 산 이름 없이 사찰 이름만 표기되어 있다.

신행의 비문을 보면 신행은 "호거산瑚踞山에 있는 스승 법랑"[96]을 찾아가 선을 배운다. 이것은 호거산에 자리한 이름 모를 사찰에 법랑이 거주하고 있었다는 것으로, 여기서 호거산은 법랑이 머물던 사찰을 대변하고 있다. 즉 산 이름이 법랑이 거주하는 사찰을 대신하는 것으로 사찰보다 산을 중시하고 있다.

선사의 비문에서 산과 사찰의 이름과 함께 표현하는 방식은 신행이 거주한 사찰인 "남악南岳 단속斷俗의 사寺"[97]라는 서술에서도 확인된다. 남악은 산 이름이고 단속은 지명이다. 여기서 산 이름과 지명이 사찰을 상징하는 표현임을 알 수 있다. 813년 선사의 비문을 건립한 연도를 기준으로 할 때 현재로서는 지리산인 '남악'의 서술 표현이 최초로 나타나는 문헌이다. 이후 화엄사가 통일신라를 대표하는 화엄십찰임을 나타내는 최치원의 『법장화상전』에 "남악 지리산 화엄사"[98]라는 표기를 찾아볼 수 있다. 또한 952년 간행한 『조당집祖堂集』에는 "남악 실상사"[99]라는 표기가 보이며, 고려의 일연이 1276년 무렵 편찬한 『삼국유사』에도 화엄십찰로 "남악 화엄사"[100]라 표기하고 있다. 이로써 신행의 비문에 나타난 법랑의 호거산을 통해 통일신라 선문은 사찰보다 산 이름을 중시했다는 사실을 알 수 있다.

화엄종 사찰도 산이 사찰 이름을 대신하거나 앞에 표기된다는 공통점이 확인된다. 적인혜철의 비문에는 선사가 출가한 사찰을 "부석산浮石山"으로 표기하고 있다. 부석산은 부석사를 뜻하는 것으로, 산 이름이 사찰을 대표하는 경우다.[101] 보조체징은 837년 무렵 "설산 억성사雪山億聖寺"에서 염거의 법을 잇고 있다.[102] 억성사는 화엄종 사찰로 창건되었으나[103] 837년에는 선문 사찰이 되어 있다. 산과 사찰을 함께 표현하는 방식은 계속 이어지고 있다. 824년 선사는 "가량협산 보원사加良陜山普願寺"에서 구족계를 받고[104] 있다. 보원사 또한 통일신라 화엄을 대표하는 화엄십찰이며[105] 서산 지역을 대표하는 관단 사찰이다. 859년부터 선사가 거주하는 "가지산사迦智山寺"는 지금의 보림사로, 화엄종 승려인 원표元表大德 (?~?)[106]가 8세기 중반에 창건했다.[107] 이 또한 산 이름을 사찰 이름으로 사용한 통일신라 화엄종의 사례를 보여주고 있다.

홍각선사의 비문을 보면 선사가 봉림산문의 개산조 원감현욱이 거주하는 혜목산惠目山에 찾아가는데[108] 혜목산은 지금의 여주 고달사를 의미한다. 『조당집祖堂集』을 보면 841년 현욱은 혜목산에 토굴을 짓고 살았는데 경문왕이 고달사에 거주하도록 했다는 내용이 있다.[109] 홍각선사가 찾아간 혜목산은 현욱의 선문 사찰을 의미한다. 9세기 중반 선문 사찰 역시 화엄종 사찰처럼 산 이름이 사찰을 대신하고 있다.

원랑대통의 비문에는 조금 다른 표현 방식이 나타난다. 자인선사는 유식唯識의 승려 도증이 창건한 월광사에 원랑대통이 거주할 수 있도록 요청하면서 문무왕이 삼한 정벌의 공로로 월광사가 있는 산을 표창했다고 소개하고 있다.[110] 그런데 비문에는 공교롭게도 월광사라는 이름만 나올 뿐 산 이름이 보이지 않는다. 현재 월광사가 있는 산은 월악산이다. 도증은 692년 천문도天文圖를 왕에게 바치고 있으므로 월광사는 700년 무렵에 창건되었음을 가늠할 수 있다.[111] 월광사는 법상종 사찰로, 사찰 이름에 산이 빠져 있는 것으로 보아 산 이름으로 사찰을 표현하는 방식은 화엄종 사찰과 선문 사찰의 전통일 가능성이 엿보인다.

지증도헌의 비문을 보면 "현계산賢溪山 지증대사"[112]라고 표기되어 있다. 지증도헌은 864년 원주의 현계산 안락사에 거주하므로 현계산은 지증대사를 상징하는 표현으로 사용되었다. 또한 지증도헌은 833년 부석산에 출가[113]하고 있다. 이와 같이 산 이름은 화엄종 사찰과 선문 사찰을 가리키는 공통된 표현임을 알 수 있다.

징효절중의 비문을 보면 882년 "사자산師子山 석운대선사釋雲大禪師"가 본인의 사찰에 오기를 청하여 주석하고 있다. 이후 헌강왕憲康王(재위 875~886)이 "사자산 흥녕선원興寧禪院"을 중사성에 예속시키고 있다.[114] 여기서도 사자산은 석운선사가 거주하는 사찰을 대변하고 있다. 이후 891년 무렵 흥녕선원이 병화로 소실되었을 때는 흥녕선원이 아닌 "본산本山"이 병화로 소실[115]되었다고 서술하고 있다. 본산이라 표현한 것으로 볼 때 산으로 사찰을 표현하는 게 일반적이었음을 알 수 있다.

선각도선의 비문을 보면 842년 "월유산 화엄사"로 출가하고 있는데, 월유산은 지리산의 다른 이름이다. 이후 863년 "백계산의 옛 사찰 옥룡사"에 선각도선이 도착하고 있다.[116] 화엄종 사찰과 선문 사찰 모두 산과 사찰 이름을 병기하고 있음이 확인된다.

낭공행적의 비문을 보면 "가야 해인사"에서 출가하고 있다.[117] 가야란 곧 가야산이니 역시 산 이름과 사찰 이름을 결합한 경우다.

낭원개청의 비문을 보면 874년 12세에 "화엄산사 華嚴山寺"로 출가하고 있다.[118] 화엄사를 남악이나 지리산이 아닌 화엄산사라 표현한 것을 보면, 지증도헌의 비문에 보이는 '부석산'처럼 사찰이 곧 산이고 산이 곧 사찰인 표현 방식이 명확히 드러난다.

939년 건립된 대경여엄의 비문과 946년 건립된 선각형미의 비문에는 산 이름 없이 사찰 이름만을 표기하고 있다. 대경여엄은 "무량수사"에서 출가하여 화엄경을 배우고 있다.[119] 그리고 선각형미는 "보림사"에서 출가하고 강진 "무위사"에 머물며 "화엄사"에서 구족계 수계를 받고 있다. 또한 920년 무렵 고려 태조 왕건이 양평 "보리사"에 선사가 거주하도록 하고 있다.[120]

반면 고려 초 958년 세워진 동진경보의 비문을 보면 선사는 대구 "부인산사"로 출가하고 "월유산 화엄사"에서 구족계를 수계 받으며 "백계산 옥룡사"에서 도선국사의 제자가 되고 있다.[121] 동진경보의 비문은 통일신라의 화엄종과 선문의 사찰 표현 방식을 따르고 있는 것이 확인된다.

고려가 건국되고 나서 비문이 건립된 대경여엄, 선각형미, 동진경보의 경우 통일신라의 화엄종과 선문 사찰에서 산과 사찰을 동일시하는 표기 방식이 사라지는 과정을 보여준다. 세 선사의 비문은 8세기 중반~9세기까지 이어오는 통일신라 불교의 전통이 고려가 건국되는 10세기 초에 이르러 변화하고 있다는 사실을 말해주는 자료다.

통일신라시대에 건립된 선사의 비문은 사찰을 표현할 때 산 이름과 함께 표현하거나 산 이름이 사찰을 대신하는 방식을 보여준다. 그러나 이

것이 과연 화엄종과 선문 사찰의 독특한 방식인지 확인하기 위해서는 교종 사찰의 표기 방식과 비교해볼 필요가 있다. 앞에서 법상종 사찰인 월광사는 월악산에 있지만 원랑대통의 비문에는 산 이름이 없는 것을 확인했다. 선사의 비문에는 화엄종 사찰 이외의 교종 사찰의 이름이 보이는데 모두 산 이름이 붙어 있지 않다. 살펴보면 다음과 같다. 진감혜소 비문의 황룡사,[122] 낭혜무염 비문의 흥륜사,[123] 홍각선사 비문의 영묘사,[124] 원랑대통 비문의 강주엄천사,[125] 수철화상 비문의 동원경복천사,[126] 지증도헌 비문의 안륜사,[127] 낭공행적 비문의 복천사[128]와 같이 사찰 이름만 있고 산 이름은 보이지 않는다. 황룡사·흥륜사·영묘사는 수도인 경주에 있는 교종 사찰이다. 이로써 화엄종 외 교종 사찰의 경우 사찰 이름을 단독으로 사용하고 있음을 알 수 있다. 결론적으로 산 이름을 강조하여 사찰 이름을 사용하는 것은 화엄종과 선문 사찰의 특징임을 확인했다. 이 내용을 표로 정리하면 다음과 같다.

화엄종 사찰은 7세기 후반 의상의 부석사를 시작으로 8세기 중반까지 본격적으로 사찰을 창건하면서 산 이름을 사찰 이름과 함께 사용하

[표5] 통일신라 사찰의 표현 방식

| 화엄종 외 교종 사찰 | 화엄종 사찰 | 선문 사찰 |
| --- | --- | --- |
| 월광사(법상종) | 남악단속지사 | 호거산(법랑 거주 사찰) |
| 황룡사 | 부석산(부석사) | 설산억성사 |
| 흥륜사 | 가랑협산보원사 | 혜목산(고달사) |
| 영묘사 | 가지산사 | 현계산(안락사) |
| 강주엄천사 | 월유산화엄사 | 사자산(흥녕선원) |
| 동원경복천사 | 가야해인사 | 사자산흥녕선원 |
| 안륜사 | 화엄산사 | 본산(흥녕선원) |
| 복천사 | | 백계산옥룡 |
| | | 백계산 |

는 방식이 전통처럼 굳어진 것으로 보인다. 이후 9세기 중반부터 창건되는 선문 사찰에서도 같은 형식을 따르고 있다.

선문 사찰은 화엄종 사찰의 구성 방식을 이어받은 것으로 판단된다. 통일신라 화엄종과 선문의 관계에서 선문이 화엄종 사찰의 구성 방식을 따랐다는 증거를 통해 화엄사 조형물 조성의 선후도 살펴볼 수 있다. 예컨대 독창성이 엿보이는 화엄사 '각황전 앞 석등'은 선문 사찰인 실상사의 '실상사 석등'과 같은 양식을 보이고 있는데 화엄종 사찰과 선문 사찰의 연관성을 확인한다면 조형물 조성 시기의 선후 관계 또한 가늠할 수 있을 것이다. 화엄종 사찰과 선문 사찰의 연관성을 이어서 고찰해보기로 하겠다.


## 3. 통일신라 화엄 사찰과 선문 사찰의 연관성

이 책에서 살펴보는 선사 비문에서 통일신라시대에 활동한 선사는 종파를 확인할 수 없는 교종 사찰이나 법상동 사찰인 월악산 월광사를 제외하고는 거의 화엄종 사찰이나 선문 사찰에 거주했다. 특히 9세기 초중반에 활동한 초기 선사들은 당나라에서 돌아와 으레 화엄종 사찰에 거주하고 있다. 9세기 중후반 2세대 선사들이 거주하는 화엄종 사찰은 대부분 선문 사찰로 바뀌고 있으며, 그중 일부 2세대 선사는 선문 사찰을 창건하고 있다. 지증도헌의 문경 봉암사가 대표적인 경우다. 890년 이후 후삼국의 혼란에 처한 몇몇 2세대와 3세대 선사들은 평화로운 지역의 사찰을 찾아다니게 되므로 890년 무렵 선사들이 인연을 맺는 사찰은 화엄인지 선문인지 성격을 알 수 없는 경우가 많다. 이러한 경우를 제외하고 890년 이전 초기 선사들과 2세대 선사들이 인연을 맺은 사찰의 성격을 파악한다면 명확한 하나의 사실, 즉 890년 이전 선사들의 선문 사찰이 화엄종 사찰에 기원을 두고 있다는 결론을 얻어낼 수 있다.

앞서 살펴보았듯이 890년 이전 초기 선사들과 2세대 선사들은 화엄과 선을 하나의 동등한 수행체계로 보았다. 이것은 890년 통일신라에서 화엄과 선은 상호 보완 관계에 있었다는 사실을 의미한다. 그러다가 890년 이후 고려가 건국될 즈음 3세대 선사에 의해 화엄과 선이 구별되며 선의 우위가 주장된다. 이후 화엄은 화엄대로 선문은 선문대로 각자의 길로 나아감으로써 대립적 세력화가 이루어지고 있다. 이제 각 선사의 비문에 나타난 화엄종과 선문 사찰의 연관성을 살펴보겠다.

신행은 742년 무렵부터 입적하는 779년까지 통일신라에서 활동을 펼치는데, 이 기간에 선문은 독자적인 활동을 전개하지 못하고 있었다.[129] 『삼국유사』에는 신행의 비문이 세워진 단속사는 763년 신충이 왕을 위해 창건했다는 내용과 748년 직장 이준이 전에 있던 조연소사槽淵小寺를 고쳐 단속사라 했다는 두 가지 내용이 전한다.[130] 같은 시기(경덕왕 재위 시기)에 화엄종 승려들의 활동이 대거 나타나기 시작하면서[131] 화엄종 사찰들이 지리산 권역에 창건되는 모습이 확인된다. 단속사를 당나라 북종선을 대표하는 통일신라 선문 사찰로 보는 연구도 있으나[132] 나는 두 가지에 근거해 화엄종 사찰이라고 판단한다. 첫째는 8세기 중반 지리산 일대에 화엄종 사찰들이 창건되었다는 점이고, 둘째는 앞서 살펴보았듯 813년 건립된 신행의 비문에 표현된 "남악 단속의 사南岳斷俗之寺"라는 표현 방식이 화엄종과 선문 사찰의 공통된 것이라는 점이다. 만약 단속사가 북종선의 선문 사찰이라면 신행의 법맥을 이은 지증도헌의 비문에 단속사와의 인연이 담기지 않았을 리가 없다. 지증도헌의 비문에는 단속사가 언급되지 않고 있으니 남는 것은 화엄종 사찰뿐이다. 이것이 단속사를 화엄종 사찰로 판단한 근거다.

지금의 하동 쌍계사는 840년 전후 진감혜소가 '옥천사'라는 이름으로 창건한 사찰이다. 진감혜소의 비문 서술 내용을 순차적으로 살펴보면 830년 진감혜소가 귀국하여 상주尙州 장백사長栢寺에 거주하고 있을 때 찾는 사람이 많았다고 한다. 이름이 알려져 찾아오는 사람들이 생기려면 거주 기간이 최소한 1년은 넘었을 것으로 보인다. 이후 진감혜소는 하동 지리산 화개곡花開谷으로 가서 삼법화상三法和尙의 절터에서 거주하는데, 걸어서 이동했다는 표현과 장백사에서 거주한 기간을 감안하면 대략 832년 즈음으로 판단된다. 화개곡의 사찰을 "삼법화상의 절터遺基"라고 한 것과 진감혜소가 "사찰의 건물堂宇을 다시 짓거나 고치니纂修 완벽한 사찰을 이루었다儼若化成"고 한 서술로 보아 폐사되었던 사찰을 수리한 것으로 보인다. 이후 838년 민애왕이 선사에게 '혜소慧昭'라는 이름을 내려주고 황룡사의 승적에 올려주고 있다.[133] 그로부터 몇 년이 지나 삼법화상의 절터에서 남쪽 고개에 옥천사玉泉寺를 창건하고 육조혜능六祖惠能의 영당影堂을 세웠다. 그 시기를 헤아려보면 옥천사는 840년 전후에 창건되었을 것으로 보는 게 타당하다. 옥천사를 창건한 배경은 찾아오는 제자 등 사람이 많아져 넓은 터전이 필요했기 때문일 것이다. 진감혜소가 입적한 이후 886~887년 정강왕定康王(50대, 재위 886~887)이 '쌍계雙溪'라는 이름을 지어주었다.[134]

비문에 "삼법화상의 절터"라 적은 것을 보면 832년 진감혜소가 화개곡으로 이주했을 당시 하동 지역에는 삼법화상의 이름이 널리 알려져 있었을 것이다. 또한 앞서 말했듯 사찰이 폐사되었다고 한 점으로 볼 때 삼법화상의 사찰이 창건된 시기는 8세기 중후반쯤으로 판단된다. 사찰의 목재 건축물이 무너지고 전각을 새로 지으려면 적어도 50년 이상 걸리기 때문이다. 또한 832년에는 진감혜소가 삼법화상의 절터로 옮겨 와 불사를 시작하고 있으므로 시간을 역으로 추적하면 삼법화상이 사찰을 창건한 시기는 750~780년 즈음이었을 것이다. 한편 8세기 중반 지리산에 세워지는 산청 석남암사(지)[135]와 구례 화엄사는 지리산 기슭에 화엄종 승려가 창건한 화엄종 사찰이다. 이 시기 지리산 권역에 화엄종 외의 교종 사찰은 확인되지 않는다. 이 모든 점을 종합해보면 하동 삼법화상의 사찰은 8세기 중후반 지리산 권역에 창건된 화엄종 사찰이었음이 유력하다. 즉 삼법화상은 화엄종 승려였으며 그가 창건한 사찰은 화엄종 사찰이라는 것이다.

적인혜철은 15세에 부석산에 출가하여 화엄을 배우고 있다. 부석산은 영주 부석사를 의미한다. 이후 적인혜철이 직접 동리산桐裏山의 작은 사찰에 거주하며 사찰 이름을 '대안大安'이라 지었다. 대안사는 산속 깊은 곳에 있으며 적인혜철이 오기 전부터 승려들이 거주하던 곳이다. 적인혜철의 소식을 들은 문성왕이 사찰의 사방에 살생을 금하는 당幢을 세울 것을 허락하여 대안사를 인정해주고 있다.[136]

곡성군谷城郡 동남쪽에 산이 있어 동리桐裏라 했고 그 속에 암자가 있어 이름을 대안大安이라 했다. 그 절은 수많은 봉우리가 막아 가리고 한 줄기 강이 맑게 흘렀고, 길이 멀리 끊기어 세속의 무리들이 오는 이가 드물고 경계가 그윽이 깊어 승도들이 머물러 고요했다. (…) 문성대왕이 이를 듣고 (…) 선사가 주석하는 절의 사방 바깥에 살생을 금하는 당幢을 세울 것을 허락했다.[137]

대안사는 적인혜철이 대안사로 오기 전부터 승려들이 머무르던 사찰이지만 이 책에서는 창건 시기를 '대안사'라는 이름을 지은 때로 정하기로 한다. 대안사의 창건 시기는 적인혜철이 귀국한 839년 이후부터 문성왕이 사망하는 857년 사이이고, 선각도선의 비문에는 846년에 적인혜철의 제자가 되고자 대안사를 찾아가 청하는 서술이 있다.[138] 이를 통해 시기를 더 좁혀보면 839~846년 무렵 대안사라는 이름을 내걸고 새롭게 창건했음을 알 수 있다.[139]

적인혜철이 대안사에 처음 갔을 때는 깊은 산속에 있는 작은 암자로, 839~846년 이전에 곡성의 깊은 산속에 선문의 암자가 창건됐을 가능성은 없다. 그리고 선문 사찰이었다면 선사의 비문에 표현되었을 것이다. 그렇기에 8세기 중후반 지리산 권역에 창건되는 화엄종 사찰들과 마찬가지로 대안사는 화엄종 승려가 창건한 암자일 가능성이 크다. 또한 적인혜철이 아무런 거리낌 없이 대안사에 거주하는 것을 보았을 때 앞에서 살펴보았듯이 화엄종과 선문의 밀접한 관계에서 화엄종 승려의 암자일 가능성이 크다.

보조체징은 827년 24세에 화엄십찰 중 한 곳인 서산 보원사普願寺에서 구족계를 받았다.[140] 보원사 가까운 지역에서 서산마애삼존불상(국보 제84호)이 발굴되었고 1968년에는 보원사지에서 약 200미터 떨어진 곳에서 백제금동여래입상이 출토되었는데, 보원사지에서는 여섯 차례나 발

[그림9] 보원사지 법인국사탑비 (논)

굴조사가 이루어졌음에도 백제시대의 유구가 확인되지 않았다.[141] 오히
려 통일신라 말에서 고려 초에 세워진 다수의 석축만 분포하고 있다.

보원사지에는 서산 보원사지 법인국사탑비普願寺址法印國師塔碑라는 특별
한 비가 남아 있다. 화엄종 승려인 법인국사 탄문碑文(900~975)이 입적
한 이후 978년에 건립된 탑비로, 통일신라시대 비문이 모두 선사의 비문

인 데 반해 이것은 화엄종 승려의 비문이라는 점에서 특별하다. 그 내용을 보면 975년 탄문이 고려 광종에게 보원사로 내려가게 해줄 것을 청하자 광종이 남쪽의 많은 토지와 노비를 보시했다고 한다. 탄문 일행이 가야산사迦耶山寺[142]에 도착하니 선교승禪敎僧 1000여 명이 기다리고 있었는데 이는 선승과 화엄승이 함께 기거하고 있는 상황을 암시한다.

개보開寶 8년 정월에 스님이 노쇠하여衰貌 고산故山에 돌아가기를 간청했다. 그러나 대왕은 오히려 스님의 자안慈顔과 이별하는 것이 아쉬워 (…) 남쪽 들판의 토지 1000경頃과 노비 50명을 바쳤는데 (…) 스님의 일행이 가야산사에 당도하니 (…) 선교승禪敎僧 1000여 명이 영접하여 절로 들어갔다.[143]

보원사는 선교승들이 함께 거주하는 사찰이기에 화엄종 승려 탄문의 비문이 건립될 수 있었던 것으로 추정된다. 탄문의 비문과 더불어 보원사의 선교승 거주 사례는 9세기 화엄종 사찰에 선문의 세력이 강해지면서 화엄십찰인 보원사가 선문 사찰로 변모하는 현상을 보여주는 중요한 예다. 이러한 현상을 뒷받침하는 또 다른 사례는 다른 화엄 사찰들과 같이 산비탈에 조성되었던 보원사가 평지로 옮겨졌다는 것이다. 산의 평지에 자리 잡게 되었다는 것은 선문 사찰로 변화되었음을 말해주는 증거 중 하나다.[144]

헌안왕은 859년 보조체징에게 장흥에 있는 가지산사(보림사)에 머물 것을 청하고 있다. 가지산사는 8세기 중반 『80화엄경』을 가져온 원표가 머물던 곳이다. 가지산사는 759년에 경덕왕이 장생표주長生標柱를 세워

[그림10] 장흥 보림사 전경과 보림사 철조비로자불좌상(문)

주는 중요 사찰이었다.[145]

보림사는 750년 무렵 화엄종 사찰로 창건되어 859년 선문 사찰로 변화하는 모습을 보여주는 중요한 사례로, 보조체징이 보림사에 머물면서부터 선문 사찰로 탈바꿈한다. 보조체징이 입적한 후 883년 왕은 '보림寶林'이라는 현판을 내려주었고 사찰 이름도 가지산사에서 보림사로 바뀌었다.[146] 884년 건립된 비문에도 '가지산보림사迦智山寶林寺'라고 표기되어 있다. 원표가 창건할 때 이미 보림사였을 가능성도 있다.

앞서 화엄과 선문은 산 이름을 사찰 이름으로 삼는다는 사실을 살펴보았다. 859년 2월 선사의 제자가 된 무주 장사현長沙縣의 수령으로 추정되는 부수副守 김언경金彦卿의 시주로, 지금 보림사에 노사나불盧舍那佛인 철조비로자나불좌상(국보 제117호) 1구를 주조해[147] 보림사를 장엄하고 있다. 당시 헌안왕도 불사에 동참하며 보림사를 선교성宣敎省[148]에 예속시

커 사찰 경제에 도움을 주었다.[149]

홍각선사는 현욱玄昱(787~868)의 최고 제자로, 830년 해인사로 출가하고 여주 고달사高達寺에 가서 874년까지 불사를 마무리한다. 이후 홍각선사는 설악산 억성사億聖寺로 가서 불사를 완성하고 있다.[150] 현욱의 혜목산惠目山은 여주 고달사를 의미한다. 고달사는 764년 통일신라 경덕왕 23년에 창건된 것으로 알려졌는데 확실하지는 않다.[151] 1943년 발견된 『봉은사본말사지奉恩寺本末寺誌』에 764년 창건 내용이 나온다. 또한 1998년부터 2004년까지 5차례의 발굴조사 결과 통일신라 말기에서 고려 후기까지의 편년이 확인되는 기와가 발굴되었다.[152] 현욱이 고달사에 머물게 된 인연은 952년 간행한 『조당집』에 나타나고 있다.

개성 말년 무렵에 혜목산惠目山 기슭에다 토굴을 지으니, 경문왕이 고달사高達寺에서 살게 했다.[153]

현욱이 여주 혜목산에 토굴을 지어 머물기 시작한 때가 개성 말년이니 841년이 된다. 이후 경문왕景文王(861~875)이 고달사에 거주하게 한 것은 861년 무렵이다. 고달사는 경문왕이 창건하여 현욱에게 내준 것이라는 의견[154]이 있는데, 왕이 사찰을 창건하여 선사에게 기증하는 경우는 찾아볼 수 없다. 그러므로 기존에 있던 고달사를 경문왕이 현욱에게 내준 것으로 이해해야 맞을 듯하다. 그렇다면 고달사는 861년 이전에 존재했다고 볼 수 있다. 선사의 비문을 보면 수철화상의 실상선정實相禪庭이나 징효절중의 흥녕선원興寧禪院처럼 선문 사찰임을 알 수 있는 표기를 볼 수 없다. 또한 현욱이 841년부터 20년간 고달사 근처 혜목산에 토굴을 짓고 거주한 것을 보아도 선문 사찰은 아닌 것으로 보인다. 마찬가지로 선사와 화엄종 사찰의 밀접한 관계나 거리낌 없이 거주하는 정황을 보면 화엄종 사찰도 아니었을 것으로 보인다. 반면 산 이름은 빼고 사찰 이름을 사용하고 있다는 점으로 보면 고달사는 교종 사찰로 보인다.

홍각선사의 비문 파편이 수습된 지금의 선림원禪林院은 사림사沙林寺라는 이름과 혼용되고 있는데 염거廉居(?~844)가 머문 설악산 억성사億聖寺로 판단된다.[155] 이후로 억성사가 언급된 자료를 찾아볼 수 없는 것으로 보아 10세기 전반 발생한 자연재해로 폐사된 것으로 보인다.[156] '선림원'이라는 이름은 홍각선사의 비문에 표현된 '편예선림遍詣禪林'에서 따온 것이라는 의견이 있는데 꽤 개연성 있는 주장이다.[157]

1948년 선림원지에서 발견된 선림원종禪林院鍾[158]은 월정사로 옮겨졌다가 1951년 한국전쟁 당시 불에 녹아서 크게 훼손되었으나 명문은 확인이 가능하다. 명문에는 804년 애장왕哀莊王(40대, 재위 800~809) 5년 종을 주조하던 상황에 대한 글이 새겨져 있고, 주조에 참여한 인물 중 802년(애장왕 3) 해인사를 창건한 순응화상[159]이 등장한다. 화엄종 사찰인 해인사를 창건한 순응이 함께했다는 것은 억성사가 화엄종 사찰이었음을 나타내는 것이다. 또한 종을 주조할 때 당사當寺의 옛 쇠종 280정을 사용한 것을 보았을 때 최소한 804년 이전에 창건된 사찰임을 알 수 있다.

정원貞元 20년 갑신 3월 23일에 당사當寺의 종을 이루었다. (…) 당사의 묵은 종 쇠 220정, 이것으로 밑천을 삼아 사방의 단월에게 권하여 이루어졌다. (…) 상좌上座는 영묘사令妙寺의 일조화상日照和上이며, (…) 상화상上和上은 순응화상順應和上이며.[160]

[그림11] 선림원종의 명문

통일신라의 국가기관 중 하나인 성전成典[161]이 설치된 영묘사靈妙寺의 일조화상日照和上이 종 주조를 총괄하는 책임자로 등장한다. 당사의 옛 종의 쇠를 사용하고 순응화상이 동참한 것을 보면 억성사는 적어도 8세기 중후반에 창건된 화엄종 사찰로 보인다. 804년 당시 옛 종을 녹여 새로 종을 만들었다는 것은 최소한 수십 년 전에 주조됐다는 것이고, 종이 8세기 중후반에 주조되었다면 사찰이 창건된 시기도 8세기 중후반으로 추론 가능하다. 억성사는 8세기 중반 양양에 창건된 화엄종 사찰에 가지산문 도의의 제자 염거가 머물면서 선문 사찰로 변화하는 모습을 보여주는 중요한 사례다.

수철화상은 실상선정에서 홍척을 만난 때부터 실상사와 인연을 맺고 있다. 즉 838년 복천사에서 수계를 받기 전 홍척에게 출가하여 실상사에 거주했다.[162] 지증도헌의 비문에는 826년경 당나라에서 홍척이 귀국하여 남악에 머물렀다고 했을 뿐 실상사에 대한 설명이나 창건에 관한 자료는 없다.[163] 8세기 중반 지리산 권역에 화엄종 사찰이 창건되는 기록 외에 826년경 선문 사찰의 창건 기록은 찾을 수 없다. 홍척이 826년 남악에 머물렀다는 것은 기존 사찰에 거주했다는 의미로 판단된다. 그리고 선사들은 대개 화엄종 사찰에 거주했기 때문에 실상사는 화엄종 사찰로 창건되었을 것이다. 나는 실상사 창건에 관한 여러 선행연구 중 화엄종 사찰이라는 주장에 동의한다.[164]

'심원사深源寺'는[165] 경남 양산에 있던 사찰이다. 정강왕은 887년 무렵 단의장옹주端儀長翁主(?~?)[166]의 요청으로 교서를 내리고 이후 수철화상이 받아들여 심원산사에 거주하고 있다.[167] 심원산사는 단의장옹주의 봉토에 있던 사찰로, 창건 시기와 종파를 알 수 없다. 앞서 살펴보았듯 심원산사는 화엄종이나 선문 사찰의 이름 표현을 사용하고 있으나 수철화상의 비문에 선문 사찰을 알리는 내용이 보이지 않는 것으로 보아 화엄종 사찰이라 판단된다.

선각도선은 842년 15세에 화엄사로 출가하여 화엄경을 공부한 인물로, 898년 입적 이후 252년이 지난 1150년에 비로소 비문이 건립되고 있다. 그렇기에 선각도선의 일대기에 대한 신빙성 논란이 있을 수 있다. 그러나 1173년 비문이 광양으로 옮겨진 후 옥룡사에 세워진 것을 보면 선사와 옥룡사의 인연은 의심의 여지가 없다. 선각도선은 광양에 있는 옛 절 옥룡사를 좋아하여 이곳에 머물면서 사찰을 개수했으며 입적할 때까지 35년간 거주했다고 되어 있으니[168] 옥룡사에 처음 거주한 시기는 863년이 된다. 옥룡사의 창건 시기와 종파를 알 수 있는 자료는 없다. 선각도선이 863년 옥룡사에 도착했을 때 "오래된 사찰古寺"이라 했으니 교종 사찰이었을 가능성이 크다. 863년이면 선문 사찰들이 막 생겨나기 시작하는 시기인데다 일반적으로 산 이름을 강조하는 화엄이나 선문 사찰의 표현 대신 '오래된 사찰'이라 한 것을 보면 선문 사찰은 아니다. 또한 선각도선이 직접 옥룡사를 찾아간 것을 보면 인연이 있는 사찰로 짐작된다. 종합하면 옥룡사는 863년보다 훨씬 이전에 창건된 화엄종 사찰이란 것을 알 수 있다.

낭공행적의 비문을 보면 왕족인 명요부인明瑤夫人이 915년 석남산사石南山寺에 영원히 주지住持하도록 허락하고 있다.[169] 석남산사는 지금의 포항시에 있었는데 150년 전에 전소되었다. 석남산사의 창건 시기와 종파에 관한 자료는 확인되지 않는다. 앞서 살펴보았듯이 산사의 표현으로 보았을 때 선문 사찰이 아닌 화엄종 사찰로 판단된다.

낭원개청이 범일梵日(810~889)을 만나러 간 것은 863년 28세 무렵이다. 낭원개청은 859년 24세에 엄천사 관단에서 구족계를 받고 화엄사에서 여러 경전을 공부하다 배를 타고 사찰들을 찾아다닌다. 이러한 과정에서 화엄경을 보다가 금강삼매金剛三昧를 얻어 100일간 단식하고 3년간 수행한 후 굴산사의 범일을 찾아갔다.[170] 이때는 수계를 받은 지 4년이 흐른 뒤인 863년 무렵이다. 굴산사는 통효대사 범일이 847년 중국에서 신라로 돌아온 후 851년부터 거주한 사찰이다. 낭원개청이 863년 범일의 굴산사로 찾아갔다면 입적하는 910년까지 47년간 굴산사에 거주한셈이다. 범일의 굴산사와 관련된 내용은 『조당집』과 『삼국유사』에 전하고 있다.

> [851년] 대중大中 5년 정월에 이르러 백달산白達山에서 연좌宴坐하고 있노라
> 니, 명주溟州의 도독인 김공金公이 굴산사崛山寺에 주석할 것을 청했다.[171]
> [847년] 회창會昌 7년 정묘丁卯에 고국으로 돌아와 먼저 굴산사를 창건하
> 여 불교를 전했다.[172]

『조당집』은 952년에 남당南唐의 두 승려인 정靜과 균筠이 편찬한 선종의 역사서다. 이름만 전해지던 책이었는데 20세기 초 해인사 장경각에서 발견되었다.[173] 『조당집』에 보면 851년 명주溟州의 도독인 김공金公이 범일에게 굴산사에 거주할 것을 청하고 있다. 『삼국유사』에는 847년 범일이 귀국한 이후 굴산사를 창건하는 것으로 전하고 있다. 이처럼 『조당집』과 『삼국유사』에 소개된 굴산사의 창건 시기는 서로 다르다. 『조당집』에서 범일이 머무는 굴산사는 원래 있던 사찰인 반면 『삼국유사』에서는 범일이 굴산사를 창건하고 있다. 하지만 선사들이 왕의 신임 속에 화엄종 사찰에서 선문 사찰을 열거나 선문 사찰을 창건하는 9세기 통일신라 불교계의 상황에 비추어볼 때 『삼국유사』의 내용은 개연성이 없다. 당나라 유학에서 돌아오자마자 왕의 신임을 얻을 시간도 없이 아무 연고도 없는 명주에 굴산사를 창건한다는 것은 불가능하다. 따라서 『조당집』의 서술이 사실에 부합한다. 김공이 거주를 청한 굴산사는 기존에 존재하던 사찰이다. 그렇기에 굴산사는 본래는 화엄종 사찰이었을 것으로 추정된다.

같은 지역 명주의 제자 알찬關湌[174] 민규閔規가 낭원개청에게 보현산사普賢山寺를 기증하고 주지를 청하고 있다. 낭원개청은 이를 수락하고 보현

산사에 가서 선승들을 도와 전각과 탑을 수리하고 있다.175 보현산사는 앞서 살펴보았듯 화엄종과 선문 사찰의 표현을 사용하고 있다. 또한 낭원 개청이 주지를 허락하고 보현산사에 갔을 때 선승들이 모여 있었으므로 선문 사찰로 판단된다. 창건 시기와 창건 때 사찰의 성격은 알 수 없다.

선각형미는 905년 귀국한 후 효공왕孝恭王(재위 897~912)의 배려로 현재 강진에 있는 무위갑사無爲岬寺에 머물게 된다. 8년 동안 무위갑사에 주석했을 무렵 효공왕이 불러 배를 타고 경주를 다녀오기도 했다. 이후 나주와 강진을 점령한 왕건과 함께 철원으로 갔으나 917년 궁예에게 죽임을 당해 입적했다.176 비문을 보면 선각형미가 강진 무위갑사를 중창하고 거주한 기간이 8년이라 되어 있으니, 905년에 귀국하고 1년 정도 지난 906년 무위갑사의 주지로 임명되었음을 유추할 수 있다. 그렇다면 선각형미가 무위갑사에 머문 기간은 906~914년이 된다. 무위갑사는 왕이 기증한 사찰로 산 이름으로 불리지 않은 것으로 보았을 때 교종 사찰로 판단된다.

지금까지 선사의 비문에 나타난 사찰을 [표6]177으로 정리하면 다음과 같다.

선사의 비문을 통해 다음과 같은 화엄과 선문 사찰의 관련성을 확인할 수 있다. 통일신라 선사는 화엄종 사찰에서 선문을 펼치기 시작했다는 것, 9세기 선문 사찰의 창건은 879년 지증도헌의 문경 봉암사로 시작되어 882년 이전 흥녕선원이 창건(징효절중의 비문)되었다는 것이다. 물론 840년 무렵 진감혜소의 하동 쌍계사 창건이 있긴 하지만, 이 경우는 진감혜소가 하동 삼법화상의 화엄종 사찰에서 선문을 펼치다가 넓은 터로 확장한 것이기 때문에 엄밀히 따져서 쌍계사는 선문 사찰의 창건으

[표6] 선사와 인연 있는 중요 사찰의 성격

| 선사 | 사찰 | 사찰 인연 | 거주 연도 | 창건시 종파 | 창건 연도 |
|---|---|---|---|---|---|
| 신행 | 산청 단속사 | 미상 | 미상 | 화엄종 | 742년/765년 |
| 진감혜소 | 하동 삼법화상 절터 | 직접 찾아감 | 832~840년 | 화엄종 | 8세기 중후반 |
| | *하동 쌍계사 | **터전 확장** | 840년 무렵 | **선문** | **840년 무렵** |
| 적인혜철 | 영주 부석산 (부석사) | 직접 찾아감 | 800년 출가 사찰 | 화엄종 | 의상 676년 창건 |
| | 곡성 태안사 | 직접 찾아감 | 839~846년 | 화엄종 | 1. 800년 전후 2. 8세기 중후반 |
| 낭혜무염 | 보령 성주사 | 왕자의 요청 | 847년 무렵 이후 | 교종 | 616년 백제 오합사 |
| 보조체징 | 서산 보원사 | 구족계 수여 사찰 | 827년 24세 | 화엄종 | 8세기 중후반 |
| | 장흥 보림사 | 헌안왕 요청 | 859년 이후 | 화엄종 | 8세기 중반 원표 가지산사 |
| 홍각선사 | 합천 해인사 | 출가 사찰 | 830년 | 화엄종 | 802년 창건 |
| | 여주 고달사 | 직접 찾아감 | 861년 이후 | 교종 | 미상 |
| | 양양 **선림원** | 미상 | 874년 | 화엄종 | 8세기 중후반 |
| 원랑대통 | 제천 월광사 | 자인선사 요청 | 867년 이후 | 법상종 (유식학) | 700년 전후 도증 창건 |
| 수철화상 | 남원 **실상선정** | 직접 찾아감 | 838년 이전 무렵 | 화엄종 | 826년 이전/ 8세기 중반 |
| | 양산 심원산사 | 정강왕 기증 단의장옹주 요청 | 887년 무렵 | 화엄종 | 887년 이전 |
| 지증도헌 | 부석산 (부석사) | 직접 찾아감 | 833년 출가 사찰 | 화엄종 | 의상 창건 7세기 후반 |
| | 원주(추정) 안락사 | 단의장옹주의 요청 | 864년 | 미상 | 864년 이전 |
| | * 문경 봉암사 | 심충 기증 **창건** | 879~881 | 선문 | **879년 선문 사찰로 창건** |

| 징효절중 | * 영월 흥녕선원 | 석운선사의 요청 | 882년 무렵부터 | 선문 | 882년 이전 선문 사찰로 창건 |
|---|---|---|---|---|---|
| 선각도선 | 구례 화엄사 | 직접 찾아감 | 842년 출가 사찰 | 화엄종 | 8세기 중반 |
| | 광양 옥룡사 | 직접 찾아감 | 863년부터 | 화엄종 | 863년 이전 |
| 낭공행적 | 포항 석남산사 | 명요부인의 요청 | 915년부터 | 화엄종 | 915년 이전 |
| 낭원개청 | 구례 화엄사 | 직접 찾아감 | 847년 출가 사찰 | 화엄종 | 8세기 중반 |
| | 강릉 굴산사 | 직접 찾아감 | 863년 무렵부터 | 교종/ 화엄종 | 851년 이전 |
| | * 강릉 보현산사 | 민규의 요청 | 910년 전후부터 | 선문 | 미상 |
| 진경심희 | 여주 고달사 | 직접 찾아감 | 862년(9세) 출가 사찰 | 교종 | 미상 |
| | * 창원 봉림사 | 김율희의 요청 | 898년 무렵 | 교종 | 미상 |
| 대경여엄 | * 양평 보리사 | 고려 태조 하사(기증) | 920년 무렵부터 | 교종 | 미상 |
| 선각형미 | 장흥 보림사 | 보조체징의 은사 | 출가 사찰 미상 | 화엄종 | 8세기 중반 원표 가지산사 |
| | 구례 화엄사 | | 882년(18세) 수계 사찰 | 화엄종 | 8세기 중반 |
| | * 강진 무위사 | 효공왕의 요청 | 906~914 | 교종 | 906년 이전 |
| 동진경보 | 구례 화엄사 | | 887년 수계 사찰 | 화엄종 | 8세기 중반 |
| | * 광양 옥룡사 | | | 화엄종 | 863년 이전 |

[표7] 화엄종 사찰로 출가하거나 인연 있는 선사

| 초기 선사 | 적인혜철: 15세에 부석사로 출가하여 화엄을 배움.<br>낭혜무염: 부석사에서 화엄을 배움. |
|---|---|
| 2세대 선사 | 홍각선사: 17세 출가해 해인사로 가서 화엄을 배움.<br>수철화상: 화엄을 강조하고 선과 교를 구분하지 않음.<br>지증도헌: 9세에 부석사에 출가, 선과 교를 구분하지 않음.<br>징효절중: 7세에 출가하고 부석사에서 화엄 배움.<br>선각도선: 842년 화엄사로 출가.<br>낭공행적: 가야산 해인사로 출가 화엄 배움.<br>낭원개청: 850년 화엄사로 출가, 화엄경의 일음을 펴보고 금강삼매를 깨달음. |
| 3세대 선사 | 대경여엄: 9세에 출가하고 화엄경 배움. |

로 보기 어렵다. 쌍계사는 보림사와 같이 화엄종 사찰에서 선문을 펼치는 경우로 봐야 할 것이다. 즉 9세기 통일신라 선사는 화엄종 사찰에서 거주하며 선문을 펼쳐 화엄종 사찰을 선문 사찰로 변화시키고 있다. 9세기 선사들이 화엄종 사찰에 거주한 이유는 앞서 살펴보았듯이 화엄과 인연이 깊기 때문이다. 대다수 선사가 화엄종 승려 출신으로, 9세기 선사들은 화엄과 선을 하나로 보고 있다.

앞서 살펴보았듯이 9세기 선사들은 대부분 화엄종 사찰로 출가하고 화엄을 중요시했음이 확인된다. [표7]은 선사의 비문에서 확인되는 화엄종 사찰로 출가한 선사들의 화엄에 관한 입장이다. 초기 선사들이 당나라에서 선을 배우고 귀국하여 출가의 인연이 있는 화엄종 사찰에 거주하는 모습은 당연하며, 이들 9세기 선사들이 화엄을 선과 동일하게 중시했다는 것 또한 시사하는 바가 크다. 이처럼 9세기 선사들이 화엄종 사찰에 거주하며 자신의 선을 펼치는 모습은 자연스러운 현상이 된다. 이 과정에서 선문이 법맥을 형성하면서 화엄종 사찰이 선문 사찰로 변화하는 것 또한 자연스러운 현상이다.

선사의 비문을 고찰한 연구를 바탕으로 8세기 중후반 창건된 화엄종 사찰과 교종 사찰로 확인되는 상황을 비교해보면 [그림12]와 같다. 창건 연도가 확인되는 화엄종 사찰로는 화엄종 승려가 766년 조성한 산청 석남암사지 석조비로자나불좌상과 관련된 석남사, 748년 중창·763년 창건된 산청 단속사, 759년 이전 원표가 창건한 장흥 보림사다. 8세기 중후반 창건된 화엄종과 교종 사찰로 추정 가능한 사찰은 지리산 하동 삼법화상의 사찰 터, 곡성 동리산 태안사, 서산 보원사, 양양 선림원(억성사), 남원 실상사, 구례 화엄사, 광양 옥룡사, 강릉 굴산사다.

8세기 중후반 창건되거나 추정이 가능한 이 11개의 화엄종 사찰 가운데 지리산에 자리 잡은 사찰은 산청 석남암사, 산청 단속사, 하동 삼법화상의 사찰 터, 남원 실상사, 구례 화엄사, 곡성 태안사, 광양 옥룡사로 7개 사찰이다. 그리고 8세기 중후반 지리산 권역 서쪽에 창건된 사찰은 장흥 보림사, 서산 보원사로 2개 사찰이다. 그 외 8세기 중후반에 창건된 사찰은 양양 선림원, 강릉 굴산사의 2개의 사찰로 명주 일대에 몰려 있다.

지리산 권역에 7개의 사찰이 몰려 있다는 사실에서 알 수 있는 것은 산사 사찰인 화엄종 사찰이 8세기 중후반에 지리산을 중심으로 호남 지역에 확산되었음을 추정할 수 있다. 또한 9세기 선사와 화엄의 관계 속에 화엄과 선문 사찰이 무리 없이 소통하고 있다는 점을 알 수 있다. 이러한 점은 이 책 후반부에서 화엄사의 독창적 조형물을 선문 사찰의 조형물과 비교 분석할 때 밀접한 관계를 고찰하는 자료가 된다. 즉 8세기 중후반 창건된 화엄종 사찰에서 9세기 중후반 선사들은 선문을 펼치고

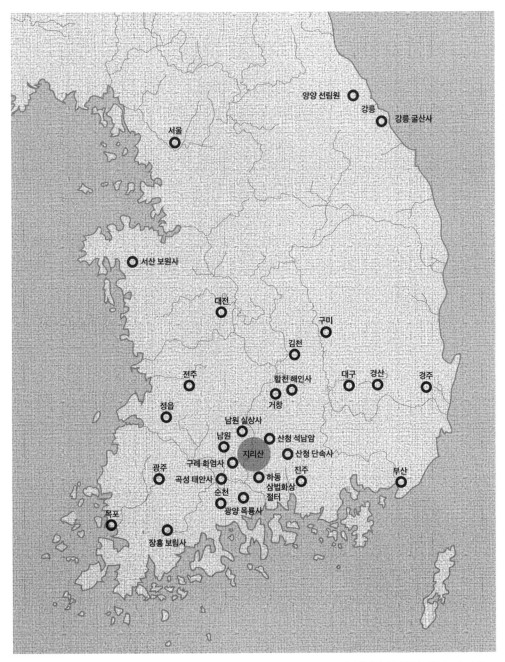

양양 선림원

강릉
강릉 굴산사

서울

서산 보원사

대전

구미

김천

전주
합천 해인사
대구 경산 경주

정읍
거창

남원 실상사
남원 산청 석남암
지리산 산청 단속사

광주
구례 화엄사
하동 진주
곡성 태안사 삼법화상
순천 절터
부산

목포
광양 옥룡사

장흥 보림사

[그림12] 8세기 중후반 창건 화엄 사찰과 교종 사찰(논)

있다. 그렇기에 8세기 중반 창건된 화엄사의 독창적 조형물은 9세기 중
후반에 조성되는 선문 사찰의 조형물 양식의 기준이 된다.

# 9세기~나말여초 사찰의 상황 분석

## 1. 사찰의 창건과 주지 임명의 과정

9세기 통일신라 불교계에서 사찰을 새로 창건하는 일은 흔치 않았던 것으로 보인다. 17명 선사의 비문에서 사찰을 창건한 사례는 지증도헌이 문경에 봉암사를 지은 것이 유일하다. 물론 진감혜소의 하동 쌍계사도 창건한 사찰로 알려져 있지만 실제로는 삼법화상의 절터가 좁아서 근처 넓은 터로 확장한 경우로, 엄밀하게 말하자면 새롭게 창건한 것은 아니라고 봐야 한다. 나머지 비문에서는 선사 개인의 의지로 거주할 사찰을 선택한 것으로 보인다. 한편 왕족 봉토의 사찰 주지는 왕족이나 왕의 임명을 받는 것으로 보아 스스로 주지가 될 수는 없었던 듯하다. 그렇기에 사찰 창건 또한 왕의 허락 아래 이루어진 것으로 해석된다. 통일신라 9세기 선사의 비문에 나타난 사찰의 창건과 주지 임명에 관한 과정을 고찰하면 다음과 같다.

당시에는 왕실의 허락 아래 사찰을 창건할 수 있었다. 다만 선사의 많은 예에서 확인되듯이 승려가 사찰에 거주하는 것은 개인의 의지로 가능하다. 사찰의 주지가 되는 과정은 두 가지로 나뉜다. 하나는 왕의 허락을 받아 주지가 되는 것으로, 중앙 행정기관에 사찰과 주지 승려의 승적이 등록된다. 다른 하나는 왕족 및 귀족의 봉토에 있는 사찰의 주지가 되는 것으로, 봉토의 주인인 왕족이나 귀족의 의지로 이루어지기 때문에 중앙 행정기관에 등록되지 않는다.

이러한 내용을 바탕으로 화엄사를 생각하면 8세기 중반 황룡사 연기에 의해 창건된 것은 사실일 가능성이 크다. 황룡사는 경주 왕실의 직할 사찰이며 통일신라 사찰을 총괄하는 중앙 행정기관의 역할을 겸하고 있다. 그렇다면 황룡사의 연기가 창건한 화엄사는 왕이 인정한 사찰, 즉 중앙 행정기관에 소속된 중요 사찰이라는 의미를 지닌다.

선사의 사찰 불사와 왕으로 대표되는 중앙 권력과의 관계가 선사의 비문에 어떻게 나타나는지 고찰하면 다음과 같다. 우선 신행의 비문에는 단속사의 창건 내용이 보이지 않는다. 앞서 살펴보았듯이 763년 신충이 경덕왕의 허락을 받아 단속사를 창건했다는 내용이 『삼국유사』에 있다. 이는 8세기 중후반 경덕왕이 지방을 장악하기 위해 남악 지리산 권역에 화엄종 사찰들을 창건했다는 의미다.

지금 우리 삼륜선사는 (…) 이름난 장인을 불러 신령스러운 영정을 그리고, 부도를 만들어 사리를 보존하고 (…) 이에 이름난 산에서 돌을 가져오고, 깊은 계곡에서 나무를 베어 비석을 새기고 전각을 지었다.178

일반적으로 승려 개인의 원력으로 불상이나 석탑의 불사가 이루어지는 경우는 자주 볼 수 있다. 그러나 813년 산청 단속사에서 자체적으로 신행의 비문을 세운 것은 승려 집단이 자체적으로 불사를 일으킬 역량이 있었음을 확인해준다는 점에서 특별하다. 비문 내용에 따르면 신행의 비문이 건립된 지 59년이 지난 872년부터 적인혜철을 비롯하여 선사들의 비문이 본격적으로 건립된다. 특이한 점은 872년부터 비문은 왕의 허락을 받아 건립되는 것으로, 813년 신행의 비문이 자체적으로 건립되는 상황과 달라져 있다. 이는 통일신라 9세기 중후반 들어 선문이 세력화하자 왕의 중앙 권력이 선문을 통제 아래 두고자 했던 것으로 보인다.

진감혜소는 832~840년 무렵 삼법화상의 옛 절터에 거주한다. 당시 전각을 세우는 불사가 있었으며 민애왕은 '혜소'라는 이름을 내리고 황룡사에 승적을 올리게 함으로써 선사를 왕권 세력 안에 두려 한 것으로 보인다. 이후 대중이 많아지자 넓은 터를 찾아 사찰을 창건하고 '옥천'이라 이름 지었다. 훗날 887년 옥천사라는 사찰이 이웃에 있다는 이유로 정강왕이 '쌍계'라는 이름을 내려주었는데[179] 왕이 사찰 이름을 변경한다는 것은 사찰이 왕의 관리를 받았음을 의미하는 것으로, 옥천사 창건은 진감혜소의 자유 의지라기보다는 왕의 주도로 이루어진 것으로 보인다. 또한 황룡사에 승적을 올리는 것 역시 왕이 선사를 관리한다는 의미를 지닌다. 이로써 황룡사는 왕이 승려를 관리하는 역할을 하는 중앙 권력 집단의 직할 사찰이라는 사실을 알 수 있다.

적인혜철은 839~846년 곡성의 작은 사찰인 대안사에 거주하고 있다. 이후 문성왕은 사찰의 사방에 살생을 금하는 당幢을 세우도록 했는데,[180] 이 또한 사찰이 중앙 권력의 관리를 받았음을 의미한다.

847년 낭혜무염은 무너진 옛 사찰[181]에 왕자 흔昕의 권유로 거주하면서 주지가 되었다. 여기서 왕족은 자신의 봉토에 있는 사찰에 주지 임명권을 지니고 있다는 사실을 알 수 있다. 이후 문성왕이 성주사라는 이름을 거두고 흥륜사에 소속시켰다.[182] 흥륜사는 황룡사와 의미를 같이 하는 왕의 직할 사찰로, 왕이 이름을 정해주고 직할 사찰에 적을 두게 했다는 것은 역시 성주사를 왕의 중앙 권력 세력권에 두었음을 뜻한다.

859년 헌안왕은 759년 원표가 창건한 가지산사에 보조체징을 머물도록 했으며, 같은 해에 불상을 조성하고 왕의 직속인 선교성에 예속시켰다. 보조체징이 입적하자 883년 헌강왕은 시호를 내리고 사찰 이름을 '보림'이라 지어 편액을 내렸다.[183] 보조체징의 보림사를 선교성에 예속시킨 것은 왕의 직할 사찰로 지정했다는 것을 의미한다. 보림사가 있는 장흥 지역의 중요성을 감안할 때 왕의 중앙 권력이 보림사를 통해 이 지역을 통제하려 했음을 엿볼 수 있다. 883년 헌강왕이 가지산사를 보림사라는 이름으로 직접 바꾼 것은 당시 장흥 지역이 왕과 중앙 권력의 관심 지역이었음을 말해준다.

영묘사는 선덕여왕을 기리는 사찰에서 출발하여 왕과 왕실의 권위를 높이는 성전 사원 역할을 했다.[184] 억성사에서 발견된 종의 명문에서 영묘사의 일조화상이 종鐘 불사의 대표자인 상좌上座로 서술되고 있다. 또한 승려를 대표하는 상화상上和上인 순응은 애장왕의 명을 받아 해인사를 창건했다.[185] 이처럼 억성사와 관련된 승려들의 면면으로 보아 왕의 중앙 권력 집단과 관련이 있는 사찰임이 분명해 보인다.

원랑대통은 867년 자인선사의 요청으로 월악산 월광사에 거주하고 있다. 월광사는 700년 전후 도증이 창건한 법상종 사찰로, 867~875년 무렵 경문왕이 원랑대통을 월광사 주지로 임명하고 차와 선물을 보냈다. 월광사가 왕의 관심을 받게 되자 사람들은 이를 영광으로 여겼으며 월광사는 지역에서 유명해졌다.[186] 이로써 주지 임명권을 쥐고 있는 왕의 관심 여부에 따라 사찰의 격이 좌우되고 있다는 사실을 알 수 있을 뿐만 아니라 통일신라의 사찰은 중앙 권력 집단의 관심을 중시했다는 것을 알 수 있다.

수철화상은 887년 단의장옹주[187]가 자신의 봉토 내에 있는 양주심원사良州深源山에 거주해달라는 청을 받아들였다.[188] 그에 앞선 864년 단의장옹주는 지증도헌에게 자신의 봉토에 있는 원주 안락사의 주인이 되어줄 것을 청하기도 했다.[189] 왕족은 봉토에 있는 사찰의 주지 임명권을 지니고 있음을 알 수 있는 내용이다. 이후 심충沈忠이 희양산 중턱을 기증하여 지증도헌이 직접 불사를 일으켜 봉암사를 창건하고 있다. 이때 땅을 살펴본 지증도헌은 사찰이 아니면 도적의 소굴이 될 것이라고 말하며 기와지붕으로 지세를 진압하고 철 불상 2구를 주조하여 절을 호위하도록 하는 등 풍수 사상을 참고하는 모습이 보인다. 881년 헌강왕은 사찰의 경계를 정해주고 '봉암鳳巖'이라는 이름을 내려주고 있는데,[190] 이는 사찰 운영의 권한이 왕에게 있다는 사실을 확인해준다. 왕의 허락과 인정이 없이는 개인 승려가 사찰을 창건할 수 없다는 뜻이다.

중화中和 2년에 전 국통인 대법사 국공이 대사가 거처 없이 떠돌아다닌다는 소식을 듣고 (…) 왕에게 요청하여 곡산사에 주지하도록 했으니, 애써 주선해준 노력에 주석했으나 서울과 가까워 마음에 들지 않았다. 이때 사자산 석운대선사釋雲大禪師가 있었는데 (…) 정해진 거처가 없음

을 알고 (…) 자신이 거처하는 절을 지켜달라 요청하여 청을 받은 대사
는 그 성의를 거역할 수 없어 곧 선중弡眾을 데리고 그곳에 주석했다. (…)
이때 헌강왕이 조서를 보내 궁궐로 초빙하고는 사자산 흥녕선원을 중
사성에 예속시키고 주지로 임명했다.[191]

여기서 두 가지 중요한 사실이 뚜렷이 드러난다. 하나는 비문에서 징
효절중에게 곡산사 주지를 맡기기 위해 왕에게 요청하는 대목에서는 왕
의 허락을 받아야 사찰의 주지를 맡을 수 있다는 것이다. 다른 하나는
국왕 직속 기관인 중사성에 흥녕선원을 예속시키고 주지로 임명한 내용
을 통해 당시 국왕은 두각을 보이는 선사를 새로운 사찰에 주지로 임명
해서 자신의 통제권 안에 두었다는 것이다.

915년 왕족인 명요부인은 자신의 봉토에 있는 포항 석남산사石南山寺를
낭공행적에게 기증하고 영원히 주지하도록 임명했다.[192] 915년은 후삼국
세력이 확립되고 신라 세력권이 축소된 상황이지만, 단의장옹주가 안락
사와 심원사를 기증한 것처럼 왕족의 봉토에 있는 사찰의 주지 임명권
은 왕족에게 있음을 다시 한 번 확인할 수 있다.

910년에는 후삼국시대의 혼란 속에서 주지 임명에 관한 특이한 현상
이 나타나고 있다. 910년 무렵 낭원개청은 알찬閼粲 민규閔規로부터 보현
산사의 주지로 요청을 받으면서[193] 망설이고 머뭇거린다.[194] 통일신라에
서 사찰의 주지는 봉토의 주인인 왕족이나 왕이 임명하도록 되어 있는
데 민규의 알찬이라는 관직은 신라 관등 6등급에 속하는 지방 관리였기
때문에 임명을 받아들이기를 고민한 것으로 보인다. 이러한 현상은 910
년 혼란한 후삼국시대에 통일신라 왕의 권력이 명주 지역에 미치지 않았

던 상황을 짐작케 한다.

> 본국의 경애왕景哀王이 대사의 덕이 천하에 드높으며 명망이 해동海東에서 두터움을 듣고, (…) 이에 중사中使 최영崔暎을 보내어 조서를 전하고 멀리 사찰寺刹에 오셔서 왕도王道의 위기를 돕기를 청하며 곧이어 국사國師의 예를 표했다. 이때 왕순식이 보좌하는 자들을 전부 이끌고 직접 선관禪關에 나와서 함께 축하하는 의례를 행하니 모두 백성의 경사를 축하한 것이었다. (…) 주사州司가 임금에게 충성을 다함을 존경하고 고을 사람들이 부처님 받드는 것을 찬양했다.[195]

위 선사의 비문을 보면 명주 지역 권력자가 낭원개청에게 경애왕 (924~927)을 위해 돕기를 청하고 있다. 이는 경애왕이 낭원개청을 통해 명주 지역의 통치권을 강화하고자 했음을 말해준다. 그러나 명주의 군사권을 쥐고 있던 왕순식은 이후 고려 왕권에 귀의한다.[196]

김율희는 김해에 있는 절을 수리하여 진경심희에게 머물 것을 청한다. 이후 효공왕(재위 897~912)은 선사에게 발우를 보내어 관심을 표현하고 있다. 얼마 후 사찰 이름을 봉림鳳林으로 바꾸고 선문禪宇을 새로 열었는데, 왕이 귀의하고 사찰 이름을 봉림이라 한 것으로 보아 왕이 주지 임명과 함께 사찰 이름을 내려준 것으로 판단된다. 이후 진경심희는 918년 경주에 가서 왕을 알현하고 있다.[197] 진경심희는 김해에 뿌리를 두고 있는 금관가야 왕족의 후예로, 후삼국의 혼란한 시기에 김해 지역에 왕족의 후예인 진경심희가 봉림사에 주지함으로써 왕권과 민심 안정에 도움이 되었음은 자명하다.

선각형미가 905년 무주武州 지역에 이르자 효공왕은 이듬해 선사를 강진 무위갑사에 주지로 임명한다. 이에 선사는 906∼914년까지 8년간 강진 무위갑사에서 거주한다.[198] 원래 선사는 호남의 선문 중심 사찰인 보림사로 출가하여 화엄종의 중심 사찰인 화엄사에서 구족계를 받았다. 이러한 엘리트 코스 과정을 밟은 선사가 귀국했다는 소식을 듣고 효공왕이 무위갑사에 주지로 임명한 데는 후백제 견훤의 침략이 극심하던 905년 호남 남쪽 지역의 세력을 안정시키기 위한 노력으로 볼 수 있다.

이상 사찰의 창건과 주지 임명이 봉토의 왕족과 왕의 권한임을 확인했다. 이어서 선사가 왕족 봉토의 사찰에서 세력을 떨치면 왕이 선사나 사찰을 왕의 직할 행정기관이나 사찰에 예속시켰다는 사실도 알 수 있었다. 선사나 사찰을 왕의 직속으로 두어 지방의 통치권을 확고히 하려 한 통일신라 불교계의 상황을 말해준다. [표8]은 그런 선사와 사찰들이다.

[표8] 왕의 관리권에 두는 경우

| 선사와 사찰을 왕의 관리권에 둔 경우 | |
| --- | --- |
| 원표대덕 | 경덕왕이 759년 가지산사의 사찰영역을 알려주는 장생표주를 세우게 했다. |
| 진감혜소 | 민애왕이 838년 하동 지리산 삼법화상의 절터에 있는 진감혜소의 승적을 황룡사에 올려주었다. |
| 적인혜철 | 문성왕이 839∼857년 사이에 곡성 대안사의 사방에 당을 세울 것을 허락했다. |
| 낭혜무염 | 문성왕이 839∼857년 보령 성주사를 대흥륜사에 편입시켰다. 진성여왕이 887∼897년 방생장放生場의 경계를 표시했다. |
| 보조체징 | 헌안왕이 859년 장흥 가지산사를 선교성에 예속시켰다. |
| 지증도헌 | 헌강왕이 875∼886년 문경 봉암사의 사역을 정하고 봉암이라 명명했다. |
| 징효절중 | 헌강왕이 875∼886년 영월 흥녕선원을 중사성에 예속시켰다. |

이러한 흐름을 통해 8세기 중반 왕의 직할 사찰인 황룡사 연기의 화엄사 창건은 지리산 권역과 옛 백제의 영역인 호남 지역을 왕의 직접 통치권에 두려는 정치적 목적과 관계가 깊다는 것을 알 수 있다. 그리고 통일신라 670년 무렵~8세기 중반까지 대단위 불사의 흔적이 없었던 지리산 권역을 중심으로 갑작스럽게 화엄종 산사 사찰들이 창건된 배경에는 지방 세력을 장악하여 왕권을 강화하고자 한 경덕왕의 의도가 반영된 것으로 해석할 수 있다.

## 2. 9세기 불사와 나말여초 불사의 차이

진성여왕 재위 889년 사벌주沙伐州(지금의 경상북도 상주)에서 일어난 원종元宗·애노哀奴의 난을 시작으로 나말여초 또는 후삼국의 시대로 접어든다. 892년 견훤이 무진주(지금의 광주)에서 후백제를 건국하고 궁예가 898년 송악에 후고구려를 건국하면서 신라의 영토는 축소하기 시작한다. 918년 후고구려를 이어 고려를 건국한 왕건은 신라와 친밀한 관계를 유지한다.

통일신라 9세기부터 나말여초 시기에 선문이 지방 호족의 비호 아래 성장했다는 논의는 현재 일반화되어 있다.[199] 그러나 선사의 비문에 나타난 양상은 사뭇 다르다. 9세기 중후반 선사들은 모두 왕의 비호 아래 왕성하게 활동을 펼쳤으나 나말여초에 접어드는 890년부터 고려가 후삼국을 통일하는 936년까지 선사들은 전란을 피해 쫓겨 다니거나 숨어 지내고 있다. 따라서 이 시기에 선사의 선문은 자리를 잡지 못하고 있다.

선문이 세력화하여 구산선문이 확립되는 시기는 고려 건국 이후로, 나말여초 시기에 선사들이 대단위 불사를 진행하기란 거의 불가능했다. 그나마 몇몇 유물이 조성되긴 했으나 이전보다 조형적 완성도가 떨어지는 현상을 빚고 있다.

선사의 비문에 나타난 시대 상황은 시기적으로 두 부류로 나누어 살펴볼 수 있다. 먼저 890년 나말여초 이전에 활동한 선사들은 선문 사찰을 창건하거나 화엄종 사찰에서 선문 사찰로 변모시켜 중창하고 있을 뿐만 아니라 활발한 불사 활동을 전개하고 있다. 반면 890년 이후 혼란한 시기에 활동한 선사들은 사찰에 안주하기 어려운 혼란을 겪고 있다. 혼란기에 상대적으로 안정된 지역에 자리 잡은 사찰에서도 간략한 수리의 기록만 있을 뿐이다. 이처럼 사찰의 창건이나 중건과 같은 대단위의 불사 흔적이 나타나지 않는다는 것이 나말여초 이전 선사들과의 큰 차이점이다.

화엄사의 석축 유물을 통해 8세기 중반~9세기에 대단위 불사가 이루어졌음을 알 수 있다. 불사가 이루어진 정확한 시기에 대해서는 의견이 다양하지만 석축 유물은 통일신라시대에 조성된 것이라는 인식이 지배적이다. 그렇다면 선사의 비문에 나타난 전반적인 불사의 시기를 살펴보면 화엄사 불사의 하한 시기를 짐작할 수 있다.

### 1) 9세기 불사의 상황

선사의 비문에서 나말여초 이전 9세기에 활동한 선사들은 신행, 진감혜소, 적인혜철, 낭혜무염, 보조체징, 홍각선사, 원랑대통, 수철화상, 지증도헌으로 10명이다. 그리고 이들 선사가 책임졌던 사찰의 창건과 중창의

상황은 다음과 같다.

진감혜소는 832년 무렵 지리산 화개곡 삼법화상의 사찰 터에 건물을 다시 짓고修堂宇 있다. 이후 840년 무렵 삼법화상 사찰 남쪽 고개 넓은 터에 선문 사찰을 지어經始禪廬 '옥천'이라 했다.[200] 낭혜무염은 847년 무렵 성주사에 거주하기 시작하며 사찰을 크게 중창하고等大成 있다.[201] 보조체징은 859년 장흥 가지산사에 거주하면서 큰 시주를 받아 철조비로자나불좌상을 조성한다減淸俸, 出私財, 市鐵二千五百斤, 鑄盧舍那佛一軀. 또한 881년 사방에서 보시한 물자를 토대로 선문 사찰로 중창하고以十方施資, 廣其禪宇 있다.[202] 홍각선사는 현욱이 일으킨 고달사의 중창 불사를 마무리하고重建創倚 이후 억성사에 거주하는 시기에 금당과 누각을 완성하여成金殿與香棚 중창 불사를 마무리한다.[203] 지증도헌은 864년 안락사에서 1장 6척의 철 불상을 조성하고乃鑄丈六玄金像 있다. 이후 867년 단의장옹주가 재산과 노비를 시주하고 879년에는 선사 자신이 많은 재산을 내어 봉암사를 창건하는데, 기와로 처마가 사방으로 이어지도록 전각을 짓고 불상 2구를 조성하고 있다起瓦□四注以壓之, 鑄鐵像二軀以衛之.[204]

이와 같이 9세기 선사의 비문에서는 사찰을 창건하거나 중창하고 불상을 조성하는 등 큰 불사를 일으키는 정황을 볼 수 있어 이후 나말여초의 상황과 비교하면 큰 차이를 느낄 수 있다. 또한 나말여초 선사의 비문에는 나타나지 않는 불상 조성이나 많은 재산의 시주가 보이는 것도 확인된다.

### 2) 나말여초 불사의 상황

징효절중(826~900)의 비문에는 891년 영월 흥녕선원이 병화에 의해

소실되었다는 내용이 담겨 있다. 또한 징효절중이 입적하는 900년까지
전란을 피해 떠돌았으며 당나라 유학을 생각했으나 가지 못하는 등[205]
혼란스러웠던 상황이 확인된다.

곳곳에서 난리가 일고 갑자기 요기妖氣가 가득하여 산중 전각까지 그 화
가 미칠까 두려웠다. 대순大順 2년(891)에 상주의 남쪽으로 피난 간 때를
같이해 본산인 사자산이 병화를 만나 사찰寶坊이 모두 소실되었으니,
(…) 전북 금산군進禮郡界에 들어서자마자 적도들에게 길을 차단당하여
대중이 길을 잃게 되었다. (…) 전국 방방곡곡에 도둑草賊이 출몰하여 조
용한 곳이 없었다. (…) 대사는 대중에게 이곳에 재해가 있을 것이라 이야
기하고 북산을 향해 떠났다. (…) 국사를 청했으나 거절했다. (…) 용덕龍德
4년 세차歲次 갑신甲申 4월 15일에 비문이 완성되었으나, 국가가 다난多難
하여 이기二紀를 지낸 후에야 비로소 사군四郡의 연진烽塵이 사라지고 일
방一邦의 전란이 평정되었다. 천복天福 7년 갑진甲辰 6월 17일에 세운다.[206]

위 비문에서 징효절중은 늙은 몸을 이끌고 강원도 평강에 이르렀을
때 진성여왕이 국사를 청했으나 세상이 어지러워 거절했으며 이후 입적
했다. 선사의 비문 글은 924년 4월 15일 경애왕 1년에 지어졌으나 세상
이 어지러워 비를 건립하지 못하다가 고려 건국 이후인 944년 고려 혜종
2년에 건립되고 있다.

당시에 시대가 액운을 만나 세상이 몽매한 때여서 재난을 불러오는 별
이 삼한三韓을 오랫동안 비추었고 독 같은 이슬이 사군四郡에 퍼져 있어

서 바위 계곡에도 숨어 피할 계책이 없었다. (…) 인연을 마치자 경명왕이 시호와 탑명을 내리고 아울러 최인연 시랑侍郞에게 칙서를 내려 비문을 짓게 했다. 그러나 세상이 복잡하고 인심이 사나워서 일을 성료하기가 어려웠다. 그래서 해가 바뀌고 달이 오래도록 비문을 세우지 못했는데, 후에 고려국高麗國이 4군을 평정하고 삼한을 정정鼎定하고 나서, 현덕顯德 원년(954) 7월 15일에 이 큰 비석을 태자산太子山에 세운 것은 정말로 좋은 인연이 있기 때문이다.[207]

위 낭공행적(832~916)의 비문에도 889년 무렵의 전란의 혼란이 나타나 있다. 낭공행적은 916년 입적하고 이듬해 917년에 신라의 경명왕이 비 건립을 허락했으나 "세상이 복잡하고 인심이 사나워서" 고려 건국 이후인 954년에야 건립되었음을 비문에 전하고 있다.

이때 해당 고을의 모범제자髥弟子인 민규閔規 알찬閼粲이, (…) 이에 보현산사普賢山寺를 희사하여 주지住持하도록 청했다. (…) 망설이기도 하고 피하기도 했으나 들어가서 곧 선승禪僧들을 도우며 무성한 풀을 넓게 베어내고 언덕을 평평하게 하며 도로가 멀리 통하게 했다. 또한 절의 건물과 탑을 크게 수축하고 문과 담장을 널리 여니[208]

위 진경심희의 비문에서도 알 수 있듯이 낭원개청(835~930)이 거주하는 강릉 지역인 명주는 전화戰禍가 미치지 않는 지역이었다. 낭원개청은 863년 그의 스승인 범일이 머물고 있는 명주의 굴산사에 찾아가 머물다가 같은 지역에 있는 보현산사로 옮긴 후 910년 무렵 사찰을 수리하고 있다. 그러나 선문 사찰을 중창하는 것처럼 불상이나 전각을 새로 건립하는 수준이 아니라 보수 유지하는 정도다. 그나마도 나말여초 혼란했던 시대에 명주 지역이 안정된 지역이었기 때문에 가능한 일이었다.

> 잠시 설악雪嶽에 머물자, (…) 진성여왕眞聖大王께서 급히 편지를 보내 궁궐王庭로 불러들였다. (…) 나아갈 길이 많이 막혔다는 이유로 표를 올려 간곡히 사양했다. (…) 전란兵戈을 피하여 홀연히 떠돌다가 명주에서 발길을 멈추고 산사에 머물며 마음을 깃들였다. 1000리가 잘 다스려져 편안하고 한 지역이 소생한 듯했다. (…) 진례進禮에 이르러, (…) 김율희金律熙가, (…) 절을 수리하고 대사의 수레를 이곳에 머물기를 청했다. (…) 효공대왕孝恭大王께서는 (…) 신심信心을 전했다. (…) 봉림鳳林으로 이름을 바꾸어 선문禪宇을 새로 열었다. (…) 김인광金仁匡은 (…) 사찰寶坊의 수리를 도왔다.209

위 비문에서 진경심희(853~923)는 설악산에 거주할 당시 진성여왕의 초청을 받았으나 길이 막혀 갈 수 없다고 거절하고 있다. 아마도 889년 사벌주에서 일어난 원종·애노의 난 영향으로 보인다. 이후 평온한 명주로 갔던 진경심희는 사태가 안정되자 본인의 출신과 관련이 깊은 김해 지역으로 옮기고 있다. 당시 명주와 김해 지역이 혼란스럽지 않았다는 사실을 알 수 있다. 이때 왕의 우대와 호족의 도움으로 봉림사에 거주하며 사찰을 수리하고 있지만 이 또한 890년 이전 선문 사찰의 중창과 같은 대단위 불사가 아니다.

천우天祐 2년(905) 6월 무주武州 회진會津으로 돌아와 주석했다. (…) 무위 갑사에 주지住持하도록 간청하므로 대사는 그 명을 받아 무위갑사에 옮겨 가서 주석했다. (…) 그 기지基址를 중수하고 8년 동안 주석했다. (…) 왕건王建이 축로선을 발하여 친히 군졸을 이끌고 대공세를 취했다. 이때 나주羅州가 항복하니.[210]

위 비문에서 선각형미(864~917)는 효공왕의 요청으로 강진 무위갑사에 8년간(906~914) 주지로 거주하면서 기지基址를 중수했다고 한다. 기지를 중수했다는 것은 불상이나 전각의 건립이 아니기 때문에 이렇다 할 불사 없이 사찰을 관리했다는 뜻으로 해석된다. 이 시기 강진은 신라의 세력권에 있던 안정된 지역이었다. 그런데 궁예와 왕건이 나주를 점령한 후 914년 선각형미는 왕건을 따라 철원으로 거처를 옮기고 있다. 신라의 왕에게 충성했던 선각형미가 왕건을 따라 철원으로 가는 내용으로 보았을 때 강진은 혼란한 지경에 처했으며 914년 무렵 신라의 지배권에서 벗어나 있음을 알 수 있다.

천우天祐 6년(909) 7월이었다. 무주 승평에 도달했다. 이후 동으로 북상하여 월악산에 이르렀는데, 세상이 시끄러워 편안히 연좌宴坐할 곳이 없었다. 세상을 살펴보니 모두가 도탄에 빠져 있고, 인간을 돌아보니 너 나 할 것 없이 슬픔에 잠겨 있었다.[211]

천우天祐 18년(921) 여름 전주 임피군臨陂郡에 도착했으나, 전쟁으로 인하여 거리에 사람들이 거의 다니지 못할 정도의 위험한 시기였다.[212]

위 내용은 대경여엄과 동진경보의 비문으로, 나말여초 시기의 어지러 웠던 현실이 나타나 있다. 앞의 인용문은 대경여엄이 당나라에서 유학을 마치고 돌아와서 겪은 상황으로, 전쟁의 참화가 심하여 선사가 거주할 곳이 없을 만큼 세상은 도탄에 빠졌고 사람들은 슬픔에 잠겨 있다. 뒤의 인용문은 동진경보가 921년 당나라 유학에서 돌아와 겪은 상황으로, 사람들이 거리를 다니지 못할 만큼 위험하다.

이같이 선사 7명의 비문에 나타난 시대 상황을 검토했을 때 890년을 기준으로 대단위 불사가 활발했던 이전과는 달리 민란과 전란으로 인해 사찰의 창건이나 중창의 큰 불사가 불가능했음을 알 수 있다. 9세기~나말여초 불사의 현황을 알기 위해 선사의 비문에 나타난 사찰의 창건과 중창 그리고 부도 탑과 선사 비문의 조성 시기를 정리하면 [표9]와 같다.

[표9]를 보면 9세기 활발하던 사찰의 대단위 불사가 나말여초에는 나타나지 않는 상황이 뚜렷한 데 반해 선사의 부도 탑과 비문은 꾸준히 조성되고 있다. 그러나 나말여초에 조성된 선사의 부도 탑과 비문의 조형적 수준은 이전에 크게 못 미치는 것을 알 수 있다.

918년 고려를 건국한 왕건은 신라와 친밀한 관계를 유지한다. 이에 따라 신라의 북방 지역이 안정되면서 924년 선사들의 비문이 건립되고 있다. 그런데 905년 남원 실상사에 건립된 수철화상의 비문은 924년에 건립된 비문들과 달리 비문 받침인 귀부가 보이지 않는다. 이것은 불사를 치르기 힘들었던 나말여초 전란의 시기를 대변하는 것으로, 실제로 수철화상의 비문을 전후하여 선사의 비문이 건립되지 않았다가 신라가 안정을 되찾는 924년부터 미뤄둔 비문 건립이 이루어지고 있다. 여기서 낭혜무염의 비문은 건립 시기에 대해 의구심을 남기고 있어 비교 대상에

[표9] 9세기~나말여초 불사의 상황

| 불사 연도 | 선사 | 지역 | 사찰 창건 및 중창 | 부도 탑 | 비문 |
|---|---|---|---|---|---|
| 813 | 신행 | 산청 | | | ● |
| | | | | ● | |
| 832~840 | 진감혜소 | 하동 | ● 삼법화상 사찰 중창 | | |
| 839~846 | 적인혜철 | 곡성 | ● 선문 사찰 태안사로 중창 | | |
| 840 | 진감혜소 | 하동 | ● 쌍계사 창건(중창) | | |
| 847 | 낭혜무염 | 보령 | ● 성주사로 중창 | | |
| | 범일 | 강릉 | ● 굴산사 중창 | | |
| 850 | 진감혜소 | 하동 | | ● | |
| 859 | 보조체징 | 장흥 | ● 가지산사 선문 사찰로 중창 | | |
| 861 | 적인혜철 | 곡성 | | ● | |
| 863 | 선각도선 | 광양 | ● 옥룡사 선문 사찰로 중창 | | |
| 864 | 지증도헌 | 원주 | ● 안락사 중창 | | |
| 867 | 원랑대통 | 제천 | ● 월광사 중창 | | |
| 872 | 적인혜철 | 곡성 | | | ● |
| ~874 | 홍각선사 | 여주 | ● 고달사 선문 사찰로 현욱과 홍각선사 중창 | | |
| 874 | 홍각선사 | 양양 | ● 억성사 중창 | | |
| 880 | 보조체징 | 장흥 | | ● | |
| 879~881 | 지증도헌 | 문경 | ● 선문 사찰 봉암사 창건 | | |
| 883 | | | 지증도헌문경 | ● | |
| 884 | 원랑대통 | 제천 | | ● | |
| | 보조체징 | 장흥 | | | ● |
| 886 | 홍각선사 | 양양 | | | ● |
| 887 | 진감혜소 | 하동 | | | ● |

| 890 | 낭혜무염 | 보령 | | ● | |
| 890 | 원랑대통 | 제천 | | | ● |
| 898 | 선각도선 | 광양 | | ● | |
| 898 | 진경심희 | 창원 | | | |
| 905 | 수철화상 | 남원 | | | ● |
| 906~914 | 선각형미 | 강진 | | | |
| 907 | 징효절중 | 영월 | | ● | |
| 910 무렵 | 낭원개청 | 강릉 | | | |
| 917 | 낭공행적 | 봉화 | | ● | |
| 919 | 선각형미 | 개경(고) | | ● | |
| 923 | 진경심희 | 창원 | | ● | |
| 924 | 지증도헌 | 문경 | | | ● |
| 924 | 징효절중 | 영월 | | | ● |
| 924 | 진경심희 | 창원 | | | ● |

서 빼기로 한다.[213]

나말여초 이전 선사의 부도 탑은 신라의 전형적인 조형 양식을 따른다. 모두 8각의 반침돌에 몸돌을 올리고 지붕돌을 올린 전형적인 8각 원당형圓堂形 형태다. 몸돌은 8각인 하나의 돌로 구성되어 있는데 각 면의 모서리마다 기둥이 새겨져 있다. 지붕돌도 모두 윗면의 낙수 면에는 기와를 올린 모습을 보이며 기왓골과 추녀마루가 있다. 처마에는 부연과 서까래가 조각되는 공통점이 보인다.

반면 나말여초 시기에 조성된 부도 탑은 지붕돌에 낙수 면의 기와가 보이지 않으며 처마의 부연과 서까래 표현도 사라졌다. 전반적으로 이전

부도 탑에 비해 간략한 조형 양식을 볼 수 있다. [그림27]에서 보듯 910
년 건립된 실상사 편운화상片雲和尙(?~?)의 부도 탑 양식은 905년 건립된
수철화상의 비문처럼 불사 여건이 열악했던 나말여초의 상황을 말해준
다. 부도 탑에 새긴 명문에 따르면 편운화상은 실상사의 개창조인 홍척
의 제자이며 건립 시기는 정개正開[214] 10년, 즉 910년이다.[215] 당시 남원
실상사가 후백제의 영향권에 있었음을 알려준다.

이상으로 나말여초 시기에 대단위 불사는 불가능했으며 석조 조형물
의 양식 기법이 다소 떨어지고 있다는 사실을 확인했다. 그렇다면 나말
여초 시기 사찰의 창건이나 중건의 불사는 없었다고 해도 무리가 없을
듯하다. 또한 9세기 중후반 화엄종 사찰에 선사들이 거주하면서 선문 사
찰 중창 불사가 일어나고 있는 사실도 확인되고 있다. 이것을 통해 화엄
사의 창건과 중창은 8세기 중반~나말여초 이전 시기에 이루어진 것임
을 확인할 수 있다.[217]


### 3. 선사의 부도 탑과 사사자삼층석탑의 비교


선사의 비문을 통해 통일신라 9세기 선사의 장례 절차와 과정을 알
수 있다. 먼저 선사가 입적하면 유체遺體[218]를 사찰 근처 양지바른 곳에
안장한다. 이후 보통 2년 정도의 기간에 걸쳐 부도 탑[219]이 조성되면 선
사의 유체를 부도 탑 밑에 이장함으로써 장례가 마무리된다. 이것은 그
동안 알려지지 않은 통일신라 선사의 장례 절차로, 여기서 유추할 수 있
는 사실은 선사의 장례는 부도 탑을 세움으로써 완결된다는 것이다. 그

[그림13] 884년 장흥보림사보조선사탑비

[그림14] 886년 양양선림원지홍각선사탑비

[그림15] 887년 하동쌍계사진감선사탑비

[그림16] 890년 제천월광사지원랑선사탑비

[그림17] 905년 남원실상사수철화상탑비

[그림18] 924년 문경봉암사지증대사탑비

[그림19] 924년 영월흥녕사지징효대사탑비

[그림20] 924년 창원봉림사지진경대사탑비

[그림21] 939년 양평보리사지대경대사탑비

[그림22] 861년 곡성태안사적인선사탑

[그림23] 880년 장흥보림사보조선사탑

[그림24] 883년 봉암사지증대사적조탑

[그림25] 893년 남원실상사수철화상탑

[그림26] 907년 영월징효국사부도

[그림27] 910년 남원실상사편운화상승탑

[그림28] 923년 창원봉림사지진경대사탑

[그림29] 930년 강릉보현사낭원대사탑

[그림30] 930～939년 양평보리사지대경대사탑

렇다면 교종의 승려는 장례에서 부도 탑을 세우는 과정이 생략된다는 추정이 가능해진다.

그리고 선사의 부도 탑이 주로 사찰 밖 언덕에 건립된다는 사실은 화엄사 사사자삼층석탑의 성격을 밝히는 근거 중 하나로, 사사자삼층석탑이 화엄사를 창건한 연기의 부도 탑일 가능성이 적지 않다. 선사의 비문에 나타난 장례 절차와 부도 탑 건립의 과정을 통해 이 부분을 고찰해보자.

비문에서는 선사가 입적하면 유체를 모시는 관을 '함函'220 '감龕'221 '선실禪室'222 '석실石室223'이라 표현하고 있다. 또한 선사의 유체를 매장하는 것을 장사지낸다葬고 표현했다. 이는 선사의 비문 중 진감혜소, 적인혜철, 낭혜무염, 징효절중, 대경여엄, 동진경보의 비문에 공통적으로 나타나는 표현이다. 나머지 신행, 보조체징, 지증도헌, 원랑대통, 선각도선, 낭공행적, 선각형미, 진경심희의 비문에서는 관에 유체를 모신다는 표현 없이 장사지냈다는 표현만 확인된다. 홍각선사·수철화상의 비문에는 장사지내는 내용이 없다. 선사의 비문에 보이는 장례에 관한 내용을 바탕으로 장례 절차와 그에 따른 의미를 고찰해나가겠다.

선사가 입적한 후 그 유체를 땅에 묻는 것은 부도 탑이 조성되기 전 임시로 모시는 절차로 보인다. 이 과정을 낭혜무염의 비문에서는 '가사假殡'224, 지증도헌의 비문에서는 '가빈假殯'225, 낭공행적·진경심희·낭원개청의 비문에서는 '가례假隸'226라 표현하고 있다. 원랑대통의 비문에도 10월에 입적한 이후 제자들이 이듬해 2월에 유체를 옮겨 북원北院에 모셨다227는 표현이 있어 임시로 매장한 내용이 확인되고 있다. 지증도헌의 비문에도 선사가 입적한 후 현계산에 유체를 모셨다가 1년 뒤에 양지바른 곳에 옮겨 장사지내는 모습이 보인다. 17명의 선사 가운데 6명의 비문에서 임시

[표10] 선사의 장례 절차

| 선사 | 선사의 입적과 장례 절차 |
|---|---|
| 신행(~779) | 다비焚身하고 뼈를 장사 지냄. 부도에 사리舍利를 보존함229 |
| 진감혜소(~850) | 유체 모실 관과 무덤을 미리 준비하고 입적한 그날 안에 동쪽 봉우리 언덕에 무덤을 만들었다.230 |
| 적인혜철(~861) | 유체를 소나무 봉우리에 모시고 돌을 세워 부도起石浮屠를 만들었다.231 |
| 보조체징(~880) | 유체를 소나무 언덕에 장사지내고 탑을 쌓아塔 안치했다.232 |
| 홍각선사(~880) | (장사지내거나 부도를 건립한 기록이 없다.) |
| 지증도헌(~882) | 유체를 현계산에 임시로 모신 1년 후 양지바른 들로 옮겨 장사지냈다.233 |
| 원랑대통(~883) | 10월 입적 후 제자들이 다음 해 2(11)월 유체를 옮겨 북원北院에서 장사지냈다.234 |
| 낭혜무염(~888) | 유체를 선실에 임시로 모셔두었고 2년이 지나 돌을 다듬어 탑 모양의 무덤攻石封層冢을 만들었다.235 |
| 수철화상(~893) | (장사지내거나 부도를 건립한 기록이 없다.) |
| 선각도선(~898) | 입적 후 유체를 옮겨 탑塔을 절 북쪽 언덕에 세웠다.236 |
| 징효절중(~900) | 인도의 전통에 따라 다비茶毘하고 사리舍利 천과千粿를 습득했다. 907년 돌무덤石墳을 세우고 사리金骨를 안치했다.237 |
| 낭공행적(~916) | 유체를 서쪽 봉우리에 매장했다. 다음 해 동쪽 산등성이 꼭대기로 이장했다. 유체가 평상시와 같았다. 이에 제자들이 돌문을 만들어 봉폐封閉했다.238 |
| 선각형미(~917) | 개성開州의 산에 장사지낼 곳을 찾아 탑塔을 조성하고 불사하고 유체를 모셔 무덤을 만들었다.239 |
| 진경심희(~923) | 유체를 절 북쪽 언덕에 임시로 장사지냈다. 이후 제자들은 보탑寶塔 곁에 머무르며 선문禪門을 지키고 있다.240 |
| 낭원개청(~930) | 9월 24일 입적 후 28일 유체를 임시로 300보 거리의 서쪽 봉우리 석실에 모셨다.241 |
| 대경여엄(~930) | 2월 17일 입적 후 19일 영감靈龕을 메고 300보 위치의 서쪽 모퉁이에 모셨다.242 |
| 동진경보(~947) | 유체를 백계산에 옮겨 모시고 돌로 감실龕室을 만들어 모셔 봉폐했다. 2년 후 탑이 완성되고 감실을 열어 등신불이 된 유체를 백계산 동쪽 바위 위에 탑攻石封層塚을 세워 모셨다.243 |

로 유체를 모시는 내용이 확인되고 있다.

선사의 비문에는 부도 탑을 '총塚'이라 표현하고 있다. 여기서 통일신라 9세기 불교계에서 부도 탑은 선사의 탑 무덤이라는 의미로 사용되었음을 알 수 있다. 즉 선사의 부도 탑을 조성하여 유체를 모시면 선사의 무덤이 되는 것이며, 이것으로 선사의 장례 절차가 마무리된다.

낭혜무염과 동진경보의 부도 탑이 조성되기까지 2년이 걸린 것을 참조하면 선사의 부도 탑 조성 기간은 평균 2년으로 보인다. 850년에 입적한 진감혜소의 비문에는 탑을 세우는 무덤을 만들지 말라[244]는 유언에 따라 유체를 관에 모시고 땅에 묻었다는 장례 과정이 나타나 있다. 이는 부도 탑을 건립하지 않은 무덤이다. 지증도헌, 원랑대통, 낭공행적, 낭원개청, 대경여엄의 비문에도 부도 탑을 건립한 내용이 보이지 않는다. 그러나 왕이 탑호를 내려준 것을 보면 부도 탑은 건립되었을 것이다.

선사의 비문을 보면 새로운 사실을 확인할 수 있다. 통일신라 9세기 불교계에서 선사의 유체를 다비茶毘하고 사리舍利를 부도 탑에 모시는 절차가 일반적인 장례 행위가 아니었다는 사실이다. 17명 선사의 비문에서 다비 의식은 2명의 선사에게서만 나타난다. 779년 입적한 신행의 비문에 처음 다비焚身 의식이 보이는데, 신행의 유체를 다비하고 사리를 부도 탑에 보존하고 있다. '다비茶毘'라는 직접적인 표현은 징효절중의 비문에 보이는데, 특히 '인도 전통을 따랐다.'[245]는 표현은 눈여겨볼 부분이다. 나머지 모든 선사는 유체를 땅에 묻었다가 부도 탑이 건립된 후 다시 유체를 부도 탑 밑에 모시고 있다. 이때 유체를 관에 모시는 것 외에는 방법이 없기 때문에 부도 탑을 선사의 무덤이라 표현한 것으로 이해된다. 통일신라 선사의 장례가 모두 다비와 사리를 모시는 방식으로 치러진 것만은 아니라는 것을 알 수 있다.

선사의 다비가 언제부터 일반화되었으며 사리를 사리함에 모셔 부도탑에 모시는 장례 절차가 확립됐는지는 차후의 연구로 남기겠다. 다만 통일신라에서 다비가 어떤 의미인지는 살펴볼 필요가 있다. 징효절중은 중국 유학을 가지 않은 선사로, 비문에는 인도의 장례 전통에 따랐다는 점을 분명하게 밝히고 있다. 이 문구는 다비와 사리 수습이 당시의 전통 장례가 아니며 유체를 땅에 묻는 장례 절차가 일반적인 장례라는 사실을 암시한다. 물론 부도 탑을 세우는 장례는 당나라 선종의 전통을 따른 것으로, 통일신라 교종 승려들은 부도 탑을 건립하지 않았다. 『삼국유사』와 『삼국사기』에서 확인된 다비의 방식을 정리하면 [표11]과 같다.

이처럼 『삼국유사』와 『삼국사기』에는 총 8명의 인물에게서 다비에 대

[표11] 『삼국유사』와 『삼국사기』의 다비의 모습

| 인물 | 다비 관련 내용 |
|---|---|
| 자장(590~658) | 다비하여 뼈를 굴속石穴中에 안장했다.246 |
| 문무왕(661~681) | 인도의 의식에 따라 화장하라.247 |
| 효성왕(737~742) | 법류사에서 화장하고, 뼈를 동해에 뿌렸다.248 |
| 원성왕(785~798) | 유명에 따라 관을 옮겨 봉덕사 남쪽에서 화장했다.249 |
| 진성여왕(887~897) | 화장하여 뼈를 연량牟梁의 서훼西卉 또는 미황산未黃山에 뿌렸다고 한다.250 |
| 효공왕(897~912) | 사자사師子寺의 북쪽에서 화장하고, 뼈를 구지제仇知堤의 동쪽 산허리에 묻었다.251 |
| 신덕왕(913~917) | 화장하여 뼈를 잠현箴峴의 남쪽에 묻었다.252 |
| 경명왕(917~924) | 황복사에서 화장하여, 뼈를 성등잉산省等仍山의 서쪽에 뿌렸다.253 |

한 기록을 볼 수 있다. 그중 승려는 자장이 유일하며 나머지 7명은 신라의 왕이다. 그런데 독특하게도 자장의 경우만 '다비'라 표현하고 왕의 경우에는 '화장火葬'이라 표현하고 있다. 이러한 표현은 의도적인 구분으로 보인다. 더욱이 문무왕의 경우 화장이 인도의 장례 절차임을 밝히고 있다. 선사 가운데 다비 의식을 치른 징효절중도 비문에 인도의 전통이라 밝힌 것을 보면 신라에서는 다비와 화장을 인도 불교의 장례 전통으로 인지하고 있었음을 확인할 수 있다. 『삼국유사』와 『삼국사기』에 자장이 유일하게 다비 의식을 치른 승려라는 점도 신라 불교계에서 다비가 일반화된 장례 절차가 아니었다는 사실을 입증한다.

9세기 선사들에게 선사의 무덤 위에 세운 탑을 '부도'라 지칭하는 것 역시 일반화된 상황은 아닌 것으로 보인다. 선사의 비문 가운데 '부도浮圖/浮屠'라는 직접적 표현이 처음 등장한 경우는 779년에 입적한 신행의 비문이고, 다음은 861년 적인혜철의 비문에 새겨진 '부도浮屠'다. 나머지 선사의 비문에는 돌을 쌓아 탑을 만들었다고 표현하고 있다. [표10]을 보면 보조체징, 선각도선, 선각형미는 탑을 쌓아 유체를 안치했다고 표현하고 있다. 낭혜무염은 돌을 다듬어 탑 모양의 무덤을 만들었다고 했고, 징효절중은 돌무덤을 세웠다고 했으며, 진경심희는 '보탑寶塔'이라 표현하고 있다. 12세기 문헌인 『삼국사기』와 13세기 문헌인 『삼국유사』에도 '부도浮圖/浮屠'의 표현이 나온다.

고구려에 불교를 전한 승려 순도順道(?~?)는 4세기 후반 전진前秦의 부견苻堅이 보낸 인물로, [표12]의 『삼국사기』 문장을 보면 승려가 '부도浮屠'로 표현되고 있다. 7세기 신라의 승려인 원광과 혜숙惠宿(?~?)은 입적한 후 부도浮圖를 세웠다고 되어 있는데 두 인물은 통일신라 선문의 선사가

[표12] 『삼국유사』와 『삼국사기』의 부도의 표현

| 인물 | 부도의 내용 |
|------|-------------|
| 순도(?~?) | 372년 여름 6월에 진나라 왕 부견이 사신과 승려浮屠 순도順道를 보내 불상과 경문을 주었다.254 |
| 원광(542~640) | 나이 80여 세로 정관 연간에 죽었다. 부도浮屠는 삼기산 금곡사에 있다.255 |
| 혜숙(?~?) | 혜숙이라는 절이 있는데 곧 그가 살던 곳이라 하고, 또한 부도浮圖가 있다.256 |

아니다. 더욱이 기록의 출처가 13세기 일연의 『삼국유사』이기에 신빙성이 낮다고 할 수 있다. 대표적 교종 사찰인 화엄사와 부석사에는 통일신라시대 승려의 부도가 존재하지 않기 때문에 통일신라의 부도 탑은 선문 선사의 전유물이라 보아야 할 것이다. 『삼국유사』의 이러한 표현은 고려가 건국된 후 통일신라 선문의 전통과 교종의 전통이 통합된 모습을 담고 있다. 앞서 살펴보았듯 975년 입적한 화엄종 승려 탄문의 비문이 보원사지 금당 위 언덕에 건립되는 것으로도 확인된다.

[표10]에서 916년 2월 입적한 낭공행적의 비문을 보면 유체를 매장한 후 이듬해 11월 유체를 부도 탑에 모시니 평상시와 같았다는 표현이 있다. 이것은 등신불의 표현으로 판단된다. 또한 947년 입적한 동진경보의 비문에는 유체를 매장하고 2년 후 탑이 완성되어 모시니 등신불이 되어 있다고 직접적으로 표현되어 있다. 이것은 한국 불교계에서 등신불의 유일한 표현으로 보인다.

이상으로 통일신라 승려나 선사의 다비는 일반적이지 않은 장례 절차임을 파악했다. 그리고 9세기 선사의 장례는 선사의 입적 후 유체를 땅에 묻은 후 부도 탑을 조성하고 나서 부도 탑 밑에 유체를 옮겨 모신다는 사실을 알 수 있었다. 여기서 중요한 점은 부도 탑을 조성하는 장소가 사찰의 언덕 위라는 것이다. [표10]에서 진감혜소의 무덤은 동쪽 봉우리 언덕에, 적인혜철의 부도 탑은 사찰 밖 소나무 봉우리에, 보조체징의 부도 탑은 왕산의 소나무 언덕에 모시고 있다. 선각도선의 부도 탑은 사찰의 북쪽 언덕에, 낭공행적은 서쪽 봉우리에 매장한 후 이듬해 동쪽 산등성이 꼭대기로 이장하고 있다. 진경심희는 사찰의 북쪽 언덕에 유체를 매장하고 있으며, 낭원개청은 서쪽 봉우리에, 동진경보는 백계산 동쪽 바위 위에 부도 탑을 건립하여 유체를 모시고 있다. 이렇듯 진감혜소, 적인혜철, 보조체징, 선각도선, 낭공행적, 진경심희, 낭원개청, 동진경보의 8명의 선사의 비문에서 사찰 밖 언덕에 부도 탑을 건립하여 유체를 모신 것이 확인되고 있다.

[그림31]을 보면 포항 법광사지 금당 위쪽 언덕에 좌우로 삼층석탑과 비문 받침인 귀부가 있다. 법광사지 삼층석탑 안에서 발견된 '법광사석탑지法光寺石塔誌'의 내용을 보면 828년에 삼층석탑이 건립되었으며 이유는 알 수 없지만 846년 현재의 자리로 옮겨졌다고 되어 있다.

회창會昌 6년(846) 병인년 9월에 옮겨 세우고 수리했다. 원컨대 대대로 단월은 정토에 태어나시고, 지금의 임금께서는 복과 수명이 영원하소서. 사리 22매를 넣다. 상좌 도흥道興. 대화大和 2년(828) 무신년 7월에 향조香照 스님과 원적圓寂 비구니가 사재를 내어 탑을 세웠다. 사찰의 단월은 성덕대왕成德大王이며, 전典은 향순香純이다.257

그리고 금당 우측 위에 남은 귀부는 비문이 세워져 있었음을 말해준

[그림31] 포항 법광사지 금당과 좌우측 위 삼층석탑과 비문 귀부(논)

[그림32] 서산 보원사지 금당과 좌측 위 탄문의 부도 탑과 비문(논)

[그림33] 화엄사 금당(각황전) 좌측 위 사사자삼층석탑(논)

다. 포항 법광사지의 비문이 통일신라시대에 건립되었다면 비문의 주인
공은 선사일 테지만 고려 건국 이후에 건립된 비문이라면 선문과 교종
의 구분이 어려울 수 있다. 한 예로 [그림32]를 보면 고려 건국 이후 건립
된 화엄종 승려 탄문의 부도 탑과 비문 역시 금당 좌측 위 언덕에 세워
져 있는 것을 볼 수 있다. 즉 통일신라 선사의 전유물인 비문과 부도 탑
이 고려시대 화엄종 승려에게서 나타나고 있는 것이다. [그림33]을 보면
화엄사 사사자삼층석탑도 금당 좌측 언덕 위에 세워져 있다. 화엄사는
고려시대까지 선문 사찰이었던 적이 없으므로 선사의 비문이나 부도 탑
이 건립되지 않았다. 포항 법광사지 또한 828년 건립된 삼층석탑으로 보
아 선문 사찰로 창건된 것은 아닐 것이다. 더욱이 선문 사찰은 9세기 후
반에 창건되고 있음을 앞서 살펴보았다. 이후 어느 시기 우측 위에 비문

이 세워진 것임을 알 수 있다.

　고려 건국 이후 서산 보원사지에서는 화엄종 승려의 부도 탑과 비문이 금당 좌측 위 언덕에 세워지고 있다. 이것은 통일신라시대 9세기 선사의 부도 탑을 사찰 밖 언덕 위에 세우던 전통을 이어받은 것으로 보인다. 따라서 부도 탑은 고려시대 이후 사찰 내 금당 위쪽에 세워지기 시작했다. 여기서 알 수 있는 것은 화엄사의 사사자삼층석탑은 부도 탑이 아니란 것이다. 사사자삼층석탑은 고려시대 건립된 석탑이 아니기에 화엄종 승려의 부도 탑일 수 없고, 통일신라시대 건립되었기에 선사의 부도 탑일 수 없기 때문이다.

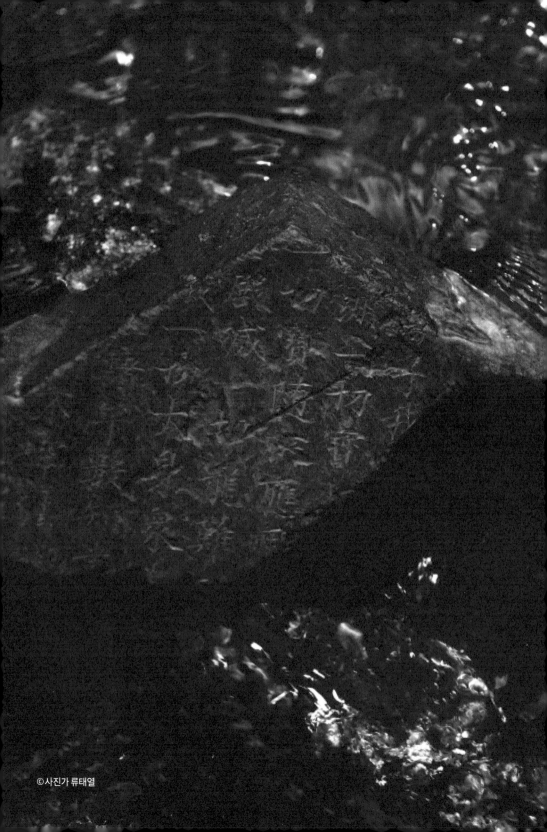

# IV

통일신라 불교 확산의 거점
화엄사

華
嚴
寺

이번 장은 앞 장에서 선사의 비문을 통해 확인된 화엄사 관련 사료들을 바탕으로 8세기 중반~9세기 화엄사의 위상과 조성된 유물의 성격을 고찰하고 통일신라시대 화엄사 가람 배치의 원형을 추정하고자 한다.

화엄사는 통일신라 8세기 중반~9세기에 지리산 권역과 옛 백제 지역인 호남 불교계를 아울렀다. 이는 828년 대렴의 차 씨가 화엄사에서 재배되었고 이후 신라에 차 문화가 전파되었다는 『삼국유사』의 문헌 사료와 9세기 관단 사찰의 역할로 입증된다.

고려 시기 화엄사는 최치원과 의천의 문헌 자료 서술 내용을 통해 변함없는 연기의 화엄사 위상을 알려준다. 그러나 13세기 말 편찬된 일연의 『삼국유사』는 의상계 화엄으로 통합된 화엄사의 현실을 보여준다. 이것은 나말여초 후백제 견훤을 지지한 남악 화엄사를 대표하는 관혜와 고려 왕건을 지지한 북악 부석사를 대표하는 희랑의 대립을 통해 충분히 추정 가능하다. 즉 고려 10세기 후반 활동한 의상계 균여가 당시 화엄종의 대립을 해결했다는 문헌 자료를 통해 일연의『삼국유사』에서 화엄사의 위상이 변화한 원인을 알 수 있는 것이다.

조선시대에 들어서면 불교 탄압의 영향으로 연기는 화엄사 창건주로만 전해질 뿐 자장계 화엄종이라는 종파는 사라진다. 이는 15세기 남효온과 16세기『신증동국여지승람』의 문헌 자료로 확인된다. 이후 1636년『화엄사사적』은 창건주 연기마저 배제해버린다.

화엄사 창건주인 황룡사 연기는 754년 호남의 무주 지역을 동원하여『백지묵서 화엄경』불사를 일으킨다. 이는 8세기 중반 지리산 권역을 중심으로 호남 지역에 화엄종 사찰이 창건되기 시작한 역사의 증거다. 그리고 이러한 화엄종의 확산은 화엄 사찰에 자부심을 일으킨 것으로 추정되며 이후 지리산 권역에 창건되는 화엄종 사찰에서 조성되는 독창적인 석조 조형물의 원동력으로 작용하고 있다. 첫 독창적 조형 양식은 산청 석남암사지에서 766년 조성된 여래형 지권인의 화엄종 본존불이며 화엄사의 석조 조형물에서 독창성의 화려한 꽃을 피운다. 화엄사의 사사자 삼층석탑, 최초 고복형 '화엄사 석등', 한국에서 유일하게『화엄경』으로 전각 내벽을 두른 '화엄석경'이 입증하고 있다.

화엄사의 불사는 8세기 중반 연기의 창건과 동시에 시작되어 9세기까지 이어진다. 이것은 창령 인양사 조성비昌寧 仁陽寺 造成碑로 확인된다. '화엄석경'은 '변상도' 구성을 통해 기존 연구에서 주장해온『60화엄경』이 아닌『80화엄경』으로 재확인되고 있다. 또한 통일신라시대에 조성되어 지금까지 원형을 유지한 석탑인 '서 오층석탑'에 대한 고찰을 통해 통일신라시대 화엄사의 가람 배치를 재구성했다.

제1절
# 화엄사 위상 변천 과정

## 1. 통일신라 대렴이 들여온 차 씨 재배와 화엄사의 위상

### 1) 선사의 비문에 보이는 차茶 관련 자료

통일신라시대에 활동한 17명 선사의 비문 가운데 6명의 비문에서 차와 관련된 서술을 찾아볼 수 있다. 관련 내용을 살펴보면 다음과 같다.

[840~850년 사이] 어떤 사람이 중국의 차漢茶를 선물하자 곧 돌솥에 넣어 장작을 피우며 가루로 만들지 않고 그대로 끓이면서 말하기를 "나는 이것의 맛이 어떤 맛인지 모르겠다. 속을 적실 따름이다"라고 했다.[1]

남악 지리산 하동 쌍계사에 거주하는 진감혜소는 어느 신도가 선물한 당나라의 차를 솥에 덖은 후 우려 마시지 않고 무심히 물에 끓여서 마시고 있다. 이러한 행동은 차에 관한 무관심을 나타내는 것으로, 진감혜소는 차를 가져온 신도들에게 자신은 차를 즐기지 않는다는 사실을 밝히고 있다.

[847~857년, 즉위 전] 그때 헌안대왕憲安大王께서는 단월檀越이자 두 번째 서발한舒發韓인 위흔魏昕(金陽)과 더불어 남북 재상[각각 자기 관아에 있는 것이 좌상, 우상과 같음이었다]이었는데, 멀리서 제자의 예를 보이고 차와 향을 예물로 보냈는데, 한 달도 거르지 않도록 했다.[2]

위 내용은 낭혜무염의 비문으로, 847~857년까지 왕자의 신분인 헌안왕이 제자의 예를 다하며 차를 보내고 있다. 이 시기는 낭혜무염이 보령 성주사에 머물기 시작한 때로부터 헌안왕이 즉위하기 전 10여 년이다.

(859년) 왕명(헌안왕)으로 장사현長沙縣 부수副守 김언경金彦卿을 파견하여 차와 약을 보내고 맞이하게 했다.[3]

위 내용은 헌안왕이 859년 무주武州 황학난야黃壑蘭若에 거주하는 보조 체징의 이야기를 듣고 장흥에 있는 지금의 보림사인 가지산사를 기증하고 거처를 옮기도록 청하기 전에 차를 선물했다는 사실을 전하고 있다.

[867~875년 사이] 경문대왕景文大王께서는 (…) 잇달아 은혜를 베풀어 차와 □□□□를 멀리서 보내는 두터운 혜택을 베풀어주셨다.[4]

위 내용은 경문왕이 제천 월악산 월광사에 거주하는 원랑대통에게 미상의 연도에 연락을 취하고 이듬해에 월광사의 주지로 임명하며 은혜를 베풀어 차와 선물을 보내고 있다. 이러한 왕의 관심이 월광사를 빛나게 하고 있다는 서술이다.

> 893년 수철화상이 입적한 후 진성여왕이 시호와 탑호를 내려주고 그 후에 여덟 차례나 재齋를 베풀어 백일百日의 예를 갖추었으며 갖가지 차와 갖가지 향을 모두 왕실에서 내주었다.5

위 내용은 893년 수철화상이 경남 지금의 양산인 양주良州 심원산사深源山寺에서 입적하자 진성여왕이 재齋에 관한 모든 도움을 베풀고 직접 차와 향을 내려주었다는 서술이다.

> [891~897년 재위 무렵] "대왕[진성여왕]이 황양현 부수 장연설 편으로 차와 향을 담은 양함을 보내었다.6

위 내용은 882년 징효절중이 영월 흥녕선원에 거주하다가 891년 흥녕선원이 소실되는 병화를 만나 전남과 전북 지역으로 피신을 떠났다가 다시 강원도 평강에 이르렀을 때 진성여왕이 국사國師를 청하면서 차와 향의 선물을 보냈다는 서술이다.

이상 6명의 선사의 비문에서 차에 관해 서술한 대목을 살펴보면 차는 왕이 선사에게 내려주는 최고의 선물이자 사찰에 올리는 최고의 공양물임을 알 수 있다. 또한 왕이 직접 차를 내려주었다는 점을 강조한 것으로 보아 통일신라시대에 차는 왕실에서 사들이거나 구하여 선물하는 귀한 품목으로 일반인들은 쉽게 구할 수 없었음을 짐작케 한다. 진감혜소가 남악 지리산 하동 지금의 쌍계사인 옥천암에 거주할 때 한 신도가 중국의 차를 진감혜소에게 선물하자 자신은 차를 즐겨 마시지 않는다고 말한 비문 내용에서도 당시에 차가 매우 귀하고 비싼 것이었음을 알 수 있다. 어쩌면 진감혜소가 비싼 차를 즐기지 않았다는 서술을 통해 생전에 수행자로서 청렴했던 사실을 강조한 것일 수도 있다. 자신은 "차 맛을 모르며 속을 적실 뿐"이라는 진감혜소의 말을 통해 음다飮茶 행위가 9세기 초중반에 이루어지고 있었음을 알 수 있다.

## 2) 차 공양과 음다 문화

선사의 비문을 제외하고 한국에서 차에 관해 언급한 가장 오래된 문헌은『삼국유사』와『삼국사기』다.『삼국유사』에는 차에 관한 언급이 5회 나타나는데, 시기가 가장 앞선 것은 661년이다. 당시 문무왕은 자신과 연관 있는 가야의 왕을 위해 제사를 지내게 하면서 술과 떡, 밥, 과일과 함께 차를 올리도록 지시하고 있다.

[661년] 신라 제30대 왕 법민왕法敏은 용삭龍朔 원년 신유 3월에 조서를 내렸다. "가야국伽耶國 시조의 9대손 구충왕仇衝王이 이 나라에 항복할 때 이끌고 온 아들 세종世宗의 아들인 솔우공率友公의 아들 서운庶云 잡간匝干의 딸 문명황후文明皇后가 나를 낳았다. 따라서 시조 수로왕은 나에게 곧 15대 시조가 된다. 그 나라는 이미 멸망당했으나 그를 장사지낸 묘廟는 지금도 남아 있으니 종묘宗廟에 합해서 계속하여 제사를 지내게 하겠다. (…) 매해 때마다 술과 단술을 빚고 떡·밥·차·과실 등 여러 맛있는

음식을 진설하고 제사를 지내어 해마다 끊이지 않게 했다.7

보편적으로 당대 가장 귀하게 여기는 음식을 제사에 올리기 마련으로, 왕조 국가인 신라에서 종묘 제사 음식에 차를 포함했다는 것은 그만큼 차가 귀한 재료였다는 것을 의미한다. 또한 불교의 종교의식에 사용하는 차를 종묘의 제사 음식으로 올렸다는 것은 불교의 전통과 왕실 제사의 전통이 결합되었음을 추측하게 한다. 한편 떡, 밥, 과일과 더불어 차가 열거된 사실에서 차가 일반적으로 음식의 한 종류로 이해되고 있었으며 훨씬 이전부터 차를 음용해왔음을 추정하게 한다. 적어도 661년 당시에 신라 왕실과 귀족 사이에 차를 마시는飮茶 문화가 자리 잡고 있었다고 볼 수 있을 것이다.

700년 전후 보천과 효명의 두 가지 내용을 보면 신라 불교계에서 차는 부처님에게 올리는 공양물로 쓰였다는 것을 알 수 있다.

[700년 전후] 두 태자[보천과 효명]는 매번 골짜기의 물을 길어와 차를 달여 공양하고, 밤이 되면 각각 암자에서 도를 닦았다. 그 무렵 정신왕淨神王의 아우가 왕과 왕위를 다투었는데, 나라 사람들이 이를 폐하고 장군 네 명을 산으로 보내 두 왕자를 맞아오게 했다.8
[700년 전후] 보천은 놀라고 이상하게 여겨 20일을 머물고 나서 오대산 신성굴神聖窟로 돌아갔다. 다시 50년 동안 도를 닦으니 도리천忉利天의 신이 세 번 법을 듣고, 정거천淨居天의 무리가 차를 달여 공양했고.9

그런가 하면 8세기 중반 경덕왕은 차를 불교와 관련된 귀한 물건으로 여겼으며 직접 차를 마시는 내용이 소개되어 있기도 하다.

[760년] 경덕왕 19년 경자 4월 삭에 두 해가 함께 나타나 10일이 지나도 사라지지 않았다. (…) 월명사가 이에 도솔가兜率歌를 지어서 읊었다. (…) 마치자 해의 괴변이 곧 사라졌다. 왕이 가상히 여겨 좋은 차 1봉과 수정 염주 108개를 하사했다. 문득 한 동자가 있어 외양이 곱고 깨끗했는데 무릎을 꿇고 차와 염주를 받들고 전각의 서쪽 작은 문으로 나갔다. 월 명사는 내궁內宮의 사자라고 했고 왕은 월명사의 시종이라고 하여 곧 서로 알아보았으나 모두 아니었다. 왕이 매우 이상하게 여겨 사람으로 하여금 그를 쫓아가게 하니 동자는 내원內院의 탑 안으로 들어가 사라졌고 차와 염주는 남쪽 벽 벽화의 미륵보살상 앞에 있었다.[10]

[765년 경덕왕 24년] 3월 3일에 왕이 귀정문歸正門의 누 위에 나가서 (…) 한 승려가 납의衲衣를 입고 앵통櫻筒을 지고서 또는 삼태기를 졌다고도 한다. 남쪽에서 왔다. 왕이 그를 보고 기뻐하면서 누 위로 맞아서 그 통 속을 보니, 다구茶具가 들어 있을 뿐이었다. 왕이 "그대는 누구요?"라고 묻자 승려가 "충담忠談이옵니다"라고 대답했다. [왕이] "어디서 오시오?" 라고 물으니 승려는 "소승은 3월 3일重三과 9월 9일重九에는 남산南山 삼 화령三花嶺의 미륵세존彌勒世尊에게 차를 달여 공양하는데, 지금도 차를 드리고 돌아오는 길입니다"고 대답했다. 왕이 "과인에게도 차 한 잔을 줄 수 있소?"라고 하자 승려가 곧 차를 달여 왕에게 드렸는데, 차의 맛이 이상하고 찻잔 속에는 특이한 향이 풍겼다.[11]

760년 경덕왕은 자연재해를 해결해준 월명사에게 감사의 표시로 차 1

봉과 수정으로 만든 108 염주를 선물하고 있다. 이는 차가 수정 염주와 같이 귀한 선물로 취급되는 것이었음을 알려준다. 또한 두 번째 충담과 경덕왕의 대화를 통해 승려가 부처님에게 차를 공양한 다음 음료로 마신다는 사실을 알 수 있다. 또한 경덕왕은 충담이 준 차를 마시고 나서 맛이 이상하다고 느끼고 있는데, 이 문장은 평소 경덕왕이 차를 마셔왔기에 차 맛을 알고 있다는 것을 전제로 한 것이다. 따라서 760년 무렵 왕은 승려들과 마찬가지로 차를 즐겨 마셨음을 알 수 있다.

지금까지 검토한 결과 부처님에게 공양을 올리는 것이 차의 주된 목적이고 공양 후에 남은 차를 마신다는 것을 알 수 있다. 그렇기에 문무왕이 종묘의 제사에 차를 사용한 점도 이해가 가능하다. 그런데 840년 이후 진감혜소의 비문 내용을 보면 차를 선사에게 선물하고 있으며 선사는 부처님에게 공양을 올리지 않고 바로 끓여서 마시고 있다. 진감혜소가 당나라에서 가져온 비싼 차를 대하면서 자신은 차를 마시지 않는다고 말했다고 설명함으로써 그 청렴함을 강조한 것에서도 840년 승려 사회에서는 차를 음료로 마시는 문화가 일반화되어 있었다는 추정이 가능하다. 게다가 앞서 살펴본 5명의 선사 비문에도 왕이 선사에게 선물한 차를 부처님에게 공양했다는 언급은 보이지 않는다. 그렇다면 9세기 초 또는 그 이전 어느 시기에 이미 차는 승려가 즐겨 마시는 음료로 보편화되었다고 이해할 수 있다.

### 3) 지리산 화엄사 대렴 차 재배의 의의

『삼국사기』에는 신라 차 문화에 관한 중요한 내용이 있다. 지금까지 경주 근방의 불교와 함께 성행하던 차 문화가 828년 지리산 화엄사에서 차를 재배한 이후 신라 전 지역으로 전파되었다는 내용이다.

겨울 12월에 당에 사신을 보내 조공하니, 문종文宗이 인덕전麟德殿에 불러 대면하고 연회를 베풀어주었으며 차등을 두어 하사품을 내렸다. 입당入唐했다가 돌아온 사신 대렴大廉이 차茶의 씨앗을 가지고 와, 왕이 사자에게 시켜 지리산地理山[12]에 심도록 했다. 차는 선덕왕善德王 때부터 있었지만 이때 이르러 성행한다.[13]

앞서 살펴보았듯이 7세기 중반 선덕왕 때부터 차가 신라에 들어와 있었다는 사실에는 의심의 여지가 없다. 문무왕이 종묘 제사에 차를 사용했다는 것은 문무왕 이전부터 신라의 왕과 귀족사회에서 차가 성스러운 의식에 사용하는 음식으로 취급되었음을 시사하고 있기 때문이다. 그렇기에 불교 문화와 함께 전래된 차가 부처님에게 바치는 공양물이자 종묘의 제사에 사용되는 음식으로 자리하게 된 것은 당연한 일이다. 그러나 신라가 삼한을 정벌하여 백제와 고구려의 땅을 차지하는 660년이나 668년부터 8세기 중반까지 100여 년간 백제나 고구려의 옛 땅에 사찰이 창건되지 않았다는 것은 8세기 중반까지 신라 불교가 경주를 중심으로 성행했다는 것이고, 그렇다면 불교의 공양물인 차는 경주 주변의 사찰에서 재배되었을 것이다.

8세기 중반부터 옛 백제와 고구려 땅 산지에 화엄종 사찰들이 창건되고 있다. 이후 9세기 초 흥덕왕 시기에 대렴이 중국에서 가져온 차를 지리산에 심게 했다는 것은 차를 재배하고 생산된 차를 지방에 전해줄 큰 사찰이 지리산에 있었다는 것을 의미한다. 이것은 이후 차가 전국적으로 성행했다는 『삼국사기』의 내용으로 입증된다. 또한 지리산의 사찰에서 차를 재배하게 하여 전국적으로 차를 마시는 문화가 성행하게 됐다는 것은 사찰에 그만큼 많은 재배 인력이 갖춰져 있었다는 뜻이다. 이 사찰은 적어도 경덕왕 시기인 8세기 중반에는 지리산에 창건되어 828년까지는 큰 불사를 이룬 사찰이라는 말이다.

자료를 확인했을 때 828년 무렵 지리산 주변에 창건된 사찰로는 남원 실상사, 산청 석남암, 산청 단속사, 구례 화엄사가 있다. 먼저 남원 실상사는 지증도헌의 비문을 보면 홍척이 826년 남악에 도착했을 때 이미 창건되어 있던 화엄종 사찰일 가능성이 크다. 그런데 차를 재배하고 수확하여 다른 지역으로 보내줄 만큼 큰 사찰이었는가에 대해서는 의문이다. 수철화상의 비문에 보면 838년 수철화상이 실상사에 도착했을 당시의 이름은 실상선정實相禪庭이었다. 826년 홍척이 거주할 당시에는 화엄종 사찰이었는데 12년 후에 선종 사찰 이름으로 바뀌었다면 실상사는 화엄종의 큰 사찰은 아니었으리라 추정할 수 있다. 화엄종의 큰 사찰인 화엄사, 해인사, 부석사나 서산 보원사의 경우에는 사찰 이름이 선종 사찰로 변하지 않았기 때문이다. 9세기 초 선사들이 거주하면서 선종 사찰로 변모하는 화엄종 사찰들은 대개 유명한 선사가 거주하도록 왕이 기증한 작은 화엄종 사찰로, 선사의 비문을 보면 이후 중창 불사를 일으켜 큰 사찰로 변화했음을 알 수 있다. 대표적으로 8세기 중반 장흥에 원표가 창건한 가지산사는 859년 왕이 보조체징에게 기증한 이후 큰 선종 사찰로 변모시키면서 보림사라는 이름으로 바뀌었다. 그렇기에 실상사는 826년 홍척이 도착했을 때 큰 사찰이 아니었던 것이 확실하다.

산청 석남암은 한국 최초의 비로자나불좌상이 조성된 사찰이지만 원래 작은 사찰임이 확인되고 있기에 차를 재배했을 가능성이 없다. 또한 신행이 거주한 산청 단속사는 813년 신행의 비문을 건립한 화엄종 사찰이지만 선종 사찰로 거듭나지 못한 사찰이다. 이것은 화엄종 승려의 세력도 강하지 못했고 신행의 선종 세력도 강하지 못했다는 사실을 말해준다. 또한 신행의 비문을 보면 선사의 비문을 건립할 때 신라의 왕이나 중앙 권력 집단과 교류한 사실이나 후원받은 내용을 볼 수 없다. 그렇다면 단속사 역시 차를 재배하여 외곽에 내보내 차 문화가 성행하게 할 정도의 큰 사찰이 아닌 것을 알 수 있다. 그렇다면 남는 사찰은 화엄사다.

화엄사는 지금의 사격으로 보아도 충분히 규모가 큰 사찰로, 9세기 이후 신라 전역의 차 문화를 선도한 사찰로서 손색이 없다. 사찰에서 차를 재배하려면 기본적으로 차의 맛을 음미할 줄 아는 소비자와 차를 재배할 기술자를 갖추고 있어야 한다. 그렇다면 828년 흥덕왕은 화엄사가 큰 사찰이라는 사실과 더불어 차를 재배할 환경 조건이 갖춰져 있음을 알고 있었을 것이다. 무엇보다 흥덕왕은 왕실과 관계가 깊은 황룡사의 승려 연기가 화엄사의 창건주라는 사실을 잘 알고 있었을 것이며, 이것이 화엄사에 차를 재배하도록 한 이유로 작동했을 것이다. 즉 화엄사는 8세기 중반 창건될 때부터 황룡사와 연관된 왕의 직할 사찰이었으며 828년에도 흥덕왕이 차 재배를 명령하는 왕실 직할 사찰이었다는 결론이다. 그렇지 않다면 흥덕왕이 누구의 조언도 없이 지리산 화엄사에 차를 재배하도록 명할 수 없기 때문이다. 또한 화엄사에서 차를 재배한 이후 신라에 차가 성행했다는 것은 경주 중심의 차 재배만으로는 점차 늘어나는 차 수요를 충족할 수 없는 현실을 말해주는 것으로, 전국의 사찰을 관리하는 왕으로서는 지방 사찰 가운데 규모가 큰 지리산 화엄사를 선택하게 됐을 것이다. 이로써 대렴이 가져온 차를 828년에 지리산에 심었다는 『삼국사기』의 기록을 통해 '지리산'이란 화엄사이며, 화엄사는 신라에 차를 성행하게 만든 근원지였음을 파악했다.

현재 대렴의 차를 심었다고 알려져 차 시배지始培地[14]까지 조성되어 있는 사찰은 쌍계사다. 그러나 830년 진감혜소가 당나라에서 돌아와 하동 화개곡의 삼법화상의 절터(지금의 쌍계사)에 도착했을 때 이곳은 폐허였기 때문에 어떤 근거로 이와 같은 이야기가 전해졌는지 알 수가 없다. 더욱이 선사의 비문에는 진감혜소가 차를 즐기지 않았다는 사실을 분명히 밝히고 있다. 하동 쌍계사 화개동에 대렴이 가져온 차를 심었다는 차 시배지 설이 확정된 것은 1985년으로, 이러한 배경에 대해 의문을 제기하는 연구는 있으나 대렴이 가져온 차를 지리산에 심게 한 후 신라에서 차 문화가 성행했다는 내용에 대한 명확한 근거는 밝히지 못하고 있다.[15] 또한 백제나 가야에도 차 문화가 있었을 가능성을 타진한 연구들은 있으나 명확한 답변을 제시하지는 못하고 있다.[16]

828년 대렴의 차를 지리산에 심은 후 신라에서 차 문화가 성행했다는 말은 구례 화엄사에서 차를 지방으로 보내줌으로써 차에 대한 수요를 해소했다는 뜻으로 해석할 수 있다. 다시 말해 828년 이전에는 경주 근방에서 재배한 차가 소량 공급되고 있었으나 8세기 중반이 되면 지방 곳곳에 화엄종 사찰이 늘어나면서 차에 대한 수요가 전국적으로 늘어났다. 그리고 828년 이후 화엄사에서 대량으로 차를 재배하여 여러 지역으로 보내주면서 신라 전국에서 차를 향유하게 되었다는 이야기다. 828년 무렵의 화엄사는 차에 대한 지방의 수요를 충족시켜주는 차 재배의 큰 거점 사찰이었다는 점을 주목할 필요가 있다.

## 2. 고려시대 연기 화엄의 변화와 화엄사

앞서 살펴보았듯 『균여전』을 보면 후삼국시대 가야산 해인사에는 고려의 왕건을 지원하는 북악北岳의 의상계 화엄종 희랑과, 이에 대립하는 계파로서 후백제의 견훤을 지원하는 남악南岳의 자장계 연기의 화엄종 관혜가 양립하고 있었다. 즉 남악은 지리산을 뜻하며 남악 지리산을 대표하는 화엄종 사찰은 화엄사다. 이것은 화엄사가 나말여초 후백제의 영역에서 화엄종을 대표하는 사찰이었음을 말해준다.

고려가 후삼국을 통일한 936년 이후에도 화엄사의 남악 화엄종은 세력을 유지하고 있었다. 후백제가 멸망한 상황에서 의상의 북악 화엄종과 남악의 자장계 연기의 화엄은 다툼 속에 있었으며, 화엄사는 고려 초기까지 호남을 대표하는 화엄종의 사찰로서 권위를 잃지 않고 있었다. 그러나 『균여전』의 남악과 북악 화엄종의 대립 구도와 의상계 균여에 의해 안정되는 모습을 통해 후백제를 지지한 화엄사가 고려의 건국과 함께 중앙 권력의 지지기반을 상실하고 있다는 것이 유추된다.

균여가 의상계의 화엄으로 남악 자장계 연기의 화엄을 통합했지만 1097년 의천이 화엄사를 찾아 연기의 진영을 참배한 사실에서 연기는 화엄사를 대표하는 화엄종 승려로 유지되고 있다는 사실을 알 수 있다. 고려의 왕조실록인 『고려사』에는 화엄사가 등장하지 않는다. 다만 『대각국사문집』 권17 「화엄사예연기조사진영」과 「유제지리산화엄사」에는 1092년 의천이 순천 선암사仙巖寺를 중건하고 대각암大覺庵에 주석하던 시기에 화엄사를 방문한 내용이 담겨 있다. 또한 1173년 '광양 옥룡사 선각국사비'를 개경에서 광양 옥룡사로 옮겨 세울 때 화엄사 대중의 도움을 받은 내용도 전하고 있다. 1097년 의천이 화엄사를 대표하는 연기의 진영을 참배했다는 것은 황룡사의 자장계 연기와 그의 세력이 한동안 유지되었다는 사실을 반증하는 것으로, 1097년 당시 호남에서 화엄사의 위상을 유추할 수 있다.

의천이 1073년에 편찬을 시작하여 1090년에 완성한 『신편제종교장총록』은 고려를 비롯하여 송나라, 요나라 등지의 불교 목록집으로, 연기가 화엄에 관해 찬술한 5종 47권에 대해 소개하고 있다. 그 내용은 『(화엄경)개종결의』 30권, 『(화엄경)요결』 12권(혹 6권), 『(화엄경)진류환원낙도』 1권, 『(대승기신론)주납』 3권(혹 4권), 『(대승기신론)사번취묘』 1권이다.[17] 고려시대 화엄사 주지 전형수교관傳賢首敎觀 의학사문義學沙門 준소俊韶는 의천과 교류하면서 『원종문류圓宗文類』 간행에 함께 참여했다.[18] 이러한 교류 속에서 연기의 찬술이 의천의 『신편제종교장총록』에 포함될 수 있었던 것으로 보인다.[19] 의천이 『신편제종교장총록』을 완성한 지 7년 후 화엄사를 방문하여 연기의 진영에 참배한 사실은 당시 고려 불교계에서 연기의 입지를 짐작하게 하는 동시에 화엄사에 연기 계파가 유지되고 있었음을 추정케 한다.

화엄사에서 연기의 화엄은 13세기 말이 되면 의상계 화엄의 사찰로 소개되고 있다. 904년 최치원의 『법장화상전』[20]과 1281년 일연의 『삼국유사』[21]를 비교하면 이러한 상황을 알 수 있다.

904년 최치원은 신라 해동 화엄을 대표하는 10개의 산과 화엄 종찰 이름을 나열하고 있다. 이것은 신라의 화엄을 대표하는 산과 사찰을 설명한 것이다. 반면 1281년 일연은 의상의 화엄십찰을 말하고 있으며, 여러 화엄의 전통이 의상의 화엄으로 통합되었음을 확인할 수 있다. 화엄

[표13] 두 문헌의 화엄십찰

| 『법장화상전』(904년)<br>해동화엄의 십산 | 『삼국유사』(1281년)<br>의상전교 십찰 |
|---|---|
| 중악 공산 미리사 | **태백산 부석사** |
| **남악 지리산 화엄사** | 원주 비마라사 |
| **북악 부석사** | **가야산 해인사** |
| **강주 가야산 해인사** | **비슬산 옥천사** |
| 강주 가야산 보광사 | **금정산 범어사** |
| 웅주 가야협 보원사 | **남악 화엄사** |
| 계룡산 갑사 | |
| 삭주 화산사 | |
| **금정산 범어사** | |
| **비슬산 옥천사** | |
| 모악산 국신사 | |
| 부아산 청담사 | |

사의 자장계 연기의 화엄은 973년 전후 균여에 의해 생명력을 잃기 시작하여 1281년에는 의상계 화엄으로 통합되어 사라진다.


## 3. 조선시대 화엄의 성격이 사라진 연기와 화엄사

### 1) 화엄사의 종파와 연기의 의미 변천

주자학을 통치 이념으로 하여 건국된 조선은 불교를 억압하기 시작한다. 이러한 시대를 맞이해 화엄사의 위상은 통일신라와 고려시대에 비해크게 하락하고, 조선 초기에는 화엄사가 화엄종 사찰이라는 사실조차확인되지 않고 있다. 그 예로 1406년 조선 초 태종 6년 음력 3월 27일에조선의 모든 사찰이 오교양종五教兩宗 242개로 축소 정리될 때 화엄사는 그중 어디에 포함되는지도 알 수 없다.

조계종曹溪宗과 총지종總持宗은 합하여 70사寺를 남기고, 천태종天台宗·
소자종疏字宗·법사종法事宗은 합하여 43사를 남기고, 화엄종華嚴宗·도문
종道文宗은 합하여 43사를 남기고, 자은종慈恩宗은 36사를 남기고, 중도
종中道宗·신인종神印宗은 합하여 30사를 남기고, 남산종南山宗·시흥종始
興宗은 각각 10사를 남길 것입니다.22

1424년 세종 6년 음력 4월 5일에는 오교양종의 7개 종파를 다시 정리
하여 선종 18개소와 교종 18개소로 구분한다. 승려의 수까지 정했는데
선종 교종 모두 합하면 3770명이다.

조계曹溪·천태天台·총남聰南 3종을 합쳐서 선종禪宗으로, 화엄華嚴·자은
慈恩·중신中神·시흥始興 4종을 합쳐서 교종敎宗으로 한다. 서울과 지방에
승려가 있을 만한 곳을 가려서 36개소의 절을 양종으로 분리하여 둘 것이
다. 넉넉하게 논밭을 주고 기거하는 승려의 인원을 규정하여, 그 도를
바르게 닦도록 할 것이다.23

그리고 서울에 있는 흥천사興天寺와 흥덕사興德寺를 선종과 교종의 도
회소都會所로 하여 위의 사찰들을 감독하게 했다.24

서울에 있는 흥천사興天寺를 선종 도회소禪宗都會所로, 흥덕사興德寺를 교종
도회소敎宗都會所로 하며, 나이와 행동이 아울러 높은 자를 가려 뽑아 양

종의 행수 장무行首掌務를 삼아서 중들의 일을 살피게 하기를 청합니다.25

이때 화엄사는 교종이 아닌 선종에 포함되고 있는데, 원속전元屬田 150
결을 받으며 거주하는 승려는 70명으로 나타난다.

선종에 예속된 것으로는 절이 18개소, 전지田地가 4250결입니다. (…) 전
라도 구례求禮 화엄사華嚴寺는 원속전이 100결인데 이번에 50결을 더 주
고 거승은 70명이며, 태인泰仁 흥룡사興龍寺는 원속전이 80결인데, 이번
에 70결을 더 주고 거승은 70명입니다.26

그런데 같은 해 1424년 세종 6년 음력 10월 25일, 순천 송광사를 선종
에 포함하기 위해 화엄사가 혁파되고 있다.

전라도 순천 송광사松廣寺는 일찍이 공정대왕恭靖大王이 중창한 것으로
수륙사水陸社요, [개성] 유후사의 흥교사興敎寺는 후릉厚陵의 재궁이나 모
두 종宗에 속하지 않아 미편하니, 선종禪宗에 속한 전라도 구례 화엄사와
황해도 은율殷栗 정곡사亭谷寺를 혁파하고 송광·흥교 두 절을 선종에 부
속시키소서.27

이와 같이 송광사는 선종과 교종에 포함되지 않았다가 화엄사를 밀어
내고 선종에 포함되고 있다. 화엄사가 혁파되었다는 것은 더 이상 조선
중앙관청이 관리하는 대상 사찰이 아니라는 사실을 말한다. 물론 이후
에도 화엄사의 명맥은 유지되고 있으나 사찰 운영에 어려움이 따랐음을

예측할 수 있다.

1424년 음력 4월 화엄사는 선종으로 확인된다. 화엄종인 화엄사가 교종이 아닌 선종으로 분류된 배경은 알 수 없다. 다만 조선의 중앙 정치권에서 지정한 것은 확실하다. 1424년 화엄사는 화엄종이라는 종파마저 지워진 것이 확인된다. 이후 조선시대 화엄사를 화엄종의 시선으로 보는 문헌은 나타나지 않는다.

유학을 근본이념으로 하는 조선시대에는 다양한 종파의 불교를 통솔하기 쉽게 하기 위해 1406년 태종 6년 모든 사찰을 오교양종으로 통합하고 다시 선종과 교종으로 통합했으며, 이 과정에서 각 사찰이 지켜온 종파적 특성이 지워졌다. 화엄사 역시 1424년 선종에 포함되면서 화엄종의 특성이 사라지고 있다.

754년의 『백지묵서 화엄경』은 연기라는 인물을 '황룡사의 연기'라고 설명하고 있다. 1097년 의천은 '화엄사의 신라 고승'으로 설명하고 있으며, 1487년 남효온은 연기가 화엄이 아닌 '선문의 고승'이라 표현하고 있다.[28] 남효온의 경우는 1424년 화엄사가 선종에 포함된 영향으로, 이처럼 고려시대까지 이어온 통일신라 황룡사의 연기는 조선 초기에 이르러 선승으로 변화하고 있다. 즉 조선 초기에 이르러 화엄사에서 연기 화엄의 전통이 사라지는 것이다.

1530년 『신증동국여지승람』에서는 한자를 '연기緣氣'라 표기함으로써 이미 전설상의 인물로 다루고 있으며 '어느 시대 사람인지 알 수 없다'[29] 고 적고 있다. 결정적으로 1636년 『화엄사사적』에서의 연기는 신라의 승려가 아닌 인도의 승려로 뒤바뀌어 있다. 앞서 살펴보았듯이 연기에 대한 혼란스러운 정보가 『화엄사사적』에서 중관해안으로 하여금 화엄

[표14] 문헌에 보이는 연기의 한자 변화와 영향

| 연도 | 문헌 | '연기'의 한자 표기 | 연기와 화엄사에 관한 특징 |
|---|---|---|---|
| 신라 754 | 황룡사 연기의 『백지묵서 화엄경』 | 緣起 | 황룡사 연기가 사경을 불사한다.<br>화엄사 언급 없음<br>호남 지역을 움직여 불사한다. |
| 고려 1094 | 대각국사 의천의 『대각국사문집』 | 緣起 | 연기의 진영을 참배한다.<br>화엄사의 효대를 언급하여 사사자삼층석탑의 연기와 어머니를 이야기한 것으로 추정된다.<br>연기의 화엄에 관한 찬술을 『신편제종교장총록』에 5종 47권을 포함하여 간행한다.<br>화엄 석경이 언급된 가장 오래된 문헌이다. |
| 조선 1406 | 『태종실록』 11 |  | 조선에 있는 모든 사찰을 오교양종 7개의 종파로 통합하고 242개로 축소한다.<br>화엄사가 어느 종파에 포함되어 있는지 확인이 안 된다. |
| 조선 1424 | 『세종실록』 24 |  | 7개의 종파를 선종과 교종으로 통합한다.<br>36개의 사찰로 축소하고 모든 승려를 선종과 교종의 사찰에 통합한다.<br>선종에 화엄사가 포함되어 있다. |
| 조선 1487 | 남효온의 『추강선생문집』 | 緣起 | 황둔사이며 옛 이름이 화엄사다.<br>사사자삼층석탑의 인물은 연기와 연기 어머니이며 비구니다.<br>연기는 신라 사람이고 어머니를 따라 지리산에 들어왔다.<br>연기가 화엄사를 창건했다.<br>연기는 선의 조사다. |
| 조선 1530 | 『신증동국여지승람』 | 煙氣 | 사사자삼층석탑은 연기와 어머니의 상이다.<br>연기가 어느 시대 사람인지 모른다.<br>연기가 화엄사를 창건했다.<br>'화엄석경'을 언급하며 무너져서 읽을 수 없다. |
| 조선 1630 | 중관해안의 『화엄사사적』 | 烟起 | 연기와 어머니에 관한 이야기가 없다.<br>연기는 인도의 승려다.<br>화엄사는 신라 진흥왕 544년에 창건되었다.<br>지역 노인의 말에 따르면 연기가 화엄사를 창건했으나 시대는 모른다.<br>연기는 도선이다. |

사의 창건주 연기를 지우려는 시도를 하게끔 한 것이다.

연기 화엄의 전통이 사라지는 흐름은 한자 이름의 변화로도 알 수 있다. 1487년 음력 10월 6일 지리산을 유람하면서 화엄사에 들른 남효온은 연기의 이름을 '緣起'로 표기하고 있으나, 이후 1530년에 편찬된 지리서인 『신증동국여지승람』에서는 '煙氣'로[30] 표기했고, 1630년의 『화엄사사적』에서는 '烟起'로 표기했다. 754년의 『백지묵서 화엄경』과 1097년의 의천 그리고 1487년 남효온은 모두 같은 '緣起'로 표현하고 있으나, 이후로는 발음만 같을 뿐 한자는 다르게 표기되어 있다. 또한 연기가 어느 시대 사람인지 알 수 없다는 내용도 등장하기 시작한다. 정리하면 754년 '緣起'→1097년 '緣起'→1487년 '緣起'→1530년 '煙氣'→1630년 '烟起'의 변화를 나타내고 있다.

이러한 과정을 살펴보면 1487년과 1530년 사이에 화엄사는 종파의 성격을 잃고 연기에 대한 전승 또한 잃어버리고 있다. 이런 변화 속에서 화엄사의 가장 중요한 인물인 연기의 이름 표기마저 혼란해지고 그 출신과 행적이 무시되고 있다.

화엄사가 선종으로 통합된 이후 시간이 지날수록 연기의 화엄종 전통은 사라진 반면 효孝를 중시하는 유교의 전통 속에서 사사자삼층석탑의 효대에 전해지는 연기와 그 어머니에 관한 이야기는 후대까지 이어질 수 있었던 것으로 보인다.

### 2) 화엄사 승군의 활약과 역사 복원의 시도

조선이 건국되고 200년이 지난 1592년 임진왜란이 발발하고 1597년 호남을 방어하던 조선 수군이 칠천량에서 대패하면서 호남 저지선이 뚫렸다. 이에 구례 의병을 대표하는 왕의성王義成이 화엄사에 격문을 보내 승군을 요청한다. 화엄사에서는 153명의 승병과 군량 103석을 조성하여 구례 입구를 지키는 석주관石柱關 전투에 참전했으나 이 전투에서 화엄사의 승병은 모두 전사한다.[32] 이 내용은 『일성록日省錄』[33]의 정조 23년 (1799) 기록에 실려 있다.

지난번 전라도 유생 이이정 등의 상언으로 인하여 (…) 작년에 본현 화엄사의 승당을 중수할 때 판각 위의 먼지가 쌓인 상자에서 너덜너덜한 종이 한 장을 발견했는데, 바로 왕의성과 다섯 의사가 연명해서 절의 승려에게 전한 격문檄文이었습니다. 그 내용에 "나라가 난리를 당한 때에 가친이 먼저 의병을 일으켜 석주에서 접전하다가 화살이 다하고 힘이 다하고 하늘의 뜻까지 이롭지 못하여 너무도 애통하게 돌아가시고 말았다. 그러므로 내가 의리를 좇아 잔병을 거두어 장차 임금의 은혜에 보답하고 또 아비의 원수를 갚고자 석주로 나아갈 즈음에 생원 이정익, 생원 한호성, 생원 양응록, 생원 고정철, 생원 오종이 각각 노복 100여 명을 이끌고 왔다. 또 산과 들을 수소문하여 피란민 수백 명을 얻었으나 양식이 다 떨어지고 남은 군졸도 모두 굶주리고 있어 어찌할 수 없는 상황이다. 너희 또한 임금의 교화를 받은 백성의 하나이니 응당 똑같이 죽고자 하는 마음이 있을 것이다. 다소의 승병을 이끌고 아울러 절의 곡식을 지고 와서 도와 한마음으로 나라에 충성하여 큰일을 완수한다면 매우 다행일 것이다. 정유년(1597) 월일 석주 의병소義兵所……"라고 했습니다. (…) 사찰의 승려를 불러 다시 왜란 때의 사적을 찾아보게 한 결과 전사자의 성명을 열거하여 써놓은 책자 하나를 발견했습니다. 그 책자에 끼워져 있는 종이 한 장을 또 얻었는데, 첫머리에 "정유일기丁酉日記"라고 써놓고 그 아래에 "군량 103섬을 석주 대장소에 운반했다軍糧一百三石運于石柱大將所"라는 13자 및 "승군 153명僧軍一百五十三名"과 "여러 의사가 거기에서 함께 죽었다諸義士同死於中"라는 15자가 있었고, 중간의 한 글자는 좀이 먹어 알아볼 수 없었습니다. 말단에 "정유년 11월丁酉十一月"이라고 해놓았는데 연월의 상세함은 또 격문에 없는 것이었습니다. 앞의 격문은 의병을 일으킨 것에 대한 실제 사적이고, 뒤의 일기 또한 순절한 것을 적은 명확한 증거입니다.[34]

격문과 일기는 화엄사의 승당僧堂을 보수하며 발견된 것으로 구례 유생들이 이 내용을 근거로 1799년 상소를 올리고 있다. 이러한 구례 의병과 화엄사 승병의 참전 내용은 현재는 모처에서 보관하고 있다.[35]

임진왜란이 발발한 이듬해인 1593년 선조는 선종과 교종에 판사判事를 1명씩 두었으며 각 도마다 2명의 승려를 총섭總攝으로 두고 승군을 지휘하도록 했다.[36] 화엄사의 경우 1597년 석주관 전투에 참전한 승군 153명은 작은 지방인 구례에서는 꽤 많이 동원한 인력이다. 또한 화엄사의 승려 윤눌潤訥은 전라좌수영 이순신과 함께 수군으로 참전하고 1593년 능천熊川 전투에도 참전하고 있다.[37] 화엄사 승병의 활약을 말해주는 이러한 흔적만으로도 화엄사는 자체적으로 승군이 조직되어 있었음을 유추할 수 있다. 더욱이 구례 의병이 화엄사에 참전을 요청했다는 사실로부터 화엄사의 승군이 알려져 있었을 것으로 추론할 수 있다. 말하자면 화엄사의 승군이 갑작스럽게 급조된 것이 아니라 임진왜란을 전후로 조직되었을 가능성을 엿볼 수 있다.

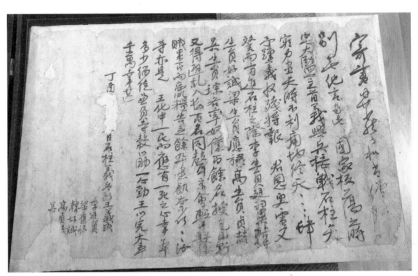

[그림34] 격문과 화엄사 일기(논)

화엄사 승군의 활약에 관한 내용은 화엄사가 임진왜란 당시 호남의 중요 사찰로 자리 잡고 있었다는 사실을 말해준다. 그러나 석주관 전투 이후 1597년 하반기에 왜병들이 지른 불에 의해 석조 유물을 제외한 화엄사의 역사를 증명할 인적·물적 자료가 모두 소실되었다.[38] 이후 임진왜란이 끝나고 34년간 폐허의 시기를 거친 화엄사는 1630년, 벽암각성에 의해 재건되기 시작한다. 벽암각성은 부휴계浮休系 승려로 임진왜란이 끝난 이후 승병장을 대표한 인물이다. 전란 이후 나라가 피폐한 상황에서 조선의 중앙정치계는 재정 지원을 하지 않는 승병 조직에 대해 관용적이었을 것이다. 그런 시기를 활용하여 부휴계 벽암각성은 조선의 불교를 부흥시키기 위한 활동을 전개한 것이다.

1630년부터 1636년까지 6년에 걸친 불사로 지금의 대웅전과 일주문 공간을 복원하여 1차 중건을 완수했다. 그러나 1차 불사가 끝나는 1636년 공교롭게도 병자호란을 맞으며 화엄사 복원은 중단되었다가 병자호란 이후 안정기를 거쳐 1699년부터 1702년까지 계파성능桂坡性能이 각황전을 복원하는 2차 중건을 완수함으로써 화엄사의 큰 불사가 마무리된다.[39] 그러나 1670년에 이르면 선종과 교종이 혁파됨으로써 전란 당시 일시적으로 불교계를 우대하던 상황이 급변하는 것을 『조선왕조실록』에서 확인할 수 있다.[40]

이와 같이 통일신라의 화엄사는 고려시대까지 그 위상을 유지하다가 조선시대에 화엄종의 정체성을 상실했으며, 1597년 석주관 전투의 실패와 화재로 인해 모든 자원을 잃었다. 그로 인해 1636년 중관해안의 『화엄사사적』은 연기를 선각도선과 동일시해 호남 제일의 자장계 화엄종의 정체성을 단절시키는 오류를 범한다. 이것은 화엄사를 544년 신라 최초의 사찰인 흥륜사와 같은 반열에 올리려는 사실과 거리가 먼 시도로 학계에서 인정받지 못하는 결과를 낳았다.

화엄사는 화엄사만의 정체성을 찾아야 한다. 8세기 중반 연기의 자장계 화엄종이라는 본류를 되찾을 때 비로소 화엄사는 호남 제일의 화엄종 사찰이라는 옛 위상을 얻을 것이다.

제 2 절

# 8세기 중반
# 지리산 권역 화엄종 확산의
# 근거 자료 검토

## 1. 754년 호남의 불사『백지묵서 화엄경』

중국을 거쳐 신라로 전래된 『화엄경』은 크게 418~422년 동진東晉 시대에 불타발타라佛馱跋陀羅(359~429)가 번역한 『60화엄경』과 695~699년에 당나라의 실차난타實叉難陀(652~710)가 번역한 『80화엄경』으로 나뉜다. 『화엄경』의 본존불인 『60화엄경』의 노사나불과 『80화엄경』의 비로자나불은 범어인 바이로차나vairocana를 중국에서 음차한 표현으로 『화엄경』의 본존불로서 뜻은 같다. 다만 『60화엄경』과 『80화엄경』에서 본존불을 다르게 부른다는 차이일 뿐이다.[41]

앞서 살펴보았듯 『화엄경』이 신라에 전래된 데는 두 가지 설이 있다. 자장율사(590~658)가 중국 당나라에서 불교를 배우고 돌아온 643년 『60화엄경』을 전래했다고 보는 견해와, 자장율사가 신라로 돌아오기 전 시기와 방법은 알 수 없으나 이미 화엄경이 전파되어 있었다는 두 가지 관점이다.『80화엄경』또한 전래의 시기와 방법은 명확하게 밝혀지지 않았지만, 당나라와 신라의 정치 사회적 관계 및 불교의 국제적 관계를 살펴본다면 실차난타가 번역한 직후 바로 신라에 전해진 것으로 판단된다.[42]

『백지묵서 화엄경』[43]은 연기법사가 죽은 아버지를 위하여 호남 지역에서 사경 불사를 통해 완성한『80화엄경』으로 한국에서 가장 오래된 사경이다. 두루마리 형태로 발견되었으며 원래의 봉안처는 알려지지 않았다. 황룡사와 화엄사가 봉안처로 주장되고 있으나 명확한 확인은 불가능한 상황이다. 현재 서울의 리움미술관에서 소장하고 있다.

『백지묵서 화엄경』은 필사본 2축으로, 권1~10의 한 축과 권44~50의 한 축이다. 각 권의 앞에 한 장씩 권의 내용을 종합하여 그린 것으로 보이는『백지묵서 화엄경』변상도는 권1~10의 본문을 감싼 표지 그림[44]이며, 그림의 내용은 권1~10을 종합한 변상도와 뒷부분에 역사상力士像 그리고 보상화寶相華가 남아 있다. [그림35]를 보면 변상도 중앙에는 사자가 연꽃의 좌대를 받치고 있으며 위에는 보살형의 비로자나불이 앉아 있다. 왼쪽에도 사자가 연꽃의 좌대를 받치고 위에 보현보살이 앉아 있다. 비로자나불 오른쪽에는 4명의 보살이 연화좌에 앉아 법문을 듣고 있으며 위에도 연화좌에 앉은 보살이 있다. 뒤쪽으로는 기단 위에 난간을 두른 2층의 전각이 보인다.

비로자나불의 중앙 부분은『백지묵서 화엄경』의 축이 겹쳐서 떨어져 나간 상태로 화엄 본존불의 두상이 관을 쓴 보살형인지 여래형인지 확인할 수 없어 대단히 안타깝지만 그나마 보이는 왼손은 지권인을 한 형상으로 추정된다. 보살형의 왼손과 머리 부분을 통해 766년 '산청 석남암사지 석조비로자나불좌상'의 여래형 본존불로 보이며, 도상이 완성되

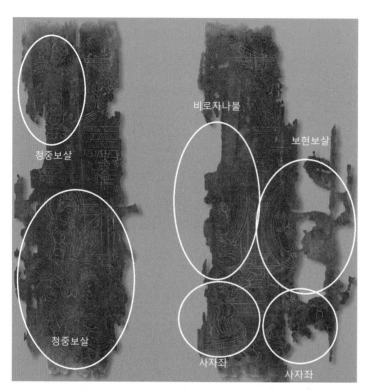

청중보살

비로자나불

보현보살

청중보살

사자좌

사자좌

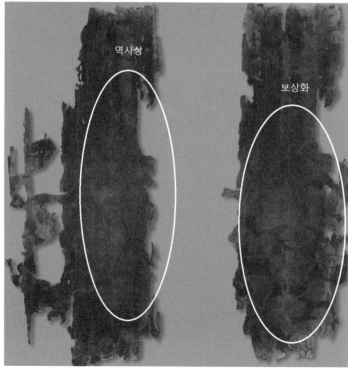

역사상

보상화

[그림35] 『백지묵서화엄경』 변상도
와 뒤편 역사상과 보상화(리움)

[그림36] 중앙 비로자나불(리움)

기 전 밀교의 영향을 완전히 벗어나지 못한 화엄 본존불의 과도기적 모습이 아닌가 추정된다. 본존불의 왼팔에 보살형의 보석이 둘러져 있기 때문이다.

그런데 변상도의 비로자나불은 보현보살이나 법문을 듣는 보살들과 같이 머리카락을 늘어뜨리고 있다. 나발을 한 여래형의 두상이 아닌 것이 특이하다.[45] 한국의 『화엄경』 변상도에서 보관을 쓴 비로자나불의 형상은 없으며, 보관을 쓴 노사나불의 도상은 14세기 후반부터 나타나는 화엄 사상의 또 다른 경전인 『법망경』과 『원각경』의 본존불 변상도에서 확인되고 있다.[46] 『백지묵서 화엄경』의 변상도는 『80화엄경』의 신라 화엄 본존불인 비로자나불을 강조하기 위한 노력의 시작점으로 보이는 중요 자료다. 754년 화엄 본존불에 대한 열망은 밀교 대일여래의 보관을 쓴 보살형 지권인 도상을 활용한 나발이 있는 여래형 지권인의 화엄 본존불인 766년의 '산청 석남암사지 여래형 비로자나불좌상'을 탄생시켰다. 여기서 『백지묵서 화엄경』 변상도의 머리카락을 살린 비로자나불에서는 신라 화엄 본존불의 독창적 창조물인 766년의 '산청 석남암사지 여래형 비로자나불좌상'으로 가는 과도기적 실험의 독창성이 엿보인다.

중앙 비로자나불의 두상을 확인할 수 없는 점은 안타깝지만, 보관을 쓰지 않고 두건과 같은 머리 장식을 하고 법문을 듣는 보살의 두상을 볼 때 비로자나불의 머리 형상도 이와 비슷할 것으로 보인다. 『백지묵서 화엄경』의 변상도에서 확인되는 비로자나불의 머리카락과 지권인의 모습을 통해 한국 화엄종의 독창적이고 창조적인 본존불의 도상인 여래형 지권인 본존불이 이미 750년대에 구상되고 있었음을 확인할 수 있다.

『백지묵서 화엄경』은 『80화엄경』으로, 현재 확인되는 변상도는 7처

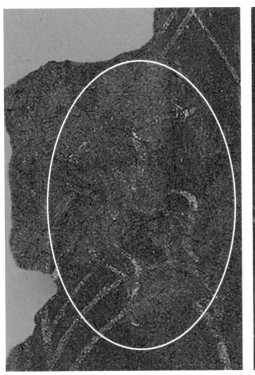

비로자나불 머리카락

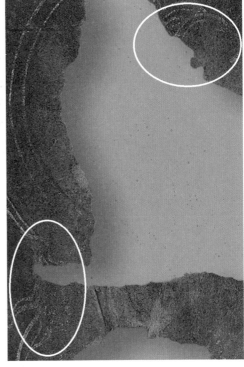

보현보살 머리카락

청중보살 1

청중보살 2

청중보살 3

청중보살 4

[그림37] 비로자나불, 보현보살, 청중보살 4명의 머리카락

9회 변상도 중 하나였을 것이다. 7처 9회 변상도란 7곳의 장소에서 9번 모여 39품을 설법하는 모습을 형상화한 도상이다.『백지묵서 화엄경』의 변상도는 둔황燉煌 막고굴莫高窟의 당나라 시기『80화엄경』변상도의 영향을 받았을 것이다.

　기록상으로『화엄경』변상도는 중원에서 먼저 나타나고 있으나[47] 완성된 도상으로 확인되는 것은 막고굴에서 발견된『80화엄경』변상도다. 당나라 성당盛唐 705~780년 이후 송나라 시기까지 29개 막고굴에서 오직『80화엄경』변상도만 보인다.[48] 이러한 당나라의『80화엄경』변상도 도상이 통일신라에 전해진 것이다.[49] 또한『백지묵서 화엄경』의 변상도 본존불 대좌는 사자좌로, 사자가 받치는 대좌에 앉은 도상은『80화엄경』비로자나불의 고유한 도상이다. 바로 이 부분이『백지묵서 화엄경』속 비로자나불의 수인을 지권인으로 보는 근거다.[50] 그런데 돈황 막고굴의『80화엄경』비로자나불은 설법인의 수인을 하고 있으며『보인경』변상도나『법화경』변상도에서도 본존불은 설법인 수인을 사용하고 있다.[51] 또한 '화엄사 서 오층석탑' 출토 유물 중 불상 틀의 수인도 설법인 수인이다. 설법인 수인은 통일신라에서 아미타불의 수인과『80화엄경』의 비로자나불 지권인 수인이 정착되기 전 사용된 수인으로 보인다.[52] 그렇다면『백지묵서 화엄경』변상도 속 비로자나불의 수인도 지권인이 아니라 설법인일 가능성이 있어 보인다.

　[그림38]의 화엄사 서 오층석탑 불상 틀 설법인 수인과『백지묵서 화엄경』비로자나불의 왼손 수인 그리고 철원 도피안사 비로자나불 수인의 위치를 비교해보면『백지묵서 화엄경』비로자나불의 수인이 설법인일 가능성을 배제할 수 없다. 철원 도피안사 비로자나불의 왼손과 비교

[그림38] 화엄사 서 오층석탑 불상 틀 → 『백지묵서 화엄경』 → 도피안사 수인(문)

할 때 『백지묵서 화엄경』 비로자나불의 왼손이 중앙에 위치하지 않기 때문이다. 그러나 『백지묵서 화엄경』 변상도 비로자나불이 설법인 수인이라 할지라도 비로자나불의 머리카락과 왼팔 보물의 보살형 도상에서 밀교의 본존불 도상을 사용하여 화엄 본존불만의 모습을 만들어가는 과도기적 독창성은 부정할 수 없을 것이다.

『백지묵서 화엄경』의 권10과 권50의 끝에는 「발문跋文」[53]이 있다. 권10의 발문은 총 542자로 26행 18~29자로 배열되어 있으며 권50의 발문은 총 529자로 14행 37~50자로 배열되어 있다. 두 발문은 몇 가지 글자가 다를 뿐 같은 내용인데,[54] 사경의 글을 쓴 인물의 차이에서 오는 결과다.[55] 이 발문은 황룡사의 연기법사가 부모님을 위한 개인적 발원으로 완성한 사경이라는 사실을 알리고 있을 뿐만 아니라 사경을 제작하기 위한 의식 절차와 사경을 제작하는 방법, 참여자들에 대한 소개와 출신

지가 담겨 있다. 따라서 『백지묵서 화엄경』은 8세기 중반의 불교계 현황을 말해주는 중요한 자료다. 동시에 한국에서 가장 오래된 변상도를 담고 있는 『80화엄경』의 사경이면서 당나라 측천무후가 만든 '측천무후자則天武后字'가 사용된 문헌이다.

『백지묵서 화엄경』의 불사는 754년 경덕왕 13년 8월 1일에 시작돼 이듬해인 755년 경덕왕 14년 2월 14일 부처님의 열반일涅槃日에 마무리되었다.[56]

사경 제작의 발원자 황룡사의 연기법사는 먼저 아버지에게 은혜가 베풀어지기를 바라며 다음으로 법계의 일체중생이 모두 성불하기를 바라옵니다.[57]

여기서 특이한 모습은 『백지묵서 화엄경』의 사경이 연기법사가 돌아가신 아버지를 위한 개인적 불사라는 점이다. 뒤이어 연구할 독창적으로 창조된 산청 석남암사지 석조비로자나불좌상 또한 사리호에 새겨진 서원문에서 두 명의 승려가 개인적인 기원을 담아 조성한 것으로 확인되고 있다.[58] 8세기 중반 호남 지역에서 개인 승려가 창건한 사찰들이 확인되고 있다는 것은 이 시기 화엄종 승려들이 호남 지역으로 신라 불교를 확장하고 있다는 근거가 된다.

시주자는 신라 경주의 소백이다. 종이를 만든 사람은 구질진혜현仇叱珍兮縣에 거주하는 나마奈麻 황진지黃珍知이며 경문을 쓴 사람은 무진이주武珍伊州에 거주하는 나마奈麻 아간阿干 대사大舍 이순異純과 금모今毛 전사轉舍

의칠義눈 사미沙彌 효적㸚㸚 남원경에 거주하는 사미沙彌 문영文英 한사韓舍 즉효則曉 고사부리군高沙夫里郡에 거주하는 나마奈麻 양순陽純 한사韓舍 인년仁年 시오尸烏 인절仁節이다. 경심을 붙인 사람은 경주에 거주하는 나마奈麻 능길能吉 무고尒烏다. 변상도를 그린 사람은 경주에 거주하는 한나마韓奈麻 의본義本 나마奈麻 정득丁得 사지舍知 광득光得 사尒 두오亐烏다. 경의 이름을 쓴 사람은 경주에 거주하는 한사韓舍 동지同智와 육두품인 아버지 아찬阿湌 고득高得이다.[59]

위 『백지묵서 화엄경』의 「발문」에서 종이를 만든 1명과 경전을 쓴 11명은 호남 지역 사람으로, 그 지역은 지금의 전라남도 장성군 진원면仇㸄珎兮縣, 광주시武珎伊州, 전라북도 남원시南原京, 정읍시 고부면高沙夫里郡[60]이다. 7명의 경주 출신은 두루마리 맨 끝에 붙이는 경심과 변상도의 그림과 표지 제목 작업에 참여했다. 여기서 중요한 점은 가장 중요한 부분인 종이 제작과 사경의 글을 쓰는 작업을 호남 거주자들이 담당하고 있다는 사실이다. 그렇다면 호남을 움직이는 불사의 구심점 역할을 하는 사찰이 있었을 것이다. 특히 『백지묵서 화엄경』의 글을 쓰는 사경을 11명의 호남 사람들이 담당했다는 것은 그들이 당나라에서 역경譯經된 『80화엄경』을 공부했거나 이해하고 있었음을 뜻하기도 한다. 754년 당시는 『80화엄경』이 완성된 699년으로부터 50여 년이 지난 시점이므로 『백지묵서 화엄경』의 사경 불사를 주관하는 구심점으로서의 사찰도 필요하지만 『80화엄경』을 연구할 수 있는 사찰도 필요했을 것이다. 앞서 선사의 비문을 검토하면서 밝혔듯이, 754년 호남 지역에서 『백지묵서 화엄경』의 사경 불사를 주관하고 『80화엄경』을 공부하고 법문할 사격을 갖춘 사찰로는 화

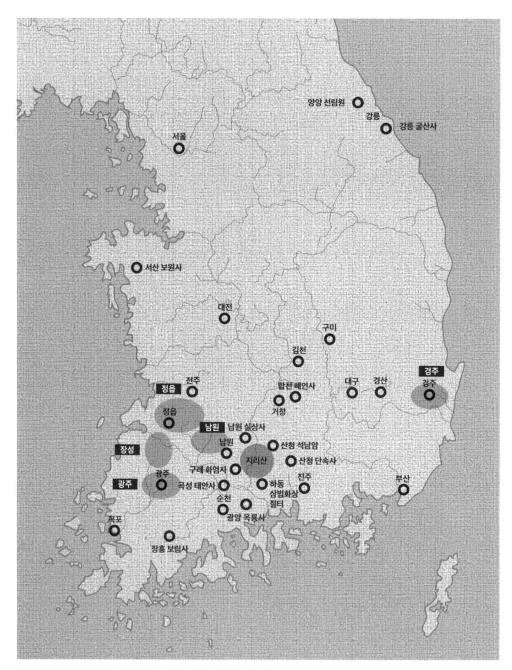

양양 선림원

강릉
강릉 굴산사

서울

서산 보원사

대전

구미

김천

합천 해인사
대구
경산
경주
경주

전주
정읍
거창
정읍
남원 실상사
남원
남원
산청 석남암
장성
산청 단속사
지리산
구례 화엄사
광주
곡성 태안사
하동
진주
광주
삼법화상
순천
절터
목포
광양 옥룡사
부산
장흥 보림사

[그림39] 『백지묵서 화엄경』 사경 불사 지역과 8세기 중반 화엄 사찰(논)

엄사가 유일하다.

결론적으로,『백지묵서 화엄경』의 사경 불사 발원자인 황룡사 연기법사가 화엄사의 중심인물인 것은 분명하다. 그리고 화엄사를 창건하거나 중건한 연기법사를 중요 인물로 강조하기 위해 신라 불교의 중심 사찰인 황룡사 출신이라는 사실을 내세운 것으로 보인다. 불사를 일으키는 상황에서 이제 막 창건되는 사찰의 이름을 내세우기보다는 통일신라의 중심 사찰인 황룡사를 내세우는 쪽이 훨씬 자연스러운 선택이었을 것이다. 이로써『백지묵서 화엄경』발문에 화엄사 연기법사가 아닌 황룡사 연기법사로 서술된 배경을 이해할 수 있다.

## 2. 766년 조성된 독창적 화엄 본존불, 비로자나불좌상

766년 혜공왕 2년에 조성된 산청 석남암사지 석조비로자나불좌상은 한국 최초이자 세계 최초로 여래의 얼굴과 지권인의 수인을 한 불상으로, 2016년 1월 7일 국보 제233-1호로 지정되었다. 불상은 높이 120센티미터, 광배는 높이 118센티미터, 대좌는 높이 79.5센티미터 규모를 갖추고 있다. 원래 산청 석남암사지 석조비로자나불좌상은 해발 902미터의 지리산 자락(내원리 산153번지)에 방치되어 있었는데 1947년 마을로 옮겼다가 1959년 내원사로 옮겨졌다. 부산시립박물관에서 입수한 납석사리호가 석남암사지 불상에 있던 것이라는 사실이 밝혀져 연구를 진행한 결과 한국 최초의 여래형 지권인의 화엄종 본존불로 확인되었다.[61]

1988년 석남암사지를 조사할 당시에는 대좌의 하대석, 중대석, 상대석

[그림40] 산청석남암사지석조비로자나불좌상과 납석사리호(문)

이 흩어져 있었다.63 1989년 좌대의 부속 석축을 모아서 지금의 내원사에 옮겨놓고 불상과 짝을 맞춰 봉안했다. 산청 석남암사지 석조비로자나불좌상의 조성 연도는 766년으로, 통일신라 불교 석조물의 기준을 제시하는 중요한 불상이다.

석남암사지 석조비로자나불좌상이 한국 학계에서 독창적인 여래형 지권인의 화엄종 본존불로 인정되기까지는 오랜 기간이 걸렸다. 먼저 1983년 불상 안에 있던 납석 사리호에 관한 연구 논문이 발표된 후 1986년 사리호는 국보로 지정되었다. 그러나 석조비로자나불좌상의 경우는 766년의 도상 양식으로 평가하지 않는 학자들의 견해에 부딪혀 독창성과 최고성最古性을 인정받지 못한 채 1990년 보물로 지정되었다. 석조비로자나불좌상이 한국의 독창적인 여래형 지권인 비로자나불상으로 받아들여진 것은 최초 논문이 발표된 해로부터 33년이 지난 2016년으로, 이때 비로소 납석 사리호와 마찬가지로 국보로 지정되었다.

[그림41] 석남암사지에 흩어진 유물의 모습과 중대석 사리 구멍

　석조비로자나불좌상의 가치를 두고 오랜 논란이 빚어진 이유는 크게 두 가지다. 첫째는 불상과 납석 사리호의 연관성에 대한 의구심이다. 납석 사리호는 부산박물관에서 입수하여 연구된 반면 지리적으로 멀리 떨어진 산청에서 발견된 불상, 그것도 해체되어 옮겨진 불상 안에 있었다고 연관 짓기에는 의구심이 있을 수밖에 없었다. 둘째는 미술사적 견해에서 통일신라시대 비로자나불상 가운데 가장 앞선 766년의 조형 양식으로 인정하기 어렵다는 것이다. 그 근거는 766년 조성된 불상이라면 이후 양식보다 좀더 세련되어야 하는데 그 기준에 부합하지 않는다는 것이었다.64

　이 두 가지 견해는 석조비로자나불좌상이 766년에 조성되었다는 점과 한국 고유의 독창성을 갖추고 있다는 점을 회의적으로 바라보는 입장이다. 그러나 석조비로자나불좌상은 중국 불교문화를 한국 불교문화의 원형으로 인식하는 태도를 반성하는 계기가 되기도 했다. 중국 불교문화를 기준으로 삼는다면 중국에서 지권인 불상이 조성되는 9세기 중반 이후에 신라에서도 지권인 불상이 나타나야 마땅한데,65 석조비로자나불좌상의 증거는 이러한 기존의 이론을 무너뜨리고 있기 때문이다. 이

에 대해 문명대는 신라의 독창적인 여래형 지권인 화엄 본존불상을 대했던 그간의 태도에 대한 반성과 더불어 진취적 인식의 필요성을 밝히고 있다.[66]

산청 석남암사지 석조비로자나불좌상에 대한 대표적인 양식 분석을 통한 시대구분의 의견을 살펴보면 [표15][67]와 같다.

이와 같이 조성 시기에 대한 해석 차이가 드러나 있다. 766년에 조성된 불교 유형문화재가 이후에 조성된 유형문화재보다 양식적으로 발전해 있다는 인식은 당연한 것이다. 8세기 중반 한국의 불교미술은 석굴암 본존불과 불국사의 동서 석탑으로 대표되는 불교 조형물 예술성의 정점에 다다르고 있기 때문이다. 따라서 통일신라 8세기 중반에 조성된 석조

[표15] 석남암사지 석조비로자나불좌상의 시대구분

| 시대구분 | 양식적 특징 | 학계 |
|---|---|---|
| 8세기 중반 | 8세기 중반의 양식적 특징을 잘 보여주고 있다. 당당하고 세련된 모습으로 최성기 신라 불의 특징이 확연하게 나타난다. 육계는 알맞게 솟았으며 얼굴 둥글고 원만한 상호인데 팽팽하고 탄력적인 부피감이 8세기 중반 불상의 특징을 잘 보여주고 있다. 더구나 단아한 눈, 단정한 코, 작고 세련된 입, 부피감 있는 뺨 등은 이 불상의 얼굴을 훨씬 돋보이게 한다. 상체는 건장하고 당당한 모습인데 자연스러운 가슴, 허리의 굴곡, 어깨나 팔의 부피감 등에서 사실미를 잘 표현하고 있다. 특히 얇은 불의 속에 드러난 탄력적인 부피감은 우아하고 세련된 형태미를 보여주는 것으로, 이른바 이상적인 사실미의 극치이자 세련된 탄력감이라고 말할 수 있다. | 문명대 |
| | 얼굴과 가슴을 보면 8세기 중반의 풍만한 양식을 그대로 반영하고 있음을 알 수 있다. 착의는 통견식이고 옷깃을 넓게 열었으며 얇은 대의는 신체에 밀착되었고 대의 전면에 걸쳐 가느다란 옷 주름의 융기 대가 평행하고 촘촘히 있어서 기본적으로 굽타 양식을 따르고 있음을 알 수 있다. | 강우방 |
| 860년 이후 조성 | 갸름한 얼굴 짧은 목, 둥근 어깨, 앞가슴 풀어헤친 듯한 이중 착의법의 옷매무새, 잔주름 쳐진 옷 주름, 오른손 주먹으로 왼손 두지를 잡은 정식 지권인과 작은 손 표현 등이 모두 '보림사 철조비로자나좌상' 양식을 그대로 계승하고 있다. | 최완수 |

물은 석굴암 본존불을 기준으로 양식의 완벽성을 살필 수밖에 없다. 석남암사지 석조비로자나불좌상와 납석 사리호의 관계를 인정하는 연구자는 이러한 관점에서 양식의 세련성을 해석하여 설명하고 있다. 그러나 후대로 내려올수록 형식화된다고 보는 관점에서 766년 조성을 인정하지 않는 연구자는 불상에 나타난 양식의 흐트러짐을 부각하여 납석 사리호와의 관계를 부정하고 있다.

석남암사지 석조비로자나불좌상 외에 조성 시기를 알 수 있는 비로자나불좌상은 858년에 조성된 장흥 보림사 철조비로자나불좌상이다. 이후 명문에 조성 시기를 밝힌 불상들이 더 있지만 모두 선종 본존불인 9세기 중반 이후의 불상이기에 이전 화엄종의 본존불인 비로자나불상에 관한 양식 기준에 참조가 될 수 없다. 납석 사리호의 명문에 조성 연도가 새겨지지 않았다면 858년 조성된 보림사의 철조비로자나불좌상과 같은 양식으로 판단하고 766년 조성되었다는 주장은 제기되지 못했을 것이다. 즉 납석 사리호가 발견되지 않았다면 8세기 중반 한국의 독창적 창작물인 본존불 여래형 지권인 비로자나불상을 통한 화엄종의 자부심은 영원히 잊혀 사라졌을 것이다.

오른쪽을 숭상하고 왼쪽을 경시하는 문화는 유목민에게서 비롯된 것으로, 통일신라의 문화에는 유목민의 전통이 짙게 배어 있다. 석남암사지 석조비로자나불좌상은 오른손이 위에서 왼손을 붙잡고 있는 우상좌하의 지권인이다. 이러한 우상좌하의 도상은 유목민의 문화를 바탕으로 하는 인도 불상에서도 나타난다. 반면 왼손이 오른손 위에 있는 좌상우하의 불상 도상은 중국 문화의 영향을 받은 것이다. 석남암사지 석조비로자나불좌상은 중국의 영향이 아닌 오른손을 중요시하는 통일신라 유목민 문화의 독창적 도상이란 것을 알 수 있다.68 이러한 수인의 형태를 통해서도 한국 화엄종의 여래형 지권인 본존불이 중국 문화를 답습한 것이 아니라 통일신라 문화를 바탕으로 한 독창적 표현이라는 사실을 알 수 있다.

8세기 중반 세력 확산을 통해 자부심을 얻은 화엄종은 화엄종 고유의 본존불을 열망했을 것이다. 이러한 열망은 766년 산청 석남암사지 석조 비로자나불좌상의 여래형 지권인으로 확인되고 있다. 지권인은 꽉 쥔 왼손 주먹에서 검지를 펴서 중앙 가슴에서 머리 위로 올리고 오른손으로 왼손 검지를 감싸면서 오른손 엄지로 왼손 검지를 쥐고 가슴에 대는 수인이다. 이 도상은 밀교의 본존불 도상의 지권인을 받아들인 한국 화엄종 본존불의 기원이 된다.

편조 여래의 몸은 밝은 달의 형상과 같다. 일체의 상호로써 법신을 장엄하고 금강 보관을 쓰고 머리를 장식했으며, 온갖 보재 장엄구로 여러 가지 빼어난 몸을 장식하고, 지권인의 큰 수인을 지니고 사자좌의 백련대에 앉았다. 이른바 지권인이란 중지와 작은 손가락이 엄지를 쥐고 두지(둘째손가락)는 세워서 기둥을 만들면 금강권이 이루어진다. 오른손 엄지는 왼쪽 두지를 잡고 이를 가슴 앞으로 대면 이를 지권인이라 한다.69

밀교 경전 가운데 지권인의 도상을 설명하는 경전은 746년 불공不空(705~774)이 당나라 장안으로 들어온 후 어느 때 번역한 『금강정경일자정륜왕유가일체시처염송성불의궤』다. 이 경전은 불공이 당나라 장안으로 들어온 746년과 죽음을 맞는 774년 사이에 번역된 것으로 추정되는

데 석남암사지 석조비로자나불좌상이 766년에 조성되었으니 746~766년 사이에 경전이 신라에 전래되었음을 알 수 있다.『무구정광대다라니경』과『80화엄경』의 예에서 보듯이 8세기의 통일신라는 중국에서 역경된 불교 경전을 발빠르게 들여와 불교 교학의 발전을 추구했으며, 당시 불교를 배우고자 하는 통일신라의 많은 승려가 당나라에 유학하고 있었기에 이러한 수용이 가능했다. 정리하자면, 8세기 중반 경덕왕 시기에 통일신라 화엄종은 왕권 강화를 위한 중앙 권력의 후원 아래 호남 지역으로 세력을 확대하면서 화엄종만의 본존불을 열망하게 되었을 것이다. 이에 따라 전래된 밀교의 금강계 대일여래의 지권인 도상을 빌려와서 화엄종 본존불의 지권인 도상을 창조하기에 이르렀다.

여래형 지권인을 하고 있는 석남암사지 석조비로자나불좌상과 마찬가지로『백지묵서 화엄경』의 변상도 중앙 비로자나불의 수인이 '설법인'이 아니라 '지권인'이라면 754년에 통일신라는 이미 밀교 경전의 지권인 도상을 빌려와 화엄 본존불의 지권인으로 표현하고 있었음을 짐작할 수 있다. 설사『백지묵서 화엄경』의 변상도 중앙 비로자나불의 수인이 설법인이라 할지라도 여래형 머리의 모양이 아닌 간다라 불상의 특징인 머리카락을 보이는 머리형을 따르고 있다는 점에서 이미 754년에 화엄 본존불의 독창적 창작성이 발현되었다고 할 수 있다. 그렇다면 이러한 화엄 본존불의 독창적 도상에 대한 열망은 766년의 석남암사지 석조비로자나불좌상으로 이어진 것이다. 결과적으로 통일신라 화엄 본존불인 여래형 지권인 비로자나불은 754~766년 사이에 밀교의 지권인 도상을 여래의 도상과 종합시킨 독창적 창작성으로 완성되고 있었음을 말해주는 것이다.[70]

『삼국유사』에는 경덕왕이 당나라 황제에게 불교 관련 선물을 보내자 당나라 황제는 불공에게 명하여 밀교 경전을 독송하게 하는 장면이 있다. 이런 정황을 통해 신라의 유학승들은 당나라 황제와 소통하는 불공에 대해 알고 있었으며 불공의 경전이 역경되었을 때 곧바로 신라에 전해졌으리라 추측할 수 있다.

사신을 보내어 당나라에 헌상하니 대종은 이것을 보고 감탄하면서 말하길 "신라의 기교는 하늘의 조화이지 사람의 재주가 아니다"라고 했다. 곧 구광선九光扇을 바위 산봉우리 사이에 더하여 두고는 그로 인하여 불광佛光이라고 했다. 4월 8일에는 양가兩街의 승도僧徒에게 명하여 내도량內道場에서 만불산에 예배하게 하고 삼장 불공三藏不空에게 명하여 밀부密部의 진전眞詮을 천 번이나 외워서 이를 경축하니 보는 자가 모두 그 기교에 감탄했다.[71]

하나의 역사적 현상은 여러 준비 과정을 건너뛴 채 갑작스럽게 나타나지 않는다. 한국의 독창적 창작물인 화엄 본존불의 당위성을 확인하려면 불교 조형물에 대한 시대 양식의 구분 그리고 역사적 상황을 연구하는 노력이 필요하다. 따라서 8세기 화엄종의 독창성에 대한 염원을 뒷받침하는 역사적 해석이 확보된다면, 화엄종이 호남 지역으로 확대되는 과정에서 탄생한 불교 조형물이 8세기 중반 화엄종의 독창적 창작물이라는 사실에 접근할 수 있을 것이다. 그러할 때 화엄사 같은 사찰 연구에 더욱 집중할 필요가 있다. 화엄사의 독특한 불교 조형물이 등장하게 된 시대적 당위성을 확인한다면 화엄종의 독창적 양식인 화엄사 사사자삼층석탑, 고복형 화엄사 석등, '화엄석경'의 조성 배경과 시기의 근거를 얻을 수 있기 때문이다.

신라가 백제를 멸망시키고 고구려 땅 일부를 흡수한 668년 이후 통일신라는 이전보다 발전한 불교 조형물을 선보인다. 1금당 2탑의 삼층석탑이 대표적인 사례다. 통일신라의 새로운 조형물인 삼층석탑은 가장 먼저 감은사지에서 나타나기 시작해 8세기 중반에 조성된 것으로 추정되는 불국사의 동서 석탑에서 완성된 조형미를 선보이고 있으며 불상 또한 8세기 중반 석굴암 본존불에서 정점을 이루고 있다. 이렇듯 8세기 중반의 불탑과 불상은 이전에 조성된 불탑과 불상의 양식을 이어받아 균형미와 예술성의 최고점에 이른 모습을 보이고 있다. 8세기 중반 통일신라 불교를 대표하여 활발한 활동을 전개하는 화엄종은 완숙한 예술성을 바탕으로 한 한국의 독창적인 화엄 본존불을 원했으며 석남암사지 석조비로자나불좌상은 그러한 요구에 부응한 산물이라 할 수 있다.

이러한 화엄종의 자부심을 나타낼 만한 독창적 창작물은 본존불에 국한되지 않았을 가능성이 있다. 8세기 중반 지리산 일대에서 화엄종을 자부하는 다양한 결과물들이 보이기 때문이다. 지리산 동쪽 석남암사지의 여래형 지권인의 화엄 본존불인 비로자나불좌상을 비롯하여 서쪽 화엄사에서는 사사자삼층석탑, 사사자삼층석탑 앞 공양 인물과 석등, 화엄사 석등, 각황전 내벽을 두른 '화엄석경' 등 독창적 형태의 석조 조형물이 조성되고 있다. 이러한 새로운 시도가 이루어진 배경은 화엄 본존불이 조성되는 8세기 중반 화엄종이 지리산을 벗어나 호남 지역으로 교세를 넓혀 나가는 흐름 속에서 찾아봐야 할 것이다.

766년 조성된 석남암사지 석조비로자나불좌상은 독창적 창조성을 기반으로 하는 화엄종의 자부심을 보여준다. 8세기 중반 신라 불교가 호남으로 퍼져나가면서 화엄종의 자부심이 독창적인 조형물로 표현되고 있는 것이다. 또한 석낙암사지 비로자나불좌상을 조성하면서 『무구정광다라니경』을 봉안했다는 사실은 한국 불상 복장에서 불경을 봉안하는 시원을 보여주는 사례라 할 수 있다.

## 3. 8세기 중반 화엄의 확산 배경과 독창성

806년 애장왕哀莊王(재위 800~809)은 사찰의 창건을 금지하는 명령을 내렸다. 8세기 중반 사찰 창건을 통해 교세를 확장하던 화엄종은 806년을 기점으로 지방에서 사찰을 창건한 사실이 더 이상 살펴지지 않는다. 기록상으로는 802년 합천 해인사의 창건이 화엄종 사찰 창건의 마지막이다. 여기서 알 수 있는 것은 화엄종이 지방에서 견고하게 자리를 잡았으며 왕이 지방 사찰 창건을 금지해야 할 만큼 개인 승려가 사찰을 창건하는 사례가 이어졌다는 사실이다.

[806년] 새로 절佛寺을 짓는 것은 금지하고, 다만 수리修葺하는 것만을 허락한다. 또 수놓은 비단을 사용하여 불사를 하는 것과 금은으로 그릇 만드는 것을 금지한다. 마땅히 담당 관청에 명하여 널리 알리고 시행하게 하라.72

위 『삼국사기』 기록에서 보듯 사격을 갖춘 사찰의 주지나 사찰의 창건 및 중건 같은 큰 불사는 왕의 허락 없이는 할 수 없는 것이 통일신라 8~9세기의 상황이다. 왕의 허락 없이 지방 승려가 불사를 할 수 있는 경우는 813년 산청 단속사에서 신행의 비문을 건립하는 정도에 불과하다. 이 또한 예외적 상황일 뿐으로 앞서 선사의 비문에서 살펴보았듯 이후 선사의 비문들은 왕의 허락 아래 건립되고 있다.

통일신라 사회에서 806년 애장왕의 사찰 창건 금지는 어길 수 없는 절대적인 명령인 것이 분명하다. 그렇다면 통일신라 화엄 불교사에서 사찰 창건은 8세기 중반 지방에서 시작하여 806년을 기점으로 마무리되는 것으로 볼 수 있을 것이다. 선사의 비문을 보면 8세기 초중반 당나라 유학을 마치고 신라로 돌아온 선사들이 화엄 사찰에 거주하면서 선종 사찰로 탈바꿈하는 과정에서도 그러한 내용을 유추할 수 있다. 진감혜소는 840년 무렵 하동 화엄종 승려 삼법화상의 절터 앞 넓은 자리에 쌍계사를 창건하고 있고, 보조체징은 859년 화엄종 승려 원표의 가지산사에 거주하면서 선종 사찰인 보림사로 바꾸고 있다. 엄밀히 말해서 진감혜소가 창건한 쌍계사 선종 사찰은 화엄종 사찰인 삼법화상의 절터에서 비롯된 것으로, 통일신라 9세기 초중반 선사들은 화엄종의 사찰에 거주하면서 선종 사찰로 탈바꿈시키고 있다. 이러한 현상에서 8세기 중반 지방에 창건되는 화엄 사찰들은 거의 산사의 사찰이기에 승려 개인적으로 큰 비용을 들이지 않고 작은 암자 형태로 창건되었으며 무수히 많은 사찰이 화엄 산사 사찰로 바뀌었음을 짐작할 수 있다. 선사의 비문에서 8세기 중반 경덕왕의 지원으로 화엄 승려들이 지방에 큰 비용이 들지 않는 작은 암자를 창건하고 있는 모습이 이를 입증한다. 예를 들어 763년 신충이 경덕왕을 위해 산청 단속사를 창건하고 748년 이준도 경덕왕을 위해 조연소사를 창건하고 있다. 그 밖에 곡성 태안사, 장흥 보림사, 여주 고달사, 양양 선림원, 남원 실상사, 광양 옥룡사, 강릉 굴산사 등은 화엄종 사찰에서 선종 사찰로 전환한 경우로 확인된다.

지방의 화엄 사찰이 산사의 형태로 창건된 결과는 지방의 활성화로 이어졌을 것이다. 승려 사회에 일반화된 차 문화가 그러한 변화를 말해준다. 쌍계사 진감혜소의 비문을 보면 840년 무렵 진감혜소는 중국차를 선물 받았지만 자신은 차 맛을 모른다면서 차를 즐기지 않는 청렴함을 드러냈다. 이것은 승려들 사이에 음다飮茶 문화가 널리 퍼져 있었다는 사실과 더불어 차가 비싼 음료라는 사실을 보여준다. 앞서 살펴보았듯 661년 무렵 차는 종묘 제사에 올리는 음료였고 9세기에는 왕이 선사들에게 향과 함께 선물로 내리는 품목이었다.

결정적인 것은 『삼국사기』의 기록이다. 828년 대렴이 중국에서 가져온 차의 씨앗을 흥덕왕이 지리산에 심도록 했고 이후 신라의 차 문화가 성행했다는 기록은 화엄 사찰을 통한 지방의 활성화를 대변하는 것이다. 즉 지방인 지리산 화엄사에서 재배한 차가 호남 지역의 사찰들에 전해지면서 이전까지만 해도 경주 지역에 한정되었던 차 문화가 전국적으로 성행하게 되는 과정을 짐작할 수 있다. 이로써 통일신라의 차 문화는 화엄사가 호남의 중심 사찰이었다는 것과 8세기 중반~9세기 초 호남에 많은 화엄종 사찰이 자리 잡고 있었음을 입증하는 근거 자료가 된다.

8세기 중반 지방의 산지에 창건된 화엄 사찰들은 도심 사찰에서 큰 불사에 의해 창건되는 방식과는 달리 개인 승려가 큰 비용을 들이지 않고 작은 암자 규모로 조성할 수 있었다. 따라서 지방 곳곳에서 붐을 이루듯 산사가 창건된 것으로 보인다. 9세기 초반에는 지방 곳곳에 창건된 화엄 사찰들로 인해 불교문화가 널리 활성화되었을 것이다. 이는 9세기 초 당나라 유학을 마치고 돌아온 초창기 선사들이 중앙 경주가 아닌 지방 화엄종 사찰에 거주하고 자리를 잡는 계기가 되었다.

기존 학계에서는 9세기 이후 통일신라 지방 사찰에 거주하는 선사들이 지방 호족의 지원과 협조를 받아 불교를 활성화한 것으로 받아들이고 있었으나, 사실은 화엄 사찰들이 지방에 자리를 잡은 영향으로 불교가 활성화되었다고 말할 수 있다. 앞서 선사의 비문 연구에서 지방에 거주하는 선사들이 왕의 중앙 권력과 지적 교류를 하면서 선종 사찰을 발전시키고 있는 모습에서도 이 점을 확인할 수 있었다. 즉 화엄종 사찰은 8세기 중반 지방에 사찰을 창건하면서 통일신라 불교문화가 꽃 피우는 여건을 조성하고 806년 애장왕 7년 화엄종 사찰의 지방 창건 금지로 마무리된 것으로 보인다.

통일신라에서 불교가 왕권 강화와 권력의 집중화에 큰 역할을 했으며 왕을 중심으로 하는 정치사상에도 영향을 끼쳤다는 것은 부정할 수 없는 사실이다.[73] 『삼국유사』에서 8세기 중반 경덕왕 시기에 화엄종이 강조되는 대목을 엿볼 수 있다.

[754년 경덕왕 12년] 이듬해 갑오년 여름에 왕이 또 대덕 법해를 황룡사에 청해 『화엄경』을 강론하게 하고, 가마를 타고 행차하여 향을 피우고 조용히 일러 말했다. "지난여름에 대현법사가 『금광경金光經』을 강론하여 우물의 물이 7장이나 솟아 나왔다. 당신의 법도는 어떠한가?" 법해가 대답하여 말하기를 "그것은 특히 조그만 일이니 어찌 칭찬하기 족하겠습니까. 바로 창해를 기울여서 동악을 잠기게 하고 경주京師를 떠내려

가게 하는 것도 또한 어려운 바가 아닙니다"라고 했다. 왕은 그것을 믿지 않고 농담으로 여겼을 뿐이다. 오시에 강론을 하는데 향로를 끌어놓고 고요히 있으니, 잠깐 사이에 궁중에서 갑자기 우는 소리가 나더니 궁리宮吏가 달려와 보고했다. "동쪽 연못이 이미 넘쳐서 내전 50여 칸이 떠내려갔습니다." 왕이 망연자실하니, 법해가 웃으며 말하기를 "동해가 기울고자 하여 수맥이 먼저 넘친 것뿐입니다"라고 했다. 왕이 자기도 모르게 일어나 절을 했다.[74]

화엄 사상이 왕권 강화에 도움을 주는 직접적인 사례는 확인할 수 없어도[75] 위의 경덕왕의 일화를 통해 관련성은 엿볼 수 있다.[76] 다시 말해 화엄종 승려들이 경덕왕의 왕권을 강화하는 데 직접적인 개입은 하지 않았다 하더라도 영향을 끼쳤음을 부정할 수 없다.[77] 전제왕조 국가에서 불교가 최고 권력자에게 아무런 도움을 주지 못한다면 존립은 불가능하다. 더욱이 선사의 비문에서 확인했듯이 8세기 중반 지리산과 호남에 창건되는 화엄 사찰은 왕의 허락과 관리 아래 이루어졌다. 사찰의 창건은 주지 임명과 같은 의미로, 경덕왕이 주지로 임명한 승려가 곧 그 사찰의 창건주가 된다. 이렇듯 8세기 중반 화엄 사찰의 창건 맥락을 보면 경덕왕의 정치권력과 화엄은 밀접한 연관을 맺고 있었다.

신라는 7세기 삼국 통일 후 자연스럽게 중앙집권의 왕권 강화를 이루고 있었다. 660년 백제를 정복하고 이후 668년 고구려 또한 당나라와 함께 멸망시킨 후 신문왕神文王(재위 681~692)은 관료제를 완비하여 정치질서 체계를 확립한다.[78] 곧이어 성덕왕聖德王(재위 702~737)은 당나라와 활발한 교류를 통해 외교적 관계를 정비하고 왕권을 강화하여 안정된 사회를 이룬다. 이후 경덕왕은 중국의 행정관리 체계를 적극적으로 받아들여 중앙행정관부를 완비하고 귀족의 세력을 약화함으로써 왕권을 통한 중앙집권화를 이루게 된다.[79] 그런 한편 귀족 세력의 도전을 염려하여 화엄의 불교 사상을 왕권 확립[80]의 사상적 배경으로 삼고 밀접한 교류를 맺고 있다. 이로써 8세기 중반 경덕왕이 왕권 중심의 중앙집권화를 위해 화엄을 사상적 배경을 삼았으며[81] 호남 지역까지 세력을 확산한 화엄종이 불교의 이념으로 중앙 권력의 통치에 힘을 실어줬다는 논의는 충분히 설득력이 있다.

화엄종이 왕권의 안정과 중앙 권력의 질서 확립에 도움을 주는 과정에서 경주 중심의 신라 불교는 호남 지역으로 확산되었다. 이러한 지방 확산은 화엄종의 자부심을 고취시켰으며 동시에 화엄종 고유의 조형물을 탄생케 하는 배경이 되었다. 화엄종이 호남 지역으로 확산할 당시 탄생한 『백지묵서 화엄경』의 변상도 비로자나불과 석남암사지 석조비로자나불좌상, 화엄사의 석조물들이 바로 그러한 과정의 결과물이다.

경덕왕의 정치권력과 불교의 역학관계 속에서 화엄종이 호남 지역에서 교세를 확장하던 무렵 황룡사의 연기법사는 754년 호남 지역에서 『백지묵서 화엄경』의 사경 불사를 일으킨다. 당시 화엄종의 자부심은 밀교의 도상을 바탕으로 한 화엄의 독창적인 본존불을 등장케 했으며, 그 시작을 보여주는 것이 『백지묵서 화엄경』의 변상도에 등장하는 보살의 머리를 한 비로자나불이다. 이어서 766년 지리산 동쪽의 산청 석남암사지에서 여래의 머리 형태를 하고 지권인 수인을 한 형태의 화엄 본존불이 탄생했다. 다시 말하자면 8세기 중반 화엄종은 이전에 신라 불교가 하지 못한 불교의 전국적 확산을 이루면서 자신들만의 고유한 본존불에 대한 열망을 품었으며, 그 무렵 전해진 밀교 경전의 수인에 착안하여 통일신라의 화엄, 아니 한국의 화엄을 상징하는 여래형 지권인의 비로나불 좌상을 탄생시킨 것이다.

경덕왕 시기 화엄종의 자부심이 낳은 독창적 조형물은 산청 화엄 본존불상에서 시작하여 화엄사에서 귀결된다. 화엄사 사사자삼층석탑과 고복형 화엄사 석등, 창의적으로 장육전 내벽을 둘러싸는 '화엄석경'은 지리산 동·서 지역을 중심으로 호남 지역을 아우르는 종파로 자리 잡은 화엄종의 위세를 확인케 해준다. 독창적으로 창작된 조형물을 대할 때는 기존의 고착화된 이론에서 벗어나 시대의 흐름 속에서 양식의 변화를 세밀하게 고찰해야 하며, 이를 바탕으로 기존의 이론적 틀을 깨는 용기가 필요하다. 마찬가지로 화엄사의 독창적인 불교 조형물을 판단할 때는 시대 상황을 파악하면서 불교계가 어떤 열망을 지녔는가를 자세히 살펴보아야 한다.

# 화엄사의 독창적인 창작물의
# 성격과 조성 시기 분석

## 1. 화엄사 사사자삼층석탑

사사자삼층석탑에 관한 선행연구들은 석탑 부조의 조형성을 검토하여 조성 시기를 밝히는 데 주안점을 두고 있다. 먼저 755년 완성된 연기법사의 『백지묵서 화엄경』을 근거로 8세기 중반 화엄사가 창건될 당시 사사자삼층석탑이 함께 조성된 것으로 보는 견해가 있다. 조성 시기를 8세기 중반으로 보는 연구들은 석탑과 석등의 유기적 연관성에 중점을 두고 연기의 어머니와 연기의 공양인물상 이야기를 받아들이고 있다. 석탑을 받치고 있는 인물상은 연기의 어머니이고 앞 공양인물상은 연기법사로, 의천은 이를 '효대'라 지칭했다.[82]

다음으로는 사사자삼층석탑의 조형 양식을 검토한 연구로, 장충식은 통일신라의 대표적인 이형異形 석탑인 불국사 다보탑의 조형 양식과 비교하면서 사사자삼층석탑의 건립 시기를 다보탑과 같은 8세기 중반[83]으로

[그림42] 일제강점기 화엄사 사사자삼층석탑(유)

보았으며, 고유섭은 다보탑의 영향을 받아 9세기[84]에 조성된 것으로 보았다. 하층 기단의 조형 양식을 통해 조성 시기를 추정한 연구도 있다. 사사자삼층석탑은 기단의 사자 형상을 제외하면 8세기의 삼층석탑과 같은 조형성을 지닌다. 그러나 하층 기단의 3단 받침과 상층 갑석의 경사는 9세기에 나타나는 양식으로, 이를 통해 조성 시기를 9세기 전기로 보았다.[85]

다음으로 통일신라 석탑의 안상문眼象文을 검토하여 조성 시기를 추정한 연구가 있다. 석탑의 안상문은 성덕왕릉 상석의 안상문에서 시작하여 8세기 후반 경주 무장사지 삼층석탑에서도 나타나고 있는데, 이러한 양식이 사사자삼층석탑으로 이어지므로 8세기 후반~9세기 전반에 조성된 것이라고 뚜렷한 시기를 언급했다.[86]

그런가 하면 1층 탑신의 조각상을 검토하여 조성 시기를 추정한 연구가 있다. 1층 탑신의 문비·제석천·범천·사천왕·인왕의 신장상은 9세기부터 나타난 양식이므로 사사자삼층석탑이 9세기 전반에 조성되었다고 주장했다.[87] 한편 1층 하층 기단에 조각된 악기 문양을 725년 조성된 상원사 범종과 924년 조성된 지증대사적조탑智證大師寂照塔의 악기 문양과 비교하여 조성 시기를 검토한 연구도 있다. 비교 내용을 보면 사사자삼층석탑의 악기는 당비파唐琵琶·생笙·횡적橫笛·공후箜篌·배소排簫·동발銅鉢·요고腰鼓·피리篳篥로 8종이며, 상원사 범종의 악기는 생·공후·가야금伽倻琴·피리篳篥·당비파·요고·횡적·배소로 역시 8종이며, 지증대사의 적조탑에 새겨진 악기는 횡적·생·동발·당비파·피리·박拍으로 6종이다. 그 결과 사사자삼층석탑 기단의 악기는 상원사종 악기와 7개가 같고 적조탑 악기와는 5개가 같다. 이를 통해 사사자삼층석탑이 9세기 전반에 조성된 것으로 추정하고 있다.[88]

통일신라 석탑의 조탑造塔 방식을 검토하여 조성 시기를 추정한 연구도 있다. 사사자삼층석탑은 8세기 석탑에 비해 기단부의 결구법이 쇠퇴했고, 하층에 2개의 탱주와 상층에 1개의 탱주가 표현되어 있으며, 비례적으로 상승감이 강조되어 있다. 조탑의 기술이 지방으로 확산하는 과정에서 이형 석탑의 시도와 단층 기단이 등장하고 있는데, 이러한 조탑 방식을 종합하여 780~830년 사이에 조성된 것으로 파악하고 있다.[89]

사사자삼층석탑은 마산천이 흐르는 동쪽을 바라보고 있는 각황전 뒤편 위쪽의 나지막한 터에 자리 잡고 있다. 높이는 약 20미터 정도이고 각황전을 중심으로 서남쪽에 위치한다.[90] 사사자삼층석탑의 석재는 주위 마산천 일대의 화강섬록암을 채취하여 사용되었을 것으로 추정되고 있다.[91] 마산천 주변에 사사자삼층석탑과 동일한 석재가 있다는 것은 고대 화엄사의 불사가 인근의 목재와 석재를 활용하여 이루어졌음을 말해주

[그림43] 일제강점기 배례석 밑 사자와 2021년 배례석 밑 분실된 사자(유, 논)

는 것이다.

현재 사사자삼층석탑의 주변 공간은 과거 발생한 산사태로 인해 협소해진 것이 아닌가 하는 의문이 있을 수 있다. 그러나 산사태가 있었다면 석탑이 지금처럼 온전히 자리 잡고 있을 수 없다. 결국 각황전과 사사자삼층석탑은 처음 설계 당시부터 지금의 공간에 조성된 것으로 보인다.

사사자삼층석탑에 관한 고대 문헌은 전해지지 않고 있다. 다만 앞서 살펴보았듯이 의천이 화엄사를 방문하여 언급한 효대가 사사자삼층석탑을 지칭한 것이 맞다면 1092년 『대각국사문집』의 「유제지리산화엄사」가 가장 오래된 문헌 자료가 된다. 다음으로는 1487년 남효온의 『추

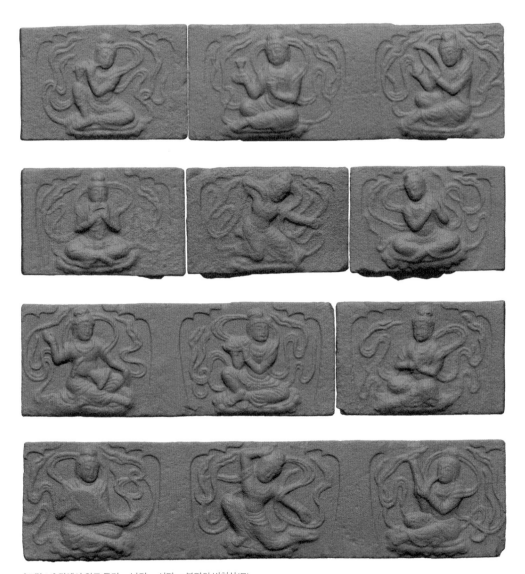

[그림44] 밑에서 위로 동면 → 남면 → 서면 → 북면의 비천상(문)

강선생문집』「지리산일과」에서 탑전과 사사자삼층석탑에 관한 설명을 볼 수 있다. 이후로 일제강점기 이전까지 사사자삼층석탑에 관한 수리나 이와 상응하는 어떠한 기록도 없다. 따라서 문헌상으로 사사자삼층석탑의 조성 시기를 확인하기는 어렵다. 현재로서는 미술사학계에서 양식 비교를 중심으로 사사자삼층석탑의 조성 시기를 9세기로 추정한 주장이 가장 우세하다.

　사사자삼층석탑은 2층 기단의 형식을 취하고 있지만 변형된 모습을 나타낸다. [그림44][92]를 보면 하층 기단의 면석에는 4면에 각 3개씩 총 12개의 비천상이 양각으로 조각되어 있다. 상층 기단은 네 마리 사자상이 모퉁이에서 삼층석탑을 받치고 있는 형태로 우리나라 최초의 사사자삼층석탑을 보이며, 대표적 이형 석탑을 나타내고 있다. 2층의 기단과 3층의 탑은 신라 삼층석탑의 전형을 따르고 있지만, 중앙에 서 있는 인물상과 그 인물상을 에워싸고 있는 네 마리의 사자는 이전에는 볼 수 없는 새로운 조형 양식이다. 네 마리 사자가 기둥의 역할을 하는 것은 화엄사의 조형물에 나타나는 새로운 독창적인 창작물이다. 더불어 지금은 소실되어 사라졌지만 배례석도 일제강점기 유리건판 사진에서는 네 마리의 사자가 받치고 있는 것을 확인할 수 있다. 이렇듯 사사자삼층석탑 이전의 『백지묵서 화엄경』 변상도에 나타난 사자 좌대, 원통전 앞 사자탑까지 떠올려보면 화엄사에서 사자는 특별한 상징을 지닌 것으로 보인다.

동쪽을 바라보고 동남과 동북의 자리에 앉아 있는 1사자와 4사자 두 마리는 입을 벌리고 있는 수사자이며, 서남과 서북의 자리에 앉아 있는 2사자와 3사자는 입을 다물고 있는 암사자다.([그림45] 참조)

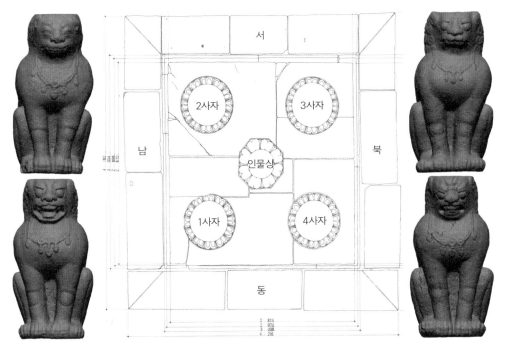

[그림45] 왼쪽 밑부터 시계방향으로 1사자 → 2사자 → 3사자 → 4사자(문)

1층 탑신에는 4개의 면에 각각 문의 형태가 조각되어 있다. 정면이 되는 동면에는 제석천과 범천이 있고 남면에는 증장천왕(남방천왕)과 지국천왕(동방천왕)이 조각되어 있다. 또한 서면에는 밀적금강과 나라연금강이 있고 북면에 다문천왕(북방천왕)과 광목천왕(서방천왕)이 조각되어 있다.([그림46] 참조)

4개의 사자상 안쪽에는 상층 기단 위에서 삼층석탑을 이고 있는 인물상이 세워져 있다. 인물상은 가사를 두르고 동쪽을 바라보며 있으며 두 손을 가슴에 모으고 연꽃봉우리를 꼭 끌어안고 있다. 이 인물상은 12세기 의천의 「유제지리산화엄사」의 '효대' 그리고 1487년 남효온의 「지리

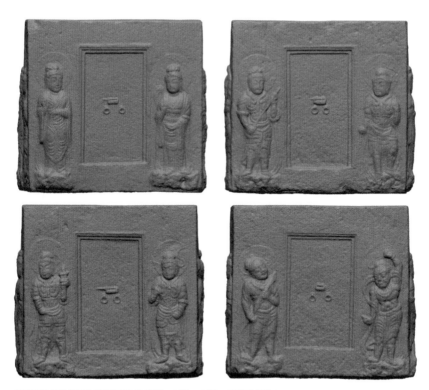

[그림46] 왼쪽 위부터 시계방향으로 동면 → 남면 → 서면 → 북면의 신상(문)

산일과」에서 중앙 인물이 '연기의 어머니인 비구니'라고 한 자료를 근거로 화엄사 창건주 연기조사의 어머니인 비구니 상으로 알려져 있다.

통일신라시대에 조성된 이형(특수형) 석탑으로는 화엄사 사사자삼층석탑과 더불어 불국사 다보탑, 정혜사지 십삼층석탑, 석굴암 삼층석탑이 있다. 이중 화엄사 사사자삼층석탑만 경주 지역을 벗어난 호남의 구례에 조성되어 있다.

8세기 중반에 건립된 다보탑은 한국 최고의 조형미를 자랑하는 석탑으로, 일제강점기인 1925년에 해체된 적이 있으나 관련된 조사보고서가

[그림47] 중앙 인물상과 동 → 남 → 서 → 북 인물상 도면(문)

없어서 이 시기 확인된 어떠한 내용도 전해지지 않고 있다.[93] 다보탑은 석가탑과 함께 『법화경』 「견보탑품」의 내용을 함축한 이름으로, 한국 불교 가람 배치의 특징인 화엄과 법화의 이중적인 함축 구조를 상징하는 석탑이다.[94]

정혜사지 십삼층석탑은 1층 탑신부터는 원형을 유지하고 있으나 기단부는 원형을 잃은 것으로 보인다. 1층 탑신이 크고 나머지 탑신을 축소한 신라 석탑의 틀을 벗어나 중국 탑의 영향을 강하게 나타내고 있으며[95] 백제계 석탑의 양식도 보이고 있다.[96] 13층의 목탑으로는 앞서 685년 신문왕 5년에 망덕사에 건립된 동서 목탑을 확인할 수 있다.[97] 정혜사지십삼층석탑은 일반적으로 8~9세기 건립된 것으로 추정되고 있지만 1층 탑신부 석재의 결구가 석재의 수를 줄인 9세기의 석탑과 다른 목탑의 영

[그림48] 통일신라 이형 석탑(왼쪽 위부터 불국사 다보탑, 정혜사지 십삼층석탑, 아래 왼쪽부터 화엄사 사사자삼층석탑, 석굴암 삼층석탑)(문)

향을 충실하게 따르고 있으며, 2층 이상의 탑신과 옥개는 1층을 강조하기 위한 줄임을 사용하고 있어 780년 전후의 시기에 건립된 것으로 보인다.[98]

경주 석굴암 삼층석탑은 원형의 갑석에 팔각의 상대석과 하대석으로 조성된 팔각불좌형八角佛座形의 새로운 석탑으로, 그 유래는 아직 밝혀지지 않았으며 석탑의 조성 시기는 8세기 후반~9세기, 9세기 후반~10세기 초반으로 판단 시기가 다르다.[99]

이상으로 불국사 다보탑과 정혜사지십삼층석탑을 통해 통일신라 이형 석탑은 8세기 중반 조성되기 시작하고 있다는 사실을 알 수 있다. 어떠한 집단의 새로운 현상이 시대적 상황과 긴밀한 연관 속에서 나타나듯이 8세기 중반 화엄종의 확장과 통일신라 이형 석탑의 등장은 밀접한 연관성을 지니며, 화엄사 사사자삼층석탑 또한 그러한 연관관계의 결과물로 볼 수 있다. 이형 석탑이란 다른 의미로 독창적인 창조성으로 이해될수 있는 것으로, 화엄사 사사자삼층석탑은 네 마리의 사자가 기둥의 형식을 취한다는 점에서 이형 석탑의 특징을 지닌다.

한국 석탑의 기원은 익산 미륵사지석탑에서 찾아볼 수 있으나 백제 멸망 이후 백제식 석탑은 명맥을 잇지 못했다. 반면 삼국을 통일한 신라의 석탑이 한국 석탑의 원형이 되어 이어져왔다. 신라 석탑의 시원은 634년에 조성된 분황사 모전석탑이다.[100] 한국의 탑은 목탑에서 시작하며 전탑塼塔 또한 상당수 조성되었다는 기록이 확인되고 있지만,[101] 시원기인 7세기의 목탑과 전탑은 남아 있는 것이 없다.

신라에서 탑은 부처의 사리를 모시는 신앙의 의미와 함께 국가적 차원의 기원을 의미하는 호국護國의 성격을 지닌다. 645년 선덕여왕善德女王

(27대, 재위 632~647) 14년에 건립된 황룡사 구층목탑은 주변의 9개의 국가를 아우른다는 호국의 의미가 담긴 목탑이다.

만약 용궁 남쪽 황룡사에 구층탑을 세우면 곧 이웃나라의 침입을 진압할 수 있다. 제1층은 일본, 제2층은 중화, 제3층은 오월, 제4층은 탁라托羅, 제5층은 응유鷹遊, 제6층은 말갈, 제7층은 거란, 제8층은 여적女狄, 제9층은 예맥穢貊이다." 또 국사와 사중고기寺中古記를 살펴보면 진흥왕 계유에 절을 세운 후 선덕왕대 정관 19년 을사(645년)에 탑을 처음 이루어졌다.102

탑은 국가적 기원뿐만 아니라 왕의 개인적 기원을 위해 조성되기도 했다. 경주시 양북면 용당리 동해안에 있는 감은사는 682년 신문왕神文王(31대, 재위 681~692) 2년에 아버지인 문무왕文武王(30대, 재위 661~681)을 위해 창건한 신라의 국가적 사찰이다. 감은사지에는 동·서 삼층석탑이 있는데 682년 조성을 하한으로 보는 통일신라 전형적인 석조 쌍탑103의 시원이다.

제31대 신문대왕神文大王의 이름은 정명政明이며, 성은 김씨다. 개요開耀 원년 신사辛巳 7월 7일에 왕위에 올랐다. 부왕父王인 문무대왕文武大王을 위해 동해안에 감은사感恩寺를 세웠다. 절에 있는 기록에는 이런 말이 있다. 문무왕이 왜병을 진압하고자 이 절을 처음으로 짓다가 끝마치지 못하고 죽어 바다의 용이 되었다. 그 아들 신문왕이 왕위에 올라 개요 2년(682)에 끝마쳤다.104

감은사는 문무왕이 호국의 정신을 담아 창건하고 아들인 신문왕이 그 기원을 이어받아 마무리 지은 사찰이므로, 감은사지의 동·서 삼층석탑 역시 호국과 문무왕의 명복을 기리는 의미가 깃들어 있음을 추정할 수 있다. 한편 순전히 왕의 개인적 기원을 위해 조성된 탑도 있다. 692년 효소왕孝昭王(32대, 재위 692~702) 원년에 아버지인 신문왕의 명복을 기원하기 위해 조성한 황복사지 삼층석탑이다.

> 신문대왕神文大王(재위 681~692)은, (…) 천수天授 3년(692) 임진년壬辰年 7월 2일에 돌아가셨다. 신목태후神睦太后(?~700)와 효소대왕孝照大王(재위 692~702)이 받들어 종묘의 신성한 영령을 위하여 선원가람禪院伽藍에 삼층석탑을 세웠다.105

원래 탑은 부처의 사리를 모신다는 신앙적 목적을 지니는 조형물로, 삼국시대 이후 조성된 모든 탑은 이러한 신앙성에서 벗어나지 않은 것이 확실하다. 7세기 조성된 분황사 모전석탑은 한국 석탑의 시원인 동시에 석탑을 보호하는 사자와 인왕상을 갖춘 석탑의 시원이기도 하다. 기단 위 네 모서리에는 네 마리의 사자가 바깥을 향한 채 석탑 내부의 부처 사리를 지키고 있다. 신라에서 사자 조형물은 왕릉을 호위하는 역할을 하는 것으로, 원성왕릉(재위 785~798) 입구에는 네 마리의 사자가 왕릉을 지키고 있으며 성덕왕릉(재위 702~737)도 네 모서리에 네 마리의 사자가 왕릉을 지키고 있다.

사자는 부처님 사리를 지키는 역할을 담당하기도 한다. 682년 신문왕 2년 건립된106 우리나라 최초의 쌍탑 가람 배치를 보이는 감은사의 동

[그림49] 분황사 모전석탑의 수호 사자와 인왕(논)

[그림50] 감은사지 동 삼층석탑 사리장엄 내함(사자, 안상 내 신장과 보살, 사천왕과 승려)(문)

삼층석탑에서 발굴된 사리장엄 내함에는 네 마리의 사자가 보인다. 서
삼층석탑 역시 1959년 12월 31일 해체 보시를 하는 과정에서 사리장엄
구가 수습되었다. 동 삼층석탑은 1996년 4월 25일 해체하는 과정에서 3
층 옥개석을 들어내자 3층 탑신석에서 사리장엄구가 발견되어 유물을
수습했다.[107] 사리장엄구는 전각형殿閣形의 내함內函과 전각의 모습을 보
이는 방형方形의 외함外函의 이중 구조로 되어 있다. 내함은 불단과 같은
방형의 기단으로 되어 있다. 기단 모서리에는 네 마리의 사자가 모서리

에서 사리를 등지고 앉아 밖을 쳐다보고 있는데 얼굴과 갈기 등이 뚜렷하다. 기단의 각 면에는 안상眼象이 2개씩 있어 총 8개가 되며, 안상 안에는 보살과 신장이 각각 좌우에 한 명씩 총 8명이 양각의 쌍으로 새겨져 있다. 왼쪽에는 신장이 오른손에 칼을 들고 있으며 오른쪽에는 보살이 무릎을 꿇고 두 손에 공양물을 들고 앉아 있다. 기단 위 난간에도 네 명의 사천왕이 중앙 사리 장치를 지키고 있으며 난간 모서리에도 승려 네 명이 있다. 기단 위 난간 모서리에는 네 개의 기둥이 있고 천개天蓋를 받치고 있는 전각형 지붕은 매우 화려한 구조다.

분황사 모전석탑의 사자와 동 삼층석탑 사리장엄 내함의 사자는 화엄사 사사자삼층석탑의 사자와 연관성을 지니고 있다. 자세히 보면 사사자삼층석탑에서 네 마리의 사자가 삼층의 석탑을 이고 있는 모습은 시대의 흐름 속에서 더욱 독창적인 모습으로 진화한 형상이다. 즉 7세기 중반 분황사 모전석탑의 사자와 감은사의 사리장엄 내함에 새겨진 사자 형상에서 8세기 초 왕릉을 지키는 사자 형상을 거쳐 한 단계 더 발전한 모습을 보이는 것이다. 이는 8세기 중반 이후 통일신라 불교계와 왕가에서 수호 사자 조형물을 만드는 유행이 충만해 있던 분위기를 그대로 이어받아 화엄사 사사자삼층석탑에서 네 마리의 사자가 탑을 이고 있는 형태로 나타난 것으로 보인다.

감은사 동 삼층석탑에서 발굴된 사리장엄 내함의 부조물에는 화엄사 조형물과 연관성을 찾아볼 수 있는 승려의 상과 귀꽃이 있다. 내함 속 가사를 걸친 네 명의 승려는 화엄사 사사자삼층석탑 중앙의 승려, 석탑 앞 공양인물상의 승려와 매우 흡사한 형상이다. 또한 화엄사 석등 귀꽃의 원형이 내함의 귀꽃에서 확인되고 있다.

[그림51] 감은사 동 석탑 사리내함(귀꽃과 승려)(문)

분황사 모전석탑의 인왕仁王은 두 명이 함께하고 있어 이천왕二天王이라 하기도 한다. 또한 흔히 금강역사金剛力士라고 하며 집금강執金剛, 나라연천那羅延天, 밀술금강密述金剛 등 다양한 이름이 있다. 인도에서 문을 지키던 신이 불교화한 호법신護法神이다.[108] 분황사 모전석탑의 1층 탑신 4면에는 출입문 좌우에서 중앙에 있는 부처의 사리를 지키는 인왕상이 조성된 첫 석탑이다. 이후 통일신라시대에 인왕을 조각한 석탑으로는 총 19종류가 있다.[109]

7세기 석탑은 감은사지 동·서 삼층석탑과 고선사지 삼층석탑, 나원리 오층석탑, 장항리 서 오층석탑, 황복사지 삼층석탑이 있다. 앞의 감은사지와 고선사지 석탑은 한국 석탑 전형기 1기에 해당하고 나원리와 장항리, 황복사지 석탑은 전형기 2기에 해당한다. 7세기와 8세기의 석탑을 비교하면 기단부의 양식적 특징을 확인할 수 있다. 그 내용을 정리하면 [표16][110]과 같다. 비교해보면 통일신라 석탑은 8세기까지 큰 변화가 없다. 다만 7세기 전형기 1기에는 기단 하부 면석의 탱주가 3개였으나 8세기 정형기 2기부터는 2개로 변화하고 있다.

화엄사 사사자삼층석탑은 하층 기단의 2우주와 2탱주는 안상의 양각 조각이 대신하고 있으며 갑석의 받침은 복련의 사자 받침이 대신한다. 복련의 사자 받침은 2단으로 구분된다. 상층 기단은 사자가 면석을 대신하고 있다. 사자는 머리 위에 앙련을 받치고 있고 이 앙련 위에 상층갑석이 있다. 앙련은 하부에 8각형의 받침이 2단으로 조각되어 있다. 앙련위 방형 갑석의 지름은 2.5미터 정도로 석탑의 부재들 중에서 가장 크고 무겁다. 갑석 상부 중앙의 1층 탑신을 받치는 받침은 1.3미터 내외로 2단이다.[111] 정리하면 하층 기단의 면석 우주와 탱주는 안상으로 대신하

[표16] 7·8세기 석탑 기단부 양식 비교

| 기단부 | | | 7세기 전형기 | | 8세기 정형기 | |
|---|---|---|---|---|---|---|
| | | | 전형기 1기 | 전형기 2기 | 정형기 1기 | 정형기 2기 |
| 석탑 | | | 감은사<br>동서삼층석탑<br><br>고선사지<br>삼층석탑 | 나원리<br>오층석탑<br><br>장항리사지<br>오층석탑<br><br>황복사지<br>삼층석탑 | 원원사지<br>삼층석탑<br><br>마동<br>삼층석탑<br><br>용명리<br>삼층석탑<br><br>봉기동<br>삼층석탑<br><br>간월사지<br>삼층석탑 | 갈항사지<br>삼층석탑<br><br>천군동<br>삼층석탑<br><br>불국사<br>삼층석탑<br><br>술정리<br>동삼층석탑 |
| 기단부 | 상층<br>기단 | 갑석 | 2단 탑신받침 | 2단 탑신받침 | 2단 탑신받침 | |
| | | 면석 | 2우주 2탱주 | 2우주 2탱주 | 2우주 2탱주 | |
| | 하층<br>기단 | 갑석 | 2단 받침 | 2단 받침 | 2단 받침 | |
| | | 면석 | 2우주 3탱주 | 2우주 2탱주 | 2우주 2탱주 | |

고 상층 기단 면석은 사자로 대신하는 독창성이 보인다. 하층 기단은 복련의 사자 받침이 갑석의 2단 받침을 대신하는 독창성을 보이며 상층 기단의 1층 탑신 받침은 2단이다. 큰 틀에서는 8세기 정형기의 석탑 기단부 양식을 따르지만 독창성이 발현된 삼층석탑이다. 7·8세기의 석탑 양식은 외형적으로 큰 변화는 없으나 다만 부조상浮彫像이 나타나기 시작한다. 7·8세기 부조상은 [표17][112]과 같다.

사천왕상은 중생을 지켜주고 불국토를 수호하는 신장으로[113] 경주 원원사지 삼층석탑에서 탑신의 인왕을 대신한 수호신의 상징으로 처음 조성되

[표17] 7·8세기 석탑 부조상

| 시기 | 석탑 이름 | 부조상 이름 | 부조상 위치 |
|------|-----------|-------------|-------------|
| 7세기 전기 | 경주 고선사지 삼층석탑 | 문비형 | 1층 탑신 |
| 634년 | 경주 분황사 모전석탑 | 문비형<br>인왕상 | 1층 탑신 |
| 7세기 후기 | 경주 장항리사지 오층석탑 | | |
| 8세기 전기 | 울주 간월사지 삼층석탑 | | |
| | 경주 원원사지 삼층석탑 | 사천왕상 | 1층 탑신 |
| | | 십이지상 | 상층 기단 |

고 있다. 또한 상층 기단 면석에 조성된 12지신도 처음 나타난 것이다.[114]

이후 9세기에 접어들면서 기단의 양식은 본격적으로 축소되고 변화하는데, 특히 1층 탑신에서는 사리 신앙의 발전과 더불어 다양한 부조상의 양식 변화가 이루어진다.[115] 부조상은 부처의 상징인 탑 내부의 사리를 지키는 목적으로 새겨졌는데[116] 9세기 이후 활발한 변화 양상을 보인다. 화엄사 사사자삼층석탑의 부조상에는 그동안 확인된 모든 부조의 상이 종합적으로 나타나고 있다. 하층 기단의 특징은 12지신이 아닌 천인이 조각되어 있는 것으로, 기단에 12지신 부조상이 일반화되기 이전 시기의 형식으로 보인다. 상층 기단은 4마리의 사자가 있고 1층 탑신에는 각각의 면마다 문비가 있다. 문비 좌우에는 4명의 사천왕, 2명의 인왕, 2명의 제석천과 범천이 조각되어 있다.

화엄사 사사자삼층석탑의 부조상을 이전 통일신라 부조상과 비교하면 다음과 같다. 통일신라 탑신의 문비는 7세기 전기 석탑에서 조성되고 있다. 또한 문비 좌우를 지키는 인왕 또한 634년 분황사 석탑에서 확인된다. 사자가 네 방위에서 석탑을 지키는 양식 또한 634년 분황사 석탑에서 확인된다. 사천왕은 8세기 전기에 조성된 것으로 추정되는 경주 원원사지 삼층석탑 1층 탑신에서 처음 시작되었다. 안상 안에 천인을 부조한 양식은 682년 만들어진 감은사지 동 삼층석탑 사리장엄 내함에서 확인된다. 부처의 사리를 모시는 사리함이 곧 사리탑이 되기에 사리함의 부조상이 사리탑의 부조상이 되는 것은 자연스러운 현상일 것이다. 제석천 범천이 1층 탑신에서 문비를 지키는 모습은 화엄사 사사자삼층석탑이 유일하다.

이렇듯 화엄사 사사자삼층석탑에 나타나는 모든 부조상은 이미 7세기에 보이고 있다. 다만 이 부조상을 어떻게 독창적인 형태로 발전시키느냐가 관건으로, 화엄사 사사자삼층석탑은 이 문제를 창의적으로 해결한 것으로 확인된다.

사찰 구성의 측면에서 사사자삼층석탑을 선문의 영향을 받은 고승의 승탑으로 추론한 견해도 있다.[117] 한국의 선문 사찰에서 승탑은 전각으로 둘러싼 경내에 두지 않고 전각 외부에 배치한다는 근거에 따른 주장이다. 그러나 사사자삼층석탑이 승탑일 가능성은 없어 보인다. 이유는 다음과 같다. 9~10세기 통일신라 선사들은 입적 후 유체를 장사 지내고 최소 1~2년이 지난 후 유체를 옮겨 석함에 모시고 그 위에 부도 탑을 세움으로써 장례를 마무리 지었다.[118] 통일신라에서 9~10세기 교종 승려의 경우는 이런 장례를 찾아볼 수 없다. 또한 근래 사사자삼층석탑을 해제하여 수리 보수하는 과정에서 2020년 10월~2021년 2월 사사자석탑과 공양인물상 하부 기초지반 및 유물 매장 여부를 확인하는 물리탐사GPR가 실시되었다.([그림52]) 조사 결과 사사자삼층석탑이나 공양인물

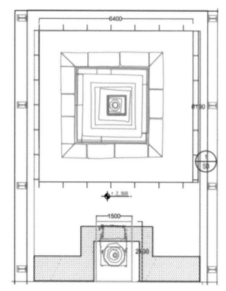

[그림52] 물리탐사 구역(문)

상의 밑에는 석재나 토질의 변화가 추정되는 부분이 있으나 석함의 존재는 확인되지 않았다.[119] 즉 선사의 부도 탑을 세울 때 탑 밑에 장사 지낸 유체를 석함에 옮겨 모신 흔적이 없다는 것이므로 부도 탑일 수가 없다.[120] 또한 화엄사에서 고려 이전 승려의 부도 탑은 확인되지 않는다.

2016년 8월 사사자삼층석탑 해체 수리를 위한 작업 중 사리장엄구 파편이 발견되었다. 이때 수습된 금동으로 추정되는 파편들은 투각透刻 방형方形 사리함으로 추정된다. 통일신라 당초문唐草文이 투각된 방형 사리함은 총 3개가 확인되는데 8세기 중반의 불국사 삼층석탑 사리함이 대표적이다. 나머지 2개는 9세기 후반 조성된 것으로 추정되는 의성 빙산사지 모전석탑 3층 옥개석에서 발견된 사리함과 출토지 불명의 남원 지역에서 발견된 것으로 전하는 사리함이 있다.

[그림53] 통일신라 투각 방형 사리함(불국사 삼층석탑 → 빙산사지 모전석탑 → 출토 불명)(문)

사사자삼층석탑은 근대 이전 시기에도 해체 수리가 있었던 것으로 보인다. 노반에 보이는 찰주공이 2층 옥개석에서 확인된바 3층 탑신과 옥개석을 새로 수리한 흔적이기 때문이다. 이때 깨지거나 파손된 사리장엄구를 기단 등에 다시 봉안한 것 같다. 사사자삼층석탑의 사리공은 특이하게도 밑을 향해 홈이 파여 있는데 1층 탑신석 사리공에서 발견된 사리병 파편과 북동 사자상 하부와 하층 기단 내부에서 발견된 금동 파편이 투각 방형 사리함의 내용물로 추정된다.

사사자삼층석탑에서 수습한 금동 파편에서 여럿의 당초 문양이 확인된다. 특히 인왕이나 신장으로 추정되는 얼굴 문양이 당초 문양에 붙어서 확인되는데 사리함 외부를 지키는 인물상으로 보인다. 연꽃 문양 금동 파편은 유리 사리병 받침이었을 것으로 추정된다.

사사자삼층석탑 1층 탑신석은 통일신라시대의 형태를 원형으로 한 것으로 보이며, 사리공은 크기가 가로 세로 17센티미터로 석탑이 무너지더라도 1층 탑신석은 안전했을 것이다. 17센티미터 크기의 투각 방형의 사

- **사리공 등 : 3층 옥개석(1) 및 탑신석(1), 1층 옥개석(5) 및 탑신석(1)**
- **찰주공 : 노반석, 2층 옥개석에만 존재 → 3층 ~ 상륜부 수리 가능성**

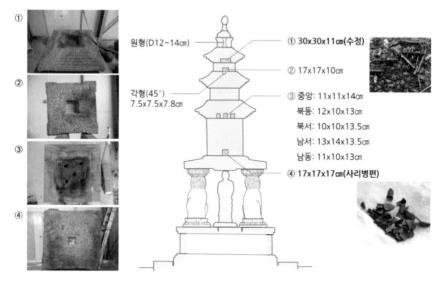

원형(D12~14㎝)

각형(45°)
7.5x7.5x7.8㎝

① 30x30x11㎝(수정)

② 17x17x10㎝

③ 중앙 : 11x11x14㎝
  북동 : 12x10x13㎝
  북서 : 10x10x13.5㎝
  남서 : 13x14x13.5㎝
  남동 : 11x10x13㎝

④ 17x17x17㎝(사리병편)

[그림54] 사사자삼층석탑 사리공과 찰주공121(문)

리함으로 조성된 사리장엄구를 승려를 위한 부도 탑의 사리장엄구로 볼 수 있을지 의구심이 든다. 불국사 삼층석탑과 빙산사지 모전석탑은 불탑이 분명하다. 출토지 불명의 남원 지역에서 발견된 것으로 전하는 금동 투각 방형의 화려한 사리함 또한 불탑의 사리함으로 보아야 할 것이다. 통일신라 승려의 부도 탑에서 이 정도의 화려한 투각 방형 사리함은 발견되지 않았다. 이상으로 보았을 때 화엄사는 고려 이전까지 화엄종의 전통을 유지했기에 사사자삼층석탑이 승려의 부도 탑일 가능성은 희박하다. 9세기 후반에는 승려의 부도 탑이 아닌 계단戒壇의 역할을 하는 불탑의 흔적들이 확인된다.

　호남 지역 사찰에서 수도하던 승려 가운데 보림사에서 출가하여 882

년에 화엄사에서 수계 받는 선각형미와 호남 백계산으로 수행처를 옮긴 이후 887년에 화엄사에서 수계를 받는 동진경보가 있다.[122] 이 두 승려가 화엄사에서 구족계를 받은 것을 보면 화엄사가 호남 지역을 통괄하는 관단官壇이었음을 헤아릴 수 있다.[123] 통일신라 수계 사찰의 종파와 수계 기록을 정리하면 다음과 같다.[124]

[표18]을 보면 승려들이 모두 화엄종 사찰에서 수계를 받았음을 알 수 있다. 또한 낭원개청과 선각형미의 비문에는 구족계를 받은 사찰인 엄천사와 화엄사가 관단이라는 서술이 나타나 있다. 따라서 화엄사에서 수

[표18] 통일신라 수계사찰

| 수계지역 | 수계사찰 종파 | 수계사찰 | 수계 승려 | 수계 연도 | 승려 종파 |
|---|---|---|---|---|---|
| 무주 | 화엄종 | 화엄사 | 선각형미 | 882 | 선종 |
| | | | 동진경보 | 886 | |
| 선종명주 | 화엄종 | 복천사 | 수철화상 | 838 | |
| | | | 낭공행적 | 855 | |
| 선종강주 | 화엄종 | 엄천사 | 낭원개청 | 859 | |
| 선종한주 | 화엄종 | 장곡사 | 징효절중 | 845 | |
| | | 장의사 | 찬유 | 890 | |
| 선종옹주 | 화엄종 | 보원사 | 보조체징 | 824 | |
| | | | 진공 | 874 | |
| | | | 윤다 | 880 | |
| | | | 이엄 | 886 | |
| | | | 긍양 | 897 | |
| | | | 현휘 | 898 | |

계를 받았다면 사사자삼층석탑은 수계의식을 치르는 계단戒壇 역할을 했으리라 추정할 수 있다. 사사자삼층석탑 외에는 달리 계단의 역할을 할 곳이 없기 때문이다. 이를 통해 화엄사의 사사자삼층석탑은 승려의 부도 탑이 아닌 통일신라 호남 지역 불교계를 통합하는 수계 계단으로 기능한 불탑으로 확인된다.

사사자삼층석탑 양식의 영향을 받은 석탑은 두 가지 종류로 나뉜다. 하나는 4사자가 탑을 받치고 있는 양식을 따른 것으로 함안 주리사지 사사자삼층석탑, 금강산 금장암지 사사자삼층석탑, 홍천 괘석리 사사자삼층석탑, 제천 사자빈신사지 사사자구층석탑이다. 이중 금강산 금장암지 사사자삼층석탑은 유일하게 공양인물상이 석등을 머리에 이고 있는 자세까지 똑같다. 화엄사 근처의 구례 대전리 석불입상과 구례 논곡리 삼층석탑은 승려가 앉아서 공양을 올리는 자세를 취하고 있다.

금강산 금장암지 사사자삼층석탑은 통일신라의 세련미가 보이지 않아 고려시대에 조성된 것으로 추정하고 있다. 그러나 이러한 견해를 밝힌 연구서에서 석탑 앞 공양인물상의 이형 석등은 통일신라 후기에 조성된 것으로 추정하고 있다. 다른 연구서에서는 석등의 조성 시기를 고려 초기로 추정하고 있다.[125] 화엄사 공양인물상과 석등의 원형으로 추정되는 석탑이지만 북한에 위치해 있어 아쉽게도 연구가 이루어지지 못하고 있다.

홍천 괘석리 사사자삼층석탑은 홍천군 괘석2리 마을회관 남서쪽으로 1.2킬로미터 떨어진 괘석리사지에 있었으나 1969년 홍천군청 안 야외로 옮겨져 있다. 조성 시기는 고려시대로 추정되며 유구 유물은 확인되지 않았다. 사자상 안쪽에 있었을 인물상은 도난당했다.[126]

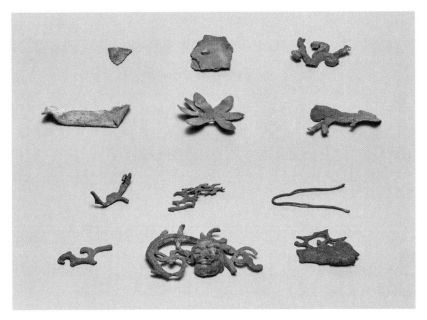

[그림55] 사사자삼층석탑 수습 금동 파편(성)

    함안 주리사지 사사자삼층석탑은 함안 여항산 동쪽 끝자락 여항면 주서리 과수원 근처의 주리사지에 위치해 있었다. 함안향교 대성전 초석이 주리사지에서 나온 초석으로 전하고 있으며 통일신라시대의 와편이 확인되었다. 석탑은 어느 시기 함안군청으로 옮겼다가 1945년 이후 현재의 함성중학교 교정으로 옮겨진 것으로 알려져 있다. 네 마리 사자와 2층과 3층의 탑신 그리고 옥개석과 노반은 원 석탑의 부재이며 나머지는 새로 만들어 2005년 이후 복원했다. 통일신라 후기 조성된 탑으로 추정된다.[127] 사자 중앙에 있었을 인물상은 분실된 것으로 보인다.

    제천 사자빈신사지 사사자구층석탑은 문헌으로 확인되지 않으나 석탑의 기단에 새겨진 명문으로 1022년 구층탑으로 조성되었음을 알 수

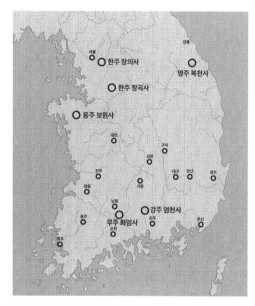

[그림56] 통일신라 화엄종 관단 사원 　　　　　[그림57] 화엄사 사사자삼층석탑 양식 분포도(논)

있다. 현재는 오층까지 보존되어 있다.[128] 사사자 안쪽에 위치한 인물상
은 지권인을 한 불좌상으로 지장보살이나 사자빈신 비구니 또는 비로자
나불로 추정하고 있다.

　화엄사 사사자석탑 중앙 인물상은 가사를 걸치고 연꽃을 가슴에 들
고 있는 승려의 모습이 확실하다. 승려는 둥근 복련의 연꽃 좌대 위에 서
있으며 머리 위에는 앙련의 연꽃이 피어 장엄하다. 부처를 머리 위에 모
시고 기원을 올리는 승려의 모습으로 경건함과 환희가 넘치는 통일신라
최상의 작품임을 알 수 있다. 따라서 여러 지역에서 조성된 사사자석탑
의 원형이 화엄사 사사자석탑이라는 점은 부정할 수 없다.

　금강산 금장암사지 사사자석탑은 화엄사 사사자석탑의 모든 형식을

[그림58] 사사자삼층석탑 화엄사 → 금강산 금장암지 → 홍천 괘석리 → 함안 주리사지(문, 논)

[그림59] 사사자석탑 중앙 인물상 화엄사 → 금장암지 → 사자빈신사지(논, 문)

[그림60] 금장암지 석탑(문)　　　　[그림61] 대전리 석불입상(논)　　　　[그림62] 논곡리 삼층석탑(논)

따랐으나 중앙의 인물상은 다르게 표현되었다. 이 인물은 좌상우하의 지권인을 하고 머리에 두건을 쓴 비로자나불 좌상이다. 또한 석등을 머리에 받치고 있는 공양인물상이 손에 쥔 물건도 다르다. 화엄사 공양인물상은 왼손에 다완을 올려놓고 있지만 금장암사지의 공양인물상은 두 손을 가슴에 모은 채 어떤 물건을 쥐고 있는 것으로 보인다. 이는 화엄사 사사자석탑의 승려인물상과 공양인물상이 화엄사만의 이야기를 담고 있기 때문에 구별되는 부분으로 보인다.

　이러한 점은 구례 대전리 석불입상과 구례 논곡리 삼층석탑에서도 나타난다. 공양인물상이 왼손에 다완을 받치고 있는 구례 대전리 석불입상은 화엄사 사사자삼층석탑을 비로자나불 입상으로 함축한 모습이다. 구례 논곡리 삼층석탑은 공양인물상에 다완이 없으며 좌우에 있는 두 마리의 사자 석조물은 등 위에 석등을 얹어놓은 구조로 예상된다. 대전리 공양인물상이 화엄사의 공양인물상과 같이 다완을 손에 받치고 있는 것은 역시 지리산에서 재배한 차가 널리 공급된 영향으로 보인다. 이처럼 금장암사지에서는 비로자나불 좌상으로, 대전리에서는 비로자나불 입상으로, 논곡리의 공양인물상은 다완이 없는 모습으로 다양하게 변형된 것은 화엄사 사사자삼층석탑의 승려인물상에 화엄사만의 이야기가 깃들어 있기 때문에 구별 짓기 위해 변형된 것으로 판단된다.

9세기 전후 지리산 화엄사는 차를 재배하여 지방으로 전달하는 거점지로서 중요한 사찰이었다는 내용을 앞서 살펴보았다. 이것이 공양인물상과 대전리 공양인물상의 다완으로 표현된 것이라면 화엄사 사사자삼층석탑의 중앙 인물상은 화엄사만의 이야기를 담고 있는 인물상이어야 마땅하다. 그래야 나머지 다른 지역의 사사자석탑 중앙에 자리한 인물상들이 각기 다르게 표현된 이유가 설명될 수 있다.

조형물의 독창성은 그 안에 담긴 내용에서 비롯되는 것이다. 그런 맥락에서 화엄사 사사자삼층석탑 중앙 인물상의 주인공은 화엄사의 창건주 연기조사로 연결되며 화엄사 고유의 이야기를 전하고 있다고 볼 수 있다. 즉 8세기 중반 호남을 아우르는 화엄사를 창건한 연기조사가 지리산 일대에 차를 재배하여 지방으로 전달하는 차 문화의 거점이 되게 했기에 차를 올리는 공양인물상이 조성된 것이다. 이렇듯 화엄사 사사자삼층석탑의 독창적 창작성은 연기조사로 종합된다. 또한 연기조사의 어머니는 부처의 진신사리를 머리에 이고 연꽃을 들고 기원을 하고 서 있다. 연기조사와 어머니의 이야기는 1092년 고려시대 대각국사 의천이 언급한 '효대'에서 처음 확인되며, 이후 남효온의 문집과 『신증동국여지승람』에서도 같은 내용이 거듭 확인되고 있다. 이러한 배경만으로도 사사자삼층석탑의 두 인물상은 무리 없이 연기조사와 어머니로 확정지을 수 있다.


## 2. 차 공양인물상과 석등


화엄사 사사자삼층석탑 앞에 있는 공양인물상은 머리 위로 3개의 기둥과 함께 석등을 받치고 있으며 우슬착지右膝着地로 앉아 왼손에 다완으로 보이는 잔을 들고 공양을 올리는 모습이다. 이러한 형상은 화엄사에서 가장 먼저 선보인 독창적 조형물이다.

불교 예식에서 공양이란 신자들이 불보살에게 극진한 정성을 바치는 행위라 할 수 있다. 일상적으로 예불 때는 물과 향을 올리고, 신도들과 함께 불교 관련 법회를 열 때는 제철 과일과 곡식을 공양물로 올린다. 그런데 화엄사 사사자삼층석탑 앞의 공양인물상이 차를 올린다는 것은 귀한 공양물을 바치고 있다는 뜻이다. 특히 차 재배를 막 시작한 통일신라시대에 차 공양을 한다는 것은 최고의 공양물이라 할 수 있다.

사사자삼층석탑 앞에 있는 공양인물상은 우슬착지의 자세로 앉아 왼발 위에 작은 잔을 쥔 왼손이 얹어져 있다. 1980년대 이 잔의 정체를 다완이라고 주장한 장충식의 견해가 일반적으로 받아들여지고 있었다.[130] 그런데 근래에 와서 『화엄경』의 「입법계품」에 나오는 사자빈신 비구니와 화엄사 사사자삼층석탑의 서 있는 인물상을 동일시하여 그 앞에 앉은 공양인물상을 선재동자로 보고 왼손의 잔은 다완이 아닌 보주寶珠[131] 또는 향로[132]라는 견해가 제기되었다.

[그림63] 화엄사 공양인물상(현재·1916년 사진)(논, 유)　　　[그림64] 사자빈신사지석탑(논)

　　이 둘의 주장을 검토하면 다음과 같다. 공양인물상은 선재동자이며
왼손에 들린 것은 다완이 아니라 보주라는 의견의 근거는 제천 사자빈
신사지석탑의 명문에서 시작한다. 이 석탑의 하층 남면 기단부 면석에
새겨진 명문에 따르면 고려 현종 13년인 1022년에 탑이 건립되었다는
것과 함께 사자빈신사師子頻迅寺라는 사찰 이름이 쓰여 있다.[133] 사자빈신
사라는 이름을 토대로 석탑 밑에 두건을 쓰고 지권인을 한 좌상을 『화
엄경』의 「입법계품」에 등장하는 사자빈신 비구니로 해석했고, 그와 유사
한 화엄사의 사사자삼층석탑 공양인물상도 사자빈신 비구니일 것이라
해석한 것이다. 그리고 일제강점기인 1916년 『조선고적도보』의 사진에

담긴 공양인물상이 들고 있는 잔 위의 둥근 물체를 근거로 「입법계품」의 선재동자가 지니고 있다는 보주로 보았다.[134]

　향로라고 주장하는 경우도 같은 사진의 둥근 물체를 근거로 하고 있다. 그러나 『조선고적도보』의 사진 속 공양인물상의 잔 위에 있는 둥근 물체가 과연 통일신라시대 조성 당시부터 있었던 것인지에 대해서는 의문이다. 중국이나 한국의 고대 불교에서 승상이 향로를 들고 공양하는 사례를 근거로 향로라고 주장하고 있지만[135] 근거로 제시한 『조선고적도보』 사진 속 둥근 물체의 정체가 불확실하다면 향로나 보주로 보는 견해 역시 불확실한 주장이다.

　화엄사 공양인물상의 일제강점기 사진 자료는 『조선고적도보』나 국립중앙박물관이 소장하고 있는 유리건판 사진으로 일반인들에게도 공개되어 있다. 유리건판 사진에는 화엄사의 공양인물상의 사진이 여러 장 확인되고 있는데, 이 사진들을 함께 비교하면 『조선고적도보』에 나오는 둥근 물체는 이 사진을 찍을 당시 누군가가 올려놓은 것임을 알 수 있다. 같은 시기 다른 사진 속에는 잔 위에 둥근 물체가 보이지 않기 때문이다. 『조선고적도보』의 둥근 물체가 보이는 사진은 공양인물상의 석등 화사석이 유리로 된 화사석으로 교체되어 있다. 이것은 누군가가 인위적으로 변형시킨 모습으로, 이러한 유리 화사석을 올려놓은 사진은 유리건판 사진에도 한 장이 있어 두 장의 사진이 유리 화사석을 올려놓은 일제강점기 사진으로 확인된다. 이중 유리건판 사진에는 인물상 왼손에서 둥근 물체가 보이지 않는다. 유리 화사석을 올려놓은 두 장의 사진 중 『조선고적도보』의 사진에만 둥근 물체가 보이고 같은 유형의 유리건판 사진에는 보이지 않는 것이다. 또한 유리 화사석을 올린 사진에만 둥근 물

[그림65] 일제강점기 공양인물상 1형·2형·3형(유)

체가 보일 뿐 나머지 세 장의 유리건판 사진에는 둥근 물체가 보이지 않
는 것도 확인된다. 결론적으로 보주나 향로라는 주장의 근거가 되는 잔
위의 둥근 물체는 누군가가 올려놓은 것이라는 사실을 확인할 수 있다.
『조선고적도보』의 유리 화사석을 올린 사진을 제외한 다른 사진에는 찻
잔 위의 둥근 물체를 볼 수 없기 때문이다.

공양인물상의 왼손에 놓인 물체가 보주와 향로가 아니라면 청수淸水를
올리는 형상으로 볼 수도 있겠지만 청수는 일반적으로 목이 긴 형태의
물병인 정병淨瓶에 담겨 바쳐진다.136 이제 남은 것은 기존의 주장인 다완
으로, 찻잔을 표현한 게 맞다면 공양인물상은 당연히 차를 바치고 있는

261    제4장 통일신라 불교 확산의 거점 화엄사

것이다.

앞서 화엄사의 차에 관하여 연구했다. 화엄사는 828년 이후부터 통일 신라 전역에 차를 공급하여 경주뿐만 아니라 신라 전역에 차 문화를 유행하게 했다. 828년 당시는 경주 이외의 지방 곳곳에 화엄종 사찰이 창건되어 있었으며, 적어도 호남권 화엄종 사찰에서는 화엄사의 차를 전달받았을 것으로 보인다. 대렴이 당나라에서 가져온 차 씨를 지리산(화엄사 주변)에 심었다는 사실에서 828년 이전부터 화엄사에는 차를 재배하는 집단이 있었을 거라는 점을 예상할 수 있다. 그렇다면 화엄사는 828년 대렴의 차 씨를 받은 이후로 차 재배가 활성화된 것이 아니라 이미 이전부터 차를 재배하고 있었다고 보아도 무방하다. 차 재배지가 형성되어 있어야 무리 없이 중국의 차 씨를 받아 재배할 수 있을 테니 말이다. 그러므로 흥덕왕이 828년 차 씨를 지리산 화엄사에 보낸 목적은 차 재배와 전국으로 차를 전달하기 위한 것이라 볼 수 있다. 그 이후 화엄사에서 재배된 차가 여러 곳으로 전파되면서 신라 전역에서 차가 유행했다는 점에서 흥덕왕은 화엄사를 여러 지방으로 차를 공급하는 거점으로 공인한 것이다.

호남권 화엄종의 중심 사찰인 화엄사에서 차를 재배하여 최소한 호남권 화엄종 사찰들에 차가 전달되었다면 화엄사는 차에 관한 한 각별한 자부심을 지녔을 것이다. 더욱이 이러한 자부심이 828년 이전부터 형성된 것이라면 공양인물상이 다완을 받치고 있는 이유가 충분히 설명된다.

기존에 나타나지 않은 독창적 창작물에는 반드시 창작 배경이 존재한다. 화엄사 사사자삼층석탑 앞 공양인물상의 다완은 800년 전후로 호남권에 차를 공급하는 화엄사의 자부심을 나타낸 독창적 창작물로 볼 수

[그림66] 석굴암과 청량사의 다완을 들고 있는 보살상(문, 논)

있으며, 이로써 최초로 화엄사에서 공양인물상이 조성된 까닭을 납득할 수 있다.

통일신라시대에 차를 공양하는 형상의 조형물로는 석굴암의 보현보살 또는 문수보살의 인물상,[137] 청량사의 비로자나불좌상 좌대에서도 확인할 수 있다. 이를 통해 석굴암 조성 시기인 8세기 중반 통일신라에서 다완에 차를 담아 공양하는 문화가 있었다는 사실을 확인할 수 있다.

화엄사 근방에서도 화엄사 공양인물상과 비슷한 2개의 공양인물상을 볼 수 있다. 화엄사에서 4킬로미터 거리에 위치한 구례 대전리 석불입상 옆의 공양인물상, 화엄사에서 10킬로미터 거리에 위치한 구례 논곡리 삼층석탑 앞의 공양인물상이다. 구례 대전리 석불입상과 구례 논곡리 삼층석탑은 확실히 화엄사 사사자삼층석탑의 영향을 받아 조성된 조형물이다.

먼저 구례 대전리의 공양인물상은 훼손이 심해서 자세히 살펴보아야 하지만 왼손 위에 홈이 있어 다완을 받치고 있었음을 알 수 있다. 대전리 사지는 나말여초에 건립된 것으로 추정되는데 지권인을 한 비로자나불 입상의 나발과 육계가 확인된다.[138] 비로자나불 입상은 무릎 밑이 시멘트에 묻힌 채 보호각으로 보호되고 있다. 입상 옆에는 두상이 반쯤 깨진 공양인물상이 앉아 있다. 인물상 앞 좌우 보호각 벽에는 훼손된 둥근 기둥 2개가 세워져 있는데 석등 받침 기둥으로 판단된다. 사자상은 훼손되거나 분실되었을 것으로 추정된다. 화엄사 사사자삼층석탑 앞 배례석을 받치고 있던 네 마리 작은 사자도 근래에 분실되었는데 사자상은 눈에 잘 띄고 장식물로 안성맞춤이기에 누군가 가져간 것이 아닐까 싶다.

화엄사의 공양인물상 이후로 석탑 앞에 조성된 인물상들이 여럿 확인된다. 통일신라시대에 조성된 논곡리 삼층석탑, 금장암사지 공양인물상도 화엄사의 공양인물상 영향을 받은 것이고, 고려시대에 강원도 지역에서 창건된 사찰에도 탑 앞에 보살상이 조성되어 있다. 그런데 유독 화엄사와 대전리 두 공양인물상만이 다완을 들고 차를 공양하는 모습을 하고 있다는 것은 화엄사가 통일신라 8세기 후반~9세기에 호남 지역 차의 거점이라는 사실을 입증하는 개연성이 충분해 보인다.

대전리의 공양인물상에는 석등이 사라진 것으로 보이지만, 논곡리 공양인물상에는 석등이 없었던 것으로 보인다. 논곡리 삼층석탑 좌우에 있는 두 마리 사자의 등에 둥근 구멍이 남아 있다. 이 구멍은 기둥을 세

[그림67] 구례 대전리 석불입상과 공양인물상·왼손 다완·기둥(논)

[그림68] 논곡리 삼층석탑, 공양인물상, 사자상 구멍(논)

위 석등을 올린 흔적으로 추정된다.

전라북도 김제시 금산면에 있는 귀신사는 통일신라 화엄십찰 중 국신사國神寺였던 화엄종 사찰이다.[139] 화엄사 사사자삼층석탑의 사자와 공양인물상의 석등을 결합한 형태가 논곡리 사자와 귀신사 석수에서 확인되고 있다. 다른 화엄종 사찰들도 화엄사 조형물의 영향을 받았음을 유추

[그림69] 귀신사 석수 (현재·1916년 사진)140(문, 유)

할 수 있다. 반면 화엄사 사사자삼층석탑 앞 공양인물상과 석등을 결합한 양식은 균형감이 결여된 탓인지 다른 사찰의 조형물에 영향을 끼치지 못했다.

화엄사 공양인물상 석등과 똑같은 양식으로 조성된 것은 금강산의 금장암사지 공양인물상 석등 하나뿐이다. 금장암의 창건 연대는 명확하지 않지만 석등의 조성 시기는 통일신라 후기로 추정된다. 공양인물상은 양 손을 가슴에 모은 채 정체를 알 수 없는 물건을 쥐고 공양을 올리고 있다. 특이한 점은 공양인물상 머리 위로 앙련의 상대석을 직접 이고 있는 모습으로,141 석등을 이고 있는 화엄사 공양인물상과 구별되는 점이다.

금장암사지 공양인물상과 석등은 화엄사 공양인물상과 석등의 영향을 받은 것으로 살펴진다. 금장암사지 공양인물상과 머리 위 석등의 다른 사진 자료에는 상대석과 화사석 등 석등이 훼손되어 주위에 떨어져

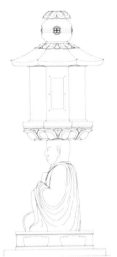

[그림70] 금장암사지 석등과 입면도(유)　　　　[그림71] 화엄사 석등과 입면도(문)

있는 것이 확인된다. 균형에 문제가 있어 무너진 것으로 보이며, 이러한 현상을 해결하기 위해 화엄사 공양인물상은 머리 위에 지붕돌인 옥개석을 추가하고 옥개석에 3개의 기둥을 세워 균형을 맞추고 있다. 그리고 옥개석 위에 상대석을 놓고 그 위에 화사석인 석등을 올려 불균형한 문제를 해결한 것으로 추정된다. 화엄사 공양인물상 머리 위 옥개석과 3개의 기둥은 후대에 추가된 것으로 확인된다.[142]

화엄사 공양인물상 머리 위에는 옥개석이 있고 그 위에 상대석이 있는데 상대석과 옥개석이 맞물리는 곳에 둥근 홈이 파여 있는 것을 확인했다. 옥개석에는 상대석과 결합하기 위해 튀어나온 부분이 있다. 이 부분과 결합되는 상대석에도 둥근 홈이 있는데 옥개석을 결합하기 위한 홈으로 보기 어렵다. 둥근 홈은 옥개석의 튀어나온 부분보다 더 넓은 둥근 모

[그림72] 금장암사지 원형 석등→파괴 석등143(문)

양으로 세심하게 다듬어져 있다. 이것은 금장암지 인물상 위에 올린 상
대석의 둥근 홈과 같게 화엄사 공양인물상의 머리 위에 올려 있던 상대
석 원형의 홈으로 보인다.

옥개석을 받치는 3개의 기둥 받침은 굵기와 모양에 차이가 있어 후대
에 교체되었음을 확인할 수 있다. 또한 인물상 하대석 복련에는 기둥을
세우기 위한 구멍이 파여 있는데 복련의 문양을 인위적으로 깨어 만든
것이다. 처음에 만든 것이라면 기둥이 들어갈 자리를 염두에 두고 하대
석을 다듬었을 텐데 지금의 하대석의 구멍은 기둥을 맞추기 위해 거칠

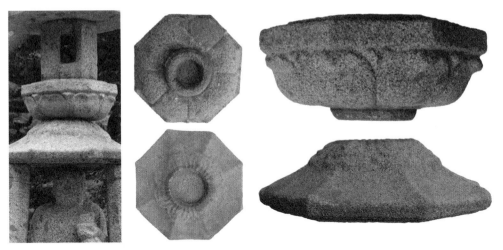

[그림73] 공양인물상 머리 위 옥개석, 상대석 평면, 입면144

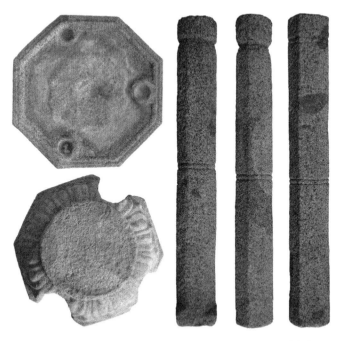

[그림74] 옥개석, 하대석, 3개의 기둥(문)

게 깬 흔적이 역력하다.

화엄사 공양인물상과 석등의 조합은 이러한 불균형 문제로 인해 널리 전파되지 못한 것으로 보인다. 다만 논곡리 삼층석탑에서는 균형 문제를 해결하기 위해 공양인물상은 그대로 탑 앞에 두고 석등은 따로 사자 등 위에 세우는 변형을 나타내고 있다. 이 양식은 귀신사 석수에게 영향을 끼치지만 유행으로 이어지진 못한 것으로 보인다. 새로움을 추구하는 독창성에는 불안정성이라는 위험이 도사리고 있다는 사실을 알려준다.


## 3. 최초의 고복형 화엄사 석등

화엄사 석등에 관한 선행연구는 미술사 측면에서 고복형 석등이라는 조형성에 초점을 두어 조성 시기를 추정하고 있다. 이러한 조형성을 토대로 문화재청에서는 9세기에 조성(출현)된 석등으로 설명하고 있다.[145] 또한 석등의 조형 양식을 부도 탑과 비교하여 조성 시기를 추정한 연구도 있다. 그 내용을 간추리면 다음과 같다. 화엄사 석등의 간주석과 화사석에 나타난 굽형 받침은 당나라 함통 연간咸通年間(860~873)의 양식이다. 하대 복련의 조형은 880년 조성된 장흥 보림사 보조선사창성탑과 883년 조성된 문경 봉암사지증대사탑과 같다. 중대석은 900년경 조성된 것으로 추정되는 안성 석남사 부도 탑과 같다. 이를 통해 화엄사 석등이 880~900년 사이에 조성된 것으로 추정한다.[146]

화엄사 석등은 화엄사 사사자삼층석탑과 함께 독창적 조형미를 나타내는 화엄사의 대표적인 석조 유물로서 한국 고복형 석등의 시초다. 석등

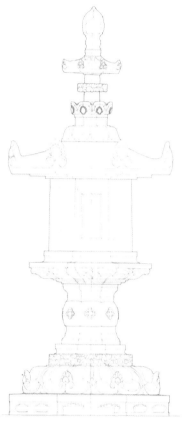

[그림75] 화엄사 석등 동 측면도(논, 문)

의 높이는 6.36미터로 한국의 석등 중 가장 큰 규모를 갖추고 있으며, 간주석 배 부분이 장구 몸통같이 불룩하게 튀어나온 고복형 석등이다.[147] 각황전 중앙에 자리 잡고 있는 화엄사 석등은 각황전의 전신인 장륙전이 지어질 때 함께 조성되었으며 시기를 알 수 없는 어느 때 보수가 이루어진 것으로 분석되고 있다.[148] 하대석 복련의 연꽃 끝에는 8개의 귀꽃이 있고 화사석 위 옥개석 끝에도 8개의 귀꽃이 있는데, 이는 석등의 웅장

[그림76] 고복형 석등(개선사지 → 진구사지 → 실상사 → 선림원지 → 청량사)(논)

함과 고복형 간주석이라는 점과 함께 두드러진 특징으로 손꼽힌다.

화엄사 석등의 양식은 담양 개선사지 석등, 임실 진구사지 석등, 남원 실상사 석등, 양양 선림원지 석등, 합천 청량사 석등으로 이어진다. 그중 조성 시기를 알 수 있는 석등은 2개로, 석등의 창 사이에 868년 조성되었다는 명문이 새겨져 있는 담양 개선사지 석등과 874~880년에 홍각선사가 조성한 것으로 추정되는[149] 양양 선림원지 석등이다.

당나라 함통咸通 9년(868) 무자년 음력 2월 저녁에 달빛을 잇고자 전前 국자감경國子監卿인 사간沙干 김중용金仲鏞이 기름의 경비로 300석을 보내어 바쳤다. 승려 영▨▨▨가 석등을 건립했다.[150]

화엄사와 선림원지 그리고 청량사 석등의 화사석 창은 4개인 반면 나머지 석등은 창이 8개다. 이는 불을 비추는 상징성과 실용성의 차이로 보인다. 또한 청량사 석등은 옥개석에 귀꽃이 없다.

남원 실상사 석등이 고복형 석등 양식의 최초라는 주장이 있다.[151] 이는 통일신라 왕실에서 가장 먼저 공인받은 선종 사찰이 홍척의 실상산문이라는 내용에 근거한 주장이다. 실상산문의 개창조인 홍척이 통일신라 왕실로부터 국사로 추대되었기에 실상산문이 공인받았다는 것으로, 수철화상의 비문에서 홍척을 지칭한 '증각□사'의 '□사'를 '국사'로 추정한 것을 근거 자료로 삼고 있다.[152] 그러나 통일신라 선사의 비문에 '국사'라는 표현은 거의 나타나지 않으며 '□사'는 당시 자주 서술되는 '대사'일 가능성이 크다. 앞서 살펴보았듯이 통일신라 선문의 집단의식은 진성여왕(887~897) 시기에 생겨나기 시작하며 구산선문은 고려 건국 이후에 확립된다. 따라서 실상산문이 통일신라 왕실에서 공인받은 구산선문이라는 주장에는 비약이 있다. 또한 선사의 비문을 통해 확인했듯 통일신라 선사들은 모두 왕과 밀접한 관계를 맺고 있었으며 유독 홍척만 통일신라 왕실과 밀접했던 것은 아니다.

실상사의 석등이 고복형 석등의 효시라는 주장은 홍척이 실상사를 선종 사찰로 창건했다는 이해를 토대로 하고 있다.[153] 즉 고복형이라는 새로운 석등은 최초의 선종 사찰인 실상사에서 등장했으며, 수철화상이 선종 사상을 시각적으로 드러내기 위해 840년 무렵 조성했다는 주장이다.[154] 그러나 앞서 살펴보았듯이 원래 실상사는 화엄종 사찰이었으며 홍척은 826년 이후 거주한 것으로 확인되고 있다. 무엇보다 9세기 초에는 선종 사찰이 창건되지 않았다. 진감혜소의 9세기 초 쌍계사도 엄밀하게 말하자면 선종 사찰로 창건한 것이 아니라 화엄종 사찰인 삼법화상의 절터를 확장한 것이다.

양식상 비교분석을 통해 실상사 석등이 9세기 중반에 등장한 최초의 고복형 석등이라는 연구도 있다.[155] 그러나 앞서 산청 석남암사지 석조비로자나불좌상을 살펴보았을 때 양식적 흐름으로 조성 시기를 구분하는 방식에는 무리가 있음을 확인했다. 무엇보다 9세기 초중반 통일신라 초창기 선사들은 독자적인 선종 사상을 강조하지 않았다. 이 책에서 초기 선사인 진감혜소는 범패를 중요시했으며 이는 선 하나만을 주장하지 않고 염불을 통해 선과 교의 조화를 추구하려 했다는 사실을 밝혔다. 또한 수철화상은 화엄을 강조했을 뿐 선과 교를 구분하지 않았다.[156] 이로써 고복형 석등 양식은 9세기 초중반 선종 사찰에서 선종의 자부심을 드러내려 한 증거로 볼 수 없다. 반면 화엄사 석등은 화엄종의 자부심을 기반으로 한 독창적인 한국 고복형 석등의 시작으로 판단된다.


## 4. '화엄석경'

화엄사 '화엄석경'에 관한 선행연구는 조성 시기를 밝히는 데 주안점을 두고 있다. 먼저 8세기 중반 화엄사의 창건과 함께 조성된 것으로 추정한 연구가 있다. 화엄사 창건 당시 사사자삼층석탑과 함께 조성되었거나[157] 연기조사가 『백지묵서 화엄경』을 사경한 전후에 조성된 것으로 보고 있다.[158]

다음으로는 9세기 의상계에 의해 화엄사가 화엄십찰에 편입된 후에 조성되었다는 견해가 있다. 연구에 따르면 연기조사가 화엄사 창건을 계확했으나 9세기에 화엄사가 의상계의 화엄십찰에 편입된 이후 국가의 지원으로 석조물이 조성되었다는 것이다. 즉 화엄사를 장악한 의상계에 의해 『60화엄경』으로 '화엄석경'이 새겨졌으며, 이때 창건주 연기조사의 효심을 기리기 위한 효대도 함께 조성되었다는 것이다.[159] 구체적인 연대는 헌강왕 재위 시기인 875~886년 무렵으로, 이 당시 석경 기술자가 양성되어 '화엄석경'이 조성될 수 있었던 것으로 추정한다.[160]

또한 '화엄석경'의 서풍書風을 통일신라시대에 조성된 경전의 서풍과 비교하여 조성 시기를 추정한 연구가 있다. 이 경우는 '화엄석경'의 조성 시기를 다른 선행연구들보다 빠르게 보는 특징을 드러낸다. 먼저 『무구정광대다라니』의 서체와 비교 검토한 연구가 있다. 불국사 석가탑에서 발견된 『무구정광대다라니』가 751년 무렵 조성되고 나원리 오층석탑에서 발견된 『무구정광대다라니』가 8세기 초 조성된 것으로 추정할 때 이들의 서풍을 비교하면 '화엄석경'의 조성 시기는 8세기 후반~9세기 전반[161] 또는 8세기 후반으로 추정된다는 것이다.[162] 또는 『백지묵서 화엄경』과 '금강석경'의 서풍의 유사성을 토대로 '화엄석경'이 8세기 전반에 조성되었다는 견해도 있다.[163] 한자학 측면에서 한자의 자형을 검토한 연구에서는 '화엄석경'의 자형을 9세기 이전 자형의 귀중한 자료로 판단하고 있다.[164]

'화엄석경'을 검토하려면 먼저 『화엄경』에 관한 분석이 이루어져야 한다. 통일신라시대에 전래된 『화엄경』을 정리하면 [표19]와 같다. 이중 『40화엄경』은 799년 소성왕(재위 799~800) 원년에 통일신라에 전해졌다.

승려 범수梵修가 있어 멀리 그 나라에 가서 새로 번역한 『후분화엄경後分

[표19] 삼본 『화엄경』의 종류

| 경전 이름 | 번역한 승려 | 번역한 기간 | 품회 |
|---|---|---|---|
| 『60화엄경』, 구역 『화엄경』, 진본 『화엄경』 | 불타발타라 (354~429) | 418~420 | 7처8회 34품 |
| 『80화엄경』, 신역 『화엄경』, 주본 『화엄경』165 | 실차난타 (652~710) | 695~699 | 7처9회 39품 |
| 『40화엄경』, 정원본 『화엄경』166 | 반야(?~?) | 795~798 | 「입법계품」 |

華嚴經』과 『관사의소觀師義疏』를 얻어서 귀국 후 연술演述했다고 하는데, 이 때는 정원貞元 기묘己卯에 해당한다.167

『40화엄경』은 「입법계품」의 내용이기에 『후분後分화엄경』이라 한다. '화엄석경'의 『화엄경』에 관한 초기 연구에서는 『80화엄경』인 『백지묵서 화엄경』과 『60화엄경』인 '화엄석경'의 부조화에 의문을 제기하는 견해가 있었고,168 『고려대장경』 이전에 '화엄석경'이 조성되었으므로 신중해야 한다는 견해가 있었다.169 이후 여러 연구가 진행되면서 『40화엄경』의 존재는 부정되고 있는 추세다.170

2000년 이후 화엄사에서 1만4000여 개의 석경 편을 탁본 사진으로 정리하여 학계에 보고했다. 이를 바탕으로 '화엄석경'과 고려 『재조대장경』의 자형을 비교한 결과 '화엄석경'은 『50화엄경』을 새긴 석경이라는 연구가 발표되었다.171 이에 대해 『50화엄경』과 『60화엄경』은 분량의 차이만 있을 뿐이므로 구분할 필요가 없다는 반박 연구가 발표되었다.172

남림사 법업의 필수로 50권 본의 『화엄경』을 이루었으며, 서천이 북천의 운에 응하여 좋은 연월을 기약했다. 동림사가 남림사의 인연을 도와 상행의 쓰임으로 큰일을 이루어 더욱 중화를 빛나게 했다. 동안사의 혜엄, 도량사의 혜관, 학사 사령운 등이 윤문하여 60권 본으로 나누었다.[173]

위 내용은 904년 무렵 최치원이 『60화엄경』이 이루어지는 과정을 밝힌 것으로,[174] 『50화엄경』이 곧 『60화엄경』이라는 사실을 주지하고 있으므로 『50화엄경』에 대한 논란은 마무리된 것으로 보인다. 현재 '화엄석경'은 『60화엄경』으로 조성되었다는 견해가 주를 이루고 있다.[175]

'화엄석경'의 체제에 대해서는 사경의 체제가 적용되어 새겨졌으며[176] 고려대장경 『60화엄경』의 1행 26자 체제와 달리 1행 28자로 되어 있다는 연구 결과로 종합되어 있다.[177] 또한 '화엄석경'은 4인 이상이 글을 쓰고 이후 돌판에 새긴 방식이며, 대부분 구양순체를 보이나 간간이 육조체와 행서체가 사용된 것으로 확인되고 있다.[178]

돌판에 경전을 새긴 석경으로는 통일신라시대에 만들어진 『화엄경』과 『금강경』 『법화경』 석경이 각각 하나씩 전해지고 있다. 화엄사에 있는 '화엄석경'은 1만 9333점의 편으로 전하고 있다. 이중에서 문자와 변상도가 새겨져 있는 것은 1만 3115점이고 나머지 6128점은 문양이 없다.[179] '금강석경'은 경주 남산의 칠불암에 전하고 있으며[180] '법화석경'은 창림사지에서 발견되어 전하고 있다.[181]

'화엄석경'은 장육전(지금의 각황전) 내부 벽면을 두르고 있었다. 고대 신라의 금당은 화엄사 각황전과 같이 내진과 외진으로 구성되었는데 경주의 황룡사 중앙 금당, 포항 법광사지 금당, 합천 영암사지 금당, 원주 거돈사지 금당도 이와 같다.[182] 장육전의 내부 벽면을 '화엄석경'으로 둘

렀음을 알 수 있는 가장 오래된 문헌은 『대각국사문집』으로 1092년 대각국사 의천이 화엄사를 방문하여 쓴 시로 남아 있다. 「화엄사석벽경花嚴寺石壁經」이란 제목의 이 시는 화엄사 석경 벽에 찬讚을 한 이한림의 시에 화답한 것으로, 시의 내용은 탈락하여 전하지 않는다.[183]

일반적으로 알려진 '화엄석경'의 파손 원인은 임진왜란 당시인 1597년 화엄사 화재 당시 장육전도 전소되면서 훼손된 것으로 전하고 있다. 그런데 각황전의 다듬돌 초석이 통일신라 장육전의 초석인 것은 앞서 확인했는데 다듬돌 초석이 모두 다시 사용되고 있다. 불길에 전소된 것이라면 다듬돌 초석이 온전할 수 없을 것으로 판단된다.[184] 또한 1530년에 편찬된 지리서인 『신증동국여지승람』에는 벽에 새긴 『화엄경』이 무너지고 있다고 서술되어 있다. 그렇다면 석경은 1597년 불길에 파손되기 전부터 무너지고 있었으며, 1597년 전각이 무너지면서 완전히 파손된 것으로 생각된다.

절에는 한 전殿이 있는데 네 벽을 흙으로 바르지 않고 모두 청벽靑壁을 만들어서 그 위에 『화엄경』을 새겼으나 여러 해가 되어 벽이 무너지고 글자가 지워져서 읽을 수 없다.[185]

한편 1852년 박규수朴珪壽(1807~1877)가 윤침계尹梣溪에게 쓴 편지에도 '화엄석경'에 관한 언급이 있다. 내용을 보면 19세기 중반까지도 '화엄석경'이 화재에 의해 파손된 것으로 인식하지 않고 있다.

지난해 가을 호남湖南에서 과거 시험을 주관할 때 구례의 화엄사華嚴寺에

[그림77] '화엄석경'(성)

들렀는데, 화엄사는 신라시대의 뛰어난 건축으로서 우리나라의 조사<sub>祖</sub>
<sub>師</sub>들 중 이곳에 머물지 않은 분이 없었습니다. 본래 '화엄석경<sub>華嚴石經</sub>'이
있었으나 왜구<sub>倭寇</sub>가 망치로 깨부수었는데, 지금까지도 깨진 조각들이
쌓여 있습니다.[186]

그런데 [그림77]을 보면 '화엄석경' 글 위에 불에 녹은 찌꺼기가 붙어
있는 편이 확인된다. 1597년 각황전의 '화엄석경'은 이미 무너지고 있었
으며 내부에 '화엄석경'으로 내벽을 두르고 외벽에는 텅 비어 목재가 없
었기에 불길이 심하지 않았던 것으로 보인다. 내부 정면 5칸 측면 3칸의
다듬돌 초석에는 '화엄석경'을 벽에 세운 두께만큼의 고맥이 홈이 파여
있다. 이것은 내부 벽면에 '화엄석경'을 세운 흔적으로[187] 고맥이 홈은
150밀리미터 정도가 된다.

[그림78] 다듬돌 초석과 고맥이(고선사 → 불국사)(논)

　　지금까지 통일신라시대에 조성된 사찰 가운데 내진과 외진 다듬돌 초석의 고맥이가 홈으로 파인 경우를 찾아보았으나 화엄사 각황전이 유일하다. 일반적으로 다듬돌 초석은 평행하게 고맥이를 두거나 다듬돌 초석과 고맥이가 일정하게 위로 튀어나온 경우가 대부분이다. 다만 포항 법광사지에서 홈이 있는 2개의 초석이 발견되었는데, 이 경우의 위치는 외진과 내진의 다듬돌 초석이 아니라 금당 중앙의 불상 대좌 뒤쪽으로 후불벽을 올린 흔적으로 추정된다.188 다른 초석들의 모양과 달리 이 후불벽 뒤 2개의 초석만 홈이 파인 이유는 후대 어느 시기에 후불벽을 세우면서 양각의 고맥이가 없어서 새롭게 홈을 판 것으로 판단된다.

　　화엄사 각황전 다듬돌 초석의 파인 홈은 전각을 조성한 이후 나중에 판 것으로 보인다. 원래 각황전은 내벽과 외벽이 없이 기둥과 지붕으로 이루어진 건물이며 어느 시기에 내부 벽면을 '화엄석경'으로 둘러치기

[그림80] 벽면 연결 구멍(성)

위해 기둥 옆 다듬돌 초석에 홈을 판 것으로 추정된다. 그렇지 않다면 다듬돌 초석에 고맥이 홈을 판 이유를 설명할 수 없다. '화엄석경'에도 석경 편을 벽면에 고정하는 장치의 흔적이 남아 있다.

'화엄석경'의 글자를 통해 각황전 내벽을 두른 크기를 추정해볼 수도 있다.[189] '화엄석경'이 1행 28자라면 행간은 20밀리미터, 글자 간격은 150~180밀리미터, 판석의 높이는 보통 520밀리미터가 된다. '화엄석경' 편의 두께는 약 40~70밀리미터다. 『60화엄경』의 글자 수 49만7451을 28자로 나누면 1만776행이고, 여기에 행간 20밀리미터를 곱하면 35만 5520밀리미터의 길이가 된다.

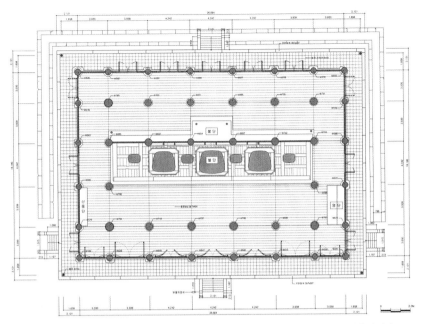

[그림81] 각황전 길이 측정 평면도(문)

각황전 전면 내벽 5칸의 길이는 2만604밀리미터다. 옆면 3칸의 길이는 1만2120밀리미터다. 전면과 후면 내벽의 길이는 4만1208밀리미터고 두 옆면의 길이는 2만4240밀리미터이다. 내벽의 모든 길이는 6만5448밀리미터가 된다. 각황전 내벽 기둥의 길이를 평균 600밀리미터로 잡고 모든 기둥 개수인 18개를 곱하면 1만800밀리미터가 된다. 그리고 정면 문이 있던 자리의 길이는 기둥 하나를 빼면 3600밀리미터다. 합하면 1만4400밀리미터가 된다. 내벽의 모든 길이에서(6만5448밀리미터~1만4400밀리미터) 기둥과 정면 문이 있던 자리를 빼면 5만1048밀리미터가 된다. 이제 '화엄석경'의 길이를 나누면(35만5520밀리미터÷5만1048밀리미터) '6.9'라는 수가 나온다. 높이 520밀리미터의 판석 7장으로 두른 내벽이

[그림82] '화엄석경' 변상도 사자좌(성)

되는 것으로 높이는 3640밀리미터가 된다. 이것은 한 면으로 '화엄석경'을 두른 경우이고 양면을 둘렀다면 높이는 1820밀리미터가 된다.

현재 '화엄석경'에서 확인할 수 있는 변상도는 18편이다. 지금까지 '화엄석경' 변상도에 관한 연구는 대개 그림 해석에 집중되어 있는데 드물게 변상도의 위치에 대한 연구가 있다. 이 연구에 따르면 변상도는 『60화엄경』의 7처 8회에서 각 회가 시작되는 부분 8곳이었을 것으로 추정된다.[191]

'화엄석경'의 변상도에는 사자의 좌대와 보상화가 남아 있다. 『백지묵서 화엄경』의 변상도에도 본존불을 받치는 사자 좌대가 확인된다. 그런데 『백지묵서 화엄경』 변상도의 사자는 사자 좌대를 뜻하며, 『80화엄경』 비로자나불의 고유한 도상이다. 또한 통일신라 『화엄경』 변상도와 사자좌는 『80화엄경』만의 특징이다. 앞서 살펴보았듯이 통일신라에 전해진 『화엄경』 변상도는 당나라~송나라 시기 막고굴의 『80화엄경』 변상도다. 현재까지는 『80화엄경』의 사자 좌대가 『60화엄경』인 '화엄석경'에 나타난 것에 의문을 품은 연구는 없었으나, 이 부분이 해결되어야 '화엄석경'이『60화엄경』을 새긴 석경이라는 지금까지의 정의가 완결될 것이다. '화엄석경'에 변상도가 있다는 것은『80화엄경』의 결정적 근거가 되기 때문이다.

이러한 '화엄석경'의 사자좌 변상도와『60화엄경』에 대한 해답의 열쇠는 앞서 인용한『신증동국여지승람』의 문장에 담겨 있다. 1530년 당시 이미『화엄경』을 새긴 벽면이 무너지고 글자가 지워져서 읽을 수 없다는 내용이다. 그러나 지금 남아 있는 '화엄석경' 가운데 글이 새겨진 편들은 대개 글자를 읽을 수 있다. 그렇다면 1530년의 '화엄석경'은 지금 남아 있는 석경과 다른 석경일 가능성이 크다. 또한 앞서 살핀 1852년 박규수의 편지에는 왜구가 '화엄석경'을 망치로 깨부수었다는 표현이 있다.

그렇다면 지금까지 검토되지 않았던 새로운 가설이 필요하다. 바로 각황전 외부 벽면은『80화엄경』으로 둘려졌고 내부 벽면은『60화엄경』으로 둘려졌다는 내용의 가설이다. 양면에『60화엄경』만을 둘렀다면 높이는 1820밀리미터다. 각황전의 높이는『80화엄경』도 두를 수 있을 만큼 충분히 높다. '화엄석경'의 높이를 3미터와 4미터로 추정한 연구[192]가 발표되고 있어 두 가지 경전이 둘려졌을 가능성을 배제할 수 없다. 나아가『40화엄경』도 있었다면『삼본三本 화엄경』이 된다. '화엄석경'이『삼본 화엄경』이라면 변상도의 문제뿐만 아니라『백지묵서 화엄경』의『80화엄경』과 '화엄석경'의『60화엄경』 문제도 해결된다. 화엄사가 연기조사가 창건한 사찰이라면 각황전의 '화엄석경'이『60화엄경』인 까닭이 지금까지 설명되지 않았기 때문이다.『80화엄경』은 외부 벽면을 채우고 있었기에 1530년에 이미 무너지고 글자는 희미해졌을 것이다. 또한 눈에 띄기 쉬운 외부에 있었기에 1597년 왜구의 공격 목표가 되었을 것이다.

[그림83] 화엄석경 변상도 양각 보상화(성)

보상화는 다른 문양이 음각인 데 반해 양각으로 문양을 내고 있다. 이
는『백지묵서 화엄경』변상의 꽃문양이 표지인 것처럼 본문과 구별하
기 위한 것으로 보인다. 이들 변상도와 보상화는 잘게 부서진 파편으로
남아 있을 뿐 큰 파편은 찾아볼 수 없다. 외부 겉면에 있었을『80화엄
경』도 잘게 부서진 파편 상태여서 고려대장경의『화엄경』과 비교할 때
연구되지 못한 것으로 추정된다.

통일신라시대 장육전(각황전)이 건립되고 나서 세월이 흐른 어느 때 『삼본 화엄경』으로 각황전 내벽에 석경을 두른 것이라면 내벽 기둥의 다듬돌 초석 고맥이 홈이 파인 이유가 설명된다. 무엇보다 '화엄석경'에 변상도가 그려지고 사자좌가 그려진 이유도 해결된다.

나는 지금의 문제를 해결할 가설을 제시했으며 이 문제는 화엄사의 '화엄석경' 연구소에서 깊이 연구해야 할 과제일 것이다. 물론 『80화엄경』이 장육전 내부 벽면의 외벽에 있었다 해도 현재로서는 잘게 부서진 파편으로만 남아 있어 증명할 가능성이 희박하다.193

## 5. 화엄사 동·서 오층석탑

화엄사 서 오층석탑에 관한 선행연구 가운데 석탑의 체감률과 조각상을 검토하여 후백제 때 조성된 것으로 보는 시각이 있다. 즉 서 오층석탑을 보원사지 석탑이나 하남시 춘궁동 석탑과 같은 체감률로 본 것이다. 화엄사 서 오층석탑처럼 석탑 상층 기단에 팔부중八部衆을 새긴 경우로는 숭복사지 동서삼층석탑과 선림원지 삼층석탑이 있는데 9세기 후반 조성된 것으로 판단한다. 서 오층석탑처럼 사천왕상(1층 탑신)과 팔부중(상층 기단)과 십이지신상(하층 기단)이 모두 표현된 예는 경북 영양의 현일동 삼층석탑과 화천동 삼층석탑 2개가 전한다. 사천왕과 팔부중, 십이지상 등 신장상은 나말여초의 유행이므로 화엄사 서 오층석탑은 나말여초 특히 후백제 시기에 건립된 것으로 판단하고 있다.194

동탑은 높이가 6168밀리미터로 문양이 없는 오층석탑이고, 서탑은 높이가 6838밀리미터로 기단과 몸돌에 양각의 문양이 새겨져 있는 오층석탑이다. 특이한 점은 대웅전과 정면으로 바라볼 때 동탑과 서탑의 위치가 비례에서 벗어나 있으며, 각황전을 중심으로 보더라도 축이 틀어져 있다는 사실이다. 서탑의 2층 기단에 비해 동탑이 단층 기단인 것을 통해 서탑은 9세기에 조성되었고 동탑은 9세기 말~10세기 초에 조성된 것으로 보는 연구가 있다.[195] 그러나 여기에는 중요한 점이 빠져 있다. 왜 서 오층석탑을 9세기에 조성하고 동 오층석탑을 10세기에 조성했는가에 대한 근거가 없다. 또한 앞서 선사의 비문에서 살펴보았듯이 890년부터 고려 건국 시기까지 호남의 지리산 권역인 구례와 남원에서 대단위 불사는 이루어지지 못했다는 것을 확인했다. 더욱이 화엄사 동 오층석탑처럼 거대한 석조물이 9세기 말~10세기 초에 조성된다는 것은 불가능하다.

서탑과 동탑의 조성 시기가 다르다는 것으로 축의 틀어짐을 설명할 수도 없다. 쌍탑 조성은 통일신라 이후 전형적인 양식이고 서탑과 동탑이 다른 시기에 조성됐다면 중심 전각도 하나씩 있어야 하는데 이것은 불가능하다. 서탑을 중심으로 전각이 들어설 공간이 없기 때문이다. 각황전의 경우 통일신라의 초석을 그대로 사용하고 있기 때문에 초기의 넓이 그대로 복원된 것으로 판단된다. 원통전 또한 다듬돌 초석과 기단 그리고 계단이 통일신라시대의 석조물이므로 1702년 복원할 때 옛 자리에 중건한 것이 확실하다. 따라서 서 오층석탑이 9세기에 조성되고 이후 동 오층석탑이 10세기에 조성되었다는 주장은 설득력이 없다.

대웅전 앞 동 오층석탑과 서 오층석탑의 비례 그리고 중앙 계단과 대웅전과의 비례를 살펴보면 대웅전 전각이 축소된 것처럼 비례가 맞지 않는다. 대웅전에 대한 고고학적인 발굴이 이루어지지 않은 상황에서 위험

[그림84] 남측 서 오층석탑과 측면도(문)

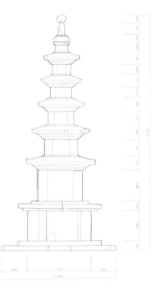

[그림85] 남측 동 오층석탑과 측면도(문)

한 추정일 수 있으나, 지금의 동·서 오층석탑과의 비례로 보아 대웅전 영역이 축소된 것은 확실해 보이며 지금의 대웅전 영역과 다른 공간 영역이 있었을 것으로 보인다. 특히 현재 대웅전과 대웅전 앞 축대와 서 오층석탑의 기울기가 맞지 않는다.

신라가 통일한 7세기 말부터 조성하기 시작한 1금당 2탑의 형식을 따르는 화엄사 대웅전과 동·서 오층석탑의 비율은 대웅전 쌍탑의 비례로 볼 때 축소된 것으로 추정된다. 다시 말해 1금당 2탑이라는 기준으로 대웅전 영역의 비례를 보면 지금의 영전과 대웅전을 합한 크기의 금당이 자리하고 있었다는 주장이 더 합리적이다. 또한 서 오층석탑은 대웅전의 각도와 대웅전 앞 계단의 각도 그리고 각황전과 각황전 앞 계단의 각도와 비율이 맞지 않으며, 동 오층석탑에 비해 틀어져 있다.

대웅전에는 각황전과 마찬가지로 정면에 돌 축대가 세워져 있고, 대웅전 앞의 축대는 돌계단으로 만들어 오르내리게 되어 있다. 마당에는 신라가 삼국을 통일한 후 시작된 금당 앞 쌍탑의 양식을 전형적으로 보여주고 있다. 화엄사의 동·서 오층석탑이 1금당 1탑 형식이라는 주장도 있으나196 이는 지금의 서 오층석탑 자리에 금당이 있고 각황전은 '화엄석경'을 근거로 강당이었다는 점을 전제로 한 것이다. 지금도 많은 화엄사 관련 연구나 서적을 보면 이러한 1금당 1탑의 주장을 따르고 있는데, 이 경우는 해석의 중대한 오류가 있다. 각황전에 있는 통일신라시대 1불 2보살의 본존불 불상 기단의 흔적 그리고 각황전의 옛 이름인 장육전이 고대 금당을 지칭한다는 근거 자료를 무시하고 있기 때문이다. 또한 이 주장은 서 오층석탑이 동 오층석탑보다 늦게 조성되어야 하는 조건에 부합할 만한 근거를 제시하지 못하고 있다. 내가 볼 때는 각황전을 강당으로 보려는 비약적인 주장으로 판단된다.

지금까지 검토한 통일신라 말기의 시대 상황으로 보았을 때 동·서 오층석탑은 어떠한 목적으로 다른 양식을 갖춘 채 늦어도 9세기 말에 동시 조성되었다는 해석이 합리적인 것으로 판단된다. 그런데 [그림86]을 보면 동탑은 서탑과 달리 대웅전 앞 축대와 일직선을 유지하고 있다. 동탑과 서탑이 같은 시기에 조성되었다면 이렇게 축이 다를 수 없다는 의문을 준다. 그 원인을 알 수 있는 자료가 동탑 내부에서 발견되었는데, 이것은 벽암각성이 1636년 화엄사 1차 중건을 마무리하면서 정리한 중창기다.

1995년 8월 18일 서 오층석탑의 해체 수리 및 유물 조사가 있었고[197] 1999년 10일 7일부터 동 오층석탑의 해체 수리 및 유물 조사[198]가 있었다. 그러나 안타깝게도 출토 과정과 상황에 관한 조사보고서가 발간되지 않은 탓에 동·서 오층석탑에 관한 검토는 발견된 사리장엄구와 보수 당시의 사진 자료로 확인하고, 그 밖의 확인되지 않는 부분은 추정하는 수밖에 없다.

1999년 1월 8일 동 오층석탑 기단부와 1층 탑신부에서 여러 유물이 발견되었다.[199] 특히 1층 탑신부에는 21점의 구슬 위에 한지로 포장된 석탑 중수기인 「연화질綠化秩」 5점이 발견되었는데 별다른 발원문이나 권선문 없이 170여 명의 불사 동참자가 언급되어 있는데 그중 석수石手 4인이 주목된다.[200]

돌을 다듬는 석수 4인이 참여했다는 것은 1630~1636년 사이 화엄사를 중건할 당시에 동 오층석탑이 어느 정도 파괴된 상태였음을 가정할 수 있다. 또한 동 오층석탑이 무너진 상황이라면 무너지게 된 이유가 있

[그림86] 각황전·대웅전 앞 영역 항공사진(성)

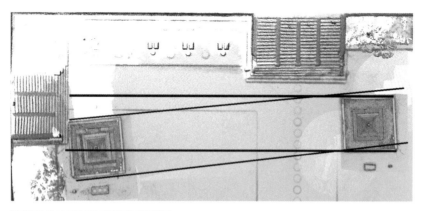

[그림87] 동·서 오층석탑 평면도 축의 차이(문)

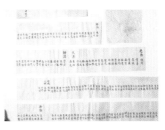

[그림88] 동 오층석탑 1층 탑신석 유물 현황, 기단석 내부, 연화질(문)

을 것이다. 바로 이어서 살펴보겠지만 서 오층석탑은 이 시기 보수한 흔적이 없다. 같은 형태의 오층석탑인데 하나는 무너지고 하나는 온존했다면 그렇게 될 수밖에 없는 외부적 요인을 유추해볼 수 있는데, 동 오층석탑 앞 축대와 연관 가능성이 있다. 즉 축대가 무너지면서 가까이 있던 동 오층석탑도 무너졌을 수 있다. 이 가정이 사실이라면 동 오층석탑을 보수할 때 대웅전 앞 축대와 계단도 함께 보수했을 것이다. 즉 대웅전 앞 석축을 쌓고 계단을 놓으면서 동 오층석탑의 자리가 옮겨졌거나, 아니면 지금의 자리에 축대와 일직선의 상태로 조성된 것으로 가정할 수 있다. 이러한 가정을 세워야 서 오층석탑과 동 오층석탑의 축이 다른 이유가 설명된다.

이러한 가정은 동 오층석탑과 서 오층석탑 안에서 발견된 유물의 장소와 동·서 오층석탑에서 발견된 유물의 편년 검토로도 확인된다. [그림88]에서 보듯이 동 오층석탑의 발견 유물들은 모두 기단석과 1층 탑신석의 채움 돌 사이에서 발견되었다. 국가기록원 공개자료를 보면 2층 탑신석에서 5층 탑신석까지 어딘가에 사리를 넣는 구멍이 있었을 것으로 짐작되나 직접 확인할 수 있는 사진이 없어 명확하지는 않다. 어쩌면 1630년

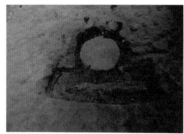

[그림89] 서 오층석탑 1층 탑신석의 사리 구멍, 사리 구멍 노출 상태, 사리 구멍 수습 유물(문)

수리할 때 예전 사리 구멍이 있던 탑신을 새롭게 조성하여 교체했을 수도 있다.

발견된 사리장엄 유물은 무너진 동 오층석탑을 보수하며 다시 세울 때 수습된 유물을 기존에 있던 사리 구멍이 아닌 기단과 1층 탑신석에 봉안한 모습이다. 무너진 동 오층석탑을 보수했다는 가정 외에는 기단석과 1층 탑신석의 채움 돌 사이에서 유물이 발견된 상황을 설명할 수 없다.

한편 서 오층석탑의 유물은 1630년 당시 손을 탄 흔적이 없다. 이는 동 오층석탑을 보수할 당시 서 오층석탑은 온전한 상태였다는 것으로, 동 오층석탑이 1630년 화엄사 중건 불사 이전 시기에 무너졌다는 가정을 뒷받침해주고 있다.[201] 서 오층석탑의 사리 구멍은 특이하게 장방형長方形과 원형이 함께 결합된 특이한 모습이다. 원형의 사리 구멍에서 청동으로 만들어진 뚜껑 역할의 둥근 접시가 있고 이에 덮인 원형의 청자 사리함인 청자 양이호와 내부의 유물이 있었으며 장방형의 사리 구멍에서 지의류가 발견되었다. 이 지의류에서는 특히 『무구정광대다라니경』의 다라니 필사본과 이 경전의 의미를 따른 탑을 찍은 탑인이 발견되었다.([그림90] 참조)

『무구정광대다라니경』은 당나라 미타산이 704년에 번역한 것은 이미 알려진 사실이고[202] 한국에서 가장 이른 『무구정경』의 봉안 기록으로는 692년 황복사지 구황동 삼층석탑을 조성한 후 706년 금동사리함기와 함께 『무구정광대다라니경』 1권을 석탑 2층에 봉안했다는 기록이다.[203]

신룡神龍 2년(706) 경오년庚午年 5월 30일에 지금의 대왕께서 부처님의 사리 4과와 6촌寸 크기의 금제 아미타불상 1구와 『무구정광대다라니경』 1권을 석탑의 두 번째 층에 안치한다.[204]

706년 봉안된 황복사지 삼층석탑 사리장엄구의 사리외함 뚜껑에 새겨진 명문을 통해 석탑 99개를 봉안했음을 알 수 있다. 그리고 사리외함의 겉면에 99개의 소탑을 새겨 넣은 것 또한 확인된다.

신라에서 발견되는 『무구정광대다라니경』은 704년을 앞설 수 없다. 황복사지 삼층석탑의 예에서 알 수 있듯이[207] 『무구정광대다라니경』은

[그림90] 서 오층석탑 다라니, 소탑인, 소탑[205]

[그림91] 황복사지 삼층석탑 사리외함 소탑새김과 뚜껑 명문[206](유)

오래된 탑을 새로 중수하여 공덕을 기리는 목적뿐만 아니라 망자를 기리고 자연재해의 피해로부터 안전하기를 기원하는 뜻으로 새로 조성한 석탑에 봉안되었다.[208] 화엄사 서 오층석탑에서 발견된 『무구정광대다라니경』의 다라니 필사본과 탑을 찍은 탑인은 8세기 이후 신라에서 탑을 조성하나 수리하면서 나타나는 사리 봉안의 방식이다. 이러한 봉안 방식은 7세기 당나라에서 경전을 봉안하는 방식인 법사리法舍利 봉안에서 시작된 것으로 추정된다.[209] 그런데 이 책에서 중요하게 다루는 한국 최초의 화엄종 비로자나불상인 산청 석남암사지 석조비로자나불좌상의 조상기를 보면 비로자나불좌상을 조성하여 관음암에 봉안하면서 『무구정광다라니경』을 함께 봉안하고 있다.

영태永泰 2년(766) 병오丙午 7월 2일에 석 법승法勝과 법연法緣 두 승려는 함께 돌아가신 두온애랑豆溫哀郎의 바람을 받들어 석조비로자나불을 조성하여 무구정광다라니無垢淨光陀羅尼와 함께 석남암수石南巖藪의 관음암觀音巖에 둔다. 원하여 청한 이는 두온애랑의 영신靈神이시나, 두 승려나 혹은 본 사람이나 향하여 정례頂禮하거나 멀리서 듣는 자이거나 기뻐하는 자이거나 그림자 가운데를 지나는 무리나 불어서 지나간 바람이 스친 곳곳의 일체중생이나 일체 모두가 삼악도三惡道의 업이 없어지고 스스로 비로자나불인 것을 깨닫고서 세상을 떠나기를 다짐하는 것이다.[210]

706년 이후 통일신라에서 『무구정광다라니경』의 의미에 맞춰 공덕을 기원하는 봉안 가운데 편년을 알 수 있는 것은 706년 황복사지 삼층석탑의 봉안, 766년 산청 석남암사지 석조비로자나불좌상과 함께 이루어진 봉안, 872년 황룡사 구층목탑을 중수할 때 소탑 99개과 함께 다라니경을 봉안한 경우다. 이러한 사실을 토대로 서 오층석탑에서 발견된 『무구정광다라니경』과 소탑인은 탑을 조성할 때 함께 봉안된 것임을 알 수 있다.

[제3판 내면] 그 안에 다시 『무구정경無垢淨經』에 의거하여 작은 석탑 99개마다 사리 1매씩과 다라니 4종류 경 1권씩을 넣었는데, 경위에 사리를 안치했다.[211]

1966년 10월 13일 불국사 석가탑의 2층 탑신 중앙 상면의 사리 구멍에서 발견된 사리장엄구에서 세계 최고最古의 목판 인쇄물인 『무구정광다라니경』이 발견되었다. 더불어 두 시기에 걸친 중수 관련 기록도 발견되었다. 하나는 경덕왕 즉위년인 742년 세워진 '무구정광탑'을 1024년 현종

15년 2월 17일에 해체하여 수리했다는 기록이고, 또 다른 기록은 1036년 (정종 2)과 1038년(정종 4) 지진으로 탑이 훼손되어 보수했다는 '서석탑(석가탑)' 중수의 과정을 적은 것이다. 여기서 불국사의 창건 연도를 742년으로 전하고 있다. 이 기록에서 석가탑은 1024년 당시 '무구정광탑'으로 불렸으며 1038년에는 '서석탑'으로 불렸다는 사실을 알 수 있다.[212]

[그림92]의 『무구정광다라니경』은 목제 소탑과 함께 742년에 봉안된 것으로, 706년 이후 통일신라에서 석탑을 조성할 때는 『무구정광다라니경』과 소탑을 함께 봉안했다는 사실을 말해준다. 그리고 766년 산청 석남암사지 석조비로자나불좌상을 조성할 때 역시 『무구정광다라니경』을 봉안한 것을 보면 소탑 봉안 방식이 8세기 중반의 흐름이었음을 알 수 있다.

화엄사 서 오층석탑의 『무구정광다라니경』 봉안은 통일신라시대 후기의 석탑 봉안이다. 이는 전각과 불탑, 불상의 대단위 불사는 890년 이후 나타나지 않는다는 사실을 보충해주는 자료가 된다. [그림92]의 『보협인다라니경』은 1038년에 봉안된 것으로 고려 건국 이후 『무구정광다라니경』이 사라지고 간소한 공양법과 구체적인 조탑 의식을 갖춘 『보협인다라니경』으로 대체되었음을 알 수 있다.[214]

통일신라에서 『무구정광다라니경』은 옛 탑을 수리하면서 봉안한 것이 아니라 탑이나 불상을 조성할 때 봉안했다는 사실을 알 수 있다. 서 오층석탑의 경우 발굴 당시 『무구정광다라니』와 소탑인이 발견된 것으로 보아 고려시대나 조선시대에 석탑을 수리할 때 1층 탑신에 있는 사리장엄구를 확인하는 수준의 해체 수리는 없었으며 『무구정광다라니』와 소탑인을 별도로 봉안하지도 않은 것으로 보인다. 만약 1층 탑신까지 수

香燈燭供養此
善男女於現生中或
超罪除一切障滿所願
則為供養九十九億
百千那由他恒河沙
等諸如來巳亦為
養九十九億百千
由他恒河沙等寺舍
利塔巳是則戒就
廣大善根福德之
聚若有比丘於月八
日十三日十四日十五
或時唯食三種白食
衣於一日一夜而不飲食
俗護淨者為群萌
右遶佛塔誦此陀羅尼
備一百八遍一百千劫
及五无間皆得除
我除蓋障即為現
身令其所願皆志
備巳得見一切諸佛
如來若有誦滿二百
八遍得諸禪定等

見聞離五无間其時
除萬億劫菩薩執金剛主
四王帝釋梵天王那羅
延摩醯首羅及天
龍八部等咸礼佛巳
同聲白言我等巳
蒙世尊加護福此
呪法及造塔法咸皆
守衛住持讀誦書寫
供養為護多令諸眾
生悉得聞知不墮地
獄及諸惡趣我等為
報如來大慈咸共守護
今之廣流通尊重恭敬
如佛无異不令此法而
有壞滅佛言善哉善哉
善哉汝等乃能
固守護住持諸大眾聞
羅尼法時諸大眾聞
佛說巳歡喜奉行

無垢淨光大陀羅尼經

[그림92] 왼쪽부터 석가탑 『무구정광대다라니경』, 목제 소탑, 고려시대의 『보협인다라니경』 213

리했다면 1층 탑신 방형의 사리 구멍에 봉안된 지류인 『무구정광다라니』와 소탑인이 손상되어 지금까지 전해지지 못했을 것이다. 이 점은 서 오층석탑에서 발견된 사리장엄 유물 가운데 고려시대 것으로 확인되는 유물이 있는지를 검토하면 확실히 입증될 수 있다.

화엄사 동·서 오층석탑에서 발견된 사리장엄구에 대한 연구는 1999년의 동탑 발견과 1995년의 서탑 발견 이후 유물 조사보고서가 발간되지 않아 본격적으로 이루어지지 못하다가 2021년 이철호에 의해 심층적인 연구가 시작되었다.[215] 그 연구 내용을 살펴보면 서 오층석탑 1층 탑신에서 발견된 유물은 녹색 유리병·청자 양이호·청동 접시·청동 합·묵서필사본·유리구슬·수정·대추옥·『무구정경 다라니』 필사본·탑인 다라니다. 기단부에서 발견된 유물은 청동 불상틀·청동 숟가락·청동 뒤꽂이·소탑·기타 공양구(철 칼, 청동방울, 수정 다면옥, 금속 파편)다. 발견된 대다수 유물의 조성 시기는 통일신라시대로 보이지만 조형성이 부족한 소탑은 10세기 이후 고려시대에 제작된 유물로 판단되고 있다. 그러나 소탑이 고려시대에 봉안된 이유에 대한 연구 결과는 없다. 원래 소탑은 8~9세기 통일신라에서 석탑을 조성할 때 『무구정광다라니경』과 함께 봉안되는 유물이기 때문에 좀 더 자세한 설명이 필요하다. [그림92]의 8세기 초중반 만들어진 석가탑 봉안 소탑은 [그림90]의 화엄사 서 오층석탑 봉안 소탑과 마찬가지로 조형성이 떨어지는 것을 확인할 수 있다. 바로 이러한 상황이 발생할 수 있기 때문에 나는 고대 유형 문화재의 조형성을 토대로 조성 시기를 추정하는 방법의 위험성을 강조한 것이다. 이상으로 서 오층석탑의 유물은 통일신라 8세기 중반~나말여초 이전 탑이 조성될 때 함께 봉안된 유물로 판단해도 무리가 없어 보인다.

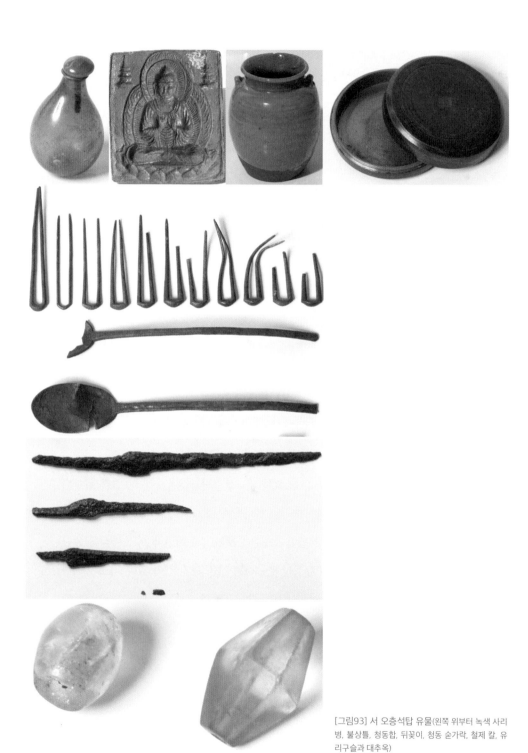

[그림93] 서 오층석탑 유물(왼쪽 위부터 녹색 사리
병, 불상틀, 청동합, 뒤꽂이, 청동 숟가락, 철제 칼, 유
리구슬과 대추옥)

동 오층석탑의 유물은 1층 탑신석의 채움 돌 사이에서 발견되었다. 유물 종류로는 나말여초 시기로 추정되는 이중 원형 사리합과 사리병, 조선시대로 추정되는 토제 항아리, 고려시대로 추정되는 금동 광배, 사리합 하단에서 발견된 1636년 무렵 봉안한 중수기, 직물 일괄(사리병 포장 직물 5점, 사리합 하부 발견 직물 1점, 토제 항아리 발견 직물 1점 등), 지류와 기타 일괄이 있다. 또한 기단부 채움 돌 사이에서 통일신라 후대로 추정되는 청동 연화대좌, '화엄석경' 325점이 발견되었다.[216]

통일신라시대 불상 좌대와 광배는 여러 곳에서 볼 수 있다. 그중 연대를 확인할 수 있는 것으로는 황복사지 삼층석탑에서 발견된 경주 구황동 금제여래좌상의 광배와 좌대가 대표적으로, 706년 무렵 조성되었다. 화엄사 동 오층석탑에서 발견된 것과 비교해보면 비슷한 조형성을 엿볼 수 있다. 광배의 경우 둘 다 바깥쪽에는 불꽃 문양, 안쪽에는 넝쿨 문양, 중앙에는 꽃문양을 이루고 있다. 또한 좌대는 이중 연꽃 문양의 앙련이 새겨져 있다. 화엄사 동 오층석탑에 나타난 광배와 좌대의 형태가 706년 조성된 경주 구황동 금제여래좌상과 유사하다는 것은 동 오층석탑의 유물이 통일신라의 불상 양식을 따르는 8~9세기의 불상이라는 가능성을 말해준다. 또한 화엄사 동 오층석탑의 광배가 고려시대 유물이라면 석가탑의 경우처럼 지진이나 자연재해로 훼손되었을 수도 있는데 고려시대에 구례 지리산 지역에서 자연재해에 관한 자료는 볼 수 없다. 무엇보다 화엄사에는 고려시대 석탑이나 그 외 석축을 조성한 불사의 흔적이 남아 있지 않다.

앞서 살펴보았듯 1597년 석주관 전투에서 화엄사 승군이 전사하고 이후 왜병이 지른 불에 의해 화엄사가 전소되는 등 크나큰 손실을 치렀으며, 1630년 벽암각성이 불사를 시작하기까지 32년간 화엄사 대웅전 앞 축대는 그대로 노출된 채 보수되지 못했음을 유추할 수 있다. 그렇다면 보수가 이루어지지 않은 어느 시기에 폭우 등의 자연재해로 대웅전 앞 축대가 무너지며 동 오층석탑을 덮쳤을 것이라는 추정이 가능하다. 그리고 1636년 화엄사 불사를 마무리하면서 봉안한 중수기에 돌을 다루는 석수 4명이 참가했다는 기록이 이 추론을 뒷받침해준다. 또 다른 근거로는 서 오층석탑의 축이 대웅전 앞 석축의 축과 다르다는 점이다. 이를 토대로 1630~1636년 대웅전 앞 축대와 동 오층석탑의 보수가 함께 이루어졌을 개연성은 충분해 보인다.

화엄사 동·서 오층석탑의 사리장엄구 관련 출토 유물, 선사의 비문 그리고 고려시대와 조선시대 초기의 사회에서 화엄사가 차지하는 입지를 살펴보았을 때 두 석탑은 8~9세기 후반 사이 조성되었으며, 서 오층석탑은 1996년까지 동 오층석탑은 1598~1630년까지 무너지지 않고 형태를 유지했을 것이다.

통일신라시대에 조성된 지리산 일대의 석탑은 총 16기로 9세기에 조성된 석탑이다.[217] 그 목록을 정리한 [표20][218]을 보면 통일신라 시기 지리산 일대에 조성된 석탑 가운데 화엄사의 석탑의 독특한 특징을 발견할 수 있다. 바로 화엄사를 제외한 모든 사찰의 석탑이 삼층석탑이라는 사실이다. 화엄사의 석탑만 이형석탑인 사자자 석탑 2기와 오층석탑 2기가 조성되어 있다. 특히나 불국사 동서 석탑의 구별처럼 화엄사 동서 석탑도 구별되어 있다. 불국사 동서 석탑의 구별은 화엄과 법화의 이중적인 함축 구조를 나타낸다는 것을 앞서 살펴보았다. 화엄사 동서 석탑의 구별도 이러한 의미의 연장선에서 해석해야 구별의 이유가 풀린다. 동서

[그림94] 동 오층석탑 출토 광배와 좌대(성)      [그림95] 황복사지 출토 광배와 좌대(문)

[표20] 지리산 일대 통일신라 시대 조성된 석탑

| 번호 | 지역 | 사찰 및 장소 | 명칭 |
|---|---|---|---|
| 1 | 전남 구례 | 화엄사 | 화엄사 사사자삼층석탑 |
| 2 | | | 화엄사 동 오층석탑 |
| 3 | | | 화엄사 서 오층석탑 |
| 4 | | | 화엄사 원통전 앞 사자탑 |
| 5 | | 구층암 | 구층암 삼층석탑 |
| 6 | | 연곡사 | 연곡사 삼층석탑 |
| 7 | 전북 남원 | 실상사 | 실상사 동 삼층석탑 |
| 8 | | | 실상사 서 삼층석탑 |
| 9 | | 백장암 | 백장암 삼층석탑 |
| 10 | 경남 산청 | 단속사지 | 단속사지 동 삼층석탑 |
| 11 | | | 단속사지 서 삼층석탑 |
| 12 | | 내원사 | 내원사 삼층석탑 |
| 13 | | 대포리 | 대포리 삼층석탑 |
| 14 | | 국립중앙박물관 | 범학리 삼층석탑 |
| 15 | | 삼장사지 | 삼장사지 삼층석탑 |
| 16 | 경남 하동 | 탑리 | 탑리 삼층석탑 |

석탑이 구별되는 모습은 불국사와 화엄사 두 사찰만의 특징이다. 지리산 일대의 석탑들과 구별되는 화엄사 석탑의 독창성은 경주의 왕실 사찰 불국사처럼 화엄사의 권위와 자부심을 대변하는 것으로 보아도 문제가 없을 것이다.

제 4 절

# 통일신라 화엄사의
# 가람 배치 분석

## 1. 통일신라 화엄사의 건축 유구 검토

### 1) 화엄사의 창건 시기와 불사의 기간

화엄사의 창건 시기에 관한 선행연구를 정리하면 다음과 같다. 먼저 중관해안의 『화엄사사적』에 언급된 의상과 연결 지어 화엄사의 창건 시기를 의상이 귀국한 670년 무렵부터 754년 사이로 보는 견해가 있다.[219] 또한 『화엄사사적』을 근거로 인도의 연기법사가 544년 화엄사를 창건한 것으로 보기도 했다.[220] 이것은 중관해안의 『화엄사사적』의 잘못된 내용을 근거로 한 것이다.

화엄사의 창건 시기는 8세기 중반으로 모아진다. 7세기 이전 백제와 신라는 수도 근처에 사찰을 건립하고 있다. 7세기 이전 백제나 신라에서 오지나 다름없는 구례 지리산에 사찰을 건립한다는 것은 불가능한 일이다. 또한 660년 백제와 668년 고구려가 멸망한 이후 8세기 중반까지 통

[그림96] 통일신라시대 화엄사 영역(성)

일신라는 경주를 중심으로 사찰을 건립했다. 지리산 권역과 전국으로 사찰을 건립한 것은 경덕왕 시기인 8세기 중반이며 화엄종 사찰에서 산사의 사찰이 건립된다. 이것은 화엄종이 최고라는 자부심[221]과 신라의 산신 숭배 신앙이 결합된 결과로 추정된다.『백지묵서 화엄경』의 연기법사가 화엄사 창건주 연기임은 부정할 수 없는 사실이다. 연기가 화엄사의 창건주라는 분명한 기록을 근거로 하여 화엄사의 창건 시기를『백지묵서 화엄경』이 조성된 755년 전후로 추정하는 연구도 있다.[222]

화엄사를 대표하는 사사자삼층석탑과 그 외의 석축들이 화엄사가 창건되는 8세기 중반부터 조성되어 나말여초 이전 완성된 것은 분명해 보인다. 이것은 창령 인양사 조성비昌寧 仁陽寺 造成碑(보물 제227호)의 내용을 통해 확인된다. 이 비문은 경남 창령 인양사에서 771~810년까지 40여 년에 걸쳐 탑과 금당 등의 불사를 해온 과정을 기록한 것으로, 앞면에는 승려의 모습이 양각되어 있고 뒷면에는 탑과 금당을 짓는 과정이 적혀 있다. 양 측면에는 수행의 공덕과 과정이 적혀 있다. 내용을 보면 다음과 같다.223

[뒷면] 원화元和 5년(810), 경인년 6월 3일에 순표順表□탑과 금당을 수리 하고脩, 완성한成 글을 기록한다. 신해년(771)에 인양사의 종이 완성되었 다. (…) 임술년(782)에 인양사의 사묘師妙□호戶와 정례석224이 완성되었 다. 같은 절의 금당을 수리했다. (…) 을축년(785)에 인양사의 무상사无上 舍가 완성되었다. 임오년(802)에 (…) 같은 해에 탑의 노반을 수리했다. 계 미년(803)에 인양사 금당 안의 (불)상을 완성했다. (…) 계미년에 인양사 의 탑의 4층이 무너져서 수리했다. 같은 해에 인양사 불문 네 모서리의 풍경이 완성되었다. 을유년(805)에 인양사 금당이 완성되었다. 개□당에 지붕(을 올렸다?). 정해년(807)에 수미단이 완성되었다. (…) 기축년(809) 에 인양사 적호赤戶의 계단이 완성되었다. 절문의 돌계단과 정례석 둘이 완성되었다. □학족석□鶴足石이 완성되었다. 경인년(810)에 용두가 완성 되었다. 신해년에 시작하여 경인년에 마치기까지 그 사이에 모두 곡식 1 만5595석을 사용했다.225

위 비문 내용을 보면 771년에 종이 완성되었으며 782년에 금당을 수 리하고 있다. 따라서 인양사는 조성비를 쓴 771년 이전에 창건된 사찰이 며, 불사의 기간은 810년 완성하기까지 40년 이상이 걸린다. 이 내용을

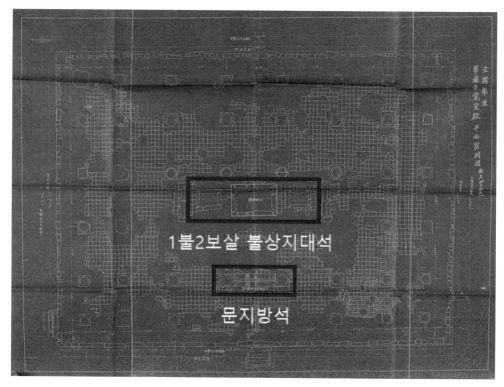

全羅南道
華嚴寺覺皇殿 平面實測圖 南北ノ二

1불2보살 불상지대석

문지방석

[그림97] 일제강점기 각황전 내부 통일신라 유구 실측도(유)

[그림98] 1불 2보살 불상 지대석, 문지방석(유)

통해 통일신라에서 사찰의 창건과 불사를 완성하는 데 대략 50년이 걸린다는 사실을 짐작할 수 있다. 인양사와 비교하여 화엄사 '화엄석경' 등의 대단위 불사를 생각한다면 100여 년의 기간이 되는 8세기 중반~나말여초 이전 기간에 화엄사의 불사가 이루어졌다고 결론내도 무리가 없을 것이다.

### 2) 화엄사 통일신라시대 유구

오늘날 공간적 특성을 토대로 화엄사 가람 배치의 의미를 파악하는 연구는 충분히 이루어졌다.[226] 화엄사 창건 당시에는 각황전 영역을 중심으로 조성된 것으로 판단된다. 말하자면 각황전 뒤로는 사사자삼층석탑이 있고 각황전 안에는 '화엄석경'이 내벽을 두르고, 중앙에는 본존불과 좌우 협시보살이 있었다.[227] 각황전 앞에는 한국에서 가장 큰 고복형 석등이 중앙을 차지하고 있다. 각황전을 바라보고 오른쪽에는 원통전 앞 사자탑과 각황전과 마찬가지로 통일신라 다듬돌 초석을 일부 사용한 원통전이 있다. 통일신라의 석축인 다듬돌 초석을 사용한 통일신라시대의 전각의 형식을 유지하는 건물은 각황전과 원통전이 유일하다.

각황전은 1630~1636년 중창 불사할 때 복원되지 못했다. 1892~1598년 7년에 걸친 임진왜란의 후유증으로 나라가 피폐한 시기인지라 대웅전 영역을 불사하기에도 벅찼을 것이다. 각황전 불사는 벽암각성의 문중인 계파성능桂坡聖能(?~?)이 1699년에 시작하여 1702년에 완성했다. 이듬해인 1703년 구례 화엄사 목조석가여래삼불좌상 및 사보살입상[228]이 조성되어 각황전에 봉안되었다. 이후 1860년 후불탱화 3폭을 조성하여 후불벽에 봉안했다.

[그림99] 내부 전돌(유), 다듬돌 초석 홈(유), 다듬돌 초석 홈(문)

　그 후 일제강점기(1936~1941)에 전면적인 해체 보수 불사가 있었다. 이
때 찍은 사진이 유리건판으로 전하고 있는데 [그림98]을 보면 불단 밑에
서 통일신라시대의 불단 지대석이 확인되어 1불 2보살의 불상이 중앙에
모셔져 있었음이 확인되었다. 또한 통일신라시대 불상 지대석 전면 기둥
사이에 있는 문지방석은 불상 전면에 문이 설치되어 있었음을 알 수 있
다. 지금의 각황전 마루 밑에는 통일신라시대 전돌이 남아 있는 것도 확
인되었다.

　각황전 내벽을 '화엄석경'이 두르고 있었다는 것은 내벽 다듬돌 초석
으로 확인되고 있다. 내벽 다듬돌 초석 옆면에는 홈이 있어 벽을 두른
자리라는 사실을 입증하고 있다. 그런데 다른 사찰의 다듬돌 초석의 벽
면 부분이나 고맥이석과는 달리 각황전의 다듬돌 초석에는 홈이 파여
있다는 점이 특이하다.

　[그림100]의 도면을 보면 지금 남아 있는 초석을 기준으로 통일신라시
대 각황전의 내부 규모를 알 수 있는데, 전면은 2만6661밀리미터이고 측
면은 1만8226밀리미터다. 또한 1702년 중건한 각황전 전각의 크기는 기
단을 포함하여 1만8309밀리미터다.

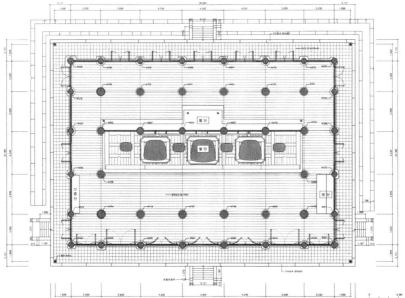

[그림100] 각황전 평면도(문)

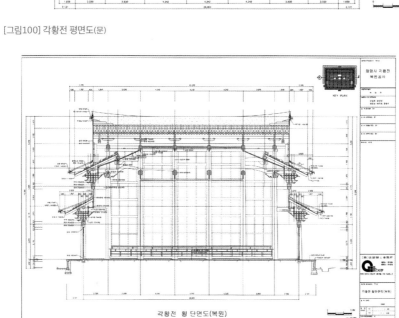

각황전 횡단면도(복원)

067

[그림101] 각황전 단면도(문)

[그림102] 원통전, 원통전 기단(논)

원통전은 정면 3칸과 측면 3칸의 크기로 1702년 각황전을 중건할 때 함께 중건된 전각으로 각황전과 마찬가지로 기단과 일부 다듬돌 초석 그리고 전면의 계단은 통일신라시대의 것이다. 기단의 지복석地覆石, 지대석地臺石, 면석面石은 통일신라시대의 것이지만 많이 훼손되었으며 갑석甲石은 소실되었다. 지대석의 단은 3단으로 두었으며 지복석에는 전면에 있는 계단의 면석이 끼워지도록 20~25밀리미터 깊이의 구멍이 있어서 면석의 밀림을 방지하도록 되어 있다.

원통전 전면 중앙의 계단은 지복석과 지대석, 계단의 면석으로 조성되어 있으며 계단은 5단의 디딤돌로 되어 있다. 계단 좌우의 면석은 둥근 모양을 하고 있으며 면석을 받치고 있는 밑의 지복석과 지대석은 처음 만든 통일신라시대 때의 구성을 갖추어 지대석에는 계단의 좌우 면석을 끼울 구멍이 있다. 5단의 디딤돌에 알 수 없는 홈이 보이고 디딤돌 끝부분에 단이 있는 것을 보았을 때 원래 계단의 디딤돌이 아닌 다른 용도의 돌을 가져다 사용한 것으로 보인다.

[그림104]를 보면 원통전의 기둥 밑 초석은 통일신라시대의 초석을 재사용한 것으로 보이는 다듬돌 초석과 조선시대인 1702년에 사용한 막돌 초석이 섞여 있다.[229] 이중 다듬돌 초석은 3, 7, 8, 10, 11, 12의 6개다. 원통전의 석축은 원통전이 통일신라시대에 조성된 것임을 알려준다.

1974년 9월 24일 전라남도 유형문화재 제49호로 지정된 보제루는 화엄사 사천왕문에서 대웅전으로 가는 급경사 비탈 위에 세워져 있는 맞배지붕의 건물이다. 1630~1636년 벽암각성이 대웅전 영역을 불사할 때 중건한 건물이다. 그런데 보제루 초석에서 다듬돌 초석이 확인되고 있는 것으로 보아 보제루 자리에 통일신라시대에 지은 건축물이 있었던 것으

[그림103] 원통전 전면 계단(논)

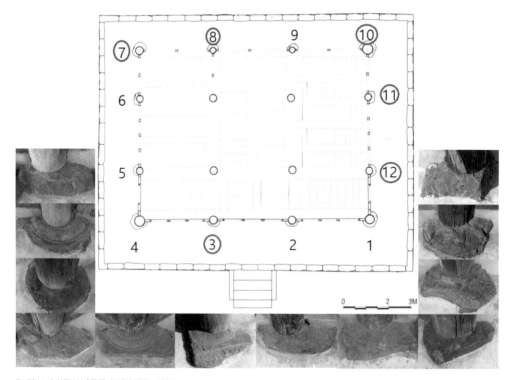

[그림104] 원통전 다듬돌 초석과 막돌 초석(논)

[그림105] 화엄사 보제루 다듬돌 초석

로 추정된다. 벽암각성이 불사한 대웅전과 사천왕문, 금강문, 일주문의 초
석은 막돌 초석만 확인되는 반면 보제루 초석에서는 다듬돌 초석이 5개
확인되었다.

보제루의 초석은 전면 8개, 중간 8개, 뒤 8개의 총 32개의 초석이 있
다. 이중 다듬돌 초석은 전면에만 5개가 보인다. 그런데 6번째 다듬돌 초
석의 뒷면에 고맥이석이나 또는 문지방석으로 보이는 튀어나온 연결부
가 확인된다. 화엄사의 다듬돌 초석에서 고맥이석의 흔적은 나타나지
않기에 문지방석이었을 것이다. 그렇다면 화엄사 중문 자리가 지금의 보
제루 자리일 가능성도 있다. 이상으로 화엄사에서 각황전과 원통전, 보

[그림106] 원통전 앞 사사탑(논)

제루는 통일신라 8~9세기 조성된 다듬돌 초석 위에 세워진 건축물임이 확인되었다.

대웅전 영역은 이 책에서 대웅전과 영전, 명부전을 시작으로 남쪽 밑으로 조성된 천왕문과 금강문, 일주문을 말한다. 화엄사에 대한 고고학적인 발굴조사가 없었기 때문에 대웅전 영역에 관한 연구 검토는 불가능하다. 더욱이 현재의 대웅전은 1630~1636년 벽암각성이 고대 석조물을 해제하고 새롭게 조성한 영역이기 때문에 통일신라시대에 조성된 기단석이나 다듬돌 초석이 확인되지 않는다. 그래서 대웅전 영역의 건축물에 관한 검토는 생략하기로 한다.

원통전 앞 사자탑은 통일신라시대에 조성되었으며 사사자삼층석탑보다 나중에 조성된 조형물로 판단하고 있다. 사자탑은 앞에 있는 원통전과 연관된 것은 확실해 보이나 원통전의 옛 역사를 확인할 수 없는 탓에 사자탑에 대해서도 자세히 알 수는 없다.

### 3) 가야 연관의 가능성

화엄사는 8세기 중반 구례 지리산에 창건된 사찰이 확실하다. 그런데 연기조사가 구례 지리산에 화엄사를 창건한 이유는 무엇일까 생각해볼 수 있다. 화엄사를 지리산 권역, 나아가 호남 지역의 거점사찰로서 창건한 것이라면 호남의 도심지 근처에 자리를 잡는 편이 훨씬 유리한 선택이 아니었을까. 이런 의문과 관련하여 남악 지리산의 산신 숭배 또는 성지로서의 유적이 있었을 가능성을 떠올릴 수 있다. 그러나 통일신라 8세기 중반 경덕왕이 즉위하기 전까지 지리산 권역과 그 서쪽인 옛 백제 땅에 사찰을 창건한 문헌 자료나 고고학적 자료는 나타나지 않는다. 신라가 백제를 흡수하는 660년 이전 구례 지역의 역사성을 촘촘히 살펴봐야 해결의 실마리를 얻을 수 있을 것이다.

현재까지 구례 지역에서는 신라와 백제의 고고학적 유적은 발굴되지 않는 반면 가야의 고분 유적이 확인되고 있다. 대산리 고분군, 갑산리 유적, 용두리 유적에 나타난 증거에 따르면 4세기 후반~6세기 전반까지 구례는 옛 가야 땅이었으며, 아라가야, 소가야, 대가야의 유물이 시대별로 나타나고 있다. 정리하면 다음과 같다.[230]

역사적으로 대가야는 562년 신라 진흥왕에게 멸망당해 신라에 흡수되었다. 구례의 가야 소국도 대가야의 영향권 아래에 있었을 것이므로 8세기 중반 이전 구례 지리산에 사찰 성격의 성지가 있었다면 562년 이전에 창건된 가야의 사찰 성격의 성지였을 것이다.

가야의 유적에서는 경상북도 '고령 고아동 벽화고분의 연화문' '고령 송림리 가마터 2호 가마의 연화문 전돌' '고아리 연화문 수막새' 등 다양한 불교 관련 연화문 유물이 출토되었다. 이러한 유물 증거로 보았을 때 대가야에 이미 불교가 전파되어 있었음을 알 수 있다.[231] 그렇다면 지리

[표21] 구례 출토 가야 유물과 시기

| 시기 | 유적명 | 유물 |
|---|---|---|
| 아라가야<br>4세기 후반 | 구례 용두리 | 고배 |
| | 구례 대산리 | 대부파수부호 |
| 소가야<br>5세기 후반 | 구례 용두리 | 수평구연호, 고배 |
| 대가야<br>5세기 후반~6세기 전반 | 구례 용두리 | 유개장경호, 대부호 |

산 화엄사의 터에 562년 이전 창건된 대가야의 사찰이 있었고 그 사찰을 터전 삼아 8세기 중반 황룡사 연기법사가 화엄사를 창건했을 가능성을 타진해볼 개연성이 있다.


## 2. 통일신라 건축물의 배치 구도


보제루 밑 4~5미터 높이의 경사면 계단 옆에는 화엄사 당간지주가 있다. 이 당간지주를 통해 통일신라시대 화엄사의 영역을 추정해볼 수 있다. 또한 지금까지의 연구를 종합할 때 대웅전 앞 석축과 동 오층석탑은 1630~1636년에 보수되었으며, 서 오층석탑은 통일신라시대에 처음 건립된 모습을 변함없이 유지하고 있다. 그렇다면 서 오층석탑의 축을 기준으로 통일신라 당대에 건립된 대웅전과 화엄사의 중문, 강당의 원형이 어떠한 모습이었을지 추정해볼 수 있을 것이다.

[그림108]에서 빨간색 선은 남쪽으로 사사자삼층석탑과 당간지주를 기준으로 살펴본 통일신라시대의 화엄사 영역이다. 중앙의 파란색 선은 지금의 화엄사 축대와 서 오층석탑의 기울기 축을 기준으로 하여 추정해본 통일신라시대의 대웅전 앞 축대다. 보라색 선은 서 오층석탑의 축을 기준으로 추정한 통일신라시대 1금당 2탑의 영역이다. 2개의 검정색 공간 중에서 하나는 1금당 2탑을 기준으로 한 대웅전 자리로 추정되고, 다른 하나인 동·서 오층석탑 앞 보제루 자리는 옛 중문 자리로 추정된다. 또한 대웅전 뒤에 보이는 또 다른 검정색 공간은 화엄사 강당 자리로 추정된다.

화엄사는 고고학적 발굴조사가 없었기 때문에 추정 작업이 조심스럽

[그림108] 통일신라시대 화엄사 대웅전 영역-1(성)

긴 하지만 나는 2019~2021년 화엄사에 거주할 당시 대웅전 뒤 완만한 평지에서 조선과 고려시대의 것으로 보이는 기와 편이 흩어져 있는 것을 확인했다. 이 자리는 1598년 화엄사 전각이 전소된 후 어느 때 산사태로 동 오층석탑까지 토사가 밀려 내려와 쌓인 채 오늘날까지 이르게 된 옛 강당 자리가 아닐까 추정해본다.[233]

통일신라시대 화엄사는 각황전 뒤쪽에서 동쪽을 향하고 있는 화엄사 사사자삼층석탑 영역과 원통전의 영역, 동·서 오층석탑과 위 대웅전 자리에 있었을 금당의 남향 영역이 공존하는 사찰을 이루고 있었을 것이

다. 통일신라시대 대웅전 영역의 공간 추정은 동·서 오층석탑을 기준으로 한 것이다. 그런데 대웅전 앞 계단 석축과 서 오층석탑을 기준으로 살펴보면 대웅전 영역을 다르게 추정할 수 있다. 각황전 앞 석등과 계단은 각황전의 중앙에 위치한다. 그런데 대웅전과 앞 계단은 중앙이 아니라 한쪽으로 치우쳐 있다. 계단을 중심으로 대웅전의 크기를 추정한다면 동 오층석탑은 지금의 자리가 아닌 옆 적묵당 자리로 이동해야 한다. 적묵당은 조선시대 벽암각성이 불사한 건물이기에 이러한 추정이 가능하다.

  이와 같은 추정은 대웅전과 계단의 부조화 그리고 서 오층석탑과 붙어 있는 각황전 앞 계단의 실용성에 대한 의구심에 답을 제시한다. 즉 대웅전 앞 축대가 무너지며 동 오층석탑이 무너진 것이 아니라 대웅전을

[그림109] 통일신라시대 화엄사 대웅전 영역-2(성)

통일신라시대 금당보다 작게 짓고 적묵당을 조성하기 위해 동 오층석탑을 옮긴 것으로 볼 수 있다. 벽암각성이 화엄사를 중창하는 1630년은 임진왜란 7년 전쟁으로 인한 타격과 피해를 완전히 극복하지 못한 시기였기 때문에 각황전까지 복원하지는 못하고 대웅전만 축소 복원한 것으로 추정할 수 있다. 또한 서 오층석탑을 기준으로 각황전 앞 축대를 다시 추정한다면 각황전 앞 계단과 서 오층석탑의 부조화도 해결된다. 종합하면 [그림109]에서 보듯이 녹색 부분이 새롭게 추정한 대웅전과 석축이다.

지금까지의 추론은 연구 결과를 종합한 것으로, 고고학적 발굴조사가 이루어지지 않은 상황에서 대웅전의 원형 자리와 통일신라 석축의 추정 그리고 강당 자리를 명확히 뒷받침해줄 근거는 희박하다. 또한 1995년

[그림110] 일제강점기 대웅전 앞 계단(유)

서 오층석탑을 해체 수리할 때 또는 1999년 동 오층석탑을 해체 수리할 때 지반을 확인한 기록이 있다면 많은 문제가 해결됐을 것이나 남겨진 보고서가 없어 추론을 확인할 도리가 없다. 현 대웅전 자리는 동·서 오층석탑을 기준으로 하여 각황전과 구별되는 또 다른 금당 영역의 자리다. 그런데 각황전과 원통전, 보제루에서 확인된 통일신라시대 다듬돌 초석이 대웅전 영역에서는 보이지 않는다. 이 책은 통일신라 석축의 해석을 통한 합리적 추론의 가능성을 제기하는 동시에 통일신라 화엄사의 본 모습은 고고학적 발굴을 통해 밝힐 수 있는 문제임을 확인하며 마무리한다. 또한 탑전과 동·서 오층석탑의 사례가 말해주듯 잘못된 해체 수리는 역사 해석의 기회를 잃게 한다는 점을 강조하고자 한다.

결론

華
嚴
寺

이 책에서는 사라진 화엄사의 역사를 복원하기 위해 기존 사료를 분석하고 새로운 사료를 보태어 다른 각도에서 고찰을 시도했다. 755년 조성된 『백지묵서 화엄경』을 통해 연기법사가 호남의 무주(현재 광주) 지역에서 불사를 일으킨 황룡사의 승려라는 사실을 알게 되었다. 그러나 화엄사의 유일한 사료인 1636년의 『화엄사사적』에 기록된 연기와는 일치점을 찾을 수 없어 역사적 공백이라는 난관에 봉착했다. 『백지묵서 화엄경』의 연기법사가 화엄사의 창건주라면 화엄사의 창건 시기는 755년 무렵이겠으나 『화엄사사적』에서는 544년에 화엄사가 창건되었다고 전하기 때문이다. 또한 『화엄사사적』은 연기를 9세기 후반 활동한 선각도선과 같은 인물로 서술하여 더욱 혼란을 낳았다. 사실 근거가 빈약한 『화엄사사적』의 서술을 살펴보면서 역사 사료로써 신뢰하기 어렵다는 사실을 확인할 수 있었다. 그렇기에 나는 먼저 화엄사와 연기법사의 관계를 밝히기 위해 다양한 사료를 비교 검토했다. 그리고 9세기에 활동한 선사의 일대기를 적어놓은 선사의 비문을 통해 통일신라 불교계의 상황을 분석했다. 마지막으로 동시대 다양한 유물을 비교 분석하고 가람 배치를 분석한 결과 화엄사의 역사를 복원할 실마리를 얻을 수 있었다. 화엄사의 역사성 분석에 관한 과정과 결론은 다음과 같다.

먼저 제2장 '중관해안의 『화엄사사적』과 창건주 연기'에서는 화엄사의 격을 높이고자 하는 목적으로 중관해안이 『화엄사사적』을 편찬했다는 사실을 파악할 수 있었다. 중관해안은 임진왜란으로 인해 화엄사가 크나큰 인적·물적 손실을 당한 시기에 집필했기 때문에 온전한 역사를 확인하기 어려웠고, 그러한 이유로 중관해안은 화엄사를 신라 최초의 사찰인 흥륜사와 동격으로 만들기 위해 창건 시기를 544년으로 기록했다. 그리고 대표적인 신라 승려들이 화엄사에 인연을 두고 있는 것처럼 서술했다. 그 결과 화엄사의 격을 높이고자 하는 목적은 이루었으나 역사적 진실을 무시한 허구와 왜곡의 기록으로 인해 사료적 가치를 잃었을 뿐만 아니라 화엄사의 역사에서 창건주의 존재를 지워버리고 말았다. 이것이 이 책에서 다른 문헌 자료들을 검토하여 화엄사의 역사성을 되찾고자 하는 계기가 되었다.

기존 문헌 자료와 선임 연구를 검토한 결과 연기는 자장계 화엄종 승려라는 점을 확인했으며, 8세기 중반 창건된 화엄사는 자장계 화엄의 전통을 이어받았다는 사실에 접근할 수 있었다. 즉 화엄사는 통일신라시대 지리산 권역에 창건된 황룡사 자장계 화엄종 승려인 연기가 창건한 사찰이라는 결론에 도달했다.

화엄사는 나말여초 연기계 화엄종 사찰인 남악 화엄사를 대표하는 관혜에 의해 후백제 견훤을 지지하다가 고려의 건국과 함께 쇠퇴 기로에 접어들었다. 소용돌이치는 나말여초의 변환기에 권력의 향방을 잘못 짚은 것이다. 화엄사는 쇠퇴하는 흐름 속에서도 1092년 대각국사 의천이 화엄사를 방문하는 무렵까지 연기의 화엄종 법맥이 유지되고 있었다. 그후 일연이 『삼국유사』를 편찬하는 1281년에 이르면 연기의 화엄종 법맥은 사라지고 화엄사는 의상계 화엄종 사찰로 묘사되고 있다. 이러한 분석 결과 나말여초의 시기를 기점으로 화엄사에서는 연기의 화엄종 색채가 옅어지기 시작하여 13세기 말에 사라진 것으로 추정된다.

　제3장 '통일신라 선사의 비문을 중심으로 한 화엄사 관련 사료'에서는 9세기~나말여초의 시기에 활동한 17명의 선사의 일대기를 고찰했다. 그 목표는 8세기 중반 창건된 화엄사의 성격을 비교 분석하여 확보하는 것이다. 선사의 비문은 선사가 활동한 시기의 불교계 상황을 사실 그대로 전달해주는 일차 사료다. 대표적 역사 사료인 『삼국유사』나 『삼국사기』도 13세기 후반에 편찬된 것이기에 통일신라에서 나말여초까지 불교계의 상황은 13세기 불교계의 시야로 정리됐을 가능성이 크다. 그렇기에 선사의 비문은 통일신라에서 나말여초 불교계의 상황을 사실대로 검토할 일차적 사료가 되는 것이다. 선사의 비문은 당시 화엄사의 입지와 위상을 추정할 만한 중요한 불교계 정황들을 담고 있다. 먼저 선사의 선문은 화엄종을 바탕으로 활동하면시 화엄을 중시하고 있으며, 9세기에 선문은 화엄종 사찰에서 선문 사찰로 발전하고 있다. 이것은 통일신라시대에 조성된 화엄사 석축의 조형성이 다른 선문 사찰들에 보이는 동일한 조형물을 비교 분석하는 기준점을 제공한다. 즉 화엄사에 조성된 석

축 양식이 다른 선문 사찰에서도 나타나고 있다면 화엄사 조형물이 원형일 가능성이 높다는 사실을 의미한다.

또한 선사의 비문을 통해 나말여초 시기에는 사찰의 대단위 불사가 불가능하다는 사실을 확인했다. 그리고 화엄사의 석축은 통일신라시대 조성되었으며, 시기는 8세기 중반~나말여초 이전으로 범위를 확정할 수 있다. 즉 화엄사의 대단위 불사는 약 750년부터 890년 사이에 이루어졌다는 시대성을 확보한 것이다.

선사의 비문은 화엄사의 사사자삼층석탑의 정체를 확인하는 과정에도 기여했다. 금당의 뒤쪽 언덕에 세워져 있는 사사자삼층석탑은 승려의 부도 탑으로 의심되었으나, 선사의 비문을 검토한 결과 선사의 부도 탑은 9세기 사찰 밖 산등성에 조성된다는 사실이 확인되었다. 또한 9세기 선사들은 부도 탑 밑에 매장하는 장례 전통을 따랐다는 사실도 확인할 수 있었으며, 부도 탑이 사찰 안으로 들어와 금당 뒤쪽 위에 건립된 것은 고려 건국 이후에 나타난 현상임을 추정할 수 있었다. 결론적으로 화엄사의 금당 뒤 높은 곳에 세워진 부처의 사리탑인 사사자삼층석탑의 조성 방식이 고려 건국 이후에는 선사의 부도 탑으로 바뀐 것으로 추정할 수 있다. 이와 같이 선사의 비문에서 선사의 부도 탑 건립의 성격을 분석함으로써 화엄사의 사사자삼층석탑은 부처의 사리탑이라는 사실을 확인했으며, 이를 통해 본격적으로 통일신라 화엄종 사찰과 화엄사의 성격을 고찰할 수 있었다.

제4장 '통일신라 불교 확산의 거점 화엄사'에서는 자장계 연기의 화엄종이라는 사실을 토대로 화엄사의 위상을 밝히는 데 주안점을 두었다.

또한 화엄사에 조성되어 있는 독창적인 조형물을 분석하여 지리산 권역에 화엄사가 창건된 이유를 밝히고자 했다.

대렴이 중국에서 가져온 차 씨를 828년 지리산 화엄사에서 심어 재배했으며, 화엄사에서 재배된 차가 여러 지역으로 전달되면서 신라에 차 문화가 성행했다는 사실을 통해 9세기 화엄사가 호남 불교계의 중심 사찰이었음을 입증했다. 또한 882년 선각형미와 886년 동진경보가 화엄사 관단에서 비구계를 수계한 사실을 통해 화엄사가 호남 불교계를 담당하는 관단 사찰이었다는 사실에 접근할 수 있었다.

여러 문헌을 통해 고려시대에는 화엄사의 자장계 화엄 전통이 의상계 화엄으로 통합되고, 이후 조선시대에는 화엄사의 연기가 화엄종 승려가 아닌 선사로 변모해가는 것을 확인할 수 있다. '연기'라는 한자 표기가 달라진 사실이 이를 증명한다. 이렇듯 15세기 말부터 화엄사에서 연기로 대표되는 전통은 사라지고 있으며, 화엄사의 쇠락으로 이어지고 있다.

화엄사는 8세기 중반 지리산 권역 화엄종 사찰의 맏이 격으로 창건되었다고 말할 수 있으며, 당시 화엄종의 자부심을 말해주는 독창적 형태의 조형물들이 조성되었다. 대표적으로 현재까지 창작의 조형성이 밝혀지지 않은 사사자삼층석탑을 비롯하여 한국에서 유일하게 화엄경으로 벽을 두른 '화엄석경', 고복형 석등의 조형성을 선도한 화엄사 석등 등 단일 사찰로서는 독창적인 조형물을 가장 많이 탄생시켰다.

미지막으로 화엄시가 가장 융성했던 통일신라 8세기 중반~나말여초의 가람 배치를 추정했다. 우선 통일신라 다듬돌 초석을 활용한 전각들을 검토하여 처음 건립된 자리를 확인했다. 이어서 건립 이후 자리가 변경되지 않은 서 오층석탑을 기준으로 통일신라시대 화엄사의 가람 배치를 추정했다.

이상의 연구는 화엄사의 역사성을 회복하는 데 주안점을 둔 탐구 방안이다. 특히 의천이 말한 '적멸당'과 남효온이 말한 '탑전'이 현재 사사자삼층석탑 옆 탑전이라는 사실 확인은 통일신라 화엄사의 위상을 확인하는 결정적인 단서로 작용하고 있다. 1092년 문헌에 나타난 '적멸당'이 오늘날 적멸보궁을 뜻한다는 타당한 근거를 제시하고, 화엄사의 적멸당이 한국 불교계에서 가장 빠른 시기에 적멸보궁의 의미와 명칭을 사용한 것으로 해석했다. 또한 '적멸당'이라는 표현 속에서 화엄사가 지리산 권역을 중심의 호남 지역을 아우르는 연기의 화엄종 사찰이라는 역사성을 확보할 수 있었다. 또한 신라에 차 문화를 성행하게 한 화엄사의 역할을 통해 당시 화엄사가 신라의 관단 사찰이자 호남의 중심 사찰이었다는 사실을 확인했다.

중관해안의 『화엄사사적』은 잃어버린 화엄사의 사격을 높이기 위해 노력한 결과물이다. 그러나 이러한 노력은 역사성의 결여로 인해 화엄사의 정체를 혼란스럽게 만들 뿐 사료로 평가하기는 어렵다. 무엇보다 창건주 연기의 존재를 배제한 잘못은 두고두고 비판받아야 할 점이다. 화엄사 역사를 복원하고자 한 이 책 연구의 결론은 화엄사의 역사에서 가장 위대했던 시기는 자장계 연기의 화엄이 자리 잡았던 8세기 중반~나말여초 이전의 화엄사라는 것이다. 아울러 이제 화엄사는 『화엄사사적』을 비판적으로 극복하고, 통일신라 지리산 권역과 호남 지역을 아우른 자장계 연기의 화엄을 부활시켜야 한다는 주장으로 끝을 맺고자 한다.

주

## 제1장 서론

1) 정식 명칭은『대방광불화엄경大方廣佛華嚴經』으로, 일반적으로『화엄경』이라 줄여서 표현한다.

2) 지금까지 화엄사 창건주 연기에 관한 연구는 충분히 이루어져 있으며, 연기가 화엄사를 창건한 일은 기정사실로 받아들여지고 있다. 대표적인 연구는 다음과 같다. 이기백,「新羅 景德王代 華嚴經 寫經 關與者에 대한 고찰」,『歷史學報』제83권, 1979, pp.132~133; 文明大,「新羅華嚴經寫經과 그 變相圖의 研究(1)」,『韓國學報』제14권, 1979, pp.54~55; 金相弦,「華嚴寺의 創建 時期와 그 背景」,『東國史學』제37집, 2002, pp.99~104

3) 오경후,「중관해안中觀海眼의 사적기事蹟記 찬술」,『백련불교논집』제11권, 성철사상연구원, 2001; 염중섭(자현),「『화엄사사적華嚴寺事蹟』 창건기록의 타당성 분석-황룡사를 통한 자장慈藏의 영향 가능성을 중심으로」,『정토학연구』제34호, 2020

4) 김상현,「화엄사의 창건 시기와 그 배경」,『동국사학』37, 동국역사문화연구소, 2002; 이계표,「화엄사의 역사」,『불교문화연구』9, 남도불교문화연구회, 2002

5) 문명대,「新羅華嚴經寫經과 그 變相圖의 研究-사경변상도의 연구 (1)」,『한국학보』제5권 1호, 일지사, 1979; 황수영,「新羅 白紙墨書 華嚴經」,『미술자료』제24

호, 국립중앙박물관, 1979; 남풍현, 「신라 華嚴經寫經 조성기에 대한 어학적 고찰」, 『동양학』 제21권 1호, 단국대 동양학연구원, 1991; 남풍현, 「新羅 華嚴經 寫經 造成記의 解讀」, 『고문서연구』 2, 한국고문서학회, 1992; 조경실, 「國寶 196號. 新羅 白紙墨書 大方廣佛華嚴經의 一研究-表紙畵 變相圖를 中心으로」, 동국대 석사학위논문, 1999; 김애영, 「白紙墨書『大方廣佛花嚴經』字形 研究」, 『중국언어연구』 제15권, 한국중국언어학회, 2002; 구문회, 「신라 화엄경華嚴經 사경寫經 발문跋文에 대한 일고찰-사경 작업 참여자를 통해 본 8세기 신라 지방사회의 단면」, 『생활문물연구』 제9호, 국립민속박물관, 2003; 장충식, 「新羅 百紙墨書 華嚴經 經題筆師者 問題」, 『동악미술사학』 제5호, 동악미술사학회, 2004; 박미선, 「신라 백지묵서 화엄경의 사경 발원자와 사경장소」, 『역사와현실』 제81호, 한국역사연구회, 2011; 박도화, 「黃壽永博士의 寫經 연구와 의의-사경의 재발견과 새로운 연구 시각」, 『강좌미술사』 제43권, 한국미술사연구소, 2014; 김선희, 「敦煌 莫高窟과 韓國 華嚴經變相圖의 比較 研究」, 동국대 박사학위논문, 2015; 김선희, 「敦煌 莫高窟 華嚴經變相圖와 新羅 大方廣佛華嚴經變相圖의 비교 연구」, 『한국교수불자연합학회지』 제24권 제1호, 한국교수불자연합회, 2018; 서지민, 「新羅 白紙墨書『大方廣佛華嚴經』變相圖의 양식특징과 신앙적 배경 연구」, 『역사와 담론』 제88권, 호서사학회, 2018

6) 나말여초 혼란의 시기는 889년 원종과 애노의 난과 함께 시작된다. 이후 고려가 후삼국을 통일하는 936년까지 47년의 기간이다. 김복순, 앞의 책, p.277; 강종훈, 「현행 중등 역사 교과서의 통일신라·발해 부분 서술의 문제점과 개선 방안」, 『대구사학』 제134권, 대구사학회, 2019, pp.111~119

7) 이은철, 「獅子石塔의 起源과 建立背景」, 『청람사학』 제3권, 청람사학회, 2000; 송방송, 「華嚴寺 三層石塔의 奏樂像」, 『한국학보』 제28권 3호, 일지사, 2002; 김미자, 「華嚴寺 四獅子三層石塔 研究」, 동국대 석사학위논문, 2004; 신용철, 「화엄사 사사자석탑의 조영과 상징-탑으로 구현된 광명의 법신」, 『미술사학연구』 제251호, 한국미술사학회, 2006; 신문주, 「韓國의 獅子石塔에 關한 研究」, 강릉대 석사학위논문, 2006; 이순영, 「華嚴寺 四獅子三層石塔에 關한 研究」, 단국대 석사학위논문, 2007; 이순영, 「華嚴寺 四獅子三層石塔의 건립시기에 關한 考察」, 『문화사학』 제34호, 한국문화사학회, 2010; 이성현, 「統一新羅時代 佛教美術의 石獅子像 研究」, 원광대 석사학위논문, 2012; 문동규, 「지리산 화엄사의 '사사자 삼층석탑'-'진리의 현현'」, 『범한철학』 제68집, 범한철학회, 2013; 이정주, 「구례 화엄사 사사자 삼층석탑 디지털 복원 연구」, 한국전통문화대 석사학위논문,

2021; 김영신, 「한국 석탑 莊嚴 獅子像 고찰」, 능인대학원대 석사학위논문, 2021

8)  장충식, 「統一新羅時代의 石燈」, 『고고미술』 제158·159호, 미술사학연구, 1983; 박미선, 「新羅下代 石造物에 나타난 茶香 供養像에 관한 硏究」, 성균관대 석사학위논문, 2006; 정윤서, 「통일신라 석등 연구」, 『문물연구』 제14권, 동아문화재단, 2008; 강정근, 「화엄사 4사자석탑 앞 석등 연구」, 『강좌미술사』 제37권, 한국불교미술사학회, 2011; 황태성(무진), 「화엄사 사사자삼층석탑의 공양인물상 검토-8세기 중·후반 화엄종의 호남지역 세력 확대와 관련해서」, 『정토학연구』 제34호, 2020

9)  정명호·신영훈, 「華嚴石經 調查整理 畧報」, 『미술사학연구(구 고고미술)』 제6권 9호, 한국미술사학회, 1965; 정선종, 「全南地域 金石文 校勘1-華嚴寺 華嚴石經」, 『불교문화연구』 제7권, 남도불교문화연구회, 2000; 김애영, 「『화엄석경』과 목판본 『화엄경』의 자형비교」, 『중국언어연구』 제13집, 학고방, 2001; 이규갑, 「華嚴石經과 房山石經의 異體字形 比較」, 『중국어문학논집』 제20호, 중국어문학연구회, 2002; 강혜근, 「房山石經과 華嚴石經 및 高麗大藏經의 비교 연구」, 『중국어문학논집』 제24호, 중국어문학연구회, 2003; 김주환, 「『화엄석경』의 암석학적 연구」, 『지리학연구』 제37권 제4호, 한국지리교육학회, 2003; 리송재, 「화엄사 『화엄석경』의 서풍과 조성시기」, 『불교미술사학』 제4집, 불교미술사학회, 2006; 김복순, 「화엄사 화엄석경의 판독과 조합 시론」, 『신라문화』 제40집, 동국대 신라문화연구소, 2012; 조미영, 「〈華嚴石經〉의 서사 체재 연구」, 『목간과 문자』 제10호, 한국목간학회, 2013; 조미영, 「신라 『화엄석경』 연구」, 원광대 박사학위논문, 2014; 조미영, 「華嚴石經」의 底本 문제에 관한 고찰」, 『서지학연구』 제69집, 한국서지학회, 2017; 조미영, 「華嚴石經의 조성시기 新考察」, 『목간과 문자』 제18호, 한국목간학회, 2017; 김복순, 「신라 화엄종과 화엄사 화엄석경의 조성시기」, 『신라문화』 제52집, 동국대 신라문화연구소, 2018

10)  박지선, 「화엄사 서 오층석탑 출토 지류유물 보존처리」, 『보존과학연구』 18, 국립문화재연구소, 1997; 최성은, 「화엄사 서 오층석탑출토 청동제 불상틀(범)에 대한 고찰」, 『강좌미술사』 제15권, 한국불교미술사학회, 2000; 정선종, 「화엄사의 석조문화재」, 『불교문화연구』 제9권, 남도불교문화연구회, 2002; 이병렬·조기호, 「지리산 화엄사 동서 석탑의 입지 분석」, 『한국정신과학회지』 제7권 1호, 한국정신과학학회, 2003; 장현석·최효승, 「智異山 南麓의 山地伽藍인 華嚴寺 동·서 5층석탑의 配置에 대한 視覺的 分析」, 『한국농촌건축학회논문집』 제7권 21호, 한국농촌건축학회, 2005; 정암, 「신라 황룡사의 위치와 화엄사 출토 진신사리 연구」,

『동양예학』제33권, 동양예학회, 2014; 박부자·정경재, 「화엄사 서 오층석탑 발견 무구정광다라니의 필사 저본 재구와 그 가치」, 『목간과문자』제16호, 한국목간학회, 2016; 이철호, 「구례 화엄사 동·서 오층석탑 출토 사리장엄구 연구」, 동국대 석사학위논문, 2021

11) 진정환, 「統一新羅 鼓腹形石燈과 實相山門」, 『전북사학』제42호, 전북사학회, 2013

12) 조남두, 「華嚴經을 통해 본 華嚴寺刹의 配置型式 硏究-華嚴十刹을 中心으로」, 동국대 석사학위논문, 1998; 조남두·조정식, 「화엄경을 통해 본 화엄계 초기사찰의 배치형식 연구」, 『대한건축학회 학술발표대회논문집』제20권 1호, 대한건축학회, 2000; 천득염, 「화엄사의 건축」, 『불교문화연구』9, 남도불교문화연구회, 2002; 문창식, 「華嚴思想의 敍事構造를 통한 華嚴寺 配置構造 分析」, 전남대 석사학위논문, 2003; 이병렬·조기호, 「지리산 화엄사 풍수입지와 가람배치-석탑을 중심으로」, 『한국정신과학회 학술대회논문집』제18회, 한국정신과학회, 2003; 윤정혜, 「統一新羅時代 華嚴寺에 관한 硏究」, 영남대 석사학위논문, 2005; 조남두·이재국, 「華嚴寺의 敎理와 내·외부 공간구조에 의한 배치 특성 연구-十地品을 중심으로」, 『한국 건축 인테리어 디지털 디자인 학회 논문집』제6권 1호, 한국디지털건축인테리어학회, 2006; 정병삼, 「8세기 화엄교학과 화엄사찰」, 『한국사상과 문화』제64집, 한국사상문화연구원, 2012; 정병삼, 「화엄사의 한국불교사적 위상」, 『남도문화연구』제39호, 순천대 남도문화연구소, 2020

13) "湘乃令十刹傳敎. (…) 南嶽華嚴寺等是也." 『삼국유사』4, 「義解第五-義湘傳敎」 (大正藏49, 1007a)

14) 이 책은 최치원의 『당대천복사고사주번경대덕법장화상전唐大薦福寺故寺主翻經大德法藏和尙傳』을 줄여서 『법장화상전』이라 한다.

15) "海東華嚴大學之所有十山焉 (…) 南岳知異山華嚴寺." 『법장화상전』(『韓佛全』3, 775c)

16) 『大覺國師文集』17, 「華嚴寺禮緣起祖師影」(韓佛全4, 559b)

17) 후백제의 견훤을 지원한 남악 화엄종의 승려.

18) 고려의 왕건을 지원한 북악 의상계 화엄종인 부석사의 승려.

19) 『秋江先生文集』6, 「雜著-智異山日課」丁未年(1487, 성종 18) 10월 7일 癸酉日, "禪林號爲祖師."

20) 『新增東國輿地勝覽』40, 「全羅道-求禮縣-佛宇」, "僧煙氣不知何代人, 建此寺."

21) 이 책에서는 9~10세기 통일신라시대 선사의 법맥을 '선종'이 아닌 '선문'으로 한

다. 한국 불교사에서 선종은 조선시대에 교종과 구분하여 사용된 용어다. 또한 통일신라 선사들의 선불교는 당나라의 선종사 스승의 법맥을 중요시한다. 당나라 선사의 법맥을 강조하는 것은 9~10세기 선사의 비문에 나타나는 공통된 현상이다(이 책 3장 2절 1 참조). 9세기 통일신라시대 초기 선사인 낭혜무염은 교와 선을 이야기하며 종으로 구별하고 있다("或謂教禪爲無同, 吾未見其宗." 〈保寧 聖住寺址 朗慧和尚塔碑〉). 즉 교종과 선종의 개념을 갖고 있는 것이다. 883년 보조체징의 비문에는 통일신라 '선종'의 표현이 명확하게 나타난다("中和三年, (…) 諡曰普照, 塔號彰聖, 寺額寶林, 褒其禪宗禮也." 〈長興 寶林寺 普照禪師塔碑〉). 923년 입적한 진경심희의 비문에는 당나라의 선종이 표현되어 있다("自達摩付法, 惠可傳心, 禪宗所以東流." 〈昌原 鳳林寺址 眞鏡大師塔碑〉). 여기서 당나라 선의 법맥인 선종과 의미를 같이하는 9세기 선종이 확인된다. 통일신라시대 선사의 법맥을 통한 파벌 의식은 진성여왕의 재위 시기인 887~897년에 생겨나기 시작한다는 연구가 있다(최병헌, 「선종 초기전래설의 재검토-「단속사신행선사비문斷俗寺神行禪師碑文」의 분석」, 『불교학연구』 제41권, 불교학연구회, 2014, p.116). 그러나 보조체징의 비문을 보면 늦어도 880년에는 통일신라시대 선사 법맥의 계보가 확립된 것을 알 수 있다("我國則以儀大師爲第一祖. 居禪師爲第二祖, 我師第三祖矣." 〈長興 寶林寺 普照禪師塔碑〉). 또한 882년 입적한 지증도헌은 통일신라 북종선의 법맥을 완성하고 있다("法胤唐四祖爲五世父 東漸于海. 遡游數之, 雙峰子法朗 孫愼行 曾孫遵範 玄孫慧隱 來孫大師也." 〈聞慶 鳳巖寺 智證大師塔碑〉). 구산선문이라는 표현은 고려 선종宣宗(재위 1083~1094)의 시기부터 명확히 나타난다(박윤진, 「新羅末 高麗初 高僧碑에 보이는 종법적 표현과 계보 인식」, 『사학연구』 제109호, 한국사학회, 2013, p.4). 9~10세기 통일신라 선사의 법맥은 고려시대 확립된 구산선문의 법맥에 포함되어 있다. 그렇기에 이 책에서는 9~10세기 통일신라 선사의 법맥 집단을 표현할 때 '선종'이 아닌 '선문'의 용어를 사용하겠다.

22) 한기문, 「신라말, 고려초의 계단사원戒壇寺院과 그 기능」, 『역사교육논집』 제12권, 한국역사교육학회, 1988, pp.47~49

23) "〈興德王〉三年(828): 冬十二月, 遣使入唐朝貢. 文宗召對于麟德殿, 宴賜有. 差入唐迴使大廉, 持茶種子來, 王使植地理山. 茶自善德王時有之, 至於此盛焉." 『三國史記』 10, 「新羅本紀」 10

**제2장 중관해안의 『화엄사사적』과 창건주 연기**

1) 이 책은 『대화엄수좌원통양중대사균여전大華嚴首坐圓通兩重大師均如傳』을 줄여서 『균여전』이라 한다. 『균여전』은 1075년 혁련정赫連挺(?~?)이 의상계 화엄종 승려 균여均如(923~973)의 행적을 모아 저술한 전기다.

2) "禪林號爲祖師."『추강선생문집』6, 「雜著-智異山日課」성종 18년(1487) 10월 7일 丁未 十月 癸酉. 자세한 내용은 이 책 4장 1절 3 참조.

3) 자세한 내용은 이 책 4장 2절 2 참조.

4) 사진의 출처는 다음과 같이 줄여서 표시한다. (성) 화엄사 성보박물관, (철) 화엄사 철한스님, (논) 이 책 저자, (유) 국립중앙박물관 공개 유리건판 사진, (문) 문화재청 공개 자료.

5) '호남'은 전라도 지역을 지칭하는 용어로, 조선시대부터 현재까지 사용되고 있다. 이에 이 책에서는 고려시대와 통일신라시대의 지역 상황을 설명할 때 '호남'이라 표현하겠다.

6) "或有回祿流災白馬悲嘶, 凡有貫籍繹如, 恩旨盡敢無無無一字可傳."『화엄사사적』의 번역본으로는 조용호의 작업이 유일하여 인용, 참조했다. 조용호는 화엄사를 흥륜사와 같은 사찰로, 구례를 경주와 같은 지역으로 보았으나 나는 이에 동의하지 않는다. 중관해안은 화엄사를 호남 제일의 사찰로서 드높이기 위해 신라의 불교 역사에 비교하는 관점으로 서술했다. 이에 조용호 번역을 참고하여 새롭게 번역했다. 또한 『화엄사사적』은 『華嚴 佛國寺 事蹟』과 『華嚴寺誌』에 실린 목판본 영인본을 기준으로 했다. 中觀海眼, 趙庸鎬 譯,『華嚴 佛國寺 事蹟』, 國學資料院, 1997, p.38; 中觀海眼, 韓國學文獻研究所 編,『華嚴寺誌』, 亞細亞文化社, 1997, p.8

7) '범승'은 일반적으로 인도의 승려로 해석하고 있다. 그러나 범승은 고승을 의미하는 표현일 수 있다. 이 책에서는 인도의 승려로 해석한 것으로 판단한다.

8) "吾華嚴寺, 問之古老, 梵僧烟起之取建也, 成而毀毀而成不知, 其幾千年." 中觀海眼, 趙庸鎬 譯, 위의 책, p.38; 中觀海眼, 韓國學文獻研究所 編, 위의 책, p.8

9) "令故或稱華嚴佛國寺, 或稱華嚴法流寺, 或稱華嚴法雲寺, 雞林古記或稱黃芚寺, 艮坐坤向却, 倚霞岑俯壓雲潤, 開基於梁武帝大同十二(536)年, 新羅眞興王五(544)年甲子, 是年眞興王爲母只召夫人, 創興輪寺." 中觀海眼, 趙庸鎬 譯, 앞의 책, pp.24~25; 中觀海眼, 韓國學文獻研究所 編, 위의 책, p.7

10) 주석에서 조용호는 화엄사와 흥륜사를 같은 사찰로 보고 있다. 中觀海眼, 趙庸

鎬 譯, 위의 책, p.25

11) 金相弦,「華嚴寺의 創建 時期와 그 背景」,『東國史學』제37집, 2002, p.95

12) "世之人, 或有望烟起而相尋見者, 故曰烟起師." 中觀海眼, 趙庸鎬 譯, 앞의 책, p.55; 中觀海眼, 韓國學文獻硏究所 編, 앞의 책, p.19

13) "般若之爲峯也, 以白頭爲鼻祖, 以蓬萊瀛洲爲伯叔, 世稱海東三神山之一也." 中觀海眼, 趙庸鎬 譯, 위의 책, p.22; 中觀海眼, 韓國學文獻硏究所 編, 위의 책, p.6

14) "南至妙高峯下, 烏有鄕中, 中觀鐵面." 中觀海眼, 趙庸鎬 譯, 위의 책, p.139; 中觀海眼 著, 韓國學文獻硏究所 編, 위의 책, p.81

15) 염중섭(자현),「『화엄사사적』 창건기록의 타당성 분석-황룡사를 통한 자장慈藏의 영향 가능성을 중심으로」,『정토학연구』제34호, 2020, p.19

16) 염중섭(자현),「Kailas山의 수미산설에 관한 종합적 고찰」,『佛敎學硏究』제17호, 2007, pp.321~331; 염중섭,「『樓炭經』 계통과 『大毘婆沙論』 계통의 수미산 우주론 차이 고찰-'도리천의 구조'와 '지옥의 문제'를 중심으로」,『哲學論叢』제56집, 2009, pp.226~227

17) "初本新羅之地, 而百濟取以爲求禮縣, 新羅復之爲鳳城, 屬谷城郡." 中觀海眼 著, 趙庸鎬 譯, 앞의 책, p.21; 中觀海眼 著, 韓國學文獻硏究所 編, 앞의 책, p.5

18) "海會而甍留." 中觀海眼 著, 趙庸鎬 譯, 위의 책, p.76; 中觀海眼 著, 韓國學文獻硏究所 編, 위의 책, p.30,

19) "留海藏而掛錫." 中觀海眼 著, 趙庸鎬 譯, 위의 책, p.81; 中觀海眼 著, 韓國學文獻硏究所 編, 위의 책, p.34

20) "元曉庵三間義湘庵三間." 中觀海眼 著, 趙庸鎬 譯, 위의 책, p.92; 中觀海眼 著, 위의 책, p.40

21) "華嚴寺每皇龍太和月精諸伽藍同一時重建." 中觀海眼 著, 趙庸鎬 譯, 위의 책, p.53; 中觀海眼 著, 韓國學文獻硏究所 編, 위의 책, pp.16~17

22) "髮肆月遊山華嚴寺." 中觀海眼 著, 趙庸鎬 譯, 위의 책, p.55; 中觀海眼 著, 韓國學文獻硏究所 編, 위의 책, p.20,

23) "師夜宿華嚴." 中觀海眼 著, 趙庸鎬 譯, 위의 책, p.57; 中觀海眼 著, 韓國學文獻硏究所 編, 위의 책, p.22

24) "時有明崇禎紀元之九禩桑兆困敦暢月日." 中觀海眼 著, 趙庸鎬 譯, 위의 책, p.139; 中觀海眼 著, 韓國學文獻硏究所 編, 위의 책, p.81

25) 이계표,「華嚴寺의 歷史」,『佛敎文化硏究』제9권, 2002, p.29

26) 中觀海眼 著, 趙庸鎬 譯, 앞의 책, p.14; 鄭柄三,「華嚴寺의 韓國佛敎史的 位相」,

『南道文化硏究』제39권, 2020, p.18

27) "宗派之正. 則未有知者昔淸虛休靜大師. 旁傳秘旨於雷默處英. 處英傳之於師." 恬麼居士,『中觀大師遺稿』,「附錄」(韓佛全8, 220c)

28) "本士族子, 讀書寫字, 聞一知十; 鄕人以奇童稱之, 少喪天只, 家貧無賴, 託於表叔 釋處英大師. 大師憐而敎之, 年纔志學, 博通墳典, 於詩於賦, 不學而能." 恬麼居 士, 위의 책,「附錄」(韓佛全8, 220c)

29) 이계표, 앞의 책, p.29; 中觀海眼 著, 趙庸鎬 譯, 앞의 책, p.14

30) "鳶飛之天俯有魚躍之淵."(『시경詩經』「대아大雅·한록旱麓」) 中觀海眼 著, 趙庸鎬 譯,『華嚴 佛國寺 事蹟』, 國學資料院, 1997, p.39; 中觀海眼 著, 韓國學文獻硏究 所 編, 앞의 책, p.9

31) 黃仁奎,「白谷處能의 生涯와 護法活動」,『文定王后와 白谷處能의 護法活動』, 奉 恩寺 中央僧伽大學校 佛敎學硏究院 企劃 學術大會 資料集, 2018, pp.78~80

32) "鐵面老子淹泊古今不禁小技, 操觚志事之際累至六七千言而未艾也, 实傷乎冗長 雖博而未見其約也, 紀事之難有如是." 中觀海眼, 趙庸鎬 譯, 앞의 책 p.145; 中觀 海眼, 앞의 책, 1997, pp.81~82

33) "殿上世尊舍利塔九層, 有鐵面子記. 余讀之, 乃慶州佛國寺事蹟, 誤作此寺, 古記 荒唐無準, 故不取錄."『鏡巖集』下,「華嚴寺記」(韓佛全10, 440c)

34) 김상현,「화엄사의 창건 기기와 그 배경」,『동국사학』제37집, 동국역사문화연구 소, 2002, pp.93~99; 김용태,「조선후기 화엄사의 역사와 부휴계 전통」,『지방사 와 지방문화』제12권 1호, 2009, pp.389~393

35) 염중섭(자현),「『화엄사사적』창건기록의 타당성 분석-황룡사를 통한 자장慈藏 의 영향 가능성을 중심으로」,『정토학연구』제34호, 2020, p.19

36) 오경후,「중관해안의 사적기 찬술」,『백련불교논집』제11권, 성철사상연구원, 2001, pp.182~184

37) 조용호의 번역본 목차를 참조하여 정리했다. 中觀海眼, 趙庸鎬 譯, 앞의 책.

38) "〈法王〉二年(600)陰一月: 二年, 春正月, 創王興寺, 度僧三十人."『三國史記』27,「百 濟本紀」5

39) 中觀海眼, 趙庸鎬 譯, 앞의 책, p.48; 中觀海眼, 韓國學文獻硏究所 編, 앞의 책, p.12

40) "如上事蹟, 不是林下人白皆出, 東方三國時史筆下玄迹." 中觀海眼 著, 趙庸鎬 譯, 위의 책, p.139; 中觀海眼 著, 韓國學文獻硏究所 編, 위의 책 p.80

41) "或稱華嚴佛國寺或稱華嚴法流寺或稱華嚴法雲寺雞林古記或稱黃芚寺 (…) 開

基於梁武帝大同十二年新羅眞興王五年甲子是年眞興王爲母只召夫人創興輪寺." 中觀海眼 著, 趙庸鎬 譯, 위의 책, p.360

42) "眞興大王即位五年甲子. 造大興輪寺."『三國遺事』3, 「興法第三-原宗興法 厭髑滅身」(大正藏 49, 987c20~21)

43) 김상현의 연구를 참조하면 불국사의 광학장을 화엄사의 광학장으로 바꿨으며, 동악 기슭에 불국사를 세웠다는 내용을 남악에 절을 세운 것으로 바꾼 것이 대표적이다. 김상현, 「화엄사의 창건 시기와 그 배경」, 『동국사학』 37, 동국역사문화연구소, 2002, p.94

44) 염중섭(자현), 「『화엄사사적華嚴寺事蹟』 창건기록의 타당성 분석-황룡사를 통한 자장慈藏의 영향 가능성을 중심으로」, 『정토학연구』 제34호, 2020, pp.9~46

45) 통일신라시대의 중요 사료인 『삼국사기』와 『삼국유사』에 연기와 화엄사에 관한 내용은 나타나지 않는다.

46) "偉論雄經罔不通, 師平昔講演起■花嚴, 一生弘護有深功, 三千義學分燈後, 圓教宗風滿海東, 本傳云傳敎義學數三千,"『大覺國師文集』17, 「華嚴寺禮緣起祖師影」(韓佛全4, 559b)

47) 김경미, 「山地 僧院 仙巖寺의 세계유산 가치 연구」, 『南道文化研究』 제36권, 2019, pp.94~95; 嚴基杓, 「仙巖寺高麗時代石造浮屠의 建立時期와 意義」, 『地方史와 地方文化』 제12권 1호, 2009, p.279

48) "寂滅堂前多勝景. 吉祥峯上絶纖埃. 彷徨盡日思前事. 薄暮悲風起孝臺."『大覺國師文集』17, 「留題智異山華嚴寺」(韓佛全4, 559b),

49) "飯後下觀黃芚寺. 寺古名花嚴. 名僧緣起所創. 寺兩傍皆竹林. 寺後有金堂. 堂後有塔殿. 殿最明凞. 茶花鉅竹石榴柿木環繞其傍. 俯視大野. 長川橫跨其下. 爲熊淵. 中庭有石塔. 塔四隅. 有四柱戴塔. 又有婦人中立頂戴狀. 僧曰. 此緣起母爲尼者也. 其前有小塔. 塔四隅. 亦有四柱戴塔. 亦有男子中立頂戴仰向於戴塔婦人狀. 此緣起也. 緣起者. 故新羅人. 從其母入此山創寺. 日率弟子千人. 精盡話道. 禪林號爲祖師."『秋江先生文集』6, 「雜著-智異山日課」丁未年(1487, 성종 18) 10월 7일 癸酉.

50) 2015년 무렵 옛 탑전을 헐고 새로운 전각 불사가 이루어졌다. 안타깝게도 옛 탑전에 대해 남겨진 조사보고서가 없다.

51) "在智異山麓. 僧煙氣不知何代人, 建此寺. 中有一殿, 四壁不以土塗, 皆用靑壁, 刻《華嚴經》於其上. 歲久壁壞, 文字刓沒, 不可讀. 有石像戴母而立, 俗云 煙氣與其母化身之地."『新增東國輿地勝覽』40, 「全羅道-求禮縣-佛宇」

52) 한국 적멸보궁의 시원은 자장에 의해 개창된 오대산 중대 적멸보궁이다(염중섭, 「慈藏의 五臺山開創과 中臺寂滅寶宮」, 『한국불교학』 제67권, 한국불교학회, 2013, pp.31~37). 1401년 사자암을 중수할 당시 중대의 언급으로 보아 적멸보궁의 의미는 존재한 것을 알 수 있으며, 1466년 세조에 의해 상원사가 중창될 때는 '보궁'이 문헌으로 처음으로 언급되고 있다. '적멸보궁'이라 명확히 언급한 첫 사례는 1664년 윤선거尹宣擧(1610~1669)의 「巴東紀行」이다(이원석, 「五臺山 中臺 寂滅寶宮의 역사」, 『한국불교학』 제67권, 한국불교학회, 2013, pp.187~190).

53) 염중섭(자현), 「慈藏의 生沒年代에 대한 종합적 검토」, 『東아시아 佛教文化』 제29호, 2017, p.375

54) "〈文武王〉十六年(676)春二月: 十六年, 春二月, 高僧義相奉旨, 創浮石寺." 『三國史記』 7, 「新羅本紀」 7

55) "亨元年庚午還國. (…) 儀鳳元年. 湘歸太伯山. 奉朝旨創浮石寺. 敷敞大乘靈感頗著." 『三國遺事』 4: 「義解第五-義湘傳教」 (大正藏 49, 1006c16~19)

56) 신라가 당나라와 전쟁을 준비하는 기간에 당나라 유학파인 의상이 영주로 옮겨갔다는 사실은 의미심장하다. 의상이 당나라와 내통하고 있을지도 모른다고 의심하여 일부러 영주로 보낸 것일 수도 있다.

57) 김복순, 『한국 고대 불교사 연구』, 민족사, 2002, p.262

58) 김복순, 『新思潮로서의 신라 불교와 왕권』, 민족사, 2008, pp.139~140

59) 전해주, 『義湘 華嚴思想史 研究』, 민족사, 1994, pp.93~94

60) "鄉傳云. 藏入唐太宗. 迎至式乾殿請講華嚴. (…) 又改營生緣里第元寧寺. 設落成會. 講雜花萬偈." 『三國遺事』 4: 「義解第五-慈藏定律」 (大正藏49, 1005b26~c7)

61) "以華嚴經一切無礙人一道出生死命名曰無礙. 仍作歌流于世." 『三國遺事』 4: 「義解第五-元曉不羈」 (大正藏49, 1006b12~14)

62) 이행구(도업), 「韓國華嚴의 初祖考-慈藏法師의 華嚴思想」, 『東國論集』 제13집, 1994; 이행구(도업), 「韓國 華嚴의 初祖考-慈藏法師의 華嚴思想」, 『佛教文化研究』 제4집, 1995

63) 염중섭(자현), 「慈藏과 華嚴의 관련성 고찰-中國五臺山 文殊親見의 타당성을 중심으로」, 『韓國佛教學』 제77집, 2016

64) "至於成實毘曇華嚴地論." 『續高僧傳』 15, 「義解篇十一-唐京師普光寺釋法常傳」 (大正藏50, 540c)

65) 종남산에 있던 두순杜順(557~640)과 지엄智儼(602~668)에게 화엄종을 배웠을 가능성이 있다. 정병조, 「文殊菩薩의 研究」, 동국대 박사학위논문, 1988,

pp.134~135, 『續高僧傳』 24, 「護法下-唐新羅國大僧統釋慈藏傳(圓勝)」(大正藏 50, 639b)

66) 『三國遺事』 3, 「塔像第四-臺山五萬眞身」(大正藏49, 998b,c); 『五臺山事蹟記』, 「五臺山月精寺開創祖師傳記」; 염중섭(자현), 「慈藏의 中國五臺山行에서 살펴지는 文殊의 가르침 검토」, 『佛敎學報』 제76집, 2016, pp.168~176

67) 통일신라시대 『화엄경』을 일컫는 말이다.

68) 『三國遺事』 4, 「義解第五-慈藏定律」(大正藏49, 1005b,c), "講雜花萬偈."

69) "善德王-十二年: 三月. 入唐求法高僧慈藏還." 『三國史記』 5, 「新羅本紀」 5; "貞觀十七年癸卯十六日. 將唐帝所賜經像袈裟幣帛而還國." 『三國遺事』 3, 「塔像第四-皇龍寺九層塔」(大正藏49, 990c)

70) 염중섭(자현), 「慈藏의 新羅歸國과 大國統 취임문제 고찰-善德王과의 관계 및 大國統 문제를 중심으로」, 『東國史學』 제59집, 2015, pp.245~256; 「皇龍寺刹柱本記」

71) 염중섭(자현), 「慈藏의 國家佛敎에 대한 검토-僧團整備 및 皇龍寺九層木塔과 戒壇建立을 중심으로」, 『新羅文化』 제47집, 2016, pp.47~97

72) "當此之際. 國中之人. 受戒奉佛. 十室八九." 『三國遺事』 4, 「義解第五-慈藏定律」(大正藏49, 1005c); "護法菩薩即斯人矣." 『續高僧傳』 24, 「護法下-唐新羅國大僧統釋慈藏傳(圓勝)」(大正藏50, 639c)

73) "善德王-十六年: 春正月. 毗曇廉宗等. 謂女主不能善理. 因謀叛擧兵. 不克. 八日. 王薨." 『三國史記』 5, 「新羅本紀」 5

74) 『三國遺事』 4, 「義解第五-慈藏定律」(大正藏49, 1005c); 『五臺山事跡記』, 「五臺山月精寺開創祖師傳記」; 염중섭(자현), 「「慈藏定律」에서 확인되는 慈藏의 최후기록에 대한 분석」, 『溫知論叢』 제58집, 2019, pp.218~228

75) "以瑜珈明僧十二員明朗爲上首, 作文豆婁秘密之法, 時唐羅兵未交接風濤怒起, 唐舡皆没於水." 『三國遺事』 2, 「紀異-文虎王法敏」(大正藏49, 972a,b)

76) "請師開秘法禳之. 事在文武王傳中. 因玆爲神印宗祖." 『三國遺事』 5, 「神呪第六-明朗神印」(大正藏49, 1011b,c)

77) "聖德王 702年 陰曆 7月: 神文王第二子, 孝昭同母弟也. 孝昭王薨, 無子, 囯人立之." 『三國史記』 8, 「新羅本紀」 8

78) 『三國遺事』 3, 「塔像第四-臺山五萬眞身」(大正藏49, 999a); 같은 책, 「溟州(古河西府也)五臺山寶叱徒太子傳記」(大正藏49, 1000a); 『五臺山事蹟記』, 「五臺山聖跡幷新羅淨神太子孝明太子傳記」

79) 염중섭(자현),「新羅五臺山의 文殊信仰과 五萬眞身信仰 검토」,『韓國佛教學』제
92집, 2019, pp.243~247; 廉仲燮,「新羅五臺山의 정립에 있어서 文殊信仰과 華
嚴」,『淨土學研究』제29집, 2018, pp.336~343

80) "玉龍集及慈藏傳與諸家傳紀皆云."『三國遺事』3,「塔像第四-迦葉佛宴坐石」(大
正藏49, 989a)

81) "王請剋日於黃龍寺敷演. 時有薄徒竊盜新疏. 以事白王. 延于三日. 重錄成三卷.
號爲略疏. 洎乎王臣道俗雲擁法堂. 曉乃宣吐有儀解紛可則. 稱揚彈指聲沸于空.
曉復昌言曰. 昔日採百椽時雖不預會. 今朝橫一棟處唯我獨能. 時諸名德俯顔慚色
伏膺懺悔焉."『宋高僧傳』4,「唐新羅國黃龍寺元曉傳(大安)」(大正藏50, 730b)

82) "唐高宗咸亨元年庚午新羅文武王十年創無說殿講華嚴 文武王講經論爲任講義
湘與弟子悟眞表訓等十大德相與講論而別勅表訓住佛國寺訓常往來天宮 出崔侯
本傳及曉師行狀."『三國遺事』5,「神咒第六(大城孝二世父母 神文代)」(大正藏49,
1018a);『釋華嚴旨歸章圓通鈔』下(韓佛全4, 125c); 韓國學文獻研究所 編,「佛國寺
古今創記」,『佛國寺誌(外)』, 亞細亞文化社, 1983, p.44

83) 염중섭(자현),「慈藏의 傳記資料 研究」, 동국대 박사학위논문, 2015,
pp.603~604

84) "願旨者皇龍寺緣起法師." 張忠植,「新羅 白紙墨書『華嚴經』經題筆師者 問題」,
『東岳美術史學』제5호, 2004, p.13

85) "本傳云傳教義學數三千."『大覺國師文集』17,「華嚴寺禮緣起祖師影」(韓佛全4,
559b),

86) 염중섭(자현),「『화엄사사적華嚴寺事蹟』 창건기록의 타당성 분석-황룡사를 통
한 자장慈藏의 영향 가능성을 중심으로」,『정토학연구』제34호, 2020, p.35

87) "偉論雄經罔不通."『大覺國師文集』17,「華嚴寺禮緣起祖師影」(韓佛全4, 559b)

88) "圓教宗風滿海東."『大覺國師文集』17,「華嚴寺禮緣起祖師影」(韓佛全4, 559b)

89) "明年甲午夏. 王又請大德法海於皇龍寺. 講華嚴經."『三國遺事』4,「義解第五-阿
道基羅」(大正藏49, 1010a)

90) 경덕왕 재위 8세기 중반 화엄종의 갑작스러운 활동에 관한 연구는 이 책 제4장
참조.

91) "皇龍寺 釋表員集"『華嚴經文義要決問答』1(卍續藏8, 414a)

92) 정재영,「『華嚴文義要決問答』에 대한 文獻學的 研究」,『口訣研究』제23집,
2009, p.37; 박미선,「新羅 白紙墨書華嚴經의 寫經 發願者와 寫經場所」,『歷史
와 現實』제81호, 2011, p.40

93) "義相師云. 欲示緣起實相陀羅尼法."『華嚴經文義要決問答』1(卍續藏8, 419c); 420a, "義相師云. 中門中. 向上來. 向下去. 即門中. 向上去. 向下來. 前後言錯. 故不用也."같은 책 2, 421b; "一義相師云. 緣起者. 隨性無分別. 即是相即相融. 顯平等義. 正順第一義諦體也. 因緣者. 隨俗差別. 即是因緣相望. 顯無自性義. 正俗諦體也."

94) 염중섭(자현),「『화엄사사적』창건기록의 타당성 분석-황룡사를 통한 자장의 영향 가능성을 중심으로」,『정토학연구』제34호, 2020, p.36

95) 金相弦,「新羅 華嚴寺의 僧侶 및 그 寺院」,『新羅華嚴思想史研究』, 民族社, 1991, p.57

96) 8세기 중반에 황룡사를 중심으로 활약한 화엄학자인 표원·법해·연기를 비의상계로서 판단하여 원효계로 인식하는 관점도 존재한다. 高翊晋,『韓國古代佛教思想史』, 동국대학교출판부, 1989, p.365

97) "師北嶽法孫也. 昔新羅之季, 伽耶山海印寺, 有二華嚴司宗. 一曰觀惠公, 百濟渠魁甄萱之福田. 二曰希朗公, 我太祖大王之福田也. 二公受信, 心請結香火願, 願旣別矣. 心何一焉降及門徒浸成水火, 況於法味各稟酸鹹此弊難除由來已久時世之輩號惠公法門爲南嶽, 號朗公法門爲北嶽. 師每嘆南, 北宗趣矛楯, 未分庶, 塞多歧, 指彼一轍與首座仁裕, 同好遊歷名山, 婆娑玄肆振大法鼓, 豎大法幢, 盡使空門, 幼艾靡然向風."『大華嚴首坐圓通兩重大師均如傳 竝書』,「第四立義定宗分者」(韓佛全4, 512a)

98) "逡祝髮. 肆月遊山華嚴寺. 讀習大經. 不閱歲以通大義."『東文選』117,「碑銘-白鷄山玉龍寺贈謚先覺國師碑銘」; 한태일,「道詵의 생애와 唯心論的 禪思想」,『한국학논총』제14권, 2008, p.94; 최원석,「道詵 관련 寺刹과 著述의 역사지리적 비평」,『文化歷史地理』제28권 제1호, 2016, p.4

99) 中觀海眼, 趙庸鎬 譯, 앞의 책, p.55; 中觀海眼 著, 韓國學文獻研究所 編, 앞의 책, p.20

100) "大中十年丙子祖師結菴甌嶺與神人相會開創米寺."〈先覺國師碑陰記〉;『東文選』117,「碑銘-白鷄山玉龍寺贈謚先覺國師碑銘」; "始師之未卜玉龍也. 於智異山甌嶺, 置庵止息. 有異人來謁座下. 啓師云. 弟子幽栖物外近數百歲矣. 緣有小技. 可奉尊師. 倘不以賤術見鄙. 他日於南海汀邊. 當有所授. 此亦大菩薩救世度人之法也. 因忽不見. 師奇之. 尋往所期之處. 果遇其人. 聚沙爲山川順逆之勢示之. 顧視則其人已無矣. 其地在今求禮縣界. 土人稱爲沙圖村云. 師自是豁然. 益研陰陽五行之術. 雖金壇玉笈幽邃之訣. 皆印在胸次."崔柄憲,「道詵의 生涯와 羅末麗初의

風水地理說-禪宗과 風水地理說의 관계를 중심으로 하여」, 『韓國史硏究』 제11권, 1975, pp.114~115

101) "湘乃令十刹傳教. 太伯山浮石寺. 原州毘摩羅伽耶之海印. 毘瑟之玉泉. 金井之梵魚. 南嶽華嚴寺等是也." 『三國遺事』 4, 「義解第五-義湘傳教」(大正藏49, 1007a)

102) "海東華嚴大學之所有十山焉. 中岳公山美理寺. 南岳知異山華嚴寺. 北岳浮石寺. 康州迦耶山海印寺. 普光寺. 熊州迦耶峽普願寺. 鷄龍山岫寺 括地志所云鷄藍山是朔州華山寺. 良州金井山梵語寺. 毗瑟山玉泉寺. 全州母山國神寺更有如漢州負兒山靑潭寺也. 此十餘所." 『法藏和尙傳』, (『한불전』 3, 775c)


## 제3장 선사의 비문에 보이는 화엄사 관련 사료

1) 이 책에서 참조한 선사 비문의 원문 출처는 다음과 같다.

韓國古代社會硏究所 編, 『譯註 韓國古代金石文』 Ⅲ, 駕洛國史蹟開發硏究所, 1997

허흥식 編, 『韓國金石全文』 古代, 亞細亞文化社, 1984

황수영 編, 『韓國金石全文』, 一志社, 1978

황수영 編, 『黃壽永全集4 금석유문』, 혜안, 1978

이지관 譯註, 『校勘譯註 歷代高僧碑文』 高麗篇1·3, 伽山佛敎文化硏究院, 1995

『한국고대금석문』, 국사편찬위원회 한국사데이터베이스

http://db.history.go.kr/item/level.do?itemId=gskh

『고려시대금석문·문자자료』, 국사편찬위원회 한국사데이터베이스

http://db.history.go.kr/KOREA/item/gskoList.do

『한국금석문 금석문 검색』, 국립문화재연구소 문화유산연구지식포털

https://portal.nrich.go.kr/kor/ksmUsrList.do?menuIdx=584

이 책에서 금석문의 해석은 다음을 참조한다.

韓國古代社會硏究所 編, 『譯註 韓國古代金石文』 Ⅲ, 駕洛國史蹟開發硏究所, 1997

이지관 譯註, 『校勘譯註 歷代高僧碑文』 高麗篇1·3, 伽山佛敎文化硏究院, 1995

『한국고대금석문』, 국사편찬위원회 한국사데이터베이스

http://db.history.go.kr/item/level.do?itemId=gskh

『고려시대금석문·문자자료』, 국사편찬위원회 한국사데이터베이스

http://db.history.go.kr/KOREA/item/gskoList.do

『한국금석문 금석문검색』, 국립문화재연구소 문화유산연구지식포털

https://portal.nrich.go.kr/kor/ksmUsrList.do?menuIdx=584

2) 선사의 비문을 통한 구산선문과 폐사지廢寺址, 선사에 관한 연구는 많이 이루
어져 왔다. 대표적으로 다음의 연구논문이 있다. 김두진, 「羅末麗初 桐裏山門의
成立과 그 思想」, 『동방학지』 제57권, 연세대 국학연구원, 1988; 권덕영, 「홍각선
사탑비문을 통해 본 신라 억성사지의 추정」, 『사학연구』 제55·56호 합본, 한국
사학회, 1998; 정동락, 「洪陟禪師의 南宗禪 전래와 현실대응」, 『신라사학보』 제22
호, 신라사학회, 2011

3) 선사의 비문을 통한 계보와 성격, 비문의 서술방식에 관한 대표적 연구논문은 다
음과 같다. 박윤진, 「新羅末 高麗初 高僧碑에 보이는 종법적 표현과 계보 인식」,
『사학연구』 제109호, 한국사학회, 2013; 이재범, 「고려초 고승비高僧碑에 관한 일
고찰」, 『인문과학』 제62권, 성균관대 인문학연구원, 2016; 최인표, 「신라 말 선사
비문의 서술 태도와 역사적 의의」, 『군사연구』 제132호, 육군군사연구소, 2011

4) 월유산月遊山은 지금의 구례 화엄사가 있는 지리산의 다른 이름이다. 지리산은
남악南岳/南嶽으로도 불리고 있다. 이지관 譯註, 「광양 옥룡사 선각국사 증성혜
등탑비문」, 『校勘譯註 歷代高僧碑文』 高麗篇3, 伽山佛敎文化硏院, 1995, 주32

5) "出家. 年至十五. (…) 月遊山華嚴寺, 讀習大經, 不閱歲已通大義."〈光陽 玉龍寺
先覺國師碑〉

6) "受具足戒於康州嚴川寺官壇. (…) 却歸本寺, 再探衆典."〈江陵 普賢寺 朗圓大師
悟眞塔碑〉

7) "中和二年受具戒於華嚴寺官壇."〈康津 無爲寺 先覺大師遍光塔碑〉

8) "年十有八 具於月遊山華嚴寺."〈光陽 玉龍寺 洞眞大師碑〉

9) "元和八年歲次癸巳九月庚戌朔九日戊午建. (…) 盡心葬骨, 殆三紀矣."〈山淸 斷俗
寺 神行禪師碑〉, '三紀'는 36년을 뜻한다. "三紀: 36년." 韓國古代社會硏究所 編,
「斷俗寺 神行禪師碑 槪觀」, 『譯註 韓國古代金石文』 III, 駕洛國史蹟開發硏究所,
1997, p.21, 주78)

10) "光啓三年七月日建."〈河東 雙磎寺 眞鑑禪師塔碑〉

11) "咸通十三年 歲次壬辰 八月十四日立."〈谷城 大安寺 寂忍禪師塔碑〉

12) "易元以文德之年, (…) 越二年, 攻石封層冢. (…) 洒白黑相應, 請贈諡曁銘塔. 敎曰,
可, 旋命王孫夏官二卿 禹珪, 召桂苑行人 侍御使 崔致遠. (…) 若宜銘國師以報之.
(…) 於是乎管述曰."〈保寧 聖住寺址 朗慧和尙塔碑〉

13) 낭혜무염의 비문이 언제 건립되었는지는 서술되어 있지 않다. 선사의 비문 건립 연도에 관해서는 일찍이 일제강점기부터 연구되었는데 이마니시 류今西龍는 비문에 서술된 고려 태조의 휘 '건建', 혜종의 휘 '무武', 현종의 휘 '순詢에 보이는 결획缺劃을 근거로 선사 비문의 건립연도를 고려 현종 시기로 판단하고 있다. 그러나 현종 이전 정종, 광종, 성종의 '요堯' '소昭' '치治'는 결획하지 않은 점으로 볼 때 설득력이 약해 보인다. 가쓰라기 스에지葛城末治는 '무武'자와 '민民'자의 결획은 당나라 황제의 휘를 피한 것으로 이해하고 선사의 비문 건립연도를 최인연이 비문을 쓴 924년경이라고 추정했다. 일반적으로 학계에서 최인연의 이름과 직함이 경순왕 9년(935)에 고려 귀순하기 이전의 것이라 924년 건립했다는 설을 따르고 있다(「保寧 聖住寺址 朗慧和尙塔碑 개관」, 『한국고대금석문』, 국사편찬위원회 한국사데이터베이스). 그러나 이 책에서 앞으로 살펴보겠지만, 낭공행적의 비문 글을 쓴 917년경과 선각형미의 비문 글을 쓴 921년 최인연과 최언위의 이름 변경 연도의 변화를 기준으로 볼 때 설득력이 없어 보인다. 이 책의 주제가 아니므로 924년 건립설을 따르겠지만, 이 시기에는 위의 비문에 나타난 연도에 따른 이름의 변화 그리고 924년은 선사의 비문이 건립되는 보령 성주사가 후백제 견훤의 영역이 아닐까 하는 두 가지 의문이 있다. 보령에 세워진 낭혜무염의 비문이 924년 건립되었다는 추정은 후삼국 시기 신라의 중앙권력의 영향력이 미치는 지역을 고려할 때 검토되어야 할 사항으로 판단된다. 924년 보령은 후백제가 영향력을 미치는 시기이기에 통일신라 선사의 비문이 건립되었다는 추정은 의심스럽다.

14) "中和四年 歲次甲辰 季秋九月戊午朔 旬有九日丙子 建." 〈長興 寶林寺 普照禪師塔碑〉

15) '사림사沙林寺' 또는 '선림원禪林院'으로 사지의 이름을 혼동하여 사용하고 있는데 권덕영은 본 사지를 신라시대 '억성사億聖寺'로 추정하고 있다. 나도 이에 동의한다(권덕영, 「홍각선사탑비문을 통해 본 신라 억성사지의 추정」, 『사학연구』 제55·56호 합본, 한국사학회, 1998, pp.75~88). 사지 이름이 사림사와 선림원으로 사용되고 있는 이유에 대해서는 두 가지 설명이 있다. 먼저 일제강점기에 작성된 『조선보물고적조사자료』에 "양양군 관하의 사지寺址로서 서면西面 미천리米川里 사림사지沙林寺址가 있다"는 표현이 있다. 이것은 그 당시 조사를 할 때 전하던 자료를 바탕으로 한 것으로 언제 무엇을 근거로 사림사로 불렀는지에 대한 명확한 근거는 기록하지 않았다. 사림사라는 이름은 『조선금석총람』 이후 이 금석문 자료집을 따르고 있다. 조선시대 작성된 『대동금석서』에서는 선림원禪林院이라 했는데, 이 또한 명확한 근거가 없다. 1948년 사지에서 발견된 종의 이름을 '선림원종

禪林院鍾'이라 이름한 것은 사지의 이름을 선림원이라 한 것을 따른 것이다(韓國
古代社會硏究所 編, 『譯註 韓國古代金石文』 Ⅲ, 駕洛國史蹟開發硏究所, 1997, p.62). 다
음으로 9세기 큰 사찰을 이룬 선림원이 10세기 전반에 천재지변으로 매몰된 후
조선 후기 사림사라 불리게 되었고, 홍경모洪敬謨(1774~1851)의 『관암전서冠巖
全書』에서 홍각선사의 비문을 사림사비沙林寺碑라 명명하면서 "新羅雪山禪林
院弘覺禪師碑 在襄陽沙林寺"라 한 이유로 보고 있다(「襄陽 禪林院址 弘覺禪師塔
碑 개관」, 『한국고대금석문』, 국사편찬위원회 한국사데이터베이스). 이 책은 선사의 비
문이 건립된 사지의 이름을 선림원禪林院으로 통일한다.

16) "大唐光啓二年丙午十月九日建."〈襄陽 禪林院址 弘覺禪師塔碑〉

17) "龍紀 二年, 歲次庚戌, 九月十五日建."〈堤川 月光寺址 圓朗禪師塔碑〉

18) 비문의 건립 시기를 헌강왕憲康王 2년(876)으로 보는 견해와(『대동금석서』와 『범
우고梵宇攷』), 진성여왕 7년(893)에 조서된 것으로 보는 견해(「南原 實相寺 秀澈和
尙塔碑 개관」, 『한국고대금석문』, 국사편찬위원회 한국사데이터베이스) 효공왕 9년
(905)으로 보는 세 가지 견해가 있다(「南原 實相寺 秀澈和尙塔碑 개관」, 『한국고대금
석문』, 국사편찬위원회 한국사데이터베이스; 추만호, 「심원사 수철화상 능가보월탑비의
금석학적 분석」, 『역사민속학』 1, 한국역사민속학회, 1991, pp.266~307). 특히 정선종
은 선사의 비문 음기에 "▨▨ 2년 용집 을축 10월 보름에 세우다▨▨二年龍集
乙丑十月之望建"라는 문구가 있는데, 2년 을축乙丑의 연도에 해당하는 연호는
천우天祐뿐이므로, 천우 2년 즉 효공왕孝恭王 9년(905) 10월 15일에 선사의 비
문을 건립했다고 보고 있다(정선종, 「實相寺 秀澈和尙塔碑의 陰記와 重建에 대하여」,
『불교문화연구』 11, 남도불교문화연구회, 2009, pp.173~200). 이 책에서는 905년 건
립을 따른다.

19) "(陰記)▨▨二年龍集乙丑十月之望建, 康熙五十三年甲午四月日重建."〈南原 實相
寺 秀澈和尙塔碑〉

20) "龍德四年 歲次甲申 六月 日 竟建."〈聞慶 鳳巖寺 智證大師塔碑陰記〉

21) "龍德四年歲次甲申四月十五日, 文已成, 而以國家多事, 時隔二紀, 忽遇四郡煙消,
一邦塵息, 天福九年歲在甲辰六月十七日立."〈寧越 興寧寺 澄曉大師塔碑〉

22) "天德二年歲次庚午七月乙亥九日癸未立. (…) 癸巳六月十四日, (…) 門人玉龍寺住
持重大師臣志文奉 宣立石."〈光陽 玉龍寺 先覺國師碑〉

23) "顯德元年歲在甲寅七月十五日, 立. (…) 是以年新月古, 未立碑文, 至後高麗國凡平
四郡, 鼎正三韓, 以顯德元年七月十五日, 樹此豐碑於太子山者,"〈奉化 太子寺 朗
空大師塔碑〉

24) "天福五年七月三十日立."〈江陵 普賢寺 朗圓大師悟眞塔碑〉

25) "龍德四年歲次甲申四月一日, 建."〈昌原 鳳林寺址 眞鏡大師塔碑〉 진경심희의 비문에 선사의 비문이 건립된 때가 924년인 용덕 4년龍德四年이라 서술되어 있는데, 동광 2년同光二年이 옳은 표현이다. 924년은 경명왕 8년으로 923년 11월까지는 용덕이라는 연호가 사용되었고 이후부터는 동광으로 바뀌었기 때문에 용덕 4년은 동광 2년이라 해야 맞다.「昌原 鳳林寺址 眞鏡大師塔碑 해석문」,『한국고대금석문』, 국사편찬위원회 한국사데이터베이스, 주85

26) "天福四年歲次己亥, 四月十五日, 立."〈楊平 菩提寺址 大鏡大師塔碑〉

27) "開運三年, 歲次丙午, 五月庚寅朔二十九日戊午立."〈康津 無爲寺 先覺大師遍光塔碑〉

28) "顯德五年歲次敦八月十五日立."〈光陽 玉龍寺 洞眞大師碑〉

29) 논자가 화엄사 성보박물관에 근무하던 2020년 무렵 적인혜철의 비문 사본을 찾아보았으나 없는 것으로 확인했다. 사본이 분실된 것으로 추정된다.

30) 이지관 篇,「곡성 대안사 적인선사 조륜청정탑비문」,『(校勘譯註)歷代高僧碑文』新羅篇, 伽山文庫, 1994, pp.74~93, 주4

31) 권덕영,「신라 弘覺禪師塔碑 원형 탐구」,『신라문화』제32집, 동국대 신라문화연구소, 2008, p.324

32) 조속趙涑(1595~1668)이 삼국시대에서 조선 중기까지 우리나라의 금석문 탁본을 모아 1655년 무렵에 편찬한 문집이다.『금석청완』에는 홍각선사의 사찰이 다른 이름으로 전하고 있는데 4권본은 '선림사비'로 10권본은 '선림원비'로 서술 표현되어 있다. 6권 본에는 아예 선사의 비문이 없다고 되어 있다. 남동신,「『金石淸玩』연구」,『한국중세사연구』제34호, 한국중세사학회, 2012, pp.361~434

33) 『삼국사기』4「신라본기」4, '眞興王'에 따르면, 안홍安弘은 수隋나라에서 불법을 배우고 576년(진흥왕 37)에 호승胡僧 비마라毗摩羅 등 두 승려와 함께 귀국하며 『능가경』『승만경』및 불사리를 바쳤다고 전하고 있다.『삼국유사』3,「塔像第四-皇龍寺九層塔」에는 황룡사 구층탑을 건립해야 할 이유를 적은『동도성립기東都成立記』를 안홍이 편찬했다고 전하고 있다.「保寧 聖住寺址 朗慧和尙塔碑 해석문」,『한국고대금석문』, 국사편찬위원회 한국사데이터베이스, 주19

34) 이 책에서 자료를 바탕으로 추정하여 계산한 나이는 햇수로 쓰고 선사의 비문에 서술된 나이는 그대로 쓴다.

35) "ㄱ) 俗姓金氏東京御里人也. ㄴ) 級干常勤之子, 先師安弘之兄曾孫. ㄷ) 年方壯室, 趣於非家, 奉事運精律師. (…) 生平七十有六, 大曆十四年十月卄一日, 歿於南

岳斷俗之寺." 〈山淸 斷俗寺 神行禪師碑〉 장실壯室은 30세를 뜻한다. 韓國古代 社會硏究所 編, 『譯註 韓國古代金石文』Ⅲ, 駕洛國史蹟開發硏究所, 1997, p.18, 주22

36) 금마金馬는 지금의 익산이다. 문무왕 10년(670)에 고구려 보장왕의 왕자인 안승 安勝이 4000여 호와 함께 항복하자 이들 무리를 받아들여 '금마'에 있게 했다. 백제시대부터 '금마'라고 불리던 이름을 신문왕 시기 '금마군'으로 바꾸고 전주 에 예속시켰다. 진감선사의 선조가 이 시기 금마로 왔을 것으로 추정된다. 韓國 古代社會硏究所 編, 위의 책, p.74, 주24

37) "ㄱ) 俗姓崔氏. 其先漢族, 冠盖山東, 隋師征遼, 多沒驪貊, 有降志而爲遐甿者, 爰 及聖唐, 囊括四郡, 今爲全州金馬人也. ㄴ) 父曰昌元, 在家有出家之行. 母顧氏. ㄷ) 遂於貞元廿年, (…) 遽令削染, (…) 元和五年, 受具於嵩山少林寺瑠璃壇, (…) 大中四年正月九日, (…) 坐滅, 報年七十七, 積夏四十一." 〈河東 雙磎寺 眞鑑禪師 塔碑〉

38) "ㄱ) 俗姓朴氏, 京師人也, ㄴ) 其先少耽洙泗之迹, 長習老莊之言, 得喪不關於心, 名利全忘於世, 或憑高眺遠, 或染翰吟懷而已. 祖高尙其事, 不歷公門, 於朔州善 谷縣閑居, 則太白山南, 烟嵐相接, 左松右石, 一琴一樽, 與身相親之人也. ㄷ) 年當 志學, 出家止于浮石山, (…) 泊二十二受大戒也. (…) 時春秋七十有七, 咸通二年 春 二月六日, 無疾坐化." 〈谷城 大安寺 寂忍禪師塔碑〉

39) 선사의 비문에 수계 기록은 없으나 승납 기록이 있어 계산했다.

40) "ㄱ) 俗姓金氏. ㄴ) 以武烈大王爲八代祖. 大父周川, 品眞骨位韓粲. 高曾出入, 皆 將相戶知之. 父範淸, 族降眞骨一等 曰得難, (…) 母華氏. ㄷ) 跨一星終 (…) 遂零 染雪山五色石寺, (…) 易元以文德之年, (…) 盥浴已趺坐示滅. (…) 應東身者 八十九春, 服西戎者六十五夏." 〈保寧 聖住寺址 朗慧和尙塔碑〉 일성종一星終은 12년을 뜻하므로 설산 오색석사에 13세에 출가한 것이다. 韓國古代社會硏究所 編, 앞의 책, p.101, 주123

41) "ㄱ) 宗姓金, 熊津人也. ㄴ) 家承令望. ㄷ) 登齔齓之歲, 永懷捨俗之緣, (…) 投花山 勸法師座下 (…) 後以大和丁未歲, 至加良陜山普願寺, 受具戒. (…) 廣明元年三月 九日, (…) 右脇臥終, 亨齡七十有七, 僧臘五十二." 〈長興 寶林寺 普照禪師塔碑〉

42) "ㄱ) 金姓, 京都人也. ㄴ) 安▨…▨文, 該通書史. ㄷ) 年十七, 遂剃髮, 披緇捐俗, (…) 廣明元年冬十月廿一日詰旦, ▨…▨▨, "今法緣當盡, 汝等勉旃守道." 是日, 奄然 遷▨▨, …夏五十." 〈襄陽 禪林院址 弘覺禪師塔碑〉 17세에 출가하고 880년 입적 했으며 승납이 50인 기록을 토대로 연도와 출생연도를 계산했다.

43) "ㄱ) 朴姓, 其家 通化府仲停里. ㄴ) 歷代捨官爵之榮, 近親紹朴素之□. 顯祖 王考, □□□□□□ 氏族. ㄷ) 遂投簪落髮, 解褐披緇, 以會昌乙丑年春, 投大德聖鱗, 進具戒僧□, 配居丹嚴寺 (…) 中和 三 仲夏, (…) 以其年 十月五日 儼□□□, □年六十有八, 僧月葛三十九." 〈堤川 月光寺址 圓朗禪師塔碑〉

44) "ㄱ) ㄴ)曾祖▨▨位蘇判, 族峻眞骨, 慶餘法身. 祖日新, 考修靜, 所欲不仕. ㄷ) 年餘志學, 學佛是圖, 落采於緣虛律師. (…) 出至東原京福泉寺, 受具于潤法大德. (…) 其滅渡也, 景福二年, (…) 享齡七十九, 歷夏五十八." 〈南原 實相寺 秀澈和尙塔碑〉

45) "ㄱ) 其世緣則王都人 金姓子. ㄴ) 父贊瓘, 母伊氏. ㄷ) 九歲喪父, (…) 就學浮石山, (…) 至十七受具. (…) 長慶甲辰歲現乎世, 中和壬寅曆歸乎寂. 恣坐也 四十三夏, 歸全也 五十九年." 〈聞慶 鳳巖寺 智證大師塔碑〉

46) "ㄱ) 俗姓▨氏, ▨▨鵂喦人也. ㄴ) 其先, 因宦牟城, 遂爲郡族. 父曰先幢, 藝高弓馬, 名振華夷, 孝慈載於史官, 功業藏於王府, 作郡城龜鏡, 爲閭里棟梁, 母白氏. ㄷ) 年七歲, (…) 落采披▨. (…) 至十九, 於白城郡長谷寺, 受具足戒. (…) 至于乾寧七年三月九日, (…) 坐滅. 報年七十五, 積夏五十六." 〈寧越 興寧寺 澄曉大師塔碑〉

47) "ㄱ) 俗姓金氏. 新羅國靈岩人也. ㄴ) 其世系父祖. 史失之. 或云是太宗大王之庶孽孫也. 母姜氏. ㄷ) 出家. 年至十五 (…) 月遊山華嚴寺 (…) 二十三受具戒於惠徹大師 (…) 寂時大唐光化元年三月十日 也享年七十二." 〈光陽 玉龍寺 先覺國師碑〉

48) 어려서 머리 깎고 승복 입고 공부하며 다니다가 가야산 해인사에 머물렀으며, 이후 수계하고 있다. 출가의 과정이 특이하다. "ㄱ) 俗姓崔氏. (…) 今爲京萬河南人也. ㄴ) 其先周朝之尙父遐苗, 齊國之丁公遠裔, 其後使乎兎郡留寓雞林, (…) 祖諱全, 避世辭榮, 幽居養志. 父諱佩常, 年登九歲, 學冠三冬, 長奉投筆之心, 仍效止戈之藝. 所以繫名軍旅, 充轍戎行. 母薛氏. ㄷ) 爰自靑襟, (…) 遂洒削染披緇, 苦求遊學▨尋學海, 歷選名山. 至於伽耶海印寺 (…) 大中九年, 於福泉寺官壇, 受其具戒 (…) 至貞明元年春, (…) 至明年春二月初, (…) 儼然就滅. 報齡八十五, 僧臘六十一." 〈奉化 太子寺 朗空大師塔碑〉

49) "ㄱ) 俗姓金氏, 辰韓鷄林人也. ㄴ) 其先東溟冠族, 本國宗枝. 祖守貞, 蘭省爲郎, 栢臺作吏, 考有車, 宦遊康郡, 早諧避地之心, 流寓喙鄕, 終擲朝天之志. 母復寶氏. ㄷ) 甘羅入仕之年, (…) 遂落掩泥之髮. 尋師於華嚴山寺, 問道於正行法師. (…) 大中末年, 受具足戒於康州嚴川寺官壇. (…) 以同光八年秋九月二十四日, 示滅於普賢山寺法堂. 俗年九十有六, 僧臘七十有二." 〈江陵 普賢寺 朗圓大師悟眞塔碑〉

50) 김유신(575~673)의 시호. 835년 흥덕왕興德王(재위 826~836) 10년에 흥무대왕으로 추존되었다.

51) "ㄱ) 俗姓新金氏. ㄴ) 其先, 任那王族, 草拔聖枝, 每苦隣兵, 投於我國. 遠祖興武大王, (…) 考盃相, 道高莊老, 志慕松喬, 水雲雖縱其閑居, 朝野恨其無貴仕. 妣朴氏. ㄷ) 年九歲, 徑往惠目山, 謁圓鑒大師, 大師-知有惠牙, 許栖祇樹. (…) 十有九, 受具足戒. (…) 龍德三年四月二十四日, (…) 右脅而臥, 示滅於鳳林禪堂. 俗年七十; 僧臘五十."〈昌原 鳳林寺址 眞鏡大師塔碑〉

52) "ㄱ) 俗姓金氏, 其先雞林人也. ㄴ) 遠祖出於華冑, 蕃衍王城, 其後隨宦西征, 徙居藍浦. 父▨義, 追攀祖德, 五柳逃名. 母朴氏. ㄷ) 年登九歲, (…) 便令削染, 往無量壽寺, 投住宗法師. (…) 廣明元年, 始大戒, (…) 以同▨▨▨▨十▨▨▨▨十八日, 示疾. 明年二月十七日, 善化於法堂. 春秋六十有九, 僧臘五十."〈楊平 菩提寺址 大鏡大師塔碑〉

53) "ㄱ) 俗姓崔氏. (…) 今爲武州同▨▨人▨. ㄴ) 其先, 博陵冠盖·雄府棟梁, 奉使雞林·流恩兎郡, (…) 父, 樂權, 早閑莊老, 所愛琴書, (…) 母, 金氏. ㄷ) 直詣寶林, 謁體澄禪師. (…) 至於中和二年, 受具戒於華嚴寺官壇. (…) 以咸通五年四月十日, 誕生. (…) 捨命之時, ▨▨▨▨緣, 俗年五十有四, 僧臘三十有五."〈康津 無爲寺 先覺大師遍光塔碑〉

54) "ㄱ) 俗姓金氏鳩林人也. ㄴ) 父益良位關粲, (…) 母朴氏. ㄷ) 直往夫仁山寺落采(…) 年十有八具於月遊山華嚴寺.-倚繩床趺坐儼然而示滅于玉龍上院嗚呼 存父母體八十春入 菩薩位六十二夏."〈光陽 玉龍寺 洞眞大師碑〉

55) 김복순, 『한국 고대 불교사 연구』, 민족사, 2002, p.270

56) "年方壯室, 趣於非家, 奉事運精律師, (…) 苦練二年. (…) 更聞法朗禪師, 在踋踞山, 傳智慧燈, 則詣其所, 頓受奧旨. (…) 勤求三歲, 禪伯登眞, (…) 遠涉大陽, 專求佛慧. (…) 檢繫其身廿有四旬矣. (…) 事解, 遂就于志空和上. (…) 已過三年, (…) 遍遊百億佛刹. 言已歸寂, 應時豁介, 得未曾有. (…) 然後還到鷄林."〈山淸 斷俗寺 神行禪師碑〉

57) 韓國古代社會研究所 編, 「斷俗寺 神行禪師碑 槪觀」, 『譯註 韓國古代金石文』 Ⅲ, 駕洛國史蹟開發研究所, 1997, p.16

58) 김호귀, 「최초기 한국선법의 전래와 그 성격」, 『한국선학』 제20호, 한국선학회, 2008, pp.149~150

59) 최병헌, 「선종 초기전래설의 재검토-「단속사신행선사비문斷俗寺神行禪師碑文」의 분석」, 『불교학연구』 제41권, 불교학연구회, 2014, pp.127~131

60) 한국고대사회연구소의 김석문 조사서 〈山淸 斷俗寺 神行禪師碑 槪觀〉을 참고하여 재정리했다. 韓國古代社會研究所 編, 「斷俗寺 神行禪師碑 槪觀」, 앞의 책, p.16

61) 「河東 雙磎寺 眞鑑禪師塔碑 해석문」, 『한국고대금석문』, 국사편찬위원회 한국사 데이터베이스, 주46

62) "元和五年, 受具於嵩山少林寺瑠璃壇, (…) 粤有鄕僧道義, 先訪道於華夏, 邂逅適願, 西南得朋, 四遠參尋, 證佛知見. (…) 義公前歸故國, 禪師卽入終南, 登萬仞之峯·餌松實, 而止觀寂寂者, (…) 乃於大和四年, 來歸."〈河東 雙磎寺 眞鑑禪師塔碑〉

63) "步無他往詣龔公山地藏大師. 卽第六祖付法於懷讓, 傳道一, 一傳大師也."〈谷城 大安寺 寂忍禪師塔碑〉

64) "年當志學, 出家止于浮石山, 聽華嚴. (…) 披尋大藏經, 日夕專精, 晷刻無廢. 不枕不席, 至于三年, 文無奧而未窮, 理無隱而不達."〈谷城 大安寺 寂忍禪師塔碑〉,

65) "去謁麻谷寶徹和尙, (…) 昔吾師馬和尙, (…) 今印焉, 俾冠禪侯于東土, 往欽哉."〈保寧 聖住寺址 朗慧和尙塔碑〉

66) "滿佩江西印, (…) '他日中國失禪, 將問之東夷耶.'"〈保寧 聖住寺址 朗慧和尙塔碑〉

67) "論生徒則曰, (…) 或謂敎禪爲無同, 吾未見其宗."〈保寧 聖住寺址 朗慧和尙塔碑〉

68) "佛眞 海東金上人 本枝根聖骨 瑞蓮資報身 五百年擇地 十三歲離塵 雜花引鵬路."〈保寧 聖住寺址 朗慧和尙塔碑〉

69) "是以達摩爲唐第一祖, 我國則以儀大師爲第一祖. 居禪師爲第二祖, 我師第三祖矣."〈長興 寶林寺 普照禪師塔碑〉

70) "西入華夏. 參善知識, (…) 乃曰, 我祖師所說, 無以爲加, 何勞遠適, 止足意興"〈長興 寶林寺 普照禪師塔碑〉

71) "圓鑒大師, 自華歸國, 居于惠目山, ▨…▨架崖構堅. 重建創脩, 月未朞而功▨…▨禪師, 緇門模範, ▨…▨彩儼容, 觀視者, 莫不神肅. ▨…▨之爲上足. 咸通末, 復住於雪山億聖, ▨…▨, 成金殿與香榭."〈襄陽 禪林院址 弘覺禪師塔碑〉

72) 홍각선사의 비문은 양양 선림원지에 있다. 선림원지와 억성사의 관계는 이 책 4장 1절 1 참조.

73) 홍각선사의 비문에 원감대사의 혜목산이 언급되어 봉림산문 소속으로 볼 수도 있다("圓鑒大師, 自華歸國, 居于惠目山, (…) 咸通末, 復住於雪山億聖, ▨…▨, 成金殿."〈襄陽 禪林院址 弘覺禪師塔碑〉). 그러나 선림원지(억성사)에서 불사를 마무리하고 그곳에서 입적했으며 선사의 비문도 선림원지에 세워져 있기에 가지산문으로 판단된다. 韓國古代社會硏究所 編, 「禪林院鍾銘 槪觀」, 『譯註 韓國古代金石文』Ⅲ, 駕洛國史蹟開發硏究所, 1997, p.62; 「襄陽 禪林院址 弘覺禪師塔碑 개관」, 『한국고대금석문』, 국사편찬위원회 한국사데이터베이스.

74) "遂投簪落髮解褐披緇, 以會昌乙丑年春, (…) 依廣宗大師. 大師, 見知, (…) 以大中丙子歲, 投入唐賀正乃至仰山, 師事澄虛大師. (…) 旣周中夏, 欲化東溟, 咸通七年, 投廻易使陳良, 付足東來."〈堤川 月光寺址 圓朗禪師塔碑〉

75) "詣實相禪庭. 國師賜▨曰, 道▨▨之寄, 宿緣所追, 肯搆西堂, ▨▨▨尒."〈南原 實相寺 秀澈和尙塔碑〉

76) "祖西堂藏 父南岳陟."〈南原 實相寺 秀澈和尙塔碑〉

77) "雅於禪苑揚蕤, 集以雜花騰馥. (…) 景文大王, (…) 一日八角堂, 請教禪同異, 對曰, (…) ▨▨終無."〈南原 實相寺 秀澈和尙塔碑〉

78) "法胤唐四祖爲五世父 東漸于海. 遡游數之, 雙峰子法朗 孫愼行 曾孫遵範 玄孫慧隱 來孫大師也."〈聞慶 鳳巖寺 智證大師塔碑〉

79) "彼岸也 不行而至, 此土也 不嚴而治. 七賢孰取譬 十住難定位者, 賢鷄山智證大師 其人也."〈聞慶 鳳巖寺 智證大師塔碑〉

80) "贈大師景文大王 心融鼎敎 面謁輪工."〈聞慶 鳳巖寺 智證大師塔碑〉

81) "和尙, 義於中國, 先謁南泉. 以此南泉, 承嗣於江西, 江西繼明於南岳, 南岳卽漕溪之冢子也. (…) 得嗣東山之法."〈寧越 興寧寺 澄曉大師塔碑〉

82) "禪門請爲弟子大嘉其聰敏接以至誠."〈光陽 玉龍寺 先覺國師碑〉

83) "謁通曉大師, 自投五體, 虔啓衷懷. 大師便許昇堂, 遂令入室."〈奉化 太子寺 朗空大師塔碑〉

84) "謁通曉大師. 大師曰, "來何暮矣, 待汝多時."因見趍庭, 便令入室."〈江陵 普賢寺 朗圓大師悟眞塔碑〉

85) "栖禪之際, 偶覽藏經, 披玉軸一音, 得金剛三昧."〈江陵 普賢寺 朗圓大師悟眞塔碑〉

86) "自達摩付法, 惠可傳心, 禪宗所以東流, 學者何由西去. 貧道, 已▨▨目, 方接芳塵, 豈將捨筏之心, 猶軫乘桴之志."〈昌原 鳳林寺址 眞鏡大師塔碑〉

87) "廣宗大師, 始見初來, 方聞所志, 許爲入室, (…) 泝其西海, 乘查之客, 邂逅相逢. (…) 禮見雲居. (…) 傅大覺之心, 佩雲居之印, (…) 由是漕溪之下, 首出其門者, 曰讓, 曰思. 思之嗣遷, 遷之嗣徹, 徹之嗣晟, 晟之嗣价, 价之嗣膺, 膺之嗣大師."〈楊平 菩提寺址 大鏡大師塔碑〉

88) "九歲, 志切離塵, 父母不阻所求, 便令削染, 往無量壽寺, 投住宗法師. 初讀雜華屢經. (…) 半年誦百千偈, (…) 廣明元年, 始具大戒, (…) 然而漸認教宗, 覺非眞實, 傾心玄境, 寓目寶林. 此時西向望▨嚴山, 遠聞有善知識, 忽携甁錫, 潛往依焉. 廣宗大師, 始見初來, 方聞所志, 許爲入室. (…) 以爲崇嚴之嗣."〈楊平 菩提寺址 大鏡大師塔碑〉

89) "大師, 法諱逈微, (…) 直詣寶林, 謁體澄禪師. 禪師, 法胤相承, 陳田孫子也."

90) "繼在雲居之嗣, 人能弘道, 保▨祖宗, 唯我大師則其人也."〈康津 無爲寺 先覺大師遍光塔碑〉

91) 동진경보의 은사인 도승화상은 선각도선으로 추정된다. 김두진,「羅末麗初 桐裏山門의 成立과 그 思想」,『동방학지』제57권, 연세대 국학연구원, 1988, p.13

92) "白鷄山謁道乘和尙請爲弟子."〈光陽 玉龍寺 洞眞大師碑〉

93) "聖住無染大師■山梵日大師 (…) 疎山謁匡仁和尙 (…) 今執手傳燈因心授印 (…) 去謁江西老善和尙和尙 (…) 羈言無乃送之日利有攸時然後行."〈光陽 玉龍寺 洞眞大師碑〉

94) 〈聞慶 鳳巖寺 智證大師塔碑〉에서 희양산문 개산조 지증도헌은 자신의 북종선 법맥을 4조 도신道信→법랑法朗→신행愼行→준범遵範→혜은慧隱→도헌으로 정리했다.〈聞慶 鳳巖寺 靜眞大師圓悟塔碑〉에서 그의 법맥의 손자인 긍양은 조계曹溪→남악南岳→강서江西→창주신감滄州神鑒→쌍계사雙溪寺 혜명慧明→현계산賢磎山 도헌道憲→백암사伯嚴寺 양부선사楊孚禪師→정진대사靜眞大師로 하여 새롭게 남종선의 법맥을 만들고 있다. "法胤唐四祖爲五世父 東漸于海. 遡游數之, 雙峰子法朗 孫愼行 曾孫遵範 玄孫慧隱 來孫大師也."〈聞慶 鳳巖寺 智證大師塔碑〉; "曹溪傳南岳讓, 讓傳江西一, 一傳滄州鑒, 鑒猶東顧, 傳于海東, 誰其繼者, 卽南岳雙磎慧明禪師焉. 明復傳賢磎王師道憲, 憲傳康州伯嚴楊孚禪師, 孚卽我大師嚴師也."〈聞慶 鳳巖寺 靜眞大師圓悟塔碑〉

95) 한국고대사회연구소의 김석문 조사서〈河東 雙磎寺 眞鑑禪師塔碑 槪觀〉의 설명을 참고하여 재정리했다. 韓國古代社會研究所 編,「雙磎寺 眞鑑禪師塔碑 槪觀」, 앞의 책, p.71

96) "更聞法朗禪師, 在蹦踞山, 傳智慧燈, 則詣其所, 頓受奧旨."〈山淸 斷俗寺 神行禪師碑〉

97) "歿於南岳斷俗之寺."〈山淸 斷俗寺 神行禪師碑〉

98) "海東華嚴大學之所有十山焉 (…) 南岳知異山華嚴寺."『법장화상전』(『韓佛全』3, 775c)

99) "武州會津南嶽實相安之."『祖堂集』17,「東國慧目山和尙」(『韓佛全』45, 338c17-c20)

100) "湘乃令十刹傳教. (…) 南嶽華嚴寺等是也."『三國遺事』4,「義解第五-義湘傳教」(大正藏49, 1007a)

101) "出家止于浮石山."〈谷城 大安寺 寂忍禪師塔碑〉

102) "付法於廉居禪師, 居雪山億聖寺, 傳祖心."〈長興 寶林寺 普照禪師塔碑〉

103) 이 책 4장 1절 1 참조.

104) "後以大和丁未歲, 至加良陜山普願寺, 受具戒."〈長興 寶林寺 普照禪師塔碑〉

105) "海東華嚴大學之所有十山焉 (…) 熊州迦耶峽普願寺."『唐大薦福寺故寺主翻經大
德法藏和尙傳』,(『한불전』3, 775c)

106) 원표 대덕은 천보天寶(742~756) 연간에 당과 인도를 순례하고『화엄경』80권을
가져왔다고 전해지는 화엄의 법사로, 보림사를 창건했다.『宋高僧傳』에 원표 대
덕의 전기가 수록되어 있다(『宋高僧傳』30,「唐高麗國元表傳(全淸)」(大正藏50,
895b7-9), "釋元表, 本三韓人也. 天寶中來遊華土, 仍往西域, 瞻禮聖迹, 遇心王
菩薩指示支提山靈府, 遂負《華嚴經》八十卷."). 이희재,「8세기 서역구법승西域求
法僧 원표元表의 재고찰」,『한국교수불자연합학회지』제19권 2호, 사단법인 한
국교수불자연합회, 2013, p.101

107) "請移居迦智山寺, 遂飛金錫, 遷入山門, 其山則元表大德之舊居也."〈長興 寶林寺
普照禪師塔碑〉

108) "圓鑒大師, 自華歸國, 居于惠目山, ▨…▨▨架崖構墍. 重建創脩, 月未菶而功▨…
▨▨禪師, 緇門模範, ▨…▨彩儼容, 觀覩者, 莫不神肅. ▨…▨之爲上足."〈襄陽 禪
林院址 弘覺禪師塔碑〉

109) "自開成末, 結苑於慧目山埵. 景文大王命居高達寺."『祖堂集』17,「東國慧目山和
尙」(『韓佛全』45, 338c17-c20)

110) "慈忍禪師, 致書, 云, 月光寺者, 神僧 道證 所刱也. 昔 我太宗大王 痛黔黎之塗
口, 口口海之口口, 止戈三韓之年, 垂衣一統之日, 被口口口之口, 永除口口之災, 別封
此山 表元勳也."〈堤川 月光寺址 圓朗禪師塔碑〉

111) "高僧道證自唐迴, 上天文圖."『三國史記』8,「新羅本紀」8,〈孝昭王〉六年(692)

112) "賢鷄山智證大師."〈聞慶 鳳巖寺 智證大師塔碑〉

113) "就學浮石山."〈聞慶 鳳巖寺 智證大師塔碑〉

114) "爰有師子山釋雲大禪師, (…) 居無處所, (…) 來止松門. 大師, 莫逆遠誠, 仍依來
意, 便携禪衆, 往以居之, (…) 此時, 獻康大王, 遽飛鳳筆, 徵赴龍庭, 仍以師子山
興寧禪院, 隸于中使省, 屬之."〈寧越 興寧寺 澄曉大師塔碑〉

115) "大順二年, 避地於尙州之南, 暫栖烏嶺. 當此之時, 本山果遭兵火, 盡爇寶坊."〈寧
越 興寧寺 澄曉大師塔碑〉

116) "月遊山華嚴寺, (…) 白鷄山有古寺曰玉龍. 師遊歷至."〈光陽 玉龍寺 先覺國師碑〉

117) "至於伽耶海印寺."〈奉化 太子寺 朗空大師塔碑〉

118) "尋師於華嚴山寺."〈江陵 普賢寺 朗圓大師悟眞塔碑〉

119) "往無量壽寺, 投住宗法師. 初讀雜華屢經."〈楊平 菩提寺址 大鏡大師塔碑〉

120) "直詣寶林, (…) 無爲岬寺, 請以住持, (…) 受具戒於華嚴寺官壇, (…) 捨菩提寺, 請
以住持."〈康津 無爲寺 先覺大師遍光塔碑〉

121) "直往夫仁山寺落采, (…) 年十有八具於月遊山華嚴寺, (…) 白鷄山謁道乘和尙請
爲弟子."〈光陽 玉龍寺 洞眞大師碑〉

122) "仍貫籍于大皇龍寺."〈河東 雙磎寺 眞鑑禪師塔碑〉

123) "仍編錄大興輪寺."〈保寧 聖住寺址 朗慧和尙塔碑〉

124) "上坐令妙寺日照和上."〈襄陽 禪林院址 弘覺禪師塔碑〉

125) "受具足戒於康州嚴川寺官壇."〈堤川 月光寺址 圓朗禪師塔碑〉

126) "出至東原京福泉寺."〈南原 實相寺 秀澈和尙塔碑〉

127) "前安輪寺僧統俊恭."〈聞慶 鳳巖寺 智證大師塔碑陰記〉

128) "大中九年於福泉寺官壇受其具戒."〈奉化 太子寺 朗空大師塔碑〉

129) 최병헌, 「선종 초기전래설의 재검토-「단속사신행선사비문斷俗寺神行禪師碑文」
의 분석」, 『불교학연구』 제41권, 불교학연구회, 2014, p.125

130) "景德王 二十二年癸卯. 忠與二友相約. 掛冠入南岳. 再徵不就. 落髮爲沙門. 爲王
創斷俗寺居焉." (…) "又別記云. 景德王代有直長李俊(高僧傳作李純)早曾發願. 年
至知命須出家創佛寺. 天寶七年戊子. 年登五十矣. 改創槽淵小寺爲大刹. 名斷俗
寺."『三國遺事』5, 「避隠第八-信忠掛冠」(大正藏49, 1016b)

131) 신형식, 『통일신라사 연구』, 한국학술정보, 2004, p.160

132) 정동락, 「洪陟禪師의 南宗禪 전래와 현실대응」, 『신라사학보』 제22호, 신라사학
회, 2011, pp.343~344

133) 『譯註 韓國古代金石文』에서는 838년 민애왕이 혜소의 이름을 내려주고 또한
'황룡사'에 '옥천사'의 적을 올려준 것으로 보고 있다. 이것은 오류로 보인다. '황
룡사'에 적을 두게 한 것은 진감혜소의 승적이며 그로부터 몇 년 지나서 '옥천사'
가 창건되기 때문이다. 韓國古代社會硏究所 編, 「雙磎寺 眞鑑禪師塔碑 槪觀」,
『譯註 韓國古代金石文』Ⅲ, 駕洛國史蹟開發硏究所, 1997, p.72

134) "大和四年, 來歸, (…) 始憩錫於尙州露岳長柏寺, 毉門多病, 來者如雲, (…) 遂步至
康州知異山, (…) 因於花開谷, 故三法和尙蘭若遺基, 纂修堂宇, 儼若化成, (…) 開
城三年, 愍哀大王 (…) 降使賜號, 爲慧昭. (…) 仍貫籍于大皇龍寺, (…) 居數年, 請
益者, 稻麻成列, 殆無錐地. 遂歷銓奇境, 得南嶺之麓, 爽塏居最, 經始禪廬, (…)
始用玉泉爲牓. (…) 是用建六祖影堂, (…) 今上繼興, (…) 則以門臨複潤爲對, 乃錫

題爲雙溪焉."〈河東 雙磎寺 眞鑑禪師塔碑〉

135) 766년 두 승려 법승과 법연에 의해 산청 석남암사지에 석조비로자나불좌상이 조성된 사실이 확인되었다. 불상이 조성되었다는 것은 사찰이 창건되었다는 것을 의미한다. 8세기 중반 이전 지리산 권역에는 사찰이 창건되지 않았기에 766년 무렵 석남암사가 창건된 것으로 판단된다.

136) "谷城郡東南有山, 曰此桐裏, 中有舍, 名曰大安. 其寺也, 千峰掩映, 一水澄流, 路逈絶而塵侶到稀, 境幽邃而僧徒住靜, (…) 文聖大王聞之, (…) 兼所住寺四外, 許立禁殺之幢."〈谷城 大安寺 寂忍禪師塔碑〉

137) "谷城郡東南有山, 曰此桐裏, 中有舍, 名曰大安. 其寺也, 千峰掩映, 一水澄流, 路逈絶而塵侶到稀, 境幽邃而僧徒住靜, (…) 文聖大王聞之, (…) 兼所住寺四外, 許立禁殺之幢."〈谷城 大安寺 寂忍禪師塔碑〉

138) "文聖王八年 (…) 惠徹大師傳密印於西堂智藏禪師開堂演說於桐裡山求益者多歸之師 衣禪門請爲弟子."〈光陽 玉龍寺 先覺國師碑〉

139) 김두진, 「羅末麗初 桐裏山門의 成立과 그 思想」, 『동방학지』 제57권, 연세대 국학연구원, 1988, p.3

140) 이 책 [표4] 참조.

141) 국립부여문화재연구소 編, 『서산 보원사지』 I, 국립부여문화재연구소, 2010, p.20; 재단법인 불교문화재연구소 編, 『한국의 사지 현황조사 보고서』 上, 문화재청·재단법인 불교문화재연구소, 2017, p.433~435

142) 가야산보원사迦耶山普願寺다.

143) "納南畝一千頃佛奴五十人 (…) 行至迦耶山寺 (…) 敎禪一千餘人迎奉入寺."〈瑞山 普願寺址 法印國師塔碑〉

144) 국립부여문화재연구소 編, 『서산 보원사지』 II, 국립부여문화재연구소, 2012, p.23; 재단법인 불교문화재연구소 編, 『한국의 사지 현황조사 보고서』 上, 문화재청, 재단법인 불교문화재연구소, 2017, pp.435~444

145) "時大中十三 (…) 大王聆風仰道, (…) 冬十月, (…) 請移居迦智山寺. 遂飛金錫, 遷入山門, 其山則元表大德之舊居也. 表德以法力施于有政, 是以乾元二年, 特敎植長生標柱, 至今存焉."〈長興 寶林寺 普照禪師塔碑〉

146) "中和三年, (…) 寺額寶林, 褒其禪宗禮也."〈長興 寶林寺 普照禪師塔碑〉

147) 철조비로자나불좌상 왼쪽 팔뚝 뒤에 새겨진 명문에는 858년 헌안왕 2년에 무주 장사현의 부관副官 김수종金遂宗이 헌안왕에게 주청하여 859년 왕명으로 조성했다고 적혀 있다. 또한 보림사 북 삼층석탑 명문에는 870년 경문왕 10년에

헌안왕의 왕생을 위해 서원부西原部(지금의 청주) 소윤小尹 내말奈末 김수종이 석탑을 조성하고 있다. 859년 같은 직책으로 철조비로자나불좌상을 조성하는 김언경과 김수종이 동일 인물인가에 대해서는 논란이 있다. "當成佛時, 釋迦如來入滅後一千八百八年耳. 時情王卽位第三年也. 大中十二年戊寅七月十七日, 武州長沙副官金遂宗聞奏, 情王八月卄二日勅下令."〈長興 寶林寺 鐵造毘盧遮那佛坐像 造像記〉; "造塔時, 咸通十一年庚寅五月日. 時, 凝王卽位十年矣. 所由者, 憲王往生, 慶造之塔. 西原部小尹奈末金遂宗聞奏."〈長興 寶林寺 北塔誌〉

148) "宣帝十四年仲春, 副守金彦卿, 夙陳弟子之禮, 嘗爲入室之賓. 減淸俸, 出私財, 市鐵二千五百斤, 鑄盧舍那佛一軀, 以莊禪師所居梵宇. 教下, (…) 寺隷宣教省."〈長興 寶林寺 普照禪師塔碑〉

149) 신라 하대에 설치된 관부로 왕명의 선포와 출납을 관장하는 기관이다. 여기에 예속시켰다는 것은 중앙 정치권력이 보림사의 운영에 도움을 주었다는 사실을 의미한다. 이기동, 「羅末麗初 近侍機構와 文翰機構의 擴張」, 『역사학보』 제77집, 역사학회, 1978, pp.26~28; 韓國古代社會研究所 編, 『譯註 韓國古代金石文』 Ⅲ, 駕洛國史蹟開發研究所, 1997, p.53, 주81; 온라인 참조, 「長興 寶林寺 普照禪師塔碑 해석문」, 『한국고대금석문』, 국사편찬위원회 한국사데이터베이스, 주79

150) "圓鑒大師, 自華歸國, 居于惠目山, ▨…▨架崖構壑. 重建創脩, 月未朞而功▨…▨禪師, 緇門模範, ▨…▨彩儼容, 觀親者, 莫不神肅. ▨…▨之爲上足. 咸通末, 復住於雪山億聖, ▨…▨, 成金殿與香榭."〈襄陽 禪林院址 弘覺禪師塔碑〉

151) 강현 외 3 編, 「여주 고달사지」, 『건축유적 발굴조사 자료-사찰편Ⅰ(경기·충북·충남)』, 국립문화재연구소, 2007, p.80

152) 재단법인 불교문화재연구소, 「고달사지」, 『韓國의 寺址 下-경기남부』, 문화재청·재단법인 불교문화재연구소, 2010, p.364

153) "自開成末, 結苑於慧目山埵. 景文大王命居高達寺." 『祖堂集』 17, 「東國慧目山和尙」(『韓佛全』 45, 338c17~c20)

154) 김용선, 「玄昱·審希·璨幽와 여주 고달사」, 『한국중세사연구』 제21호, 한국중세사학회, 2006, p.114; 조범환, 「新羅 下代 圓鑑禪師 玄昱의 南宗禪 受容과 活動」, 『동북아문화연구』 제14집, 동북아시아문화학회, 2008, pp.22~23

155) 권덕영, 「홍각선사탑비문을 통해 본 신라 억성사지의 추정」, 『사학연구』 제55·56호 합본, 한국사학회, 1998, pp.82~83

156) 문영대, 「禪林院址 發掘調査略報告」, 『불교미술』 제10권, 동국대학교, 1991, p.164; 임영애, 「새로 발견된 禪林院址 금동보살입상, 통일기 신라 보살상의 명

작」,『미술사학연구』제308호, 한국미술사학회, 2020, pp.7~8

157) 권덕영, 「홍각선사탑비문을 통해 본 신라 억성사지의 추정」,『사학연구』제55·56 호 합본, 한국사학회, 1998, p.79; 임영애, 「새로 발견된 禪林院址 금동보살입상, 통 일기 신라 보살상의 명작」,『미술사학연구』제308호, 한국미술사학회, 2020, p.11

158) 선림원지에서 1948년 출토된 선림원종은 1949년 오대산 월정사로 옮겨 보존되 던 중 한국전쟁으로 월정사가 소실될 때 파손되었다. 현재 일부가 국립중앙박물 관에 보관되어 있으며 신라 애장왕 5년(804)에 제작되었다. 원래 종의 높이는 96 센티미터, 구경은 68센티미터다. 종신鐘身의 내부에 이두로 된 명문에 종을 만든 연대, 관계된 승려와 시주자 등의 인물 이름이 있어 804년의 불사의 내용을 알려 준다. 이 종이 출토된 사지에는 양양 선림원지 홍각선사탑비가 있다. 이 종이 주 조된 당시부터 선림원이라 사용한 것은 아니다(韓國古代社會研究所 編,『禪林院鍾 銘 槪觀』,『譯註 韓國古代金石文』Ⅲ, 駕洛國史蹟開發研究所, 1997). 선림원종은 8세기 의 종에 비해 크기가 작으며 종신鐘身이 길어졌다. 종을 치는 당좌撞座 사이에 2 쌍의 비천상이 부조되어 있는데, 연화좌에 앉아 횡적橫笛과 요고腰鼓를 연주하 는 모습이다. 무엇보다 중요한 것은 종신 안쪽에 양각으로 이두吏頭가 포함된 명 문이다. 특히 가야산 해인사를 창건한 순응화상을 비롯하여 인근 도천면 장항리 (지금의 속초시 대포동 일대)의 선정사禪定寺에서 설법했다는 각지覺智가 등장하 고 있어 통일신라 사찰과 승려들의 관계 등 불교사 연구에 중요한 자료가 된다 (「襄陽 禪林院址 鍾銘 개관」,『한국고대금석문』, 국사편찬위원회 한국사데이터베이스).

159) 의상의 화엄을 이은 순응은 당에서 우두선牛頭禪을 공부하고 귀국하여 해인사 를 창건했지만, 신라에서 우두선은 독립된 선종의 종파가 되지 못하고 화엄종에 속해 있었다. 이에 대해 최병헌은 다음과 같이 설명하고 있다. "700년대 후반 북 종선 이외에 우두선이라는 제3의 선종 일파도 전래되고 있었던 사실을 주목할 필요가 있다. 우두선은 4조 도신의 문파 법융法融(594~657)이 우두산에서 선 풍을 선양하고, 지위智威-현소玄素-도흠道欽으로 계승되면서 우두종으로 발전 했는데, 신라의 화엄종 승려 가운데 당에 가서 이 우두선을 전수받아 온 인물이 있었다. 의상의 법손인 신림神琳의 제자 순응順應이 혜공왕 2년(766)에 당에 유 학하여 우두선을 받아왔음이 최치원이 찬술한 「순응화상찬」과 「해인사선안주 원벽기」 등의 자료에 의해 확인된다. 순응은 귀국한 뒤 애장왕 3년(802)에 해인 사를 창건했는데, 그로 인해 가야산이 우두산牛頭山으로도 불리게 되었다. 그러 나 순응과 그를 이은 이정利貞에 의해 해인사는 화엄종의 중심 사찰로 발전한 것을 보아 우두선은 독립된 선종의 일파로서 성립되지는 못했던 것을 알 수 있

다." 최병헌, 「선종 초기 전래설의 재검토-「단속사신행선사비문斷俗寺神行禪師碑文」의 분석-」, 『불교학연구』 제41권, 불교학연구회, 2014, p.130

160) "貞元卄年甲申三月卄三日當寺鍾成內之 (…) 當寺古鍾金二百卄廷, 此以本爲內, 十方旦越勸爲成內在之. (…) 上坐令妙寺日照和上, (…) 上和上順應和上."〈襄陽 禪林院址 鍾銘〉

161) 홍희유, 『조선 중세 수공업사 연구』, 지양사, 1989, pp.21~22

162) "詣實相禪庭. 國師賜▨▨曰, 道▨▨之寄, 宿緣所追, 肯搆西堂, ▨▨▨尒. 尋以▨▨旬, 出至東原京福泉寺, 受具于潤法大德."〈南原 實相寺 秀澈和尙塔碑〉

163) "及興德大王纂戎宣康太子監撫, 去邪蹙國 樂善肥家. 有洪陟大師 亦西堂證心 來南岳休足. 鵞冤陳順風之請, 龍樓慶開霧之期."〈聞慶 鳳巖寺 智證大師塔碑〉

164) 실상사의 창건되는 시기에 대해서는 여러 견해가 있다. 한기문은 홍척이 826년경 실상사에 거주하던 시기에 창건되었을 것으로 보고 있다(「新羅末 禪宗 寺院의 形成과 構造」, 『한국선학』 제2권, 한국선학회, 2001, p.263). 김영수·권상로·최병헌·고익진은 828년인 흥덕왕 3년 실상사를 창건했을 것으로 보고 있다(김영수 編, 『實相寺誌』, 1920; 권상로, 「韓國禪宗略史」, 『白性郁博士華甲記念佛敎學論文集』, 1959, p.269; 고익진, 『한국고대불교사상사』, 동국대학교출판부, 1989, p.490; 최병헌, 「新羅下代 禪宗九山派의 成立」, 『한국사연구』 제7호, 한국사연구회, 1972, p.96). 조범환은 수철화상이 829년 무렵에 실상사에서 홍척의 제자가 된 것으로 보고 이때 창건되었을 것으로 보고 있다. 또한 실상사를 새로 창건한 것이 아니라 이전부터 존재하던 북종선 사찰을 홍척이 머물면서 남종선으로 바꾸었을 것이라 보는 의견도 있다(조범환, 『라말여초 선종산문 개창 연구』, 경인문화사, 2008, pp.37~38). 추만호는 홍척이 830년인 흥덕왕 5년 무렵 지리산에서 실상산문을 열고 흥덕왕과 선강태자宣康太子의 초청으로 경주에 갔을 것으로 보고 있다(추만호, 「심원사 수철화상 능가보월탑비의 금석학적 분석」, 『역사민속학』 1, 한국역사민속학회, 1991, p.297). 이로써 실상사의 창건 시기는 826년, 828년, 829년, 830년경으로 각자 다르게 판단되고 있다. 홍척은 흥덕왕 즉위 즈음에 회진으로 귀국하여 남악에 머무는 것으로 보이며, 그렇다면 826년경 남악에 주석했을 것이다. 결국 실상사는 이미 창건되어 있었던 것으로 보이는데, 북종선 계통의 사원일 가능성도 있다. 남악의 단속사는 신행이 머물다가 입적했고, 813년에 산청 단속사 신행선사비가 건립되었다. 따라서 단속사는 경덕왕 때부터 북종선 사원이었고, 헌덕왕 때에 공인된 것으로 볼 가능성도 있다. 그렇지만 단속사 이외의 북종선 사원은 홍척이 귀국하던 무렵에는 찾아볼 수 없다. 또한 9세기 초 북종선이 신라에 확대된 흔적은 나타나

지 않는다. 문경 봉암사 지증대사탑비에서 최치원은 신행을 언급하고 있지만, 선종을 최초로 신라에 전래한 선사는 도의와 홍척을 들고 있기 때문이다. 그렇다면 실상사는 화엄종 사찰이었을 가능성이 크다. 이 시기 사찰이 교종에서 선종으로 전환되는 예가 많기 때문이다(정동락,「洪陟禪師의 南宗禪 전래와 현실대응」,『신라사학보』제22호, 신라사학회, 2011, pp.343~344).

165) 수철화상의 비문은 심원사에 속한 것으로 보기도 하고(韓國古代社會研究所 編,「心源寺 秀澈和尚塔碑」,『譯註 韓國古代金石文』Ⅲ, 駕洛國史蹟開發研究所, 1997, p.158) 실상사에 속한 것으로 보기도 한다(「南原 實相寺 秀澈和尚塔碑」,『한국고대금석문』, 국사편찬위원회 한국사데이터베이스). 이 책은 실상사의 것으로 통일했다.

166) 단의장옹주端儀長翁主는 경문왕의 누이로 경문왕 4년(864)에 지증대사 도헌에게도 자신의 봉읍에 있는 현계산賢溪山 안락사安樂寺를 기증했다. 문경 봉암사 지증대사탑비에 따르면 옹주는 남편이 세상을 떠나자 경문왕 4년(864)에 미륵불에 귀의하여 지증대사에게 읍사邑司가 관할하는 현계산 안락사에 주석할 것을 청하고 후원했다. 3년 후에는 여금茹金 등에게 좋은 농장과 노비 문서를 절에 시주하도록 했다. 옹주의 후원에 감동한 지증대사도 헌강왕 5년(879) 자신이 소유하던 장莊 12구區, 전田 500결結을 절에 예속시켰다. "咸通五年冬 端儀長翁主 (…) 以邑司所領賢溪山安樂寺 富有泉石之美, 請爲猿鶴主人. (…) 我家匪貧 親黨皆歿, 與落路行人之手, 寧充門弟子之腹. 遂於乾符六年, 捨莊十二區 田五百結, 隸寺焉"〈聞慶 鳳巖寺 智證大師塔碑〉「南原 實相寺 秀澈和尚塔碑」,『한국고대금석문』, 국사편찬위원회 한국사데이터베이스, 주42

167) "特教勅端儀長翁主深源山寺, 請居禪師."〈南原 實相寺 秀澈和尚塔碑〉

168) "曦陽縣白鷄山有古寺曰玉龍. 師遊歷至. 此覺其幽勝. 改葺堂宇. 灑然有終焉之志 宴坐忘言三十五年."〈光陽 玉龍寺 先覺國師碑〉

169) 선사는 석남산사에 주석한 이듬해인 916년에 입적한다. "神德大王光統丕圖, 寵徵赴闕. 至貞明元年春, 大師遽携禪衆, 來至帝鄉, (…) 辭還之際, 特結良因. 爰有女弟子, 明瑤夫人, 鼈島宗枝, 鳩林冠族. 仰止高山, 尊崇佛理. 以石南山寺, 請爲收領永以住持."〈奉化 太子寺 朗空大師塔碑〉

170) "大中末年, 受具足戒於康州嚴川寺官壇. (…) 却歸本寺, 再探衆典, (…) 乘盃而欻涉鼈波, 飛錫而尋投鹿苑. 栖禪之際, 偶覽藏經, 披玉軸一音, 得金剛三昧. 十旬絶粒, 先修正覺之心, 三歲飡松, 冀證菩提之果. (…) 大師不遠千里, 行至五臺, 謁通曉大師."〈普賢寺朗圓大師悟眞塔碑〉

171) "暨大中五年正月, 於白達山宴坐, 溟州都督金公仍請住嶂山寺."『祖堂集』17,「溟

州崛山故通曉大師"(韓佛全45, 339b21~b22)

172) "以會昌七年丁卯還國. 先創崛山寺而傳教."『三國遺事』3,「塔像第四-洛山二大聖
觀音正趣調信」(大正藏49, 996c28~29)

173) 「祖堂集 해제」,『한국고대사료집성 중국편』, 국사편찬위원회 한국사데이터베이스.

174) 신라 17 관등 중 제6관등이다.「江陵 普賢寺 朗圓大師悟眞塔碑 해석」,『한국금
석문 금석문검색』, 국립문화재연구소 문화유산연구지식포털, 주116

175) "文德二年夏, 大師歸寂. (…) 所以敬修寶塔, 遽立豐碑. (…) 爰有當州慕法弟子閔
規閼㳍, (…) 仍捨普賢山寺, 請以住持. (…) 遂巡秬入, 便副禪襟, 廣薙丘原, 遐通
道路. 又以高修殿塔."〈江陵 普賢寺 朗圓大師悟眞塔碑〉

176) "天祐二年六月口退定武州之會津 (…) 無爲岬寺, 請以住持. 大師, 唯命是聽, 徙居
靈境. (…) 重修基址, 八換星霜. (…) 四海沸騰, 三韓騷擾. 至九年八月中,  前主,
永平北▨·須擬南征, 所以, ▨發舳艫, 親駈車駕. 此時, 羅州歸命, (…) 此時, 大王
聞, 大師近從吳越·新到秦韓, (…) 大師, 捧制奔波, 趍風猛浪, 親窺虎翼. (…) 惡然
而壹言不納遷口以加捨命之."〈康津 無爲寺 先覺大師遍光塔碑〉

177) 하동 쌍계사는 828년 대렴의 차 시배지와 관련성을 밝히기 위해 강조했다. 사찰
의 창건 시기를 보면 대렴의 차 시배지에 오류가 있음을 알 수 있다. 또한 화엄종
사찰과 구별하고 있는 선문 사찰의 이름과 창건 시기를 강조했다. 마지막으로 선
사의 비문에 화엄사가 서술 표현된 부분을 강조했다.

178) "今我三輪禪師者, (…) 招名匠畫神影, 造浮圖存舍利, (…) 取石名山, 伐木幽谷, 刊
翠琰, 搆紺宇."〈山清 斷俗寺 神行禪師碑〉

179) "愍哀大王 (…) 降使賜號, 爲慧昭. (…) 仍貫籍于大皇龍寺, (…) 居數年, 請益者, 稻
麻成列, 殆無錐地. 遂歷銓奇境, 得南嶺之麓, 爽塏居㝡, 經始禪廬, (…) 始用玉泉
爲牓. (…) 是用建六祖影堂, (…) 今上繼興, (…) 以隣岳招提, 有玉泉之號, 爲名所
累, 衆耳致惑, (…) 則以門臨複澗爲對, 乃錫題爲雙溪焉."〈河東 雙磎寺 眞鑑禪師
塔碑〉

180) "谷城郡東南有山, 曰此桐裏, 中有舍, 名曰大安. 其寺也, 千峰掩映, 一水澄流, 路
逈絶而塵侶到稀, 境幽邃而僧徒住靜, (…) 文聖大王聞之, (…) 兼所住寺四外, 許
立禁殺之幢."〈谷城 大安寺 寂忍禪師塔碑〉

181) 문무왕의 친동생인 김인문金仁問(629~694)이 660년 백제를 멸망시킨 공적으
로 받은 봉토封土에 있던 절이다. 성주사의 옛 절은 백제의 절로『삼국사기』의
북악오함사北岳烏含寺("夏五月, 駈馬入北岳烏含寺, 鳴呬佛宇, 數日死."『三國史記』28,
「百濟本紀」6,〈義慈王〉十五年(655)) 또는『삼국유사』의 오회사烏會寺나 오합사烏

合寺로 추정하고 있다("現慶四年己未. 百濟烏會寺(亦云烏合寺)有大赤馬." 『三國遺事』
1, 「紀異第一-太宗春秋公」(大正藏49, 970a). 이는 황수영이 1968년 지리산 화엄사
의 주지가 필사하여 전한 「숭앙산성주산사적崇巖山聖住寺事蹟」의 "성주선원은
616년 백제 법왕이 창건한 오합사"라는 내용이 근거자료가 된다("聖住禪院者本隋
煬帝大業十二年乙亥百濟國二十八世惠王子孫王所建烏合寺." 「崇巖山聖住寺事蹟」; 편집
부, 「崇巖山聖住寺事蹟」 『고고미술』 제98호, 한국미술사학회, 1968, p.450; 황수영, 「金立
之撰 新羅 聖住寺碑 續」 『고고미술』 제115호, 한국미술사학회, 1972, p.2; 황수영, 「金立
之撰 新羅 聖住寺碑 (其三)」 『고고미술』 제117호, 한국미술사학회, 1973, p.13). 또한 김
립지金立之가 847~857년경에 문성왕의 명으로 지은 성주사비聖住寺碑는 성
주사지에서 발견되어 파편으로 전하고 있는데, 백제 법왕을 지칭하는 문구의 파
편이 있어 「숭앙산성주산사적」의 법왕이 창건한 오합사의 문구와 대비하여 근거
자료로 보고 있다("韓鼎足之代 百濟[國獻王太子."〈金立之撰 聖住寺碑〉; 황수영, 「金立
之撰 新羅 聖住寺碑 續」 『고고미술』 제115호, 한국미술사학회, 1972, p.3). 성주사는
616년 백제에서 창건된 사찰이고 660년 이후부터 김흔 집안의 봉토/봉읍封土/
封邑에 있던 사찰로 낭혜무염이 847년 무렵 김흔에게 기증받아 주지로 임명된
사찰이다. 근래에는 발굴조사를 근거로 하여 백제 법왕이 창건했다는 오합사를
부정하고 7세기 중후반 김인문의 원찰願刹로 창건된 사찰로 보는 연구가 나오고
있다(임종태, 「聖住寺 創建 以前 先代伽藍에 대한 檢討」 『한국고대사연구』 제72집, 한국
고대사학회, 2013, pp.294~296; 임종태, 「신라하대 聖住寺창건기 금당의 조성과 배경」
『신라문화』 제45집, 동국대 신라문화연구소, 2015, pp.293~300).

182) "謂曰, (…) 有一寺在熊川州坤隅, 是吾祖臨海公受封之所. 間刦爐㇄不薦, 金田半
灰, 匪慈哲, 孰能興減繼絶, 可强爲朽夫住持乎?" 大師答曰, "有緣則住." 大中初,
始就居, 且羃飭之, 俄而道大行, 寺大成. (…) 文聖大王, (…) 易寺牓爲聖住, 仍編
錄大興輪寺.〈保寧 聖住寺址 朗慧和尙塔碑〉

183) "時大中十三 (…) 大王聆風仰道, (…) 請移居迦智山寺. 遂飛金錫, 遷入山門, 其山
則元表大德之舊居也. 表德以法力施于有政, 是以乾元二年, 特敎植長生標柱, 至
今存焉. (…) 中和三年, (…) 謚曰普照, 塔號彰聖, 寺額寶林, 褒其禪宗禮也."〈長興
寶林寺 普照禪師塔碑〉

184) 성전 사원은 국사 의례를 담당 국왕의 권위를 높이기 위한 역할을 한 것으로 보기
도 한다. 윤선태, 「新羅 中代 成典寺院과 密敎-중대 國家儀禮의 視覺化와 관련하
여」 『선사와 고대』 제44권, 한국고대학회, 2015, p.33; 박남수, 「眞殿寺院의 기원과
新羅 成典寺院의 성격」 『한국사상사학』 제41권, 한국사상사학회, 2012, p.95

185) "祖師順應大德. (…) 貞元十八年良月旣望. 牽率同志. 卜築於斯." 900년 최치원이
지은 「신라가야산해인사선안주원벽기新羅迦耶山海印寺善安住院壁記」에는 해
인사 조사祖師인 순응대덕順應大德이 정원貞元 18년(802) 10월 16일에 동지들
과 함께 창건한 것으로 서술되어 있다(『東文選』 64, 「記-新羅迦耶山海印寺善安住院
壁記」). 그런데 『삼국사기』에는 (802년) 8월에 애장왕이 가야산 해인사를 창건한
것으로 되어 있다("八月, 創加耶山海印寺." 『三國史記』 10, 「新羅本紀」 10, 〈哀莊王〉三年
(802)). 그러나 해인사는 애장왕의 명으로 순응이 창건하는 것으로 판단된다.

186) "慈忍禪師, 致書, 云, 月光寺者, 神僧 道證 所刱也. 昔 我太宗大王 痛黔黎之塗
口, 口口海之口口, 止戈三韓之年, 垂衣一統之日, 被口口口之口, 永除口口之災, 別封
此山 表元勳也. (…) 師其居焉, (…) 景文大王, (…) 月光寺 永令禪師主持. (…) 眷
涅, 茶口口口口口口來, 世論爲榮, 禪門增耀." 〈堤川 月光寺址 圓朗禪師塔碑〉

187) 경문왕의 누이로 경문왕 4년(864)에 지증도헌에게도 자신의 봉읍에 있는 현계
산 안락사를 기증하고 있다.

188) "特教勅端儀長翁主深源山寺, 請居禪師." 〈南原 實相寺 秀澈和尙塔碑〉

189) "咸通五年冬, 端儀長翁主, (…) 以邑司所領賢溪山安樂寺 富有泉石之美, 請爲猿
鶴主人." 〈聞慶 鳳巖寺 智證大師塔碑〉

190) "沈忠, 聞大師刀餘定慧, 鑑透乾坤, 志確曇蘭, 術精安稟, 禮足已, 白言, 弟子有剩
地, 在曦陽山腹. 鳳巖龍谷 境駭橫目, 幸構禪宮. (…) 不爲靑衲之居, 其作黃巾之
窟. 遂率先於衆 防後爲基, 起瓦口四注以壓之, 鑄鐵像二軀以衛之. 至中和辛丑年,
教遣前安輪寺僧統俊恭肅正史裵聿文, 標定疆域, 芸賜爲鳳巖焉." 〈聞慶 鳳巖寺
智證大師塔碑〉

191) "中和二年, 前國統大法師威公, 聞大師之萍跡, 無處安之, 便惄於懷, 如呑棘刺. 忽
▨▨谷山寺, 奏請住持. 雖然▨感丹誠, 亟因駐足, 所恨近於京輦, 不愜雅懷. 爰有
師子山釋雲大禪師, (…) 居無處所, (…) 來止松門. 大師, 莫逆遠誠, 仍依來意, 便
携禪衆, 往以居之. (…) 此時, 獻康大王, 遽飛鳳筆, 徵赴龍庭, 仍以師子山興寧禪
院, 隷于中使省, 屬之." 〈寧越 興寧寺 澄曉大師塔碑〉,

192) "爰有女弟子, 明瑤夫人, 鼇島宗枝, 鳩林冠族. 仰止高山, 尊崇佛理. 以石南山寺,
請爲收領永以住持." 〈奉化 太子寺 朗空大師塔碑〉

193) "爰有當州慕法弟子閔規閼湌, (…) 仍捨普賢山寺, 請以住持." 〈江陵 普賢寺 朗圓
大師悟眞塔碑〉

194) '준순逡巡'은 뒤로 물러나거나 머뭇거린다는 뜻이다. 해석은 다음을 참조했다. 이
지관 譯註, 「普賢寺 朗圓大師 悟眞塔碑」, 『校勘譯註 歷代高僧碑文』 高麗篇 1·2,

伽山佛教文化研究院, 1995, p.125, 주119

195) "本國景哀大王聞大師德高天下, 名重海東, (…) 仍遣中使崔暎, 高飛鳳詔, 遠詣鷲盧, 請扶王道之危, 仍表國師之禮. (…) 尊州師勤王, 讚邑人之奉佛."〈江陵 普賢寺 朗圓大師悟眞塔碑〉

196) 태광 왕순식은 명주의 호족으로 고려 건국 후까지 지방에서 독립 세력을 유지하고 있었는데 고려 건국 이후 태조에게 귀의하니 왕씨 성과 태광이라는 관직을 받았다. 935년 후백제 신검과의 전투에 참전하고 있다. 이지관 譯註,「普賢寺 朗圓大師 悟眞塔碑」,『校勘譯註 歷代高僧碑文』高麗篇1·2, 伽山佛教文化研究院, 1995, p.125, 주126

197) "爰有▨▨進禮城諸軍事金律熙, (…) 仍葺精廬, 諮留法軌, (…) 孝恭大王, 特遣政法大德如奐, 逈降綸言, 遙祈法力, 佐紫泥而兼送薰鉢, 憑專介而俾披信心. 其國主歸依, (…) 改號鳳林, 重開禪宇. (…) 貞明四年冬十月, 忽出松門, 居于▨輋."〈昌原 鳳林寺址 眞鏡大師塔碑〉

198) "天祐二年六月□退定武州之會津, (…) 無爲岬寺, 請以住持. 大師, 唯命是聽, 徙居靈境. (…) 重修基址, 八換星霜."〈康津 無爲寺 先覺大師遍光塔碑〉

199) 통일신라 9세기 중반 중앙 정치권이 왕권 다툼과 함께 혼란에 빠지고 지방 정치 세력이 부상하는데, 깨달음을 통해 부처를 이루는 개인주의적 색채가 짙은 선종의 선사들은 지방세력이 자리를 잡는 이론적 토대를 제공했다. 따라서 선종이 9세기 중반 이후 지방권력의 지지와 지원을 토대로 지방으로 확장한 이론이 일반화되어 있다. 최병헌,「新羅下代 禪宗九山派의 成立」,『한국사연구』제7호, 한국사연구회, 1972; 김두진,「朗慧와 그의 禪思想」,『역사학보』제57권, 역사학회, 1973; 김재경,『신라 토착 신앙과 불교의 융합사상사 연구』, 민족사, 2007, pp.223~229; 김복순,『新思潮로서의 신라 불교와 왕권』, 민족사, 2008, p.279

200) "遂步至康州知異山, (…) 因於花開谷, 故三法和尙蘭若遺基, 纂修堂宇, 儼若化成, (…) 得南嶺之麓, 爽塏居最, 經始禪廬, (…) 始用玉泉爲牓."〈河東 雙磎寺 眞鑑禪師塔碑〉

201) "大中初, 始就居, 且肦飭之, 俄而道大行, 寺大成."〈保寧 聖住寺址 朗慧和尙塔碑〉

202) "宣帝十四年仲春, (…) 減淸俸, 出私財, 市鐵二千五百斤, 鑄盧舍那佛一軀, (…) 咸通辛巳歲, 以十方施資, 廣其禪宇."〈長興 寶林寺 普照禪師塔碑〉

203) "圓鑒大師, 自華歸國, 居于惠目山, ▨▨▨架崖構壑. 重建創脩, 月未朞而功▨▨禪師, (…) 咸通末, 復住於雪山億聖, ▨▨▨, 成金殿與香榭."〈襄陽 禪林院址 弘覺禪師塔碑〉

204) "咸通五年, (…) 乃鑄丈六玄金像, (…) 至八年丁亥, 檀越翁主, 使茹金等, 伽藍南畝
暨藏獲本籍授之, (…) 遂於乾符六年, 捨莊十二區 田五百結, (…) 起瓦囗四注以壓
之, 鑄鐵像二軀以衛之."〈聞慶 鳳巖寺 智證大師塔碑〉

205) "大師作偈云, 先想遊秦落拓時, 老▨還作學生兒. 追思昔日求西笑, 更感臨時恨太
遲. 恍忽之間, 沉吟之際, 其於耿戒, 夢見海神謂曰, 大師不要入唐, 何妨歸本. 努
力努力, 莫以傷心."〈寧越 興寧寺 澄曉大師塔碑〉

206) "處處而煙塵欻起, 妖氛而恐及蓮扉. 大順二年, 避地於尙州之南, 暫栖烏嶺. 當此
之時, 本山果遭兵火, 盡爇寶坊. (…) 行直入進禮郡界, 被賊徒截道, 禪衆迷途. (…)
所恨, 擧邦草寇無處不之. (…) 大師謂衆曰, 此地, 必是災害所生, 寇戎相煞, 不如
早爲之. 所難至, 無計可爲也. 忽指路於北山. (…) 冀表國師之禮. 大師, 以▨▨所
逼, 世道交危, 拒其薜簡之邀. (…) 龍德四年歲次甲申四月十五日, 文已成, 而以國
家多事, 時隔二紀, 忽遇四郡煙消, 一邦塵息, 天福九年歲在甲辰六月十七日立."〈
寧越 興寧寺 澄曉大師塔碑〉

207) "時當厄運, 世屬此蒙, 災星長照於三韓, 毒露常鋪於四郡, 況於巖谷, 無計潛藏.
(…) 緣畢已, 明王諡號銘塔, 仍勅崔仁渷侍郎, 使撰碑文. 然以世雜人猾, 難爲盛
事. 是以年新月古, 未立碑文, 至後高麗国几平四郡, 鼎正三韓, 以顯德元年七月
十五日, 樹此豐碑於太子山者, 良有良緣者乎."〈奉化 太子寺 朗空大師塔碑〉

208) "爰有當州慕法弟子閔規闕澐, (…) 仍捨普賢山寺, 請以住持. (…) 遂巡稐入, 便副
禪襟, 廣薙丘原, 迴通道路. 又以高修殿塔, 迥啓門墻."〈江陵 普賢寺 朗圓大師悟
眞塔碑〉 낭원개청은 보현산사의 주지를 맡으면서 전각과 탑을 수리하고 있다. 중
창과 같은 전각이나 탑을 새롭게 건립하는 큰 불사는 아니다.

209) "十有九, 受具足戒, 旣而, 草繫興懷, 蓬飄託跡, 何勞跋涉, 卽事巡遊. (…) 文德初
歲·乾寧末年, 先宴坐於松溪, (…) 暫栖遲於雪嶽, (…) 眞聖大王-遠飛睿札, 徵赴
形庭. (…) 以脩途多梗, 附表固辭, (…) 因避煙塵, 欻離雲水, 投溟州而駐足, 託山
寺以栖心, 千里乂安, 一方蘇息. (…) 及乎達於進禮, (…) 金律熙, (…) 仍葺精廬, 諮
留法軛, (…) 孝恭大王, (…) 俾披信心. (…) 改號鳳林, 重開禪宇. (…) 金仁匡, (…)
助修寶所."〈昌原 鳳林寺址 眞鏡大師塔碑〉

210) "天祐二年六月囗退定武州之會津 (…) 無爲岬寺, 請以住持. 大師, 唯命是聽, 徙居
靈境. (…) 重修基址, 八換星霜. (…) ▨發舳艫, 親馭車駕. 此時, 羅州歸命."〈康津
無爲寺 先覺大師遍光塔碑〉

211) "天祐六年七月, 達于武州之昇平. 此際, 捨筏東征, 抵于月嶽, 難謀宴坐, 不奈多虞.
窺世路以含酸, 顧人間而飮恨."〈楊平 菩提寺址 大鏡大師塔碑〉

212) "還天祐十八年夏, 達全州臨陂郡而屬道, 虛行之際時不利之初."〈光陽 玉龍寺 洞眞大師碑〉

213) 이 책에서는 보령 성주사에 있는 낭혜무염의 비문은 검토 대상에서 제외하기로 한다. 일반적으로 낭혜무염의 비문은 924년 건립된 것으로 보고 있으나 후삼국 시기인 924년 보령은 고려와 후백제의 접경 지역으로, 전투가 치열한 상황에서 선사의 비문 건립이 가능했을까 하는 의구심 때문이다.

214) 후백제 견훤의 연호다. 연호 사용 시기에 대해서는 견해가 다양하다. 견훤이 전 주에 도읍하고 후백제의 왕이라 칭하던 무렵으로 보거나(김영수, 『포광김영수박사 전집』, 원광대학교출판국, 1984, pp.523~524), 견훤이 광주를 점령하면서 건국 기념 으로 사용한 연호로 보거나(신호철, 『후백제 견훤정권연구』, 일조각, 1993, pp.52~55) 후백제가 전주를 수도로 정하고 1년 지난 901년에 사용한 것으로도 본다(이도학, 「후백제 견훤 정권의 몰락과정에서 본 그 사상적 동향」, 『한국사상사학』 제18집, 한국사 상사학회, 2002, p.279).

215) "創祖洪陟弟子, 安峯創祖片雲和尙浮圖. 正開十年庚午歲建."〈南原 實相寺 片雲 和尙僧塔〉

216) 현재 홍각선사의 비문은 깨져 있다. 위의 사진은 비문을 새로 조성하여 양양 선 림원지에 남아 있는 귀부와 이수를 조립하여 복원한 탑비다.

217) 이 내용은 이 책 4장에서 고찰할 것이다. 미리 언급하자면 고려 건국과 함께 화 엄사는 쇠락 국면으로 접어들기 때문에 고려시대에 화엄사의 중창은 불가능하 다. 더불어 고려시대에 건립된 화엄사의 조형물도 확인되지 않는다.

218) 이 책에서는 선사가 입적한 이후 시신을 낭혜무염의 비문에 보이는 '유체'로 통일 하여 표기하겠다. "奉遺體."〈保寧 聖住寺址 朗慧和尙塔碑〉

219) 이 책은 승려의 사리나 유골을 모신 탑을 '부도 탑'이라 통일하겠다.

220) 函은 진감혜소와 적인혜철의 비문에 보인다. "靈凾幽隧, 預使備具."〈河東 雙 磎寺 眞鑑禪師塔碑〉; "將此作凾子葬之."〈谷城 大安寺 寂忍禪師塔碑〉

221) 龕은 대경여엄과 동진경보의 비문에 보인다. "共擧靈龕入于▨▨▨▨之西隅."〈楊 平 菩提寺址 大鏡大師碑〉; "白鷄山龕權施石戶封."〈光陽 玉龍寺 洞眞大師碑〉

222) "奉遺體, 假殯禪室中."〈保寧 聖住寺址 朗慧和尙塔碑〉

223) "茶毗於石室之西."〈寧越 興寧寺 澄曉大師塔碑〉

224) "奉遺體, 假殯禪室中."〈保寧 聖住寺址 朗慧和尙塔碑〉

225) "信而假殯于賢溪."〈聞慶 鳳巖寺 智證大師碑〉

226) "敬奉色身, 假隸于西峯之麓."〈奉化 太子寺 朗空大師塔碑〉; "門人等號奉色身, 假

隷于寺之北嶺."〈昌原 鳳林寺址 眞鏡大師塔碑〉; "號奉色身, 假隷于當寺西峯石
室〈江陵 普賢寺 朗圓大師悟眞塔碑〉

227) "十月五日 儼□□□, (…) 門人 融奐等, 以其年 二月十日, 奉遷神柩, 葬于北院."〈堤
川 月光寺址 圓朗禪師塔碑〉,

228) 연도는 선사의 입적 연도로, 선사들이 입적한 순서대로 정리했다.

229) "焚身, 盡心葬骨, 殆三紀矣. (…) 畫神影, 造浮圖存舍利."〈山清 斷俗寺 神行禪師
碑〉. '三紀'는 36년 무렵이며 이후 비문을 세우기에 813년이다.

230) "靈函幽隧, 預使備具. (…) 號奉色身, 不踰日, 而窆于東峯之冢."〈河東 雙磎寺 眞
鑑禪師塔碑〉

231) "卽以八日, 安厝於寺松峰, 起石浮屠之也."〈谷城 大安寺 寂忍禪師塔碑〉

232) "葬於王山松臺, 壘塔安厝."〈長興 寶林寺 普照禪師塔碑〉

233) "信而假殯于賢溪, 其日而遂窆于義野."〈聞慶 鳳巖寺 智證大師塔碑〉

234) "十月五日 儼□□□, (…) 門人 融奐等, 以其年 二(十一)月十日, 奉遷神柩, 葬于北
院."〈堤川 月光寺址 圓朗禪師塔碑〉

235) "奉遺體, 假殯禪室中. (…) 越二年, 攻石封層冢."〈保寧 聖住寺址 朗慧和尚塔碑〉

236) "遂遷座立塔于寺之北岡."〈光陽 玉龍寺 先覺國師碑〉

237) "效天竺拘尸之法, 茶毘於石室之西, 拾得舍利一千粒. (…) 天祐三年, 高起石墳,
安其金骨."〈寧越 興寧寺 澄曉大師塔碑〉

238) "至明年春二月初, (…) 至十二日, (…) 至十七日, 敬奉色身, 假隷于西峯之麓. (…)
至三年十一月中, 改葬於東巒之頂, 去寺三百來步. 全身不散, 神色如常. 門下等,
重覩慈顏, 不勝感慕, 仍施石戶封閉."〈奉化 太子寺 朗空大師塔碑〉

239) "開州之五冠山, ▨▨▨之藏胎處. (…) 塔成. 師等號奉色身, 遷葬于所建之冢."〈康
津 無爲寺 先覺大師遍光塔碑〉

240) "門人等號奉色身, 假隷于寺之北嶺. (…) 俱栖寶塔之旁, 共守禪林之閈."〈昌原 鳳
林寺址 眞鏡大師塔碑〉

241) "其月二十八日, 號奉色身, 假隷于當寺西峯石室, 去寺三百來步."〈江陵 普賢寺 朗
圓大師悟眞塔碑〉

242) "以其月十九日, 共擧靈龕入于▨▨▨▨之西隅."〈楊平 菩提寺址 大鏡大師塔碑〉

243) "越三年龍集協洽四月二十日大師將化, (…) 日奉遷神座於白鷄山龕權施石戶封,
(…) 仍令國工攻石封層塚, 越二年門人等, 開龕覩形面如生, 乃號奉色身竪塔于白
鷄山東之雲巖崗遷"〈光陽 玉龍寺 洞眞大師碑〉

244) "無以塔藏形, 無以銘紀跡."〈河東 雙磎寺 眞鑑禪師塔碑〉

245) "效天竺拘尸之法."〈寧越 興寧寺 澄曉大師塔碑〉

246) "茶毘安骨於石穴中."『三國遺事』4,「義解第五-慈藏定律」(大正藏49, 1005c27)

247) "依西國之式, 以火燒葬."『三國史記』7,「新羅本紀」7,〈文武王〉二十一年(681)秋
七月一日.

248) "法流寺火葬骨散東海."『三國遺事』1,「王曆-第三十四孝成王」(大正藏49, 960a9)

249) 『三國史記』10,「新羅本紀」10,〈元聖王〉十四年(798)冬十二月二十九日:"以遺命
擧柩燒於奉德寺南."

250) "十二月崩火葬散骨于牟梁西卉一作未黃山."『三國遺事』1,「王曆-第五十一眞聖
女王」(大正藏49, 960c11),

251) "火葬師子寺北骨散于仇知堤東山脇."『三國遺事』1,「王曆-第五十二孝恭王」(大正
藏49, 961a7)

252) "火葬藏骨于箴峴南."『三國遺事』1,「王曆-第五十三神德王」(大正藏49, 961a13)

253) "火葬皇福寺散骨于省等仍山西."『三國遺事』1,「王曆-第五十四景明王」(大正藏
49, 961b1)

254) "二年, 夏六月, 秦王符堅遣使及浮屠順道, 送佛像·經文."『三國史記』18,「高句麗
本紀」6,〈小獸林王〉二年(372)夏六月.

255) 『三國遺事』4:"年八十餘. 卒於貞觀間. 浮圖在三岐山金谷寺"(大正藏49,
1003a19~20)

256) 『三國遺事』4:"名惠宿. 乃其所居云. 亦有浮圖焉"大正藏49, 1004c3~4)

257) "會昌六年丙寅九月, 移建兼脩治. 願代代檀越生淨土, 今上福命長遠. 內舍利廿二
枚. 上座道興. 大和二年戊申七月, 香照師·圓寂尼捨財建塔. 寺檀越成德大王, 典
香純."〈浦項 法光寺 石塔誌〉

**제4장 통일신라 불교 확산의 거점 화엄사**

1) "有以漢茗爲供者, 則以薪爨石釜, 不爲屑而煮之, 曰, '吾不識-是何味, 濡腹而已.'
〈河東 雙磎寺 眞鑑禪師塔碑〉

2) "時憲安大王, 與檀越季舒發韓魏昕, 爲南北相(各居其官, 猶左右相) 遙展攝齋禮,
贄以茗馞, 使無虛月."〈保寧 聖住寺址 朗慧和尙塔碑〉

3) "敎遣長沙縣副守金彦卿, 賚茶藥迎之."〈長興 寶林寺 普照禪師塔碑〉

4) "景文大王-追錫恩波註 066, 遝宣 舂渥, 茶□□□□□□來."〈堤川 月光寺址 圓朗

禪師塔碑〉

5) "其滅渡也, 景福二年, (…) 贈諡曰秀澈, 塔號楞伽寶月. 其後齋營八會, 禮備十旬. 若茗若香, 悉從王府."〈南原 實相寺 秀澈和尙塔碑〉

6) "大王尋遣荒壤縣副守張連說, 專賷茗▨, 遠奉琅函."〈寧越 興寧寺 澄曉大師塔碑〉

7) "洎新羅第三十王法敏龍朔元年辛酉三月日. 有制曰. 朕是伽耶國元君九代孫仇衝王之降于當國也. 所率來子世宗之子率友公之子[2]庶云匝干之女文明皇后寔生我者. 玆故元君於幼冲人. 乃爲十五代始祖也. 所御國者已曾敗. 所葬廟者今尙存. 合于宗祧. 續乃祀事. (…) 每歲時醸醪醴. 設以餅飯茶果庶羞等奠. 年年不墜."『三國遺事』2,「紀異第二-駕洛國記」(大正藏49, 984a4~14)

8) "二公每汲洞中水煎茶獻供. 至夜各庵修道. 淨神王之弟與王爭位. 國人廢之. 遣將軍四人到山迎之."『三國遺事』3,「塔像第四-臺山五萬眞身」(大正藏49, 999a18~20)

9) "寶川驚異. 留二十日乃還五臺山神聖窟. 又修眞五十年. 忉利天神三時聽法. 淨居天衆烹茶供獻."『三國遺事』3,「塔像第四-臺山五萬眞身」(大正藏49, 999b7~9)

10) "景德王十九年庚子四月朔. 二日並現. 挾旬不滅. (…) 明月作兜率歌賦之. (…) 既而日怪即滅. 王嘉之. 賜品茶一襲. 水精念珠百八箇. 忽有一童子. 儀形鮮潔. 跪奉茶珠. 從殿西小門而出. 明謂是內宮之使. 王謂師之從者. 及玄徵而俱非. 王甚異之. 使人追之. 童入內院塔中而隱. 茶珠在南壁畫慈氏像前."『三國遺事』5,「感通第七-月明師兜率歌」(大正藏49, 1013b17~c6)

11) "三月三日. 王御故正門樓上. (…) 更有一僧. 被衲衣負櫻筒(一作荷蕢)從南而來. 王喜見之. 邀致樓上. 視其筒中. 盛茶具已. 曰. 汝爲誰耶. 僧曰志談. 曰. 何所歸來. 僧曰. 僧每重三重九之日. 烹茶饗南山三花嶺彌勒世尊. 今玆旣獻而還矣. 王曰. 寡人亦一甌茶有分乎. 僧乃煎茶獻之. 茶之氣味異常. 甌中異香郁烈."『三國遺事』2,「紀異第二-景德王·忠談師·表訓大德」(大正藏49, 974b13~23)

12) 지리산智異山의 옛 이름이다.

13) "〈興德王〉三年(828): 冬十二月, 遣使入唐朝貢. 文宗召對于麟德殿, 宴賜有. 差入唐迴使大廉, 持茶種子來, 王使植地理山. 茶自善德王時有之, 至於此盛焉."『三國史記』10,「新羅本紀」10

14) 차 시배지는 한국에 차를 처음 재배했다는 의미다. 대렴의 차는 828년 당나라의 차 씨를 심어 재배한 것이다. 이미 828년 이전 차를 재배되고 있었다. 대렴이 가져온 차 씨를 재배한 것은 차 시배지라는 의미가 될 수 없다.

15) 기존 연구는 차시배지가 쌍계사라는 것에 대한 의구심과 더불어 화엄사의 가능

성을 언급하면서도 명확한 근거자료는 제시하지 못하고 있다. 또한 문헌을 바탕으로 828년 이전에도 차를 재배하고 마셨다는 연구는 있지만 828년 이후 성행했다는 내용은 입증하지 못하고 있다. 이상봉, 「한국의 차시배지에 대한 연구」, 『한국차학회지』 7권 1호, 한국차학회, 2001, pp.79~91; 배근희, 「新羅時代 茶文化 研究」, 원광대 석사학위논문, 2010; 기윤희, 「신라 興德王代 茶 재배와 사회적 의의」, 국민대 석사학위논문, 2015

16) 야생 차나무가 존재했다는 가정으로 백제 지역이 한국 차시배지라거나 백제시대에 차 문화가 있었을 가능성에 관한 연구들이 있다(김명배, 『茶道學』, 學文社, 1984, pp.175~177; 정영선, 『한국茶文化』, 너럭바위, 1998, pp.70~71; 조기정, 「한중 문화교류를 통한 백제 차문화 고찰」, 『중국인문과학』 제31권, 중국인문학회, 2005, pp.632~634; 문동석, 「漢城百濟의 茶文化와 茶確」, 『백제연구』 제56권, 충남대 백제연구소, 2012, pp.10~23; 김진, 「한국 차 전래설에 대한 再考-전남 나주 불회사를 중심으로」, 원광대 석사학위논문, 2014; 정영식, 「가야 백제의 차문화 형성에 관한 연구」, 원광대 박사학위논문, 2015; 김경희, 「百濟의 文化(정치, 불교)가 日本茶文化에 미친 영향에 관한 연구」, 『민족사상』 제14권 3호, 한국민족사상학회, 2020, pp.230~243). 반면 백제 차 문화의 가능성에 대한 비판적 연구도 있다(윤정현, 「백제 한성기 절구 연구」, 『백제학보』 제20권, 백제학회, 2017, pp.239~271). 가야 차에 관한 비판적 접근도 있지만 추정의 한계를 벗어나지 못하고 있다(송경섭, 「伽倻의 茶 傳來說에 관한 小考」, 『한국차학회지』 제13권 3호, 한국차학회, 2007, pp.22~23).

17) "開宗決疑三十卷. 要決十二卷. 或六卷. 眞流還源樂圖一卷. 已上. 緣起述." 『新編諸宗教藏總錄』 1(韓佛全4, 682a); "珠納三卷. 或四卷. 捨繁取妙一卷. 已上. 緣起述." 『新編諸宗教藏總錄』 3(韓佛全4, 692c)

18) 정병삼, 「화엄사의 한국불교사적 위상」, 『남도문화연구』 제39권, 2020, p.17

19) 염중섭(자현), 「『화엄사사적華嚴寺事蹟』 창건기록의 타당성 분석-황룡사를 통한 자장慈藏의 영향 가능성을 중심으로」, 『정토학연구』 제34호, 2020, pp.13~14

20) "海東華嚴大學之所有十山焉 中岳公山美理寺 南岳知異山華嚴寺 北岳浮石寺 康州迦耶山海印寺 普光寺 熊州迦耶峽普願寺 鷄龍山岫寺 括地志所云鷄藍山是朔州華山寺 良州金井山梵語寺 毗瑟山玉泉寺 全州母山國神寺更有如漢州負兒山青潭寺也 此十餘所." 『唐大薦福寺故寺主翻經大德法藏和尙傳』(『한불전』 3, 775c),

21) "湘乃令十刹傳教. 太伯山浮石寺. 原州毘摩羅伽耶之海印. 毘瑟之玉泉. 金井之梵魚. 南嶽華嚴寺等是也." 『三國遺事』 4, 「義解第五-義湘傳教」(大正藏49, 1007a)

22) "曹溪宗·摠持宗, 合留七十寺; 天台·疏字·法事宗, 合留四十三寺; 華嚴·道門宗, 合留四十三寺; 慈恩宗, 留三十六寺; 中道·神印宗, 合留三十寺; 南山·始興宗, 各留十寺."『太宗實錄』11, 태종 6년(1406) 3월 27일 丁巳 1번째 記事.

23) "乞以曹溪·天台·摠南三宗, 合爲禪宗; (華嚴)·慈恩·中神·始興四宗, 合爲敎宗, 擇中外堪寓僧徒之處, 量宜置三十六寺, 分隷兩宗, 優給田地, 酌定居僧之額, 群居作法, 俾之精修其道."『世宗實錄』24, 세종 6년(1424) 4월 5일 庚戌 2번째 記事.

24) 어느 때부터인지 화엄사를 설명하는 글이나 출판물에서 1424년(세종 6)에 화엄사가 선종대본산禪宗大本山으로 승격되었다고 이야기하고 있다. 이를 현재 화엄사의 설명에 일반적으로 사용하고 있는데 이는 확인되지 않는 허구적 사건이다. 한국불교연구원,『화엄사』, 일지사, 1976, p.28; 신대현,『화엄사』, 대한불교진흥원, 2009, p.77

25) "以京中興天寺爲禪宗都會所, 興德寺爲敎宗都會所; 揀取年行俱高者, 以爲兩宗行首掌務, 令察僧中之事."『世宗實錄』24, 세종 6년(1424) 4월 5일 庚戌 2번째 記事.

26) "禪宗屬寺十八, 田四千二百五十結. (…) 全羅道 求禮 華嚴寺元屬田一百結, 今加給五十結, 居僧七十."『世宗實錄』24, 세종 6년(1424) 4월 5일 庚戌 2번째 記事.

27) "全羅道 順天 松廣寺, 曾爲恭靖大王重創, 水陸社; 留後司興敎寺, 厚陵齋宮, 皆不屬宗, 未便. 乞革禪宗全羅道 求禮 華嚴寺, 黃海道 殷栗 亭谷寺, 以松廣, 興敎二寺屬禪宗."『世宗實錄』26, 세종 6년(1424) 10월 25일 庚戌 4번째 記事.

28) "精盡話道. 禪林號爲祖師."『추강선생문집』6, 「雜著-智異山日課」성종 18년(1487) 10월 7일 丁未 十月 癸酉.

29) "華嚴寺: 僧煙氣不知何代人建此寺."『新增東國輿地勝覽』40, 「全羅道-求禮郡-佛宇」

30) "華嚴寺: 僧煙氣不知何代人建此寺."『新增東國輿地勝覽』40, 「全羅道-求禮郡-佛宇」

31) 의천이 화엄사 석경 벽에 찬을 한 이한림의 시를 보고 화답한 시인데 본문은『대각국사문집』에서 탈락하여 전하지 않고 제목만 남아 있다.『大覺國師文集』18, 「和李翰林讚花嚴寺石壁經」(韓佛全4, 560a)

32) 구례군·목포대학교박물관,『求禮 石柱關 七義士』, 전라남도 구례군·목포대학교박물관, 1990, p.66~68

33) 1760~1910년 국왕과 국정에 관한 사항을 수록한 사료.

34) 화엄사의 역사에서 매우 중요한 자료이기에 전체 내용을 확인할 수 있도록 싣는

다. 해석은『한국고전종합DB』의 내용을 참고하여 정리했다. "頃因全羅道儒生李彌鼎等上言 (…) 昨年本縣華嚴寺僧堂重修也得一斷爛之紙於板閣上塵埃中卽王義成與五義士聯名傳檄於寺僧者而其文曰當此國家板蕩之時家親首義興兵接戰石柱矢窮力盡天時不利痛切終天肆余踵襲收殘將報君恩更雪父讎方進石柱之際李生員廷翼韓生員好誠梁生員應祿高生員貞喆吳生員琮各率奴僕百餘名搜乞山野又得避亂人數百赢糧告乏餘卒盡飢奈何奈何汝等亦是王化中一民應有一死之心幸率多少緇徒兼負寺穀以助一心勤王以完大事千萬幸甚丁酉月日石柱義兵所云云 (…) 寺僧使之更覓倭寇時事蹟者則有一冊子列書戰亡人姓名而其冊狹張中又得一紙首稱丁酉日記下有軍糧一百三石運下石柱大將所十三字及僧軍一百五十三名與諸義士同死於中十五字而於中間一字蠱破不辨末端以丁酉十一月書之年月之詳又是檄書之所無前而檄書旣是起義之眞蹟後而日記又爲死節之明證."『日省錄』정조 23년(1799) 己未 12월 10일 癸巳.

35)  이 자료는 분실된 것으로 알려졌지만 내가 2019년 7월 20일에 모 처에 보관 중인 것을 확인했다. 보관처에서 무기명을 부탁하여 출처는 밝히지 않는다.

36)  "八道各處禪, 敎宗判事各一人. (…) 判事之名, 似是禪, 敎宗之設, 不無後患. 蓋只因其名, 以責其效, 莫若以摠攝稱號, 一道各二人差送, 無妨."『宣祖實錄』41, 선조 26년(1593) 8월 7일 戊子 8번째 記事.

37)  伽山智冠 譯,「禪敎兩宗智利山大華嚴寺事蹟碑銘」,『華嚴寺와 導光大禪師』, 求禮: 華嚴寺, 2008, p.10

38)  김용태,「朝鮮後期 華嚴寺의 歷史와 浮休系 傳統」,『地方史와 地方文化』제12권 1호, 2009, p.384

39)  김용태, 위의 책, pp.386~387

40)  "度僧之法, 載在國典, 臺諫之欲爲修擧, 意非不好. 而但旣罷禪·敎兩宗之後."『顯宗改修實錄』22, 현종 11년(1670) 1월 6일 戊子 8번째 記事.

41)  『화엄경』의 화엄 본존불은 노사나불이며 비로자나불이다. 전해주,『義湘華嚴思想史硏究』, 민족사, 1993, p.61; 김선희,「敦煌 莫高窟과 韓國 華嚴經變相圖의 比較 硏究」, 동국대 박사학위논문, 2015, p.19

42)  704년 당나라 미타산이 번역한『무구정광대다라니』를 706년 황복사 삼층석탑에 봉안하고 있다. 이를 통해『80화엄경』도 번역한 이후 바로 신라로 전해졌을 것임을 추정할 수 있다.

43)  1978년 국보 제196호로 지정된『백지묵서 화엄경』의 존재는 1978년 서성수가 삼성미술관에 매각하는 과정에서 확인되었다. 서성수의 스승인 윤씨가 일제강

점기 호남 지역에서 입수한 것으로 짐작된다. 10권씩 8개로 두루마기 형식으로 만든 것인데 1번째와 5번째가 발견되었다(박도화, 「黃壽永博士의 寫經 연구와 의의-사경의 재발견과 새로운 연구 시각」, 『강좌미술사』 제43권, 한국미술사연구소, 2014, p.321; 문화재청 編, 『新羅白紙墨書『大方佛花嚴經』解題』, 문화재청, 2001, p.12).

44) 김선희, 「敦煌 莫高窟 華嚴經變相圖와 新羅 大方廣佛華嚴經變相圖의 비교 연구」, 『한국교수불자연합학회지』 제24권 제1호, 서울 한국교수불자연합회, 2018, pp.83~84

45) 『백지묵서 화엄경』 변상도 이후 모든 『화엄경』 변상도의 비로자나불은 모두 나발의 여래형 지권인의 본존불이다.

46) 김선희, 「敦煌 莫高窟 華嚴經變相圖와 新羅 大方廣佛華嚴經變相圖의 비교 연구」, 앞의 책, p.80

47) 김선희, 「敦煌 莫高窟과 韓國 華嚴經變相圖의 比較 硏究」, 동국대 박사학위논문, 2015, pp.31~32

48) 전호련, 「敦煌莫高窟의 華嚴經變相圖에 대한 考察」, 『한국불교학』 제69권, 한국불교학회, 2014, p.277

49) 한국 『화엄경』의 변상도는 『80화엄경』의 변상도다(문명대, 「新羅華嚴經寫經과 그 變相圖의 硏究-사경변상도의 연구 (1)」, 『한국학보』 제5권 1호, 일지사, 1979, pp.46~47; 김선희, 「敦煌 莫高窟의 『華嚴經』 七處九會圖에 대한 考察」, 『강좌미술사』 제45권, 한국불교미술사학회, 2015, pp.279~285; 김선희, 「敦煌 莫高窟과 韓國 華嚴經變相圖의 比較 硏究」, 동국대 박사학위논문, 2015, p.82; 김선희, 「敦煌 莫高窟 華嚴經變相圖와 新羅 大方廣佛華嚴經變相圖의 비교 연구」, 『한국교수불자연합학회지』 제24권 제1호, 한국교수불자연합회, 2018, p.73).

50) 서지민, 「新羅 白紙墨書『大方廣佛華嚴經』變相圖의 양식 특징과 신앙적 배경 연구」, 『역사와 담론』 제88권, 호서사학회, 2018, p.427

51) 김선희, 「敦煌 莫高窟의 『華嚴經』 七處九會圖에 대한 考察」, 『강좌미술사』 제45권, 한국불교미술사학회, 2015, p.297

52) 최성은, 「화엄사 서 오층석탑출토 청동제 불상틀(범)에 대한 고찰」, 『강좌미술사』 제15권, 한국불교미술사학회, 2000, pp.32~33

53) 발문에 관한 연구는 심층적으로 이루어졌다(문명대, 「新羅華嚴經寫經과 그 變相圖의 硏究-사경변상도의 연구(1)-」, 『한국학보』 제5권 1호, 일지사, 1979; 황수영, 「新羅 白紙墨書 華嚴經」, 『미술자료』 제24호, 국립중앙박물관, 1979; 남풍현, 「新羅 華嚴經 寫經 造成記의 解讀」, 『고문서연구』 제2권, 한국고문서학회, 1992; 문화

재청 編, 『新羅白紙墨書『大方廣佛花嚴經』解題』, 문화재청, 2001).

54) 문화재청 編, 『新羅白紙墨書『大方廣佛花嚴經』解題』, 문화재청, 2001, pp.15~18

55) 이 책의 발문은 권10의 발문을 기준으로 삼는다.

56) "天寶十三載甲午八月一日初, 乙未載二月十四日一部周了成內之."〈新羅白紙墨書 大方廣佛花嚴經 券第十 跋文〉

57) "成內願旨者, 皇龍寺緣起法師, 爲內賜第一思賜父願爲, 爲內弥第二法界一切衆 生皆成佛, 欲爲賜以成賜乎."〈新羅白紙墨書 大方廣佛花嚴經 券第十 跋文〉

58) 산청 석남암사지 석조비로자나불좌상은 766년 법승과 법연 두 승려의 단월을 위한 개인 기원 조성 불사이고, 『백지묵서 화엄경』은 754년 황룡사 연기법사가 부모님을 위한 개인 기원 사경 불사다. 남풍현, 「永泰二年銘 石造毘盧遮那佛 造像記의 史讀文 考察」, 『신라문화』 5, 동국대 신라문화연구소, 1998, pp.5~25; 장충식, 「新羅 白紙墨書『華嚴經』經題筆師者 問題」, 『동악미술사학』, 동악미술사학회, 2004, pp.14~15, "釋法勝法緣二僧幷 內奉過去爲飛賜豆溫哀郎願爲石 毘盧遮那佛."〈山淸 石南巖寺址 石造毘盧遮那佛坐像 蠟石舍利壺〉

59) "成檀越 新羅国 京師■■ 紙作人 仇叱珎兮縣 黃珎知奈麻 經筆師 武珎伊州 阿 干奈麻 異純大舍 今毛大舍 義七轉舍 孝赤沙弥 南原京 文英沙弥 即曉韓舍 高 沙夫里郡 陽純奈麻 仁年韓舍 屎烏韓舍 仁節韓舍 經心近 大京 能吉奈麻 亐古奈 麻 佛菩薩像筆師 同京 義夲韓奈麻 丁得奈麻 光得舍知 豆烏舍 經題筆師 同京 同智韓舍 六頭品 父吉得阿湌."〈新羅白紙墨書 大方廣佛花嚴經 券第十 跋文〉

60) 지명은 다음 자료를 참조하여 확인했다. 문명대, 「신라화엄경사경新羅華嚴經寫經과 그 변상도의 연구-사경변상도의 연구」, 『한국학보』, 일지사, 1979, pp.31~34; 이기백, 「新羅 景德王代 華嚴經 寫經 關與者에 대한 考察」, 『역사학보』 83, 역사학회, 1979, p.132; 문화재청 編, 『新羅白紙墨書『大方廣佛花嚴經』解題』, 문화재청, 2001, pp.15~18

61) "산청 석남암사지 석조비로자나불좌상의 조성 연대는 석남암사지 석조비로자나불좌상 납석사리호가 대좌에서 반출된 이후 1981년 부산시립박물관에 보관되어오다가 부산시립박물관장이었던 박경원에 의해 명문이 조사되어 밝혀졌다. 사리호의 발견 당시에는 청동제 사리용기가 있었다고 하는데 지금은 소재를 알 수없다. 석남암사지 석조비로자나불좌상 납석사리호는 1986년 국보 제233-2호에 지정되었고 산청 석남암사지 석조비로자나불좌상은 2016년 국보 제233-1호에 지정되어 있다. 경남 산청군 내원사에 봉안된 석조비로자나불좌상은 1947년에

보선암이라는 작은 절터에서 발견되었으며, 처음에는 발견자(이성호 씨)의 집으로 옮겨졌다가 1957년에 내원사가 중창될 때 발견자가 불상을 사찰에 양도했다고 한다. 불상을 처음 발견했을 때 발견자는 불상 무게를 줄여서 쉽게 옮기기 위해서 불두와 불신을 분리하고 불상의 등과 무릎 아래를 깎았다고 한다. 1966년 신라 오악 학술조사단은 내원사에 봉안된 비로자나불상을 조사하고 광배와 대좌를 찾으려 했지만 실패했다고 한다. 그 후 1981년 부산시립박물관에서는 영태 2년명 납석사리호를 구입하게 되었는데, 그 출처를 추적하던 중에 납석사리호를 발견했던 발견자(이종상 씨)와 대면하게 되면서 납석사리호가 불상 대좌 중대석 중앙의 구멍 속에서 출토되었음을 알게 되었다. 그리고 1989년에 불상과 분리되어 있던 광배와 대좌를 내원사로 옮겨서 현재와 같이 복원하고 비로전에 봉안했다." 불상과 사리호의 발견 과정은 다음의 연구 및 조사 자료를 참고하여 정리했다. 박경원·정원경, 「영태이년명납석제호」, 『부산시립박물관 연보』 6, 부산시립박물관, 1983, pp.51~52; 박경원, 「영태이년명 석조비로자나불좌상」, 『고고미술』 168, 한국미술사학회, 1985, pp.1~21; 문화재관리국 編, 『산청 내원사 석조비로자나불좌상 부대좌 실측조사보고』, 문화재관리국, 1988, p.18

62) 다음 자료를 참조했다. 국립문화재연구소 編, 『2020 국가지정 건조물문화재 정기조사』, 국립문화재연구소, 2021, pp.304~317

63) 문화재관리국 編, 『산청 내원사 석조비로자나불좌상 부대좌 실측조사보고』, 문화재관리국, 1988, p.22

64) "이 불상의 대좌 속에서 발견했다고 하는 명문이 새겨진 사리호를 구입하면서, 이 불상이 그 명문에 새겨진 영태 2년에 조성됐으리라는 의견이 대두되기 시작했다. 학술적인 해체 조사작업이 정식으로 이루어졌다 해도 출토물의 명문 내용이 상 양식과 맞지 않으면 의심을 가지고 다각도로 연구 검토해야 하는 것이 정도다. 그런데 파괴된 지 30년 내지 50년이 지난 불상의 대좌에서 사리호가 출토됐다는 비상식적인 사실을 의심 없이 받아들이는 것은 조금 성급한 일이 아닌가 한다." 최완수, 『한국 불상의 원류를 찾아서 3』, 대원사, 2007, p.158

65) 당시의 학계에서는 경전의 번역과 지권인의 수용과정을 보았을 때 9세기 중반에야 지권인 비로자나불상이 조성됐을 것으로 판단했다.

66) "중국에서도 年記가 확실한 당대의 지권인 비로자나불상이 아직 확인되지 못했을뿐더러 경전의 번역과 지권인의 수용상황으로 보아 9세기 중반 경에야 지권인 불상이 유행했을 것이라는 필자의 견해가 근본적으로 수정받게 되었기 때문에 필자로서는 놀라움을 금할 수 없었다. 이 점에 대해서는 이미 그 까닭을 밝힌 바

있지만 미술문화 수용에 있어서 이론과 현실이 얼마든지 괴리될 수 있다는 사실을 깨닫고 반성하는 계기가 되었다. 중국문화의 수용은 황복사사리기 다라니경의 경우처럼 빠르면 1년이거나 청자의 경우처럼 늦으면 1세기 이상의 차이가 나기 때문에 제작과 편년 문제는 기술상의 난이도나 필요성의 유무 그리고 수용태도 등에 따라 판이하게 다르므로 신중에 신중을 기해도 모자라지 않을 것이라는 교훈을 다시 한번 각성하게 되었던 것이다." 문명대, 「지권인비로자나불의 성립문제와 석남암사비로자나불상의 연구」, 『불교미술』 11, 동국대학교박물관, 1992, p.73

67) 다음의 연구를 참조하여 정리했다. 문명대, 「지권인비로자나불의 성립문제와 석남암사비로자나불상의 연구」, 『불교미술』 11, 동국대학교박물관, 1992, pp.73~75; 강우방, 『한국 불교 조각의 흐름』, 대원사, 1999, p.320; 최완수, 『한국 불상의 원류를 찾아서 3』, 대원사, 2007, p.157

68) 염중섭(자현), 「동아시아 불상에서 확인되는 역수인逆手印 문제 고찰-인도와 동아시아의 문화권적인 관점 차이를 중심으로」, 『동아시아불교문화』 제25권, 동아시아불교문화학회, 2016, pp.501~503

69) "遍照如來身 形服如素月 以一切相好 用莊嚴法身 戴金剛寶冠 輪鬘爲首節 眾寶莊嚴具 種種拔飾身 持智拳大印 處於師子座 日輪白蓮臺 智拳印所謂 中小名掘梅 頭指柱大背 金剛拳乃成ㅑ右握左頭指 一節面當心 是名智拳印." 『金剛頂一字頂輪王瑜伽一切時處念誦成佛儀軌』(大正藏19, 322a23~b2)

70) 독창적 창작에 관해서는 다음의 연구가 있다. 황태성, 「통일신라 비로자나불상의 조성과정과 시대구분 연구」, 중앙승가대 석사학위논문, 2015, p.61; 서지민, 「統一新羅時代 華嚴系 佛像 研究」, 충북대 박사학위논문, 2016, p.137, 2016. 산청 석남암사지 석조비로자나불좌상은 독창적 창작성을 바탕으로 766년 조성된 것으로 결정되어 국보로 지정되었다. 「국가지정문화재 국보지정-산청 석남암사지 석조비로자나불좌상」, 『2015년도 문화재위원회-제6차 동산분과위원회 회의록』

71) "遣使獻之. 代宗見之. 嘆曰. 新羅之巧. 天造非巧也. 乃以九光扇加置嵓岫間. 因謂之佛光. 四月八日. 詔兩街僧徒. 於內道場禮萬佛山. 命三藏不空念讚密部真詮千遍以慶之. 觀者皆嘆伏其巧." 『三國遺事』 3, 「塔像第四-四佛山 掘佛山 萬佛山」(大正藏49, 991c14~18)

72) "禁新創佛寺, 唯許修葺. 又禁以錦繡爲佛事, 金銀爲器用. 冝令所司, 普告施行." 『三國史記』 10, 「新羅本紀」 10, 〈哀莊王〉七年(806)春三月.

73) 왕권 강화와 불교와의 관계에 관한 연구는 다음과 같다. 홍윤식, 「삼국시대의 불

교수용과 사회발전의 제 문제」,『마한백제문화』 8, 마한백제문화연구소, 1985, p.40; 이기백,「신라 시대의 불교와 국가」,『역사학보』 111, 역사학회, 1986, pp.199~218; 고익진,「신라중대 화엄사상의 전개와 그 영향」,『불교학보』 24, 동국대 문화연구원, 1987, pp.59~139; 김재경,「신라중대 화엄 신앙의 사회적 역할」,『진단학보』 73, 진단학회, 1992, pp.1~22; 곽승훈,「신라 경덕왕대 보현행원 신앙과 비로자나불 조성」,『신라사학보』 30, 신라사학회, 2014, pp.349~386

74) "明年甲午夏. 王又請大德法海於皇龍寺. 講華嚴經. 駕幸行香. 從容謂曰. 前夏大賢法師講金光經. 井水湧七丈. 此公法道如何. 海曰. 特爲細事. 何足稱乎. 直使傾滄海. 襄東岳. 流京師. 亦非所難. 王未之信. 謂戱言爾. 至午講引爐沈寂. 須臾內禁忽有哭泣聲. 宮吏走報曰. 東池已溢. 漂流內殿五十餘間. 王惘然自失. 海笑謂之曰. 東海欲傾. 水脈先漲爾. 王不覺興拜."『三國遺事』4:「義解第五-賢瑜珈海華嚴」(大正藏49, 1010a12~20)

75) 김복순,「新羅 中代 華嚴宗과 王權」,『한국사연구』 제63호, 한국사연구회, 1988, pp.125~127

76) 최병헌,「韓國佛敎의 전개」,『韓國思想의 深層硏究』, 宇石, 1982, p.84

77) 김상현은 화엄 사상이 경덕왕의 왕권 강화와 직접적인 관련은 없지만 화엄 승려의 활동에는 관련이 있다고 보고 있다. 김상현,「新羅 華嚴思想史 硏究」, 동국대 박사학위논문, 1989, p.239. 김재경은 8세기 중반 화엄종의 득세는 정치권력과 밀접한 관련이 있다고 보고 있다. 김재경,『신라 토착신앙과 불교의 융합사상사 연구』, 민족사, 2007, pp.155~156; 신형식,『통일신라사 연구』, 한국학술정보, 2004, p.160

78) 신형식,『통일신라사 연구』, 한국학술정보, 2004, pp.147~150

79) 신형식, 위의 책, pp.153~159

80) 통일신라 중대인 7~8세기 왕권 강화를 위한 연구는 다음과 같다. 길영하,「신라 중고기의 정치과정식론: 중대왕권성립의 이해를 위한 전제」,『태동고전연구』 4, 태동고전연구소, 1988, pp.3~48; 신형식,「신라중대 전제왕권의 전개 과정」,『산운사학』 4, 산운학술재단, 1990, pp.5~37; 김수태,「신라 중대 전제왕권과 진골귀족」, 서강대 박사학위논문, 1991; 김상현,「신라중대 전제왕권과 화엄종」,『동방학지』 44, 연세대 국학연구원, 1994, pp.59~92; 신형식, 앞의 논문, p.137

81) 신형식,「통일신라 전제왕권의 성격」,『통일신라사 연구』, 한국학술정보, 2004, p.160

82) 김주성,「화엄사 4사자석탑 건립 배경」,『한국상고사학보』 18, 한국상고사학회,

1995, p.312; 이은철, 「獅子石塔의 起源과 建立背景」, 『청람사학』 제3권, 청람사학회, 2000, pp.210~214; 김상현, 「화엄사의 창건 시기와 그 배경」, 『동국사학』 37, 동국역사문화연구소, 2002, pp.104~108

83) 장충식, 『新羅石塔研究』, 일지사, 1987, pp.151~154

84) 고유섭, 『韓國塔婆의 研究』, 동화출판사, 1975, p.240

85) 이순영, 「華嚴寺 四獅子三層石塔의 건립시기에 關한 考察」, 『문화사학』 제34호, 한국문화사학회, 2010, pp.82~84

86) 김지현, 「통일신라시대 眼象文 석탑 고찰」, 『문물연구』 제27권, 동아시아문물연구학술재단, 2015, pp.70~96

87) 박현서, 「智異山 地域 統一新羅 石塔 研究」, 『불교미술사학』 제25권, 불교미술사학회, 2018, p.104

88) 새겨진 악기의 유무에 따라 조성 시기를 추정하고 있다. 사사자삼층석탑에 보이는 동발이 상원사종에는 없고 상원사종의 가야금이 사사자삼층석탑에는 없다는 식이다. 이해하기가 어려우며 설득력이 떨어져 보인다. 반면 악기의 사용 연도에 따른 검토를 통해 조성 시기를 추정하는 방식은 설득력이 있을 것이다. 예를 들어 동발이 800년 초부터 사용된 악기지만 가야금은 당시에 사용되지 않았다는 설명 방식으로 조성 시기를 추정할 수 있을 것이다. 송방송, 「화엄사 삼층석탑의 주악상」, 『한국학보』 28, 일지사, 2002, pp.108~125

89) 신용철, 「統一新羅 石塔 研究」, 동국대 박사학위논문, 2006, pp.179~183

90) 국립문화재연구소 編著, 「화엄사 사사자삼층석탑」, 『전라남도의 석탑』 I, 국립문화재연구소, 2005, p.38

91) 국립문화재연구소 編著, 『구례 화엄사 사사자삼층석탑』, 국립문화재연구소, 2021, p.169

92) 이 책의 사사자삼층석탑의 세부 도면과 3D 스캔 사진은 국립문화재연구소의 『구례 화엄사 사사자삼층석탑』(202)을 참조했다.

93) 박경식, 『한국의 석탑』, 학연문화사, 2008, p.350

94) 한국불교의 화엄과 법화의 조화는 염중섭(자현)의 연구를 통해 밝혀졌다. 염중섭, 「佛國寺 大雄殿 영역의 二重構造에 관한 고찰」, 『종교연구』 제49집, 한국종교학회, 2007, pp.180~184; 염중섭, 「佛國寺 伽藍配置의 思想背景 研究」, 동국대 박사학위논문, 2009, pp.151~159; 염중섭, 「釋迦塔과 多寶塔의 명칭적인 타당성 검토」, 『건축역사연구』 제19권, 한국건축역사학회, 2010, pp.82~86

95) 이순영, 「慶州 淨惠寺址十三層石塔의 樣式과 特徵」, 『동악미술사학』 제13호, 동

악미술사학회, 2012, pp.104~105

96) 고유섭,「朝鮮 塔婆의 樣式 變遷(各論·續)」,『불교학보』제3권 4호, 동국대학교 출판부, 1996, pp.180~181

97) 『삼국사기』에 685년에 망덕사가 완성되며 755년에 망덕사 13층 목탑이 확인된다. "夏四月, 望德寺成."『三國史記』8,「新羅本紀」8,〈神文王〉五年(685)四月: "兩塔相對, 高十三層."『三國史記』9,「新羅本紀」9,〈景德王〉十四年(755)

98) 이순영은『東京通誌』의 정혜사 창건 기록과 목탑적인 요소와 치석의 방법 그리고 옥개석 받침의 형식 등을 종합하여 780년 전후 조성된 석탑으로 추정했다. 이순영,「慶州 淨惠寺址十三層石塔의 樣式과 特徵」, 앞의 책, pp.105~112

99) 문화재청은 8세기 후반 조성된 것으로 설명하고 있으며, 국립문화재연구소에서는 기단부의 변화상이 9세기에 나타나는 것으로 보고 있고, 고유섭은 10세기 초까지 보고 있다.〈경주 석굴암 삼층석탑〉, 문화재청; 국립문화재연구소,『경상북도의 석탑』I, 국립문화재연구소, 2007, pp.30~31; 고유섭,『韓國塔婆의 硏究』,同和出版公社, 1975, p.248

100) 『三國遺事』와『三國史記』에 634년 선덕여왕이 건립한 것으로 확인된다. "其京都內有七處伽藍之墟. (…) 四日龍宮北(今芬皇寺. 善德甲午始開);『三國史記』5,「新羅本紀」5,〈善德王〉三年(634): "芬皇寺成."『三國遺事』3,「阿道基羅」(大正藏49, 986b)

101) 박홍국,『한국의 전탑연구』, 학연문화사, 1998, pp.60~78

102) "龍宮南皇龍寺建九層塔. 則隣國之災可鎭. 第一層日本. 第二層中華. 第三層吳越. 第四層托羅. 第五層鷹遊. 第六層靺鞨. 第七層丹國. 第八層女狄. 第九層獩貊. 又按國史及寺中古記. 眞興王癸酉創寺後. 善德王代. 貞觀十九年乙巳. 塔初成."『三國遺事』3,「塔像第四-皇龍寺九層塔」(大正藏49, 991a)

103) 목조 쌍탑의 시원은 679년 문무왕 19년 창건한 사천왕사이고 682년 신문왕 2년 창건한 감은사는 석조 쌍탑의 시원이다.

104) "第三十一神文大王. 諱政明. 金氏. 開耀元年辛巳七月七日即位. 爲聖考文武大王創感恩寺於東海邊(寺中記云. 文武王欲鎭倭兵. 故始創此寺. 未畢而崩. 爲海龍. 其子神文立開耀二年畢.)"『三國遺事』2,「万波息笛」(大正藏49, 973a)

105) "神文大王 (…) 天授三年壬辰七月二日乘天. 所以神睦大后 孝照大王 奉爲宗廟聖靈 禪院伽藍建立三層石."「慶州 皇福寺址 三層石塔 金銅舍利函 銘文」

106) 『三國遺事』2,「紀異第二-万波息笛」(大正藏49, 973a19~22), "第三十一神文大王. 諱政明. 金氏. 開耀元年辛巳七月七日即位. 爲聖考文武大王創感恩寺於東海邊

(寺中記云. 文武王欲鎮倭兵. 故始創此寺. 未畢而崩. 爲海龍. 其子神文立開耀二年畢.)"

107) 국립문화재연구소 編, 『감은사지 동 삼층석탑 사리장엄』, 국립문화재연구소, 2000, pp.10~32

108) 문명대, 「韓國塔浮彫(彫刻)像의 研究(1)」, 『불교미술』 제4권, 동국대학교, 1979, p.39

109) 문명대, 위의 책, p.40

110) 다음을 참고하여 재구성했다(박경식, 「신라 典型·定形期 석탑의 비교」, 『문화사학』 제22호, 한국문화사학회, 2004, pp.119~120; 박경식, 「新羅 典型期 石塔에 대한 考察」, 『문화사학』 제20호, 한국문화사학회, 2003, p.141).

111) 국립문화재연구소 編著, 『구례 화엄사 사사자삼층석탑』, 국립문화재연구소, 2021, p.102

112) 다음을 참고하여 재구성했다. 박경식, 「신라 典型·定形期 석탑의 비교」, 『문화사학』 제22호, 한국문화사학회, 2004, p.127; 박경식, 「新羅 典型期 石塔에 대한 考察」, 『문화사학』 제20호, 한국문화사학회, 2003, pp.144~146

113) 문명대, 「新羅四天王像의 研究」, 『불교미술』 제5권, 동국대학교, 1980, p.18

114) 국립문화재연구소 編著, 『경상북도의 석탑』 I, 국립문화재연구소, 2007, p.28

115) 박경식, 「新羅 九世紀 石塔의 樣式에 關한 研究」, 『고고미술』 제173호, 한국미술사학회, 1987, pp.16~26

116) 장충식, 「統一新羅石塔 浮彫像의 研究」, 『고고미술』 제154·155호, 한국미술사학회, 1982, p.115

117) 최태선, 「화엄사 가람배치의 변화 검토」, 『지리산 구례의 차茶 문화와 화엄사의 문화유산』, 한국정토학회, 2020, p.153

118) 이 책 제2장 3절의 3 선사의 부도 탑과 사사자삼층석탑의 비교 참조.

119) 국립문화재연구소 編著, 『구례 화엄사 사사자삼층석탑』, 국립문화재연구소, 2021, pp.131~136

120) 이 책에서 조사한 17명의 선사 중 다비를 하여 사리를 안치하는 경우는 신행과 징효절중 두 선사뿐이다. 승려의 다비는 통일신라에서 극히 한정된 경우에만 확인된다.

121) 2020년 2월 국립문화재연구소 사사자삼층석탑 자문회의 보고서를 참조했다.

122) 이 책의 제3장 시작 부분 참조.

123) 한기문, 「신라말, 고려초의 계단사원戒壇寺院과 그 기능」, 『역사교육논집』 제12권, 한국역사교육학회, 1988, pp.47~49

124) [표18]은 다음의 연구를 참고하여 9세기에 수계를 받은 선사를 정리했다. 한기문, 「신라말, 고려초의 계단사원과 그 기능」, 『역사교육논집』 제12권, 한국역사교육학회, 1988, p.52; 박언곤·이재인·최효식, 「한국 불교사원의 계단과 계단도경의 비교연구」, 『건축사연구』 제16권 2호, 한국건축역사학회, 2007, p.103

125) 국립문화재연구소 編著, 『北韓文化財解說集 Ⅰ』石造物篇, 국립문화재연구소, 1997, p.25, 153; 국립문화재연구소 編著, 『石燈調査報告書 Ⅱ』異形式篇, 국립문화재연구소, 2001, p.194

126) 불교문화재연구소 編著, 『韓國의 寺址: 현황조사 보고서』 강원도·전라북도 下, 문화재청·불교문화재연구소, 2013, p.314

127) 불교문화재연구소 編著, 위의 책, pp.469~471

128) 불교문화재연구소 編著, 위의 책, pp.334~336

129) 1916년 사진은 일제강점기 『朝鮮古蹟圖譜』 사진이다. 朝鮮總督府 編, 『朝鮮古蹟圖譜』 第四, 朝鮮總督府, 1916, p.498

130) 장충식, 「통일신라 시대의 석등」, 『고고미술』 158·159, 한국미술사학회, 1983, p.70

131) 신용철, 「화엄사 사사자석탑의 조영과 상징」, 『미술사학연구』, 한국미술사학회, 2006, pp.89~105

132) 강정근, 「화엄사 4사자석탑 앞 석등 연구」, 『강좌미술사』 37, 한국미술사연구소, 2011, pp.75~89

133) 〈師子頻迅寺址石塔〉, "佛弟子高麗國中州月岳師子頻迅寺棟梁奉爲, 代代聖王, 恒居万歲, 天下大平, 法輪常傳, 此界他方, 永消怨敵, 後愚生婆娑, 旣知花藏迷生, 卽悟正覺, 敬造九層石塔一坐, 永充供養. 大平二年四月日, 謹記."

134) 신용철, 「화엄사 사사자석탑의 조영과 상징」, 앞의 책, pp.106~107

135) 강정근, 「화엄사 4사자석탑 앞 석등 연구」, 앞의 책, p.89

136) 청수를 담은 지물은 정병으로 상징된다. 석굴암 주실 범천의 정병이 대표적인 지물이다. 8세기 이전부터 불교 유학승의 신라 복귀 이후 중국의 차 공양 문화가 전래되고 있다는 것을 알 수 있다. 여기서 차를 다완에 담아 공양하는 것은 자연스럽다. 그렇기에 정수 공양의 상징은 정병으로, 차 공양의 상징은 다완으로 보아 마땅하다.

137) 석굴암의 보현보살과 문수보살은 명확하게 명호가 구분되어 확정되지 않았다.

138) 문화재청·불교문화재연구소 編, 『한국의 사지: 현황조사보고서』 上, 문화재청, 2011, pp.291~294

139) "全州母山國神寺"『唐大薦福寺故寺主翻經大德法藏和尙傳』(『한불전』3, 775c)

140) 1916년 사진은 일제강점기『朝鮮古蹟圖譜』사진이다. 朝鮮總督府 編,『朝鮮古蹟圖譜』第四, 1916, 朝鮮總督府, p.504

141) 국립문화재연구소 編著,『北韓文化財解說集 Ⅰ』石造物篇, 국립문화재연구소, 1997, pp.153~154

142) 국립문화재연구소 編著,『石燈調査報告書 Ⅱ』異形式篇, 국립문화재연구소, 2001, pp.193

143) 사진 자료는 다음을 참조했다. 국립문화재연구소 編著,『北韓文化財解說集 Ⅰ』石造物篇, 국립문화재연구소, 1997, p.64; 국립문화재연구소 編著,『石燈調査報告書 Ⅱ』異形式篇, 국립문화재연구소, 2001, pp.191~192

144) 사진 자료는 다음을 참조했다. 국립문화재연구소 編著,『구례 화엄사 사사자삼층석탑』, 국립문화재연구소, 2021, pp.107~109

145) 문화재청 編,『華嚴寺 覺皇殿: 實測調査報告書』, 문화재청, 2009, p.300

146) 독창적 창작성을 간과하고 있다. 8세기 중반 화엄종과 화엄사의 석조물은 독창적으로 조성되고 있다. 이러한 시각으로 살펴보면 선사의 부도 탑 조형 양식은 화엄사 석축의 조형 양식을 모방했을 가능성이 크다. 화엄사 석등과 선사의 부도 탑의 조형 양식을 비교하여 조성 시기를 추정하는 것은 오류를 범한 가능성이 크다. 무엇보다 선사의 비문에서 검토했듯이 통일신라 선사들이 화엄의 영향력 안에 있었다는 사실을 간과해서는 안 된다. 박경식,「신라하대의 고복형석등에 관한 고찰」,『사학지』제23권, 단국사학회, 1990, p.11

147) 1986년 조사에서 석등의 높이를 6148미터로 발표했으나 2009년 조사의 높이를 따른다. 文化公報部文化財管理局 編著,『求禮 華嚴寺 實測調査 報告書』, 文化公報部文化財管理局, 1986, p.147; 문화재청 編,『華嚴寺 覺皇殿 : 實測調査報告書』, 문화재청, 2009, p.300

148) 문화재청 編,『華嚴寺 覺皇殿 : 實測調査報告書』, 문화재청, 2009, p.300

149) 선림원지 석등의 조성은 홍각선사가 억성사에 가서 불사를 마무리한 874~880년으로 본다.

150) "炷唐咸通九年戊子中春夕, 繼月光前國子監卿沙干金, 中庸送上油粮業租三百碩, 僧靈▨▨建立石燈."〈潭陽 開仙寺址 石燈記〉

151) 고복형 석등은 실상사에서 처음 조성되며 선종 산문과 교종 사찰인 화엄사 등에 영향을 미쳤다는 주장이다. 진정환,「統一新羅 鼓腹形石燈과 實相山門」,『전북사학』제42호, 전북사학회, 2013, pp.75~91; 진정환,「신라 하대 선종 미술의 모

태, 실상산문의 불교미술품」, 『전북사학』 제53호, 전북사학회, 2018, p.6

152) 정동락, 「洪陟禪師의 南宗禪 전래와 현실대응」, 『신라사학보』 제22호, 신라사학회, 2011, p.347

153) 진정환, 「統一新羅 鼓腹形石燈과 實相山門」, 『전북사학』 제42호, 전북사학회, 2013, p.85

154) 진정환, 「統一新羅 鼓腹形石燈과 實相山門」, 위의 책, p.91

155) 양식적 구분을 통해 실상사 석등이 9세기 중반 조성되고 나머지 고복형 석등은 9세기 후반에 조성된 것으로 보고 있다. 고복형 석등의 탄생은 필요에 의한 자연스러운 탄생이라는 시각으로 석등의 양식적 구분을 통해 조성 시기를 추정하고 있다. 박경식, 「신라하대의 고복형 석등에 관한 고찰」, 『사학지』 제23권, 단국사학회, 1990, p.11

156) 이 책 [표4] '선사의 성격과 선의 특징' 참조.

157) 김상현, 「화엄사의 창건 시기와 그 배경」, 『동국사학』 37, 동국역사문화연구소, 2002, pp.102~108

158) 김진현(현석), 「漢譯 『華嚴經』의 補闕과 50卷本의 韓半島 流通」, 『한국불교학』 제76집, 한국불교학회, 2015, p.177

159) 김복순, 「신라 화엄종과 화엄사 화엄석경의 조성시기」, 『신라문화』 제52집, 동국대 신라문화연구소, 2018, p.174

160) 김복순의 연구 이후 많은 연구자가 이를 따르고 있다. 김복순, 「華嚴寺 華嚴石經의 造成 背景과 史的 意義」, 『화엄사·화엄석경』, 화엄사, 2002, p.135; 강혜근, 「房山石經과 華嚴石經 및 高麗大藏經의 비교 연구」, 『중국어문학논집』 제24호, 중국어문학연구회, 2003, p.18; 김복순, 「신라 화엄종과 화엄사 화엄석경의 조성시기」, 『신라문화』 제52집, 동국대 신라문화연구소, 2018, pp.175~180

161) 리송재, 「화엄사 『화엄석경』의 서풍과 조성 시기」, 『불교미술사학』 제4집, 불교미술사학회, 2006, pp.125~129

162) 김경호, 『(韓國의) 寫經』, 고륜, 2006, p.114

163) 화엄사 각황전(장육전)이 『백지묵서 화엄경』보다 먼저 건립된 것으로 보고 8세기 전반으로 추정했다. 그러나 8세기 전반에는 지방에 사찰이 건립되지 않았다는 사실을 간과하고 있다. 조미영, 「신라 『화엄석경』 연구」, 원광대 박사학위논문, 2014, pp.142~154; 조미영, 「華嚴石經의 조성시기 新考察」, 『목간과 문자』 제18호, 한국목간학회, 2017, pp.83~103

164) 이규갑, 「華嚴石經과 房山石經의 異體字形 比較」, 『중국어문학논집』 제20호, 중

국어문학연구회, 2002, p.72

165) 측천무후의 주周나라에서 번역되어 '주본'이라고 한다.

166) 당나라 정원貞元 연간에 번역되어 '정원본'이라고 한다.

167) "有僧梵修. 遠適彼國. 求得新譯. 後分華嚴經觀師義疏. 言還流演. 時當貞元己卯."『三國遺事』4 :「義解第五-勝詮髑髏」(大正藏49, 1009a22~24)

168) 박상국,「華嚴石經의 바람직한 復元」,『화엄사·화엄석경』, 화엄사, 2002, p.141

169) 한상봉,「新羅 華嚴石經의 書體와 金石學的 硏究」,『화엄사·화엄석경』, 화엄사, 2002, p.173

170) '화엄석경'의 대표적 연구자들은『40화엄경』의 가능성은 없다고 보고 있으며『60화엄경』으로 보고 있다. 이규갑,「華嚴石經과 房山石經의 異體字形 比較」,『중국어문학논집』제20호, 중국어문학연구회, 2002, p.73; 리송재,「화엄사『화엄석경』의 서풍과 조성시기」,『불교미술사학』제4집, 양산 불교미술사학회, 2006, p.112; 김복순,「화엄사 화엄석경의 판독과 조합 시론」,『신라문화』제40집, 동국대 신라문화연구소, 2012, p.141; 조미영,「華嚴石經」의 底本 문제에 관한 고찰」,『서지학연구』제69집, 한국서지학회, 2017, p.346

171) 김진현(현석),「漢譯『華嚴經』의 補闕과 50卷本의 韓半島 流通」,『한국불교학』제76집, 한국불교학회, 2015, pp.178~181

172) 유부현,「晋本 華嚴經 硏究」,『서지학연구』제28집, 한국서지학회, 2004, pp.187~190; 이승재,『50券本『華嚴經』研究』, 서울대학교출판부, 2006, p.89

173) "南林寺法業筆受 成五十卷則知 西天應北天之運契期金水之年 東林助南林之緣發光木火之用 共成大事益耀中華 東安寺慧嚴 道場寺慧觀及學士謝靈運等潤文 分成六十卷."『唐大薦福寺故寺主翻經大德法藏和尙傳』(『한불전』3, 771a24~b05) 김복순의 해석을 참고했다. 김복순,「신라 화엄종과 화엄사 화엄석경의 조성시기」,『신라문화』제52집, 동국대 신라문화연구소, 2018, p.166

174) 김복순,「신라 화엄종과 화엄사 화엄석경의 조성시기」, 위의 책, pp.165~167

175) 김복순이 1100여 편의 석경을 판독하여 '화엄석경'이『60화엄경』이라 주장한 연구가 결정적 역할을 했다. 김복순,「華嚴寺 華嚴石經의 造成 背景과 史的 意義」,『화엄사·화엄석경』, 화엄사, 2002, p.135; 김창호,「華嚴寺 華嚴石經의 復元 方案」,『화엄사·화엄석경』, 화엄사, 2002, p.147; 김복순,「화엄사 화엄석경의 판독과 조합 시론」,『신라문화』제40집, 동국대 신라문화연구소, 2012, p.143; 김복순,「신라 화엄종과 화엄사 화엄석경의 조성시기」,『신라문화』제52집, 동국대 신라문화연구소, 2018, p.163

176) 리송재, 「화엄사 『화엄석경』의 서풍과 조성시기」, 『불교미술사학』 제4집, 불교미술사학회, 2006, p.113

177) 조미영의 연구가 대표적이며 고려 『재조대장경』의 『60화엄경』 1행 26자와는 다른 본으로 조성된 1행 28자로 보는 연구는 다음과 같다. 김애영, 「『화엄석경』과 목판본 『화엄경』의 자형비교」, 『중국언어연구』 제13집, 학고방, 2001, pp.349~350; 김복순, 「新羅 石經 研究」, 『동국사학』 제37권, 동국역사문화연구소, 2002, p.113; 조미영, 「〈華嚴石經〉의 서사 체재 연구」, 『목간과 문자』 제10호, 한국목간학회, 2013, p.302; 조미영, 「신라 『화엄석경』 연구」, 원광대 박사학위논문, 2014, pp.41~75; 김진현(현석), 「漢譯 『華嚴經』의 補闕과 50卷本의 韓半島 流通」, 『한국불교학』 제76집, 한국불교학회, 2015, p.181; 조미영, 「[華嚴石經]의 底本 문제에 관한 고찰」, 『서지학연구』 제69집, 한국서지학회, 2017, pp.349~357

178) 김복순, 「華嚴寺 華嚴石經의 造成 背景과 史的 意義」, 『화엄사·화엄석경』, 화엄사, 2002, pp.134~135; 김복순, 「화엄사 화엄석경의 판독과 조합 시론」, 『신라문화』 제40집, 동국대 신라문화연구소, 2012, p.184

179) 한상봉, 「新羅 華嚴石經의 書體와 金石學的 研究」, 『화엄사·화엄석경』, 화엄사, 2002, p.173

180) 경주 남산의 칠불암에서 발견되었는데 통일신라시대에 조성된 것으로 판단된다. 총 5편이 발견되었는데 국립경주박물관에 4편과 황수영 개인이 소장한 1편이 있다. 韓國古代社會研究所 編, 「慶州 七佛庵 出土 經石片 槪觀」, 『譯註 韓國古代金石文』 Ⅲ, 駕洛國史蹟開發研究所, 1997, p.446; 「慶州 七佛庵 出土 經石片 해제」, 『한국고대금석문』, 국사편찬위원회 한국사데이터베이스

181) 창림사지 부근에서 발견되었는데 제방 공사에 사용된 것으로 보인다. 현재 24편이 발견되었는데 국립경주박물관에 6편, 동국대박물관에 17편, 개인이 1편을 소장중이다. 韓國古代社會研究所 編, 「傳昌林寺法華石片 槪觀」, 『譯註 韓國古代金石文』 Ⅲ, 駕洛國史蹟開發研究所, 1997, p.444; 「新羅 法華經 石片 해제」, 『한국고대금석문』, 국사편찬위원회 한국사데이터베이스

182) 오세덕, 「華嚴寺 丈六殿(각황전)의 복원적 관점에서 본 華嚴石經 보호각의 방향성」, 『보조사상』 제52집, 보조사상연구원, 2018, pp.59~60

183) 『大覺國師文集』 18, 「和李翰林讚花嚴寺石壁經」(韓佛全4, 560a)

184) 나는 장육전이 외진은 기둥으로 이뤄진 뻥 뚫린 모습으로 판단한다. 내진은 '화엄석경'이 내벽을 이루고 있었을 것이다. 그렇기에 현재 전각처럼 외진에 나무로 된 문이 없었고 강한 불길에 휩쓸리지 않았던 것으로 보인다. 이러한 상황 덕분

에 건립 시기 온전한 다듬돌 초석이 현재도 사용되는 것으로 판단된다.

185) "中有一殿, 四壁不以土塗, 皆用靑壁, 刻《華嚴經》於其上. 歲久壁壞, 文字刓沒, 不可讀."『新增東國輿地勝覽』40,「全羅道-求禮縣-佛宇」

186) "昨秋試士湖南. 歷求禮華嚴寺. 爲羅代傑搆. 而東方諸祖師莫不卓錫於玆. 本有華嚴石經. 爲倭寇槌碎. 今尙有斷刻之堆積者."『瞰齋集』9,「上尹樺溪」

187) 이강근,「華嚴寺 佛殿 의 再建과 莊嚴에 관한 硏究」,『佛敎美術』제14권, 동국대학교박물관, 1997, pp.122~124

188) 오세덕은 초석의 홈은 초창기 계획된 홈으로 판단하고 있다. 나는 건물이 조성된 이후 후대에 판 홈으로 본다. 초창기 계획이라면 홈을 파는 것보다는 고맥이를 조성하는 것이 벽면의 장치를 받치는 데 더 효과적이었을 것이다. 후대에 벽면을 만들며 고맥이가 없기에 홈으로 벽면을 세우는 고정 면을 만든 것으로 판단된다. 또한 오세덕은 초창기 홈의 근거로 '화엄석경'을 조립할 위치를 새긴 명문을 근거로 제시하고 있다. 이 명문이 후대 조립할 때 명문이어도 된다. 화엄석경의 조립 순서 명문은 초창기 홈의 근거가 되지 않는다. 오세덕,「華嚴寺 丈六殿(각황전)의 복원적 관점에서 본 華嚴石經 보호각의 방향성」,『보조사상』제52집, 보조사상연구원, 2018, pp.61~63

189) 앞서 리송재가 연구한 측정 방법을 참조했다. 리송재,「화엄사『화엄석경』의 서풍과 조성시기」,『불교미술사학』제4집, 불교미술사학회, 2006, pp.112~116

190) 앞의 사진은 국립경주박물관 야외 전시장에 있는 고선사서당화상비의 다듬돌 초석과 고맥이고, 뒤의 사진은 불국사 비로전 다듬돌 초석과 고맥이다.

191) 조미영,「신라『화엄석경』연구」, 원광대 박사학위논문, 2014, pp.77~83

192) 오세덕은 3미터로 리송재는 4미터로 '화엄석경' 복원 높이를 추정하고 있다. 오세덕,「華嚴寺 丈六殿(각황전)의 복원적 관점에서 본 華嚴石經 보호각의 방향성」,『보조사상』제52집, 보조사상연구원, 2018, p.64; 리송재,「화엄사『화엄석경』의 서풍과 조성 시기」,『불교미술사학』제4집, 불교미술사학회, 2006, p.115

193) 김복순은 '화엄석경'과 고려대장경『화엄경』을 비교하면서 1만4000여 석경 편 중 7000여 편이 판독 가능했지만 5900여 편은 위치를 찾을 수 없을 만큼 작은 편들이었기 때문에 1100여 편으로만 판독 작업을 했다. 김복순,「화엄사 화엄석경의 판독과 조합 시론」,『신라문화』제40집, 동국대 신라문화연구소, 2012, p.141

194) 이 책 선사의 비문에서 나말여초에는 대단위 불사가 불가능했다는 것을 검토했다. 따라서 화엄사 서 오층석탑을 나말여초에 조성한다는 것은 불가능하며, 특히 후백제 당시에 조성한다는 것은 있을 수 없다. 화엄사의 관혜가 후백제의 견

훤을 지지했다고 하여 후백제의 지원을 받아 서 오층석탑을 조성한다는 것은 불가능하다. 이 책 선사의 비문에서 선사의 부도 탑과 탑비의 조성을 비교하여 890년 이후 대단위 불사는 불가능하다는 것을 확인했다. 최성은, 「화엄사 서 오층석탑 출토 청동제 불상틀(범)에 대한 고찰」, 『강좌미술사』 제15권, 한국불교미술사학회, 2000, pp.39~45

195) 국립문화재 연구소와 이철호는 화엄사 동·서 오층석탑의 조성 시기를 다르게 보고 있다(국립문화재연구소 編, 『전라남도의 석탑』 I, 국립문화재연구소, 2008, p.89; 이철호, 「구례 화엄사 동·서 오층석탑 출토 사리장엄구 연구」, 동국대 석사학위논문, 2021, pp.14~19). 학계에서 주장하는 동·서 오층석탑의 조성 시기를 검토하면 동 오층석탑은 단층 기단이라는 점을 핵심에 두고 조형 양식이 퇴화한 점을 통해 9세기 조성으로 보거나(진홍섭, 『한국의 석조 미술』, 문예출판사, 1996, pp.243~244) 9세기 후반 조성으로 보거나(박경식, 『統一新羅 石造美術研究』, 학연문화사, 1994, p.8) 9~10세기로 보거나(문화재청 編, 『(寶物篇)文化財大觀: 石造』 1, 문화재청, 2004, p.203) 고려시대에 조성된 것으로 보고 있다(정선종, 「화엄사의 석조문화재」, 『불교문화연구』 제9권, 남도불교문화연구회, 2002, p.42).

사사자삼층석탑과 마찬가지로 통일신라 석탑의 안상문을 검토하여 조성 시기를 추정한 경우, 9세기 전기에 한 면에 3개의 안상문을 새기는 경향에 화엄사 서 오층석탑이 해당한다고 보고 있다(신용철, 「統一新羅 石塔 研究」, 동국대 박사학위논문, 2006, pp.179~183). 서 오층석탑은 몸돌에 있는 양각의 문양을 양식상의 유사성과 분석하여 9세기 중후반이나(박경식, 『統一新羅 石造美術研究』, 학연문화사, 1994, pp.61~66; 정영호, 「화엄사의 석조유물」, 『화엄사·화엄석경』, 화엄사·화엄석경·보존·복원을 위한 연구 논문집, 2002, p.95; 전정중, 「新羅石塔 八部衆像의 樣式과 變遷」, 『문화사학』, 한국문화사학회, 2001, pp.118~158; 국립문화재연구소 編, 『전라남도의 석탑』 I, 국립문화재연구소, 2008, p.135; 문화재청 編, 『(寶物篇)文化財大觀 : 石造』 1, 문화재청, 2004, p.206) 조성 기간을 9세기 말에서 10세기 초까지로 검토한 연구도 있다(윤여창, 「화엄사 서 오층석탑 부조 신장상 연구」, 『원광대학교 마한백제문화』 제32권, 마한백제문화연구소, 2018, pp.121~146; 최성은, 「華嚴寺 西五層石塔出土 靑銅製佛像틀(范)에 대한 考察」, 『강좌 미술사』 제15호, 한국미술사연구, 2000, pp.42~44).

196) 김봉렬 외 2인의 저자는 8세기 중반에 각황전과 지금의 서 오층석탑 자리에 금당이 있고 그 앞에 동 오층석탑이 있는 1금당 1탑의 형식으로 조성되었고 이후 고려 초 서 오층석탑 자리에 있던 금당과 대웅전 자리의 회랑을 철거하고 지금의 대웅전 자리에 새로운 금당을 조성하고 지금의 서 오층석탑을 조성하여 대웅

전을 중심으로 1금당 2탑 형식으로 바뀌었다고 보고 있다. 문화재청의 『華嚴寺 覺皇殿 : 實測調査報告書』도 이러한 주장을 따르고 있다. 김봉렬 외 2인, 『화엄사』, 대원사, 2005, pp.49~59; 문화재청 編, 『華嚴寺 覺皇殿 : 實測調査報告書』, 문화재청, 2009, p.107 또한 김홍식은 황룡사와 통도사의 가람배치인 석탑-금당 (각황전)-강당의 일반전인 전각 배치를 근거로 같은 주장을 하고 있으며 2021년 『구례 화엄사 사사자삼층석탑』 수리 보고서에서 재인용하고 있다. 김홍식, 「구례 화엄사 가람배치의 미학사적 변천에 관한 연구」, 『건축학논총』, 1993, pp.148~198; 국립문화재연구소 編著, 『구례 화엄사 사사자삼층석탑』, 국립문화 재연구소, 2021, p.44

197) 문화체육관광부 보도자료(문체 '97~1997 5 16 10:30)를 통해 문화재관리국에서 서 오층석탑을 해체 수리한 내용과 발견된 유물을 확인할 수 있다. 국립문화재연 구소, 「구례 화엄사 서 오층석탑(보물 제133호) 출토 유물의 보존처리」, 『보존과학 연구』 18, 국립문화재연구소, 1997; 국립문화재연구소, 「화엄사 서 오층석탑내의 지류문화재 긴급보존처리완료」, 『보존과학연구』 18, 국립문화재연구소, 1997

198) 국가기록원 공개자료에서 확인된다. 관리번호 da0274556, 화엄사 동 오층석탑 유물 발견 보도자료; 관리번호 da0274556, 화엄사 동 오층석탑 보수공사 사진 첩; 관리번호 da0270239, 동 오층석탑 유물 보존처리 보도자료; 관리번호 da0270239, 출토 유물 사진

199) 기단부에는 금동광배 1점, 청동대좌 1점이 수습되었으며 1층 탑신부 안에서는 청동원통형사리합 상하2단 1점, 청동원통형사리합 상부 녹유리사리병 1점, 사리 병 내부 사리 8과, 붉은 갈색 직물 5점, 토제소형항아리 1점, 구슬 21점, 중수기 연화질 5점이 발견되었다. 화엄석경 325점은 1층 탑신부와 기단부의 속채움 형 태로 발견되었다. 이철호, 「구례 화엄사 동·서 오층석탑 출토 사리장엄구 연구」, 동국대 석사학위논문, 2021, pp.23~24

200) 『지리산 대화엄사』의 유물 해설에 동 오층석탑 발견 유물 중 '토제소형항아리' 내부에서 신문지가 수습되었다는 내용이 있다(불교중앙박물관 編, 『지리산 대화엄 사』, 불교중앙박물관, 2021, p.284). 국가기록원 자료를 살펴보았으나 신문지가 발견 되었다는 내용은 확인되지 않는다. 동 오층석탑의 조사보고서가 발간되지 않은 상황에서 심각한 문제가 발생할 소지의 내용이기에 자료들을 검토하여 신문이 발견되었다는 내용은 근거 자료가 없다는 것을 밝힌다.

201) 1층 탑신 사리 구멍에서 청자 사리함과 내부에서 녹색유리사리병, 지류 뭉치(백 지묵서경, 탑인, 무구정광대다라니경)가 발견되었으며 상층기단 적심부에서 청동여

래좌상틀, 청동제뒤꽂이, 청동수저, 수정옥 등 총 19건 74점의 유물이 발견되었다는 것이 확인된다(문화재관리국 編, 『'95년도 문화재수리보고서』, 문화재관리국, 1997, pp.98~99; 「구례 화엄사 서 오층석탑(보물 제 133호) 출토 유물의 보존처리」, 『보존과학연구』18, 국립문화재연구소, 1997; 「화엄사 서 오층석탑내의 지류문화재 긴급보존처리완료」, 『보존과학연구』18, 국립문화재연구소, 1997; 이철호, 「구례 화엄사 동·서 오층석탑 출토 사리장엄구 연구」, 동국대 석사학위논문, 2021, pp.20~22).

202) 원선희, 「신라 하대 無垢淨塔의 건립과 『無垢淨光大陀羅尼經』 신앙」, 『한국학논총』 제30권, 국민대 한국학연구소, 2008, p.126

203) 한정호, 「慶州 九皇洞 三層石塔 舍利莊嚴具의 再照明」, 『미술사논단』 제22호, 한국미술연구소, 2006, p.67

204) "神龍二年景午五月卅日今主大王佛舍利, 四全金彌陁像六寸一軀無垢淨光大陁羅尼經一, 卷安置石塔第二層." 〈慶州 皇福寺址 三層石塔 金銅舍利函 銘文〉.

205) 화엄사 성보박물관에 서 오층석탑 발견 유물인 소탑 3점이 있다. 국가기록원 자료에도(관리번호 DEU0003779) 발견 유물 목록에 소탑 3점이 높이 56밀리미터, 52밀리미터, 34밀리미터의 크기로 재질이 목탑, 철탑, 철탑이라 전하고 있다.

206) 일제강점기 유리건판 사진(원판번호 대104-2, 원판번호 대104-1).

207) 황복사지 삼층석탑은 692년 조성하고 706년에 새롭게 『무구정경』을 봉안했다. 14년 만에 고탑을 수리하는 의미로 경전을 봉안한 것이 아님이 확실하다.

208) 한정호, 「慶州 九皇洞 三層石塔 舍利莊嚴具의 再照明」, 『미술사논단』 제22호, 한국미술연구소, 2006, pp.69~72

209) 주경미, 『중국 고대의 불사리 장엄』, 일지사, 2003, p.18; 신대현, 『한국의 사리장엄』, 혜안, 2003, p.23

210) "永泰二年丙午七月二日, 釋法勝法緣二僧幷內, 奉過去爲飛賜豆溫哀郎願, 爲石毗盧遮那佛成內, 無垢淨光陀羅尼幷, 石南巖藪觀音巖中在內如. 願請內者, 豆溫愛郎靈神賜那, 二僧等那, 若見內人那, 向尔頂禮爲那, 遙聞內那, 隨喜爲內那, 影中逕類那, 吹尔逕風逕所方處一切衆生那, 一切皆三惡道業滅尔. 自毗盧遮那是等覺, 去世爲尔誓內之." 〈山清 石南巖寺址 石造毗盧遮那佛坐像 蠟石舍利壺〉.

211) "其中更依無垢淨經置小石塔九十九, 軀每軀納__舍利一枚陀羅尼四種經, 一卷卷上安__舍利一具." 〈慶州 皇龍寺 九層木塔 金銅刹柱本記〉

212) 불국사박물관 개관전 유물설명 내용을 참조하여 정리했다. 불국사박물관 編, 『불국사』, 불국사박물관, 2018, p.116, 121, 125

213) 불국사박물관 개관전 사진을 인용했다. 불국사박물관 編, 『불국사』, 불국사박물관, 2018, p.79, 114, 116

214) 대한불교조계종 불교중앙박물관 編著, 『불국사 석가탑 사리장엄구』, 불교중앙박물관, 2010, pp.90~92

215) 이철호, 「구례 화엄사 동·서 오층석탑 출토 사리장엄구 연구」, 동국대 석사학위논문, 2021, pp.25~58

216) 이철호, 「구례 화엄사 동·서 오층석탑 출토 사리장엄구 연구」, 동국대 석사학위논문, 2021, pp.58~76

217) 박경식, 「신라 典型·定形期 석탑의 비교」, 『문화사학』 제22호, 한국문화사학회, 2004, pp.118~120

218) 다음의 석탑 목록을 참조하여 정리했다. 번호순서는 지역 이름의 한글 순서다. 박현서, 「智異山 地域 統一新羅 石塔 硏究」, 『불교미술사학』 제25권, 불교미술사학회, 2018, p.96

219) 이 책에서 의상과 화엄사의 관련성은 중관해안의 창작이라는 사실을 밝혔다. 박홍균, 「초기화엄불교 산지가람중 경사지에 건축된 사찰들의 건물배치디자인 전개의 시각적 유사성에 관한 연구-부석사, 화엄사, 해인사를 중심으로-」, 『대한건축학회연합논문집』 11, 대한건축학회지회연합회, 2009, p.57

220) 화엄사의 역사와 관련하여 『화엄사사적』의 중관해안의 서술을 그대로 받아들이거나 중관해안의 『화엄사사적』을 잘못 검토하는 오류를 범하는 경우가 있다. 『화엄사사적』에서 화엄사의 창건은 544년이라 표기하고 있지만 연기법사가 창건했다는 서술은 없다. 『화엄사사적』에서 중관해안은 인도 연기법사의 창건 설화는 오류이며 연기는 곧 선각도선이라고 밝히고 있다. 김일림, 「화엄십찰의 입지요인-갑사, 범어사, 해인사, 화엄사를 사례로」, 『한국사진지리학회지』 제27권 제1호, 한국사진지리학회, 2017, p.190; 이동영, 「지리산 화엄사가람의 조영사상에 관한 연구-화엄사상과 제사상을 중심으로」, 청주대 박사학위논문, 2001, pp.56~68

221) 『삼국유사』에는 8세기 중기 경덕왕 시기에 화엄종이 다른 교종보다 우위에 있다는 설화가 보인다. 김상현, 『신라화엄사상사연구』, 민족사, 1991, p.83; 김영태, 『불교사상사론』, 민족사, 1997, pp.454~458

222) 문명대, 「新羅華嚴經寫經과 그 變相圖의 硏究」, 『한국학보』 제5권 1호, 일지사, 1979, p.55; 이기백, 「新羅 景德王代 華嚴經 寫經 關與者에 대한 考察」, 『역사학보』 제83권, 역사학회, 1979, p.127; 최병헌, 「高麗時代 華嚴學의 變遷」, 『한국사연구』 제30호, 한국사연구회, 1980, p.60; 김상현, 「화엄사의 창건 시기와 그 배

경」, 『동국사학』 37, 동국역사문화연구소, 2002, pp.99~101

223) 다음의 내용을 참조하여 정리했다. 韓國古代社會研究所 編, 「仁陽寺碑 槪觀」, 『譯註 韓國古代金石文』 Ⅲ, 駕洛國史蹟開發研究所, 1997, pp.234~235; 「昌寧 仁陽寺 造成碑 개관」, 『한국고대금석문』, 국사편찬위원회 한국사데이터베이스

224) 한국 사찰의 금당과 석탑의 앞에는 '정례석'이 남아 있다. '정례'는 766년 조성된 산청 석남암사지 석조비로자나불좌상 납석사리호나 800~808에 조성된 고선사 서당화상비를 통해 예를 올리는 의미로 확인된다(〈山淸 石南巖寺址 石造毘盧遮那佛坐像 蠟石舍利壺〉, "向尒頂禮爲那."; 〈高仙寺 誓幢和上碑〉, "雖不躬申頂禮 親奉"). 예를 올리는 정례석의 명칭은 지금까지 확인된 정례석의 크기나 윗부분의 연꽃 문양으로 보았을 때 절을 하는 용도보다는 향을 올리고 예를 표하는 외부 향로의 받침일 개연성이 커 보인다. 인양사 조성비의 782년 완성한 정례석은 금당 앞 정례석으로 보이며 809년 완성한 정례석은 탑과 석등 앞 정례석으로 판단된다.

225) "(뒷면)元和 五年 庚寅 六月 三日, 順表口塔, 金堂, 治成文, 記之. 辛亥年, 仁陽寺 鐘, 成. (⋯) 壬戌年, 仁陽寺, 事妙(抄)戶 頂礼石, 成. 同寺, 金堂 治. (⋯) 乙丑年, 仁陽 无上舍, 成. 壬午年, (⋯) 同年, 塔盧半 治. 癸未年, 仁陽寺, 金堂內, 像, 成. (⋯) 癸未年, 仁陽寺, 塔 弔四層, 治. 同年, 仁陽寺, 佛門 四角鐸, 成. 乙酉年, 仁陽寺, 金 堂, 成. 開口堂, 盖. 丁亥年, 須彌, 成. (⋯) 己丑年, 仁陽寺, 赤戶階, 成. 寺戶, 石梯, 頂礼二石, 成. 口鶴足石, 成. 庚寅年, 龍頭, 成. 辛亥年, 初, 庚寅年, 至, 間 口合用 (同) 食 一萬五千五百九十五石."〈昌寧 仁陽寺 造成碑〉,

226) 전종인, 『한국불사건축의 공간분석에 관한연구-구례화엄사를 모델로 하여』, 경희대 석사학위논문, 1983; 김봉열, 「화엄사 사찰중심의 중심개념」, 『대한건축학회 학술발표대회 논문집』 8, 1988·1992; 이강근, 「화엄사 불전의 재건과 장엄에 관한연구」, 『불교미술』 14, 1997; 이병렬·조기호, 「지리산 화엄사 풍수입지와 가람배치-석탑을 중심으로」, 『한국정신과학회 학술대회논문집』 18, 2003; 장현석, 「지리산남록 산지가람 화엄사배치에 대한 시각적분석」, 『한국농촌건축학회논문집』, 2005; 김일림, 『화엄십찰의 입지요인-화엄사』, 상명대 석사학위논문, 2017; 박성욱, 『지리산화엄사의 입지와 공간구성』, 영남대 석사학위논문, 2020

227) 『고고미술』 제6권을 인용하며 1961년 불단 하부 조사 당시 방형의 대좌 자리를 확인하고 있다. 문화재청 編, 『華嚴寺 覺皇殿 : 實測調査報告書』, 문화재청, 2009, p.132

228) 2021년 10월 국가 보물로 지정되었다.

229) 국립문화재연구소 著, 『한국 고대건축의 기단』 Ⅱ, 국립문화재연구소, 2013,

p.217

230) 국립가야문화재연구소·국립나주문화재연구소 編, 『(호남과 영남) 경계의 가야』, 국립가야문화재연구소·국립나주문화재연구소, 2019, pp.55~65

231) 백승옥, 「가야加耶 각국各國의 불교 관련자료 검토」, 『동아시아불교문화』 제33권, 동아시아불교문화학회, 2018, pp.44~45

232) 1916년 『朝鮮古蹟圖譜』 四 사진 참조(p.483, no.1605)

233) 통일신라 산사 사찰은 시기를 알 수 없는 자연재해에 의해 토사에 묻힌 경우가 많이 발견된다. "특히 10세기 전후한 시기에 한반도 전역에 지진 등으로 인한 사태로 폐사된 사례가 고고학적으로 확인되는데, 경주의 약수곡사지, 양양선림원지, 양양진전사지, 합천영암사지 등의 유적이 그 대표적 사례다. 특히 양양선림원지의 경우 10세기의 산사태로 완전 폐사되고 고려시대에 불지 영역인 대웅전과 탑 구역만 새로이 중건되는 현상을 보이고 있는 것이 확인된 바 있다. 진전사지의 고려시대 대웅전지의 후면은 급사면과 접해 있다." 최태선, 「화엄사 가람배치의 변화 검토」, 『지리산 구례의 차茶 문화와 화엄사의 문화유산』, 한국정토학회, 2020, p.153

참 고 문 헌

## 1. 원전

『大方廣佛華嚴經』,『大正藏』10

『金剛頂經一字頂輪王瑜伽一切時處念誦成佛儀軌』,『大正藏』19

『三國遺事』,『大正藏』49

『續高僧傳』,『大正藏』50

『宋高僧傳』,『大正藏』50


『華嚴經文義要決問答』,『卍續藏』8


『唐大薦福寺故寺主翻經大德法藏和尙傳』,『韓佛全』3

『大覺國師文集』,『韓佛全』4

『大華嚴首坐圓通兩重大師均如傳 竝書』,『韓佛全』4

『釋華嚴旨歸章圓通鈔』,『韓佛全』4

『新編諸敎藏總錄』,『韓佛全』4

『十句章圓通記』,『韓佛全』4

『中觀大師遺稿』,『韓佛全』8

『鏡巖集』,『韓佛全』10

『金剛三昧經論』,『韓佛全』45

『祖堂集』,『韓佛全』45


『東文選』

『鳳城誌』

『三國史記』

『宣祖實錄』

『世宗實錄』

『崇巖山聖住寺事蹟』

『新增東國輿地勝覽』

『五臺山事跡記』

『日省錄』

『中觀大師遺稿』

『秋江先生文集』

『太宗實錄』

『臞齋集』

『顯宗改修實錄』


江陵 普賢寺 朗圓大師悟眞塔碑

康津 無爲寺 先覺大師遍光塔碑

慶州 皇福寺址 三層石塔 金銅舍利函 銘文

慶州 皇龍寺 九層木塔 金銅刹柱本記

谷城 大安寺 寂忍禪師塔碑

光陽 玉龍寺 洞眞大師碑

光陽 玉龍寺 先覺國師碑

金立之撰 聖住寺碑

南原 實相寺 秀澈和尙塔碑

南原 實相寺 片雲和尙僧塔

潭陽 開仙寺址 石燈記

聞慶 鳳巖寺 智證大師塔碑陰記

聞慶 鳳巖寺 靜眞大師圓悟塔碑

保寧 聖住寺址 朗慧和尙塔碑

奉化 太子寺 朗空大師塔碑

師子頻迅寺址石塔

山淸 斷俗寺 神行禪師碑

山淸 石南巖寺址 石造毘盧遮那佛坐像 蠟石舍利壺

瑞山 普願寺址 法印國師塔碑

新羅白紙墨書 大方廣佛花嚴經 券第十 跋文

襄陽 禪林院址 弘覺禪師塔碑

楊平 菩提寺址 大鏡大師塔碑

驪州 高達寺址 元宗大師塔碑

寧越 興寧寺 澄曉大師塔碑

長興 寶林寺 普照禪師塔碑

長興 寶林寺 北塔誌

長興 寶林寺 鐵造毘盧遮那佛坐像 造像記

堤川 月光寺址 圓朗禪師塔碑

昌原 鳳林寺址 眞鏡大師塔碑

河東 雙磎寺 眞鑑禪師塔碑

襄陽 禪林院址 鍾銘

長興 寶林寺 北塔誌

長興 寶林寺 鐵造毘盧遮那佛坐像 造像記

浦項 法光寺 石塔誌

中觀海眼 著, 韓國學文獻硏究所 編,『華嚴寺誌』, 亞細亞文化社, 1997
황수영 編,『韓國金石遺文』, 一志社, 1978
허응식 編,『韓國金石全文』古代, 亞細亞文化社, 1984

## 2. 원전 번역

김영수 編,『實相寺誌』, 1920
조선총독부 編,『조선금석총람』上, 아세아문화사, 1976
中觀海眼 著, 趙庸鎬 譯,『華嚴 佛國寺 事蹟』, 國學資料院, 1997
이지관 譯註,『(校勘譯註) 歷代高僧碑文』新羅篇, 伽山文庫, 1994

_____, 『(校勘譯註) 歷代高僧碑文』 高麗篇1·2·3, 伽山佛教文化研究院, 1995

韓國古代社會研究所 編, 『譯註 韓國古代金石文』 Ⅲ, 駕洛國史蹟開發研究所, 1997

韓國學文獻研究所 編, 「佛國寺古今創記」, 『佛國寺誌(外)』, 亞細亞文化社, 1983

황수영 編, 『黃壽永全集 4 금석유문』, 혜안, 1978

## 3. 단행본 국내

伽山智冠 譯, 「禪教兩宗智利山大華嚴寺事蹟碑銘」, 『華嚴寺와 導光大禪師』, 華嚴寺,
　　　　2008

_____, 『한국 불교 조각의 흐름』, 대원사, 1999

강현 외3 編, 「여주 고달사지」, 『건축유적 발굴조사 자료-사찰편 I(경기·충북·충남)』,
　　　　국립문화재연구소, 2007

고익진 著, 『한국고대불교사상사』, 동국대학교출판부, 1989

고유섭 著, 『韓國塔婆의 硏究』, 동화출판사, 1975

구례군, 목포대학교 박물관 著, 『求禮 石柱關 七義士』, 전라남도 구례군·목포대학교
　　　　박물관, 1990

국립가야문화재연구소·국립나주문화재연구소 編, 『(호남과 영남) 경계의 가야』, 국립
　　　　가야문화재연구소·국립나주문화재연구소, 2019

국립문화재연구소 編, 『감은사지 동 삼층석탑 사리장엄』, 국립문화재연구소, 2000

_____, 『경상북도의 석탑』 I, 국립문화재연구소, 2007

_____, 『구례 화엄사 사사자삼층석탑』, 국립문화재연구소, 2021

_____, 『북한문화재해설집』 I 석조물편, 국립문화재연구소, 1997

_____, 『石燈調査報告書』 II 異形式篇, 국립문화재연구소, 2001

_____, 『전라남도의 석탑』 I, 국립문화재연구소, 2008

_____, 『한국 고대건축의 기단』 II, 국립문화재연구소, 2013

_____, 『2020 국가지정 건조물문화재 정기조사』, 국립문화재연구소, 2021

국립부여문화재연구소 編, 『서산 보원사지』 I, 국립부여문화재연구소, 2010

_____, 『서산 보원사지』 II, 국립부여문화재연구소, 2012

김경호 著, 『(韓國의) 寫經』, 고륜, 2006

김명배 著, 『茶道學』, 學文社, 1984

김복순 著, 『한국 고대 불교사 연구』, 민족사, 2002

_____,『新思潮로서의 신라 불교와 왕권』, 민족사, 2008

김봉렬 외2 著,『화엄사』, 대원사, 2005

김상현 著,『신라화엄사상사연구』, 민족사, 1991

김영수 著,『포광김영수박사전집』, 원광대학교출판국, 1984

김영태 著,『불교사상사론』, 민족사, 1997

김재경 著,『신라 토착 신앙과 불교의 융합사상사 연구』, 민족사, 2007

문화재관리국 編,『求禮 華嚴寺 實測調査 報告書』, 문화재관리국, 1986

_____,『산청 내원사 석조비로자나불좌상 부대좌 실측조사보고』, 문화재관리국, 1988

_____,『95년도 문화재수리보고서』, 문화재관리국, 1997

문화재청 編,『新羅白紙墨書『大方廣佛花嚴經』解題』, 문화재청, 2001

_____,『華嚴寺 覺皇殿 實測調査 報告書』, 문화재청, 2009

불국사박물관 編,『불국사』, 불국사박물관, 2018

불교문화재연구소 編,『韓國의 寺址』현황조사보고서 下, 문화재청·불교문화재연구소, 2010

_____,『韓國의 寺址』현황조사보고서 上, 문화재청·불교문화재연구소, 2011

_____,『韓國의 寺址』현황조사보고서 上, 문화재청·불교문화재연구소, 2013

_____,『韓國의 寺址』현황조사보고서 下, 문화재청·불교문화재연구소, 2013

_____,『韓國의 寺址』현황조사보고서 上, 문화재청·불교문화재연구소, 2014

_____,『韓國의 寺址』현황조사보고서 上, 문화재청·불교문화재연구소, 2017

불교중앙박물관 編,『불국사 석가탑 사리장엄구』, 불교중앙박물관, 2010

박경식 著,『통일신라 석조미술 연구』, 학연문화사, 2002

_____,『한국의 석탑』, 학연문화사, 2008

박홍국 著,『한국의 전탑연구』, 학연문화사, 1998

신대현 著,『한국의 사리장엄』, 혜안, 2003

_____,『화엄사』, 대한불교진흥원, 2009

신형식 著,『통일신라사 연구』, 한국학술정보, 2004

신호철 著,『後百濟 甄萱政權硏究』, 一潮閣, 1993

이승재 著,『50券本『華嚴經』硏究』, 서울대학교출판부, 2006

장충식 著,『신라석탑연구』, 일지사, 1987

전해주 著,『義湘華嚴思想史硏究』, 민족사, 1994

정영선 著,『한국茶文化』, 너럭바위, 1998

조범환 著, 『라말여초 선종산문 개창 연구』, 경인문화사, 2008

조선총독부 編, 『朝鮮古蹟圖譜』, 경인문화사, 1980

주경미 著, 『중국 고대의 불사리 장엄』, 일지사, 2003

진홍섭 著, 『한국의 석조 미술』, 문예출판사, 1996

최완수 著, 『한국 불상의 원류를 찾아서 3』, 대원사, 2007

忠南大學校博物館 編, 『聖住寺』, 保寧市·忠南大學校博物館, 1998

한국 불교연구원 著, 『화엄사』, 일지사, 1976

홍희유 著, 『조선 중세 수공업사 연구』, 지양사, 1989

## 4. 학위논문 박사·석사

김상현, 「新羅 華嚴思想史 硏究」, 동국대 박사학위논문, 1989

김선희, 「敦煌 莫高窟과 韓國 華嚴經變相圖의 比較 硏究」, 동국대 박사학위논문, 2015

김수태, 「신라중대 전제왕권과 진골 귀족」, 서강대 박사학위논문, 1991

서지민, 「統一新羅時代 華嚴系 佛像 硏究」, 충북대 박사학위논문, 2016

신용철, 「統一新羅 石塔 硏究」, 동국대 박사학위논문, 2006

염중섭(자현), 「佛國寺 伽藍配置의 思想背景 硏究」, 동국대 박사학위논문, 2009

_____, 「慈藏의 傳記資料 硏究」, 동국대 박사학위논문, 2015

이동영, 「지리산 화엄사가람의 조영사상에 관한 연구-화엄사상과 제사상을 중심으로」, 청주대 박사학위논문, 2001

李孝杰, 「華嚴經의 成立背景과 構造體系」, 고려대 박사학위논문, 1990

정병조, 「文殊菩薩의 硏究」, 東國大 博士學位論文, 1988

정영식, 「가야 백제의 차문화 형성에 관한 연구」, 원광대 박사학위논문, 2015

조미영, 「신라 『화엄석경』 연구」, 원광대 박사학위논문, 2014


기윤희, 「신라 興德王代 茶 재배와 사회적 의의」, 국민대 석사학위논문, 2015

김미자, 「華嚴寺 四獅子三層石塔 硏究」, 동국대 석사학위논문, 2004

김영신, 「한국 석탑 莊嚴 獅子像 고찰」, 능인대학원대 석사학위논문, 2021

김일림, 「화엄십찰의 입지요인-화엄사」, 상명대 석사학위논문, 2017

김 진, 「한국 차 전래설에 대한 再考-전남 나주 불회사를 중심으로」, 원광대 석사학위

논문, 2014

문창식,「華嚴思想의 敍事構造를 통한 華嚴寺 配置構造 分析」, 전남대 석사학위논문, 2003

박미선,「新羅下代 石造物에 나타난 茶·香 供養像에 관한 硏究」, 성균관대 석사학위논문, 2006

박성욱,『지리산화엄사의 입지와 공간구성』, 영남대 석사학위논문, 2020

배근희,「新羅時代 茶文化 硏究」, 원광대 석사학위논문, 2010

신문주,「韓國의 獅子石塔에 關한 硏究」, 강릉대 석사학위논문, 2006

윤정혜,「統一新羅時代 華嚴寺에 관한 硏究」, 영남대 석사학위논문, 2005

이성현,「統一新羅時代 佛敎美術의 石獅子像 硏究」, 원광대 석사학위논문, 2012

이순영,「華嚴寺 四獅子三層石塔에 關한 研究」, 단국대 석사학위논문, 2007

이정주,「구례 화엄사 사사자 삼층석탑 디지털 복원 연구」, 한국전통문화대 석사학위논문, 2021

이철호,「구례 화엄사 동·서 오층석탑 출토 사리장엄구 연구」, 동국대 석사학위논문, 2021

전종인,『한국불사건축의 공간분석에 관한연구-구례화엄사를 모델로 하여』, 경희대 석사학위논문, 1983

조경실,「國寶 196號. 新羅 白紙墨書 大方廣佛華嚴經의 一硏究-表紙畵 變相圖를 中心으로」, 동국대 석사학위논문, 1999

조남두,「華嚴經을 통해 본 華嚴寺刹의 配置型式 研究-華嚴十刹을 中心으로」, 동국대 석사학위논문, 1998

황태성,「통일신라 비로자나불상의 조성과정과 시대구분 연구」, 중앙승가대 석사학위논문, 2015

## 5. 학술논문

강정근,「화엄사 4사자석탑 앞 석등 연구」,『강좌미술사』제37권, 한국 불교미술사학회, 2011

강종훈,「현행 중등 역사 교과서의 통일신라·발해 부분 서술의 문제점과 개선 방안」,『대구사학』제134권, 대구사학회, 2019

강혜근,「房山石經과 華嚴石經 및 高麗大藏經의 비교 연구」,『중국어문학논집』제24

호, 중국어문학연구회, 2003

고유섭, 「朝鮮 塔婆의 樣式 變遷(各論·續)」, 『불교학보』 제3권 4호, 동국대 불교문화
연구원, 1966

고익진, 「신라중대 화엄사상의 전개와 그 영향」, 『불교학보』 제24권, 동국대 불교문화
연구원, 1987

곽승훈, 「신라 경덕왕대 보현행원신앙과 비로자나불 조성」, 『신라사학보』30, 신라사학
회, 2014

구문회, 「신라 화엄경 사경 발문에 대한 일고찰-사경작업 참여자를 통해 본 8세기 신
라 지방사회의 단면」, 『생활문물연구』 제9호, 국립민속박물관, 2003

국립문화재연구소, 「구례 화엄사 서 오층석탑(보물 제 133호) 출토 유물의 보존처리」,
『보존과학연구』 제18권, 국립문화재연구소, 1997

_____, 「화엄사 서 오층석탑내의 지류문화재 긴급보존처리완료」, 『보존과학연구』 제18
권, 국립문화재연구소, 1997

권덕영, 「홍각선사탑비문을 통해 본 신라 억성사지의 추정」, 『사학연구』 제55·56호 합
본, 한국사학회, 1998

_____, 「신라 弘覺禪師塔碑 원형 탐구」, 『신라문화』 제32집, 동국대 신라문화연구소,
2008

길영하, 「新羅 中古期의 政治過程試論」, 『태동고전연구』 제4권, 한림대 태동고전연구
소, 1988

김경미, 「山地 僧院 仙巖寺의 세계유산 가치 연구」, 『南道文化研究』 제36권, 순천대 지
리산권문화연구원, 2019

김경희, 「百濟의 文化(정치, 불교)가 日本茶文化에 미친 영향에 관한 연구」, 『민족사상』
제14권 3호, 한국민족사상학회, 2020

김두진, 「朗慧와 그의 禪思想」, 『역사학보』 제57권, 역사학회, 1973

_____, 「羅末麗初 桐裏山門의 成立과 그 思想」, 『동방학지』 제57권, 연세대 국학연구
원, 1988

김복순, 「新羅 中代 華嚴宗과 王權」, 『한국사연구』 제63호, 한국사연구회, 1988

_____, 「華嚴寺 華嚴石經의 造成 背景과 史的 意義」, 『화엄사·화엄석경』, 화엄사,
2002

_____, 「화엄사 화엄석경의 판독과 조합 시론」, 『신라문화』 제40집, 동국대 신라문화
연구소, 2012

_____, 「新羅 石經 研究」, 『동국사학』 제37권, 동국역사문화연구소, 2002

_____, 「신라 화엄종과 화엄사 화엄석경의 조성시기」, 『신라문화』 제52집, 동국대 신라문화연구소, 2018

김봉열, 「화엄사 사찰중심의 중심개념」, 『대한건축학회 학술발표대회 논문집』 제8권, 1988

김상현, 「신라중대 전제왕권과 화엄종」, 『동방학지』 제44권, 연세대학교 국학연구소, 1984

_____, 「화엄사 창건 시기와 그 배경」, 『동국사학』 제37집, 동국역사문화연구소, 2002

김선희, 「敦煌 莫高窟 華嚴經變相圖와 新羅 大方廣佛華嚴經變相圖의 비교 연구」, 『한국교수불자연합학회지』 제24권 제1호, 한국교수불자연합회, 2018

_____, 「敦煌 莫高窟의 『華嚴經』 七處九會圖에 대한 考察」, 『강좌미술사』 제45권, 한국 불교미술사학회, 2015

김애영, 「白紙墨書 『大方廣佛花嚴經』 字形 硏究」, 『중국언어연구』 제15권, 한국중국언어학회, 2002

_____, 「『화엄석경』과 목판본 『화엄경』의 자형비교」, 『중국언어연구』 제13권, 한국중국언어학회, 2001

김용선, 「玄昱·審希·璨幽와 여주 고달사」, 『한국중세사연구』 제21호, 한국중세사학회, 2006

김용태, 「조선후기 화엄사의 역사와 부휴계 전통」, 『지방사와 지방문화』 제12권 1호, 역사문화학회, 2009

김일림, 「화엄십찰의 입지요인-갑사, 범어사, 해인사, 화엄사를 사례로」, 『한국사진지리학회지』 제27권 제1호, 서울 한국사진지리학회, 2017

김재경, 「新羅 中代 華嚴信仰의 社會的 役割」, 『진단학보』 제73권, 진단학회, 1992

김주성, 「화엄사 4사자석탑 건립 배경」, 『한국상고사학보』 제18권, 한국상고사학회, 1995

김주환, 「『화엄석경』의 암석학적 연구」, 『지리학연구』 제37권 제4호, 한국지리교육학회, 2003

김지현, 「통일신라 시대 안상문 석탑 고찰」, 『문물연구』 제27권, 동아시아문물연구학술재단, 2015

김진현(현석), 「漢譯 『華嚴經』의 補闕과 50卷本의 韓半島 流通」, 『한국 불교학』 제76집, 한국 불교학회, 2015

김창호, 「華嚴寺 華嚴石經의 復元 方案」, 『화엄사·화엄석경』, 화엄사, 2002

김호귀, 「최초기 한국선법의 전래와 그 성격」, 『한국선학』 제20호, 한국선학회, 2008

김홍식, 「구례 화엄사 가람배치의 미학사적 변천에 관한 연구」, 『건축학논총』, 1993

남동신, 『金石淸玩』 연구」, 『한국중세사연구』 제34호, 한국중세사학회, 2012

남풍현, 「신라 華嚴經寫經 조성기에 대한 어학적 고찰」, 『동양학』 제21권 1호, 단국대
　　　동양학연구원, 1991

＿＿＿, 「新羅 華嚴經 寫經 造成記의 解讀」, 『고문서연구』 2, 한국고문서학회, 1992

＿＿＿, 「永泰二年銘 石造毘盧遮那佛 造像記의 史讀文 考察」, 『신라문화』 5, 동국대
　　　신라문화연구소, 1998

리송재, 「화엄사 『화엄석경』의 서풍과 조성시기」, 『불교미술사학』 제4집, 불교미술사학
　　　회, 2006

문동규, 「지리산 화엄사의 '사사자삼층석탑'-'진리의 현현'」, 『범한철학』 제68집, 범한철
　　　학회, 2013

문동석, 「漢城百濟의 茶文化와 茶確」, 『백제연구』 제56권, 충남대학교 백제연구소,
　　　2012

문명대, 「禪林院址 發掘調査略報告」, 『불교미술』 제10권, 동국대학교, 1991

＿＿＿, 「新羅四天王像의 硏究」, 『불교미술』 제5권, 동국대학교, 1980

＿＿＿, 「新羅華嚴經寫經과 그 變相圖의 硏究-사경변상도의 연구(1)」, 『한국학보』 제5
　　　권 1호, 일지사, 1979

＿＿＿, 「지권인비로자나불의 성립문제와 석남암사비로자나불상의 연구」, 『불교미술』
　　　11, 동국대학교박물관, 1992

＿＿＿, 「韓國塔浮彫(彫刻)像의 硏究(1)」, 『불교미술』 제4권, 동국대학교, 1979

박경식, 「新羅 九世紀 石塔의 樣式에 關한 硏究」, 『고고미술』 제173호, 한국미술사학
　　　회, 1987

＿＿＿, 「신라 典型·定形期 석탑의 비교」, 『문화사학』 제22호, 한국문화사학회, 2004

＿＿＿, 「신라하대의 고복형석등에 관한 고찰」, 『사학지』 제23권, 단국사학회, 1990

박경원·정원경, 「영태이년명납석제호」, 『부산시립박물관연보』 6, 부산시립박물관, 1983

박경원, 「영태이년명석조비로자나좌상」, 『고고미술』 168, 한국미술사학회, 1985

박남수, 「眞殿寺院의 기원과 新羅 成典寺院의 성격」, 『한국사상사학』 제41권, 한국사
　　　상사학회, 2012

박도화, 「黃壽永博士의 寫經 연구와 의의-사경의 재발견과 새로운 연구 시각」, 『강좌미
　　　술사』 제43권, 서울 한국미술사연구소, 2014

박미선, 「신라 백지묵서 화엄경의 사경 발원자와 사경장소」, 『역사와 현실』 제81호, 한
　　　국역사연구회, 2011

박부자·정경재,「화엄사 서 오층석탑 발견 무구정광다라니의 필사 저본 재구와 그 가치」,『묵간과문자』 제16호, 한국목간학회, 2016

박상국,「華嚴石經의 바람직한 復元」,『화엄사·화엄석경』, 화엄사, 2002

박윤진,「新羅末 高麗初 高僧碑에 보이는 종법적 표현과 계보 인식」,『사학연구』 제109호, 한국사학회, 2013

박지선,「화엄사 서 오층석탑 출토 지류유물 보존처리」,『보존과학연구』 제18권, 국립문화재연구소, 1997

박현서,「智異山 地域 統一新羅 石塔 硏究」,『불교미술사학』 제25권, 불교미술사학회, 2018

박흥균,「초기화엄불교 산지가람중 경사지에 건축된 사찰들의 건물배치디자인 전개의 시각적 유사성에 관한 연구-부석사, 화엄사, 해인사를 중심으로」,『대한건축학회연합논문집』 11, 대한건축학회지회연합회, 2009

백승옥,「가야 각국의 불교 관련자료 검토」,『동아시아불교문화』 제33권, 동아시아불교문화학회, 2018

서지민,「新羅 白紙墨書『大方廣佛華嚴經』變相圖의 양식특징과 신앙적 배경 연구」,『역사와 담론』 제88권, 호서사학회, 2018

송경섭,「伽倻의 茶 傳來說에 관한 小考」,『한국차학회지』 제13권 3호, 한국차학회, 2007

송방송,「華嚴寺 三層石塔의 奏樂像」,『한국학보』 제28권 3호, 일지사, 2002

신용철,「화엄사 사사자석탑의 조영과 상징-탑으로 구현된 광명의 법신」,『미술사학연구』 제251호, 한국미술사학회, 2006

신형식,「신라중대 전제왕권의 전개 과정」,『산운사학』 4, 산운학술재단, 1990

嚴基杓,「仙巖寺高麗時代石造浮屠의 建立時期와 意義」,『地方史와 地方文化』 제12권 1호, 역사문화학회, 2009

염중섭(자현),「『樓炭經』계통과『大毘婆沙論』계통의 須彌山 宇宙論 차이 고찰-'忉利天의 구조'와 '地獄의 문제'를 중심으로」,『哲學論叢』 제56집, 새한철학회, 2009

_____,「佛國寺 大雄殿 영역의 二重構造에 관한 고찰」,『종교연구』 제49집, 한국종교학회, 2007

_____,「釋迦塔과 多寶塔의 명칭적인 타당성 검토」,『건축역사연구』 제19권, 한국건축역사학회, 2010

_____,「新羅五臺山의 文殊信仰과 五萬眞身信仰 검토」,『韓國佛敎學』 제92집, 한국

불교학회, 2019.

＿＿＿, 「新羅五臺山의 정립에 있어서 文殊信仰과 華嚴」, 『淨土學研究』 제29집, 한국
정토학회, 2018.

＿＿＿, 「慈藏과 華嚴의 관련성 고찰-中國五臺山 文殊親見의 타당성을 중심으로」,
『韓國佛教學』 제77집, 한국 불교학회, 2016

＿＿＿, 「慈藏의 國家佛教에 대한 검토-僧團整備 및 皇龍寺九層木塔과 戒壇建立을
중심으로」, 『新羅文化』 제47집, 2016

＿＿＿, 「慈藏의 中國五臺山行에서 살펴지는 文殊의 가르침 검토」, 『佛教學報』 제76
집, 동국대학교 불교문화연구원, 2016

＿＿＿, 「慈藏의 生沒年代에 대한 종합적 검토」, 『東아시아佛教文化』 제29호, 동아시
아불교문화학회, 2017

＿＿＿, 「慈藏의 新羅歸國과 大國統 취임문제 고찰-善德王과의 관계 및 大國統 문제
를 중심으로」, 『東國史學』 제59집, 한국역사문화연구회, 2015

＿＿＿, 「慈藏의 五臺山開創과 中臺寂滅寶宮」, 『한국 불교학』 제67권, 한국 불교학회,
2013

＿＿＿, 「「慈藏定律」에서 확인되는 慈藏의 최후기록에 대한 분석」, 『溫知論叢』 제58
집, 온지학회, 2019

＿＿＿, 「Kailas山의 須彌山說에 관한 종합적 고찰」, 『佛教學研究』 제17호, 불교학연
구회, 2007

＿＿＿, 「『화엄사사적』 창건기록의 타당성 분석-황룡사를 통한 자장의 영향 가능성을
중심으로」, 『정토학연구』 제34호, 한국정토학회, 2020

오경후, 「중관해안의 사적기 찬술과 불교사 인식」, 『백련불교논집』 제11집, 성철사상연
구원, 2001

오세덕, 「華嚴寺 丈六殿(각황전)의 복원적 관점에서 본 華嚴石經 보호각의 방향성」,
『보조사상』 제52집, 보조사상연구원, 2018

원선희, 「신라 하대 無垢淨塔의 건립과 『無垢淨光大陀羅尼經』 신앙」, 『한국학논총』 제
30권, 국민대 한국학연구소, 2008.

유부현, 「晋本 華嚴經 研究」, 『서지학연구』 제28집, 한국서지학회, 2004

윤선태, 「新羅 中代 成典寺院과 密教-중대 國家儀禮의 視覺化와 관련하여」, 『선사와
고대』 제44권, 한국고대학회, 2015

윤정현, 「백제 한성기 절구 연구」, 『백제학보』 제20권, 백제학회, 2017

이강근, 「華嚴寺 佛殿 의 再建과 莊嚴에 관한 研究」, 『佛教美術』 제14권, 동국대 박물

관, 1997

이계표, 「화엄사의 역사」, 『불교문화연구』 제9권, 남도불교문화연구회, 2002.

이규갑, 「華嚴石經과 房山石經의 異體字形 比較」, 『중국어문학논집』 제20호, 중국어문학연구회, 2002

이기동, 「羅末麗初 近侍機構와 文翰機構의 擴張」, 『역사학보』 제77집, 역사학회, 1978

이기백, 「新羅 景德王代 華嚴經 寫經 關與者에 대한 考察」, 『歷史學報』 제83권, 역사학회, 1979

_____, 「신라 시대의 불교와 국가」, 『역사학보』111, 역사학회, 1986

이도학, 「後百濟 甄萱 政權의 沒落過程에서 본 그 思想的 動向」, 『韓國思想史學』 제18집, 한국사상사학회, 2002

이병렬·조기호, 「지리산 화엄사 동서 석탑의 입지 분석」, 『한국정신과학회지』 제7권 1호, 한국정신과학학회, 2003

_____, 「지리산 화엄사 풍수입지와 가람배치-석탑을 중심으로」, 『한국정신과학회 학술대회논문집』 제18회, 한국정신과학학회, 2003

이상봉, 「한국의 차시배지에 대한 연구」, 『한국차학회지』 7권 1호, 한국차학회, 2001

이순영, 「慶州 淨惠寺址十三層石塔의 樣式과 特徵」, 『동악미술사학』 제13호, 동악미술사학회, 2012

_____, 「華嚴寺 四獅子三層石塔의 건립시기에 關한 考察」, 『문화사학』 제34호, 한국문화사학회, 2010

이원석, 「五臺山 中臺 寂滅寶宮의 역사」, 『한국 불교학』 제67권, 한국 불교학회, 2013

이은철, 「獅子石塔의 起源과 建立背景」, 『청람사학』 제3권, 청람사학회, 2000

이재범, 「고려초 고승비(高僧碑)에 관한 일고찰」, 『인문과학』 제62권, 성균관대 인문학연구원, 2016

이행구(도업), 「韓國 華嚴의 初祖考-慈藏法師의 華嚴思想」, 『佛敎文化硏究』 제4집, 영축불교문화연구권, 1995

이희재, 「8세기 서역구법승 원표元表의 재고찰」, 『한국교수불자연합학회지』 제19권 2호, 사단법인 한국교수불자연합회, 2013

임영애, 「새로 발견된 禪林院址 금동보살입상, 통일기 신라 보살상의 명작」, 『미술사학연구』 제308호, 한국미술사학회, 2020

임종태, 「聖住寺 創建 以前 先代伽藍에 대한 檢討」, 『한국고대사연구』 제72집, 한국고대사학회, 2013

_____, 「신라하대 聖住寺창건기 금당의 조성과 배경」, 『신라문화』 제45집, 동국대 신

라문화연구소, 2015

장충식, 「新羅 白紙墨書 『華嚴經』 經題筆師者 問題」, 『동악미술사학』 제5호, 동악미술사학회, 2004

_____, 「統一新羅石塔 浮彫像의 研究」, 『미술사학연구』 제154·155호, 한국미술사학회, 1982

_____, 「統一新羅時代의 石燈」, 『미술사학연구』 제158·159호, 한국미술사학회, 1983.

장현석·최효승, 「智異山 南麓의 山地伽藍인 華嚴寺 동·서 5층 석탑의 配置에 대한 視覺的 分析」, 『한국농촌건축학회논문집』 제7권 21호, 한국농촌건축학회, 2005

정동락, 「洪陟禪師의 南宗禪 전래와 현실대응」, 『신라사학보』 제22호, 신라사학회, 2011

정명호·신영훈, 「華嚴石經 調査整理 畧報」, 『미술사학연구(구 고고미술)』 제6권 9호, 한국미술사학회, 1965

정병삼, 「8세기 화엄교학과 화엄사찰」, 『한국사상과 문화』 제64집, 한국사상문화연구원, 2012

_____, 「화엄사의 한국 불교사적 위상」, 『남도문화연구』 제39권, 순천대 지리산권문화연구원, 2020.

정선종, 「實相寺 秀澈和尙塔碑의 陰記와 重建에 대하여」, 『불교문화연구』 제11권, 남도불교문화연구회, 2009

_____, 「全南地域 金石文 校勘1−華嚴寺 華嚴石經」, 『불교문화연구』 제7권, 남도불교문화연구회, 2000

_____, 「화엄사의 석조문화재」, 『불교문화연구』 제9권, 남도불교문화연구회, 2002

정 암, 「신라 황룡사의 위치와 화엄사 출토 진신사리 연구」, 『동양예학』 제33권, 동양예학회, 2014

정윤서, 「통일신라 석등 연구」, 『문물연구』 제14권, 동아문화재단, 2008

정재영, 「『華嚴文義要決問答』에 대한 文獻學的 研究」, 『口訣研究』 제23집, 구결학회, 2009

조기정, 「한중 문화교류를 통한 백제 차문화 고찰」, 『중국인문과학』 제31권, 중국인문학회, 2005

조남두·이재국, 「華嚴寺의 敎理와 내·외부 공간구조에 의한 배치특성 연구−十地品을 중심으로」, 『한국 건축 인테리어 디지털 디자인 학회 논문집』 제6권 1호, 한국디지털건축인테리어학회, 2006

조남두·조정식, 「화엄경을 통해 본 화엄계 초기사찰의 배치형식 연구」, 『대한건축학회 학술발표대회논문집』 제20권 1호, 대한건축학회, 2000

조미영, 「〈華嚴石經〉의 서사 체재 연구」, 『목간과 문자』 제10호, 한국목간학회, 2013

_____, 「[華嚴石經]의 底本 문제에 관한 고찰」, 『서지학연구』 제69집, 한국서지학회, 2017

_____, 「華嚴石經의 조성시기 新考察」, 『목간과 문자』 제18호, 한국목간학회, 2017

조범환, 「新羅 下代 圓鑑禪師 玄昱의 南宗禪 受容과 活動」, 『동북아문화연구』 제14집, 동북아시아문화학회, 2008

진정환, 「신라 하대 선종 미술의 모태, 실상산문의 불교미술품」, 『전북사학』 제53호, 전북사학회, 2018

_____, 「統一新羅 鼓腹形石燈과 實相山門」, 『전북사학』 제42호, 전북사학회, 2013

천득염, 「화엄사의 건축」, 『불교문화연구』 9, 남도불교문화연구회, 2002

최병헌, 「高麗時代 華嚴學의 變遷」, 『한국사연구』 제30호, 한국사연구회, 1980.

_____, 「道詵의 生涯와 羅末麗初의 風水地理說-禪宗과 風水地理說의 관계를 중심으로 하여」, 『韓國史硏究』 제11권, 한국사연구회, 1975

_____, 「선종 초기전래설의 재검토-「斷俗寺神行禪師碑文」의 분석」, 『불교학연구』 제41권, 불교학연구회, 2014

_____, 「新羅下代 禪宗九山派의 成立」, 『한국사연구』 제7호, 한국사연구회, 1972

최성은, 「화엄사 서 오층석탑출토 청동제 불상틀(범)에 대한 고찰」, 『강좌미술사』 제15권, 한국 불교미술사학회, 2000

최원석, 「道詵 관련 寺刹과 著述의 역사지리적 비평」, 『文化歷史地理』 제28권 제1호, 한국문화역사지리학회, 2016

최인표, 「신라 말 선사비문의 서술태도와 역사적 의의」, 『군사연구』 제132호, 육군 군사연구소, 2011

최태선, 「화엄사 가람배치의 변화 검토」, 『지리산 구례의 차 문화와 화엄사의 문화유산』 한국정토학회 제24차 학술대회, 한국정토학회, 2020

추만호, 「심원사 수철화상 능가보월탑비의 금석학적 분석」, 『역사민속학』 제1호, 한국역사민속학회, 1991

편집부, 「崇嚴山聖住寺事蹟」, 『고고미술』 제98호, 한국미술사학회, 1968

한기문, 「신라말, 고려초의 戒壇寺院과 그 기능」, 『역사교육논집』 제12권, 한국역사교육학회, 1988

_____, 「新羅末 禪宗 寺院의 形成과 構造」, 『한국선학』 제2권, 한국선학회, 2001

한상봉, 「新羅 華嚴石經의 書體와 金石學的 硏究」, 『화엄사·화엄석경』, 화엄사, 2002

한정호, 「慶州 九皇洞 三層石塔 舍利莊嚴具의 再照明」, 『미술사논단』 제22호, 한국미술연구소, 2006

한태일, 「道詵의 생애와 唯心論的 禪思想」, 『한국학논총』 제14권, 국민대 한국학연구소, 2008

홍윤식, 「삼국시대의 불교수용과 사회발전의 제 문제」, 『마한백제문화』 8, 마한백제문화연구소, 1985

황수영, 「金立之撰 新羅 聖住寺碑 續」, 『고고미술』 제115호, 한국미술사학회, 1972.

_____, 「金立之撰 新羅 聖住寺碑 (其三)」, 『고고미술』 제117호, 한국미술사학회, 1973

_____, 「新羅 白紙墨書 華嚴經」, 『미술자료』 제24호, 국립중앙박물관, 1979

黃仁奎, 「白谷處能의 生涯와 護法活動」, 『文定王后와 白谷處能의 護法活動』, 2018 奉恩寺 中央僧伽大學校 佛敎學硏究院 企劃 學術大會 資料集, 2018

황태성(무진), 「화엄사 사사자삼층석탑의 공양인물상 검토-8세기 중·후반 화엄종의 호남지역 세력 확대와 관련해서」, 『정토학연구』 제34호, 2020

ㄱ

「가섭불연좌석迦葉佛宴坐石」 75

간고幹蠱 54

강서노선江西老善 114

『개종결의』 188

「견보탑품」 235

견훤 28, 39, 83~85, 148~149, 174, 187, 330

경덕왕 9, 26, 35, 65, 79~80, 90, 121, 126, 128, 142, 149. 180~182, 184, 208, 217~218, 221, 223~226, 298, 308, 319

경명왕 94, 153

경문왕景文王 90, 108, 116, 128, 145, 177

경순왕 91

경애왕景哀王 147, 152

『계림고기雞林古記』 48, 58, 61

계파성능桂坡聖能 198, 311

『고려사』 90, 187

고정철 195

공정대왕恭靖大王 191

『관사의소觀師義疏』 276

관혜觀惠 26~27, 39, 44, 78, 80~81, 83, 85, 174, 187

광종 126

광종대사 110

구충왕仇衝王 179

궁예 28, 134, 149, 155

균여均如 26, 39, 44, 80~81, 84~85, 174, 187, 189

『균여전』 44, 84, 187

『금강경』 277

『금강삼매경金剛三昧經』 76

『금강정경일자정륜왕유가일체시처염송성불의궤』 216

『금광경金光經』 223

『금산사사적』 59

『금석청완金石清玩』 95

긍양兢讓 111~112, 114

김언경金彦卿 127, 177

김유신 73

김중용金中庸 272

김춘추 73


ㄴ

나묵懶默 54

남악회양南岳懷讓 103, 108

남전南泉 108

남효온南孝溫 24, 27, 33, 39, 65, 68~69, 192, 194, 230, 233, 257, 333

낭공행적朗空行寂 99~101, 105, 109, 118~119, 146, 153, 162, 164, 167~168, 251

낭원개청朗圓開淸 90, 94, 99~101, 105~106, 109, 118, 132~133, 146~147, 153, 162, 168, 251

낭혜무염朗慧無染 94, 96, 100~102, 104~106, 110~111, 114, 119, 144, 150~151, 162, 164, 166, 177

뇌묵처영雷默處英 54~55


ㄷ

단의장옹주端儀長翁主 131, 145~146, 151

『대각국사문집大覺國師文集』 63, 79, 230,

278

대경여엄大鏡麗嚴 94, 99, 102, 110, 118, 156, 162, 164

『대동금석서大東金石書』 95

대렴大廉 9, 28, 37, 174, 176, 182~183, 186, 222, 262, 332

대현법사大賢法師 223

도선국사道詵國師 118

도승화상道乘和尙 111

도의대사道義大師 103, 105

도증道證 116, 144

『동문선東文選』 95

동산양개洞山良价 110

동진경보洞眞慶甫 28, 90, 94, 99~100, 102, 110, 118, 156, 162, 164, 167~168, 251, 332


ㅁ

마곡보철麻谷寶徹 104, 110

마조도일馬祖道一 103~104, 106~108

명 태조 60

명랑明朗 74~75, 77

명요부인明瑤夫人 132, 146

『무구정광대다라니경』 295, 297

문명황후文明皇后 179

문무왕文武王 70~71, 74, 117, 165~166, 179, 182~183, 238~239

문성왕 123~124, 143~144

문수보살 72, 74, 77, 263

문종文宗 183

미륵세존彌勒世尊 181

민규閔規 133, 146, 153

민애왕 122, 143, 148


## ㅂ

박규수朴珪壽 278, 285

백곡처능白谷處能 55

백암성총栢庵性聰 56~58

『백지묵서 화엄경』(『신라 백지묵서 대방광
불화엄경新羅白紙墨書大方廣佛華嚴經』) 18,
20, 27, 31~33, 39, 65, 69, 76, 78~80,
175, 192, 194, 201, 204, 206~209, 211,
217, 225, 227, 274~275, 284~286,
308, 328

범일梵日 132~133, 153

법랑선사法朗禪師 102~103, 107,
115~116

『법망경』 204

『법장화상전法藏和尚傳』 24, 84, 115, 188

『법화경』 206, 235, 277

벽암각성碧巖覺性 16, 31, 44, 54, 57, 198,
291, 304, 315, 317, 319, 323~324

보조체징普照體澄 94, 96, 101, 104~106,
111, 116, 124, 126~127, 144, 150, 162,
166, 168, 184, 221

『보협인다라니경』 299

『봉은사본말사지奉恩寺本末寺誌』 128

부용영관芙蓉靈觀 57

부휴선수 57

불타발타라佛馱跋陀羅 200


## ㅅ

『사번취묘』 188

『삼국사기三國史記』 24, 60~61, 71, 90,
165~166, 179, 182, 184, 186, 220, 222

『삼국유사三國遺事』 24, 26, 56, 61,
75~77, 79, 84~85, 90, 115, 121,
132~133, 142, 165~167, 174~175, 179,
218, 223, 330

삼륜선사三輪禪師 93, 142

삼법화상三法和尚 122~123, 134, 141,
143, 151, 186, 221, 273

『삼본三本 화엄경』 276, 285, 287

서당지장西堂智藏 104, 107

서운庶云 179

석두희천石頭希遷 110

석운대선사釋雲大禪師 117, 145

선각도선先覺道詵 18, 26, 32, 45, 49~51,
53, 58~59, 75~76, 78, 83~84, 90,
94~95, 99~101, 106, 109, 117, 124,
131~132, 162, 166, 168, 198, 328

선각형미 28, 90, 94, 99, 110~111, 114,
118, 134, 148, 155, 162, 166, 251, 332

선덕여왕善德女王 73~74, 144, 237

선백禪伯 102

설중업薛仲業 91

성덕왕聖德王 74~75, 224, 228, 239

세종世宗 16, 179, 190~191

소산광인疎山匡仁 111

소성왕 275

솔우공率友公 179

수로왕 179

「수미정상게찬 품제14須彌頂上偈讚品第
十四」 72

수철화상 94, 96, 100~101, 106~107,
119, 128, 131, 145, 150, 156, 159, 162,
178, 184, 273~274

순도順道 166

순응화상順應和上 129~130

『시경詩經』 55

신감대사神鑑大師 103

신목태후神睦太后 239

신문왕神文王 224, 238~239

『신증동국여지승람新增東國輿地勝覽』 24,
27, 33, 39, 63, 66, 69, 175, 192, 194,
257, 278, 285

신충 121, 142, 221

『신편제종교장총록新編諸宗教藏總錄』 79,
188

신행愼行 93, 95~96, 100~103, 107,
115~116, 121, 142~143, 150, 162, 164,
166, 185, 221

실차난타實叉難陀 76, 200~201

심충沈忠 145


ㅇ

아도 59

알찬閼湌 133, 146, 153

애노哀奴 149, 154

애장왕哀莊王 129, 144, 220~221, 223

양무제 48

양응록 195

여만如滿 104

연기법사緣起法師(연기緣起) 9, 18, 20, 24,
26~28, 32~33, 35, 39, 44~45, 48~51,
58~59, 63~66, 69, 76, 78~81, 83~85,
90, 96, 114~115, 142, 149, 162, 174~
175, 185, 187~189, 192, 194, 198~199,
201, 207~208, 211, 225, 227, 234,
257~258, 274~275, 285, 307~308,
319, 321, 328~333

「연화질綠化秩」 291, 293

염거선사廉居禪師 105~106, 116,
129~130

염중섭 18, 63, 72

『옥룡집玉龍集』 76

왕건 84, 118, 134, 149, 155~156, 174,
187

왕의성王義成 195

『요결』 188

운거도응雲居道膺 110~111

운암담성雲岩曇晟 110

운정율사 102

『원각경』 204

원감현욱圓鑑玄昱 106, 109, 112, 116

원광 166

원랑대통 94, 99~101, 105~106, 116,
119, 144~145, 150, 162, 164, 177

『원종문류圓宗文類』 188

원종元宗 149, 154

원효元曉 8, 18, 32, 50, 53, 58~59, 71,
74~76, 78~79, 83, 91

유리단瑠璃壇 103

「유제지리산화엄사留題智異山華嚴寺」 64,

187, 230, 233

유희해 95

육조혜능六祖慧能 103, 122

윤눌潤訥 196

윤침계尹梣溪 278

응윤應允 57

의상義湘 18, 32, 50, 53, 58~59, 70~72, 74~81, 83, 85, 104, 119, 187~188, 307

의천義天 24, 27, 33, 39, 63~65, 68~69, 78~79, 81, 174, 187~188, 192, 194, 227, 230, 233, 257, 278, 330, 333

이순신 196

이우 95

이이정 195

이정익 195

이준 121, 221

이행구 72

『일성록日省錄』195

일연 39, 76, 84, 115, 167, 174~175, 188, 330

일조화상日照和上 129~130, 144

「입법계품」258~260, 276

ㅈ

자장율사(자장慈藏) 29, 200

『잡화경雜花經』71

장사현長沙縣 127, 177

『재조대장경』276

적인혜철 94~95, 99~104, 109, 116, 123~124, 143, 150, 162, 166, 168

정강왕定康王 122, 131, 143

정명政明 238

정신왕淨神王 180

조계혜능曹溪慧能 108

『조당집祖堂集』115~116, 128, 132~133

『조선고적도보』259~261

『조선금석총람朝鮮金石總覽』95

『조선왕조실록』198

조연소사槽淵小寺 121, 222

『주납』188

준범遵範 107

『중관대사유고中觀大師遺稿』54

중관해안中觀海眼 54~62, 78~79, 83~85, 192, 198, 307, 329, 333

지공志空화상 102~103

「지리산일과」232

지증대사智證大師 108, 117, 229

진감혜소眞鑑彗昭 94~95, 99~103, 111~112, 119, 122~123, 134, 141, 143, 150~151, 162, 164, 168, 176, 179, 182, 186, 221~222, 273~274

진경심희眞鏡審希 94, 99~101, 104~106, 109, 112, 147, 153~154, 162, 166, 168

진덕여왕眞德女王 73

『진류환원낙도』188

진성여왕眞聖大王 149, 152, 154, 178, 273

진흥왕 18, 48~49, 60~61, 238, 320

징효절중澄曉折中 94, 100~101, 105~106, 108, 117, 128, 134, 146, 151~152, 158, 162, 164~166, 178

ㅊ

철감도윤澈鑒道允 108
청원행사淸原行思 110
청허휴정淸虛休靜 54~55, 57
최영崔瑩 147
최치원崔致遠 24, 26, 39, 60~62, 84, 88, 104, 115, 174, 188, 277
『추강선생문집秋江先生文集』 63, 65
충담忠談 181~182
취미수초翠微守初 57
측천무후 208


ㅌ

탄문坦文 125~126, 167, 169~170
태종 16, 71, 189, 192
통효대사 132
통효범일通曉梵日 109, 111


ㅍ

편운화상片雲和尙 159
표원 80
표훈表訓 76


ㅎ

한호성 195

『해동금석원海東金石苑』 95
해동화엄海東華嚴 71
헌강왕憲康王 90, 110, 117, 144~146, 275
헌덕왕 103
헌안왕 126~127, 144, 177
현덕顯德 153
현욱玄昱 116, 128, 151
현종 259, 298
혜공왕 211
혜숙惠宿 166
혜은慧隱 107
혜철惠哲 83,
『호남도구례현지리산대화엄사사적湖南道求禮縣智異山大華嚴寺事蹟』(『화엄사사적』) 16, 18, 26, 32~33, 39, 44~45, 48~50, 52~54, 56~61, 63, 69~70, 75~76, 78, 83, 85, 88, 175, 192, 307, 328~329, 333
홍각선사 94~96, 100~101, 106, 116, 119, 128~129, 150~151, 162
홍척 107, 131, 159, 184, 273,
『화엄경문의요결문답華嚴經文義要決問答』 80
『화엄경華嚴經』 7, 10, 16, 35, 71~72, 79~80, 90, 109~110, 118, 131~132, 175, 200, 204, 206, 258~259, 275~278, 284~286
「화엄사석벽경花嚴寺石壁經」 278
「화엄사예연기조사진영華嚴寺禮緣起祖師影」 63, 187
효공왕孝恭王 134, 147~148, 155

효명孝明 74, 180

효소왕孝昭王 74, 239

『후분화엄경後分華嚴經』 275

흥녕선원 117, 128, 134, 146, 151, 178

흥덕왕 183, 185, 222, 262

희랑希朗 26, 44, 81, 174, 187

『50화엄경』 276~277

『60화엄경』 24, 76~77, 175, 200, 275~ 277, 282, 284~285

『80화엄경』 24, 76~78, 85, 126, 175, 200~201, 204, 206, 208~209, 217, 276, 284~287

# 화엄사 잃어버린 200년

### 통일신라 불교 확산의 거점

ⓒ무진

초판인쇄 2022년 8월 11일
초판발행 2022년 8월 19일

지은이 무진
펴낸이 강성민
편집장 이은혜
마케팅 정민호 이숙재 김도윤 한민아 정진아 우상욱 정유선
브랜딩 함유지 함근아 김희숙 안나연 박민재 박진희 정승민
제작 강신은 김동욱 임현식

펴낸곳 (주)글항아리 | 출판등록 2009년 1월 19일 제406-2009-000002호

주소 10881 경기도 파주시 회동길 210
전자우편 bookpot@hanmail.net
전화번호 031-955-2696(마케팅) 031-955-2682(편집부)
팩스 031-955-2557

ISBN 979-11-6909-032-2 93910

www.geulhangari.com